生物学的出自と親子法

ドイツ法・フランス法の比較法的考察

トビアス・ヘルムス 著

野沢紀雅 訳
遠藤隆幸

日本比較法研究所
翻訳叢書　49

DIE FESTSTELLUNG DER BIOLOGISCHEN ABSTAMMUNG
by
Tobias Helms
Originally published in German language by
Duncker & Humblot GmbH, Berlin
© 1999 Duncker & Humblot GmbH, Berlin
Japanese translation rights arranged with Duncker & Humblot GmbH, Berlin
through Tuttle-Mori Agency, Inc., Tokyo

序　文

　この研究は、1998年夏学期にアルベルト・ルートヴィッヒ（フライブルク）大学法学部に博士学位論文として受理されたものである。指導教授であるライナー・フランク先生に心からの謝意を申し述べたい。先生はこのテーマを慫慂され、助言と有益な批判によって終始この研究を支えて下さった。判例と文献は、1999年1月までのものを参照した。

　この研究が日本とドイツの家族法に精通された野沢紀雅教授によって日本語に翻訳されたことは、私にとってこのうえない名誉である。遠藤隆幸氏にも心より御礼を申し述べたい。遠藤氏は野沢教授と共同してこの翻訳作業にあたられた。野沢教授はわざわざフライブルクを訪問され、その際に日本の出自法の一端を御教示下さった。早計な判断は慎まなければならないが、そのとき受けた印象では、今日の日本法は、一部はドイツの出自法に、また一部はフランスのそれに接近しており、ある意味では、きわめて異なったこれら2つの出自法体系の中道を歩んでいるのではないかと思われた。このような理由から、ドイツとフランスの出自法の発展を相互に比較しようとした私の試みが、日本の読者になにがしかの関心をもって受け止められるならば、それは望外の喜びである。

　本書を妻ベッティーナに捧げたい。

　2001年9月　フライブルクにて

トビアス・ヘルムス

凡　例

1．本書は、Tobias Helms, Die Feststellung der biologischen Abstammung ; Eine rechtsvergleichende Untersuchung zum deutschen und französischen Recht, 1999, Schriften zum Internationalen Recht Bd. 112, Duncker & Humblot, Berlin (ISBN 3-428-09795-5) の翻訳である。原題は『生物学的出自の確認』であるが、邦訳の題名は、原著者の了解を得て本書のとおりとした。
2．訳出にあたっては上記原著によったが、原著者からの指示により、また原著者との協議により変更を加えた部分がある。
3．原著において強調の趣旨でイタリック体が用いられている語ないし文章には、・・・（圏点）を付した。
4．人名は日本語片仮名表記とし、初出の際に原語表記を括弧内に示した。
5．文章中［　］の記述は訳者による挿入である。
6．訳注を付すことはせず、それに代えて訳出作業中に参考とした邦語文献を272頁以下に掲げた。
7．巻末の事項索引は、原著者作成のリストを基礎とし、さらに日本の読者の関心に配慮して訳者が適宜変更を加えたものである。
8．本書の表題でもある Abstammung の邦訳としては、「出自」「血統」「血縁」「実親子関係」がありうるが、「血縁に基づく」Abstammung 等の用例もあることから、本書では原則として「出自」に統一した。ただし、Abstammungs-system（血縁主義）等、邦訳としてほぼ定着している訳語についてはそれによった。

目　次

序　文
凡　例

第1章　歴史的背景

A. フ ラ ン ス …………………………………………………1
　I. 「遺棄（abandon）」と
　　「母の家（maisons maternelles）」の伝統　2
　II. フランス革命の影響　5
　III. ナポレオン民法典　9
　IV. その後の展開　11
　　1. 父 性 確 認　11
　　2. 嫡出否認と認知の取消し　16

B. ド イ ツ …………………………………………………22
　I. ナポレオン民法典への反動　22
　II. ドイツ民法典　24
　III. 国家社会主義の影響　26
　IV. 1945年以後の展開　31
　V. 連邦憲法裁判所による改革の督励　36
　　1. 自己の出自を知る権利　36
　　2. 批判的検討　40
　　3. 判例の方向転換？　43

C. 要　　　約 …………………………………………………47

第2章　身分的効果を伴う出自確認

- A．第一次的な父子関係設定と生物学的出自 …………49
  - Ⅰ．母の婚姻に基づく父子関係の設定　49
    1. フランス法における嫡出推定の制限　51
    2. ドイツ法の改革　56
    3. 私　　見　58
  - Ⅱ．認知と父性確認　59
    1. 人口統計上の前提　59
    2. フランス　61
       - a）「好意認知（reconnaissances de complaisance）」　61
       - b）父性確認の制限　67
         - aa）「推定または重大な徴表（présomptions ou indices graves）」　68
         - bb）期　　限　70
       - c）身分占有による出自証明　71
       - d）支払いの父性の訴え　73
    3. ドイツ法の改革　76
       - a）認　　知　76
       - b）父 性 確 認　78
       - c）職務上の保護の廃止　79
    4. 私　　見　82
- B．身分と生物学的出自が一致しない場合における父子関係設定の変更 …………84
  - Ⅰ．フランス　84
    1. 概　　観　84
       - a）認知の取消し　84
       - b）嫡出否認　85

  2．嫡出否認の要件としての身分占有の欠如　87

  3．否認期限　91

   a）「合意否認（désaveu d'accord）」　91

   b）10年の身分占有　92

  4．子の実父の地位　93

 II．ドイツ法の改革　95

  1．母の否認権　95

  2．子の否認権　97

   a）成年の場合　97

   b）未成年の場合　98

   c）否認期限　101

  3．実父の否認権の排除　105

   a）法的および社会的前提条件の変化　105

   b）否認権が考慮に値すると思われる事案群　107

 III．私　見　110

C．非配偶者間人工受精　……………………………………112

 I．許　容　性　112

  1．フランス　112

  2．ド　イ　ツ　113

 II．身分法上の親子関係設定　116

  1．フランス　116

   a）卵子提供　116

   b）精子提供　117

  2．ド　イ　ツ　120

   a）卵子提供　120

   b）精子提供　122

 III．私　見　127

第3章　生物学的出自の認識

A．ドイツ法における独立の出自確認？ ……………………… 129
  I．自己の出自の認識に対する欲求と身分の体系の衝突　130
  II．独立の出自確認に対する原理的な異論はあるか？　131
  III．問題が生ずる領域　133
    1．既判力　133
    2．出訴要件　135
    3．手続構成　136
  IV．結論　138

B．母の自己決定権と子の利益の衝突 ……………………… 138
  I．フランス法における「母性の秘密」　139
    1．法律的基礎と実務的意義　140
    2．法政策的な根拠づけ　144
    3．国際法との整合性はあるか？　149
      a）欧州人権条約　149
      b）子どもの権利に関する国連条約　151
  II．ドイツ法における出自確認の保障　155
    1．母に対する子の情報提供請求権は認められるか？　156
      a）判例における展開　156
      b）BGB 1618a条の解釈　158
      c）考量の難しさ　161
      d）執行可能性はあるか？　162
      e）身分との対立　164
      f）筆者の見解　166
    2．社会法上の圧力手段　168
  III．私見　170

C．養子縁組 ……………………………………………………… 173

Ⅰ. 生物学的ルーツの探索　173
　　Ⅱ. 情報入手の可能性　175
　　　1. フランス　175
　　　2. ド　イ　ツ　178
　　Ⅲ. 養子縁組の開示　183
　　　1. 半オープン・アドプションとオープン・アドプション　183
　　　2. フランス法における「単純養子」　187
　　Ⅳ. 私　　　　見　189
　D. 非配偶者間人工受精 ··· 190
　　Ⅰ. フランスにおける配偶子提供者の匿名性　191
　　Ⅱ. ドイツ法の改革提案　193

第4章　訴訟による実現

　A. 身分訴訟における手続的保障 ····························· 199
　　Ⅰ. 当事者処分の排除　199
　　Ⅱ. 職権探知主義か弁論主義か　201
　B. 強制的身体検査 ··· 202
　　Ⅰ. フランス法における身体の不可侵性の保護　203
　　　1. 裁判所実務における検査の範囲　203
　　　2. 検査拒否の場合における証拠判断　206
　　Ⅱ. ドイツ法における真実探知　208
　　　1. 裁判所実務における検査の程度　209
　　　2. 真実探求の限界　215
　　　　a) ZPO 372a条に規定された期待不能性　215
　　　　b)「模索的」検査　219
　　　　c) 渉　外　事　件　224
　　Ⅲ. 私的鑑定を求めることはできるか？　225

第5章　まとめと結論
　　A．血縁主義か認知主義か ……………………………………229
　　B．身分の体系 …………………………………………………234
　　C．平等な取扱い ………………………………………………237
　　D．自己の出自を知る権利とは？ ……………………………240

原著文献目録
引用略語
参考文献目録
訳者あとがき
事項索引
著者略歴・主要業績

第1章　歴史的背景

　この研究は、ドイツ法とフランス法において、いかなる要件の下で子の生物学的出自（biologische Abstammung）の探索が可能となるのかを検討するものである。そこで問題とされるのは、まず子と実親の法的諸関係の創設（第2章）、そして遺伝的出自の単なる認識（第3章）である。これらの問題については、両国において長きにわたり詳細な議論がなされてきたところではあるが、歴史的な側面にも配慮し（第1章）、さらに裁判上の出自確認に関する訴訟上の前提的枠組みを視野に入れた検討は、依然として有意義であるように思われる。いうまでもなくその理由は、出自法が両国において大変動を遂げているからにほかならない。すなわち、1993年にはすでにフランス法の改革がなされ、1998年7月1日にはドイツの親子法改革法（KindRG）が施行されたのである[1]。

A．フランス

　フランスの現代出自法は、ドイツのそれよりも深く歴史に根ざしている。そこで、まずはフランスにおける発展の叙述から始めよう。

---

[1] 親子法改革法に対する意見表明としては、*Baer*, ZfJ 1996, 123 ; *Diederichsen*, NJW 1998, 1977 ; *Edenfeld*, FuR 1996, 190 ; *Gaul*, FamRZ 1997, 1441 ; *Helms*, FuR 1996, 178 ; *Mutschler*, FamRZ 1996, 1381 ; *Ramm*, FPR 1996, 220 ; *ders.*, JZ 1996, 987 ; *Wichmann*, FuR 1996, 161 参照。特に立法資料についての体系的概観として、*Greßmann*, S. 27 ff. ; v. *Luxburg*, S. 43 ff. ; *Mühlens/Kirchmeier/Greßmann*, S. 87 ff. 参照。

I.「遺棄（abandon）」と「母の家（maisons maternelles）」の伝統

「生物学的出自の確認」という場合、ドイツの法律家は無意識的に父親側の出自を考える。なぜなら、母親側のそれは、彼らの目には常に確実なものとして映るからである。要するに、「母は常に確実である(mater semper certa est)」[2]という原則が、しごく当然であるかのように考えられているのである。これに対してフランス民法（Code civil [以下 C.C. と略称する]）341-1条には、「出産に際して母親は、自分の身元の……秘密が守られることを求めることができる」とあり、また C.C. 341条はそのことに関連して、「母親の確認は、341-1条の適用を留保して、許される」と定めている。つまり、フランスでは、母親は子の出産にあたって自分の身元を秘匿する権利を有するのである。ある女性がその決断をすれば、その子を未知の母親の（sous X）子として身分吏に届け出ることになる。C.C. 341条は、341-1条と結び付いて、そのような場合における母親側の出自の確認を禁止しているのである。

匿名で子を出産できる可能性はフランスの伝統である。すでに中世の初期に、棄児養育院の壁には、外から子を入れることのできるいわゆる回転箱が設置されていた。この装置を動かすと子は内部に運ばれ、同時に「棄児の鐘」を引くことにより、棄児養育院の住人と直接的な接触を持つことなしに、新たな子の到来を知らせることができたのである[3]。この仕掛けによって、一方では、嬰児殺を避けるという慈善目的が追求されたのであるが、他方においてそれは、非嫡出子に対する社会的・宗教的な差別の産物でもあった。すなわち、母親たちは自分の過ちをひた隠しにすることができるようになり、また、父親たちは、社会的に望ましからぬこの子どもたちに対する（経済的）責任を負わずに済んだのであった[4]。ラマルティーヌ（Lamartine）は、これを、「罪を犯した母親たちの顔が知られることなく子を捨てる」ことを許す制度であり、「受

---

2) Paul. Dig. 2. 4. 5.
3) *Fucks*, S. 21 f.;*Feld*, S. 174 ff.;*Nykiel*, S. 17 ff.;*Neirinck*, JCP 1996, Doctr., 149.
4) *Taeger*, S. 1 ff.;*Trillat*, S. 518;*Nykiel*, S. 14 ff.

A. フランス

け入れる手は持っていても、見るための目も、話すための口も持たない……キリスト教の隣人愛の巧みな発明」[5]であると考えた。子捨ては、社会的ひんしゅくを買うことでもなかった。自分自身 5 人の非嫡出子をこのやり方で捨てたルソーなどには、この「仕組み（arrangement）」は「とても良い、とても理にかなった、とても正当なもの（si bon, si sensé, si légitime）に思われたのである[6]。

回転箱システムは、フランスにおいて重要な意義を獲得した。たとえば、1780 年にはそのような回転箱が約 250 か所に存在し、1830 年には概算で 13 万人の子がこのやり方で捨てられた[7]。18、19 世紀の国家主義的フランスにおいては、これが人口増加を保証し、農業と工業に必要な労働者を供給するひとつの手段であると考えられた[8]。ナポレオンのあるデクレ——これはすでにルイ 14 世の治世中に具申されていた提案に由来するものなのだが——は、捨てられたこの子らに 12 歳から 25 歳まで無償の労働を義務づけたのである[9]。

これに対してドイツでは、回転箱システムはまったく広まらなかった。多くの論者は、ローマ法上の家父（pater familias）の地位が、ドイツ法の「ムント（Munt）」よりも相当に強力な自己の家族員の生死に関する権力を家父長に付与していたことがその理由であると考えている。回転箱システムが、とりわけプロテスタント地域にまったく浸透しなかった[10]ことからすると、実際には、社会的および宗教的な考え方の違いも役割を演じていたようである。

19 世紀になって、性的自由の拡大と下層民の貧困化の進行により、匿名による子の引渡しの増加が顕著になると、回転箱はフランスの世論から批判の十字砲火を浴びた。すなわち、そもそも匿名で子を引き渡せるということが、多くの親たちにとって、自分の子から解放され公的財政に責任を押し付けるいっそ

---

5) *Neirinck*, JCP 1996, Doctr., 149 により引用。
6) *Taeger*, S. 1 により引用。
7) *Frank*, FamRZ 1992, 1365, 1368.
8) *Taeger*, S. 86 ff.
9) *Bürge*, S. 324 ; *Taeger*, S. 7.
10) *Feld*, S. 178 ff. ; *Urban*, S. 46 Fn. 12 ; *Scherpner*, S. 20 ; *Frank*, FamRZ 1992, 1365, 1368.

うの誘引となっているのではないか[11]、というのである。こうした批判に呼応して、19世紀の後半には、回転箱は次第に廃棄されていった。1860年に残っていたのはわずか25か所にすぎなかった[12]。それに代わって登場したのが、いわゆる遺棄事務所（bureaux d'abandon）である。親たちがそこで子を引き渡そうとすれば、彼らは自分の身元と子の引渡しの理由について詳細な申告をしなければならなかった。さらに、親たちに経済的援助を約束することにより、その決心を変えさせる試みがなされたのである[13]。

19世紀の終わり頃になってフランスの人口状態は変化した。初期的な避妊手段の発達と1870年の敗戦が出生の顕著な減少をもたらしたのである[14]。ここに至って世論は方向転換することになる。つまり、子の引渡しに際して親の身元を明らかにする義務が、嬰児殺と堕胎のひとつの原因であり[15]、子の引渡しが堕胎や嬰児殺に代わる選択肢となるのは、女性が自分の決断について弁明する必要がなく、自分の行為が秘密にして置かれることに確信が持てる場合だけである、と考えられるようになったのである。それゆえに1904年には以前の実務に復帰し、棄児は遺棄事務所において匿名でも引き渡すことができると定められたのである[16]。

今世紀の初頭以後、遺棄事務所はいわゆる母の家（maisons maternelles）の制度によって補完された。子の実父から見捨てられてしまった、あるいは経済的危急状態にある妊婦がそこに収容されたのである。ヴィシー政府の1941年9月2日の法律により、そこで始められた匿名出産という実務に法律的基礎が与えられ、国の費用により匿名で子を出産する権利がすべての女性に明文で承認されたのである[17]。1943年4月15日の命令は、すべての県知事が母の家を設置しなければならないと定めた[18]。この条文のきっかけをなしたのは、また

---

11) Nykiel, S. 24 ff.
12) Nykiel, S. 25.
13) Nykiel, S. 26.
14) Nykiel, S. 28.
15) Nykiel, S. 27.
16) Taeger, S. 52 ff.; Nykiel, S. 26 ff. 子の匿名引渡のための最高月齢は、当初7か月であったところ、1943年に12か月に引き上げられた（Nykiel, S. 29）。
17) Nykiel, S. 31.

もや戦争に起因する出生の減少であったように思われる。200万人の戦争捕虜を目の当たりにして、フランス政府は新たな生命を何としても保護しようとしたのである。匿名出産の国家的奨励により、堕胎と嬰児殺を防止することが期待されたわけである[19]。戦後、これらの規定は基本的な変更を加えられることなく、1953年11月29日の家族および社会扶助法（Code de famille et de l'aide sociale ［以下、C. Fam. と略称する］）42条に、その後（1986年1月6日の規定における）同法46条と47条に引き継がれたのである[20]。

かくして、遺棄（abandon）と匿名出産（accouchement anonyme）の制度は、今日においてもなおフランスの親たちに、新生児に対する一切の責任を免れ、それ以後における子との接触を一切断つことのできる可能性を開いているのである。このやり方で引き渡された子は、生涯にわたって自分の父親の身元だけでなく、母親のそれも知らないままに置かれるのである。

II. フランス革命の影響

遺棄と匿名出産という特別の場合に生ずる諸問題を別とすれば、フランス法においても、中心的問題は父親側の出自の確認である。この問題については、革命中に以下のような決定的な方向づけがなされた。

すべての人間の平等への要請は、すでに1793年に「共和国暦2年霧月12日法（Loi du 12 brumaire an II）」により、広範な——特に相続法上の——嫡出子と非嫡出子の平等化をもたらした[21]。もちろん、この法的恩恵を与えられたのは、父によって任意に認知された非嫡出子だけであった[22]。古法（ancien droit）におけるのとは異なり[23]、父性確認の訴えは許されなかった[24]。その父からの

---

18) *Nykiel*, S. 30.
19) *Nykiel*, S. 32.
20) *Nykiel*, S. 32 und 46.
21) *Barazetti*, S. 367 ; *Schmidt-Hidding*, S. 26 ; *Jacquinot*, S. 73-110.
22) *Garaud/Szramkiewicz*, S. 117 ; *Boudouard/Bellivier*, S. 134.
23) 革命前の法において父性の訴えは一般に許されていたが、その訴えは子に扶養請求権だけを付与するものであり、相続権を与えるものではなかった（*Schubert*,

子の単なる血縁 (bloße Abstammung) が、扶養法上の義務を根拠づけることはおよそなかったのである[25]。

父性の訴えの禁止の理由として挙げられた証明の困難[26]は、それだけが決定的なものであったとはいえないであろう。なぜなら、歴史上すでにそれ以前から同衾の推定および出自の推定が用いられていたのであるし、また何といっても、夫による嫡出否認の訴え (action en désaveu) は依然として許されていたからである。もちろん、証明の困難に実際的な意味が与えられた原因が、非嫡出子の強化された（相続）法的地位であったことは認めなければならないであろうが。

国民議会の議長であったベルリエ (Berlier) は、強制的な父性確認が許されないことの――彼の目から見た――決定的な理由を次のようにまとめている。「良き風俗と家族の平和は、――これは昔の判例の恥ずべき点なのだが――毎日裁判所に響き渡っていた父性確認を求める破廉恥な訴えがもはや許されるべきでない、と長い間要求していたのである」[27]。ここに述べられた破廉恥な訴訟が恐れられる動機[28]は、とりわけ古法の「陣痛にある女は信用される」[29]という準則であった。これによれば、妊婦によってその子の父として示された男（ただしこれは既婚の男であってはならなかった）は、現実の出自関係についてのこれといった審理がなされることなく、暫定的な扶養料支払を言い渡されたのである。それに続く主たる訴訟においてはじめて、父性に関する問題が慎重

  Französisches Recht, S. 468 ; *Zachariä/Crome*, S. 513 ; *Barazetti*, S. 367 ; *Garaud/Szramkiewicz*, S. 110)。
 24) *Garaud/Szramkiewicz*, S. 118、特に Fn. 41 ; *Boudouard/Bellivier*, S. 132 ; *Madlener*, S. 79. ただし、証書によって証明されるか、あるいは当該の親が中断なくその子を世話していた場合には、（身分占有による）身分の証明が許されていた (*Schmidt-Hidding*, S. 26 ; *Groß*, S. 95)。
 25) *Schmidt-Hidding*, S. 26 f. und 31 ; *Madlener*, S. 38. このことについては、*Jacquinot*, S. 77 ff. und 82 も参照。
 26) *Barazetti*, S. 415 Fn. 6 ; *Madlener*, S. 78; *Schmidt-Hidding*, S. 27 ; *Zweigert/Kötz*, 1. Aufl., S. 151.
 27) *Schmidt-Hidding*, S. 28 Fn. 71 により引用。
 28) *Boudouard/Bellivier*, S. 132 f. ; *Schmidt-Hidding*, S. 28 f.
 29) "creditur virgini parturienti"

な採証を基礎として最終的に決定されたのである[30]。こうした規整は、女が、まずさしあたって好ましいと思われる男ならほとんど誰でも扶養義務に巻き込めるようにした[31]。そして「この種の中傷は、常に痛ましい傷跡を残す」[32]のである。

さらに、イデオロギー的な見方も変化した。革命前の時代における出自の優越的意味――「生まれの誇り（orgueil de la naissance）」――が、個人主義的な考え方と対峙することになったのである。自分の子であることを任意に告白した男だけが真実の父親なのである[33]。「自由な男は……自己の意思決定に基づいてのみ父親となる」[34]。ここでは、「新しい」男という理想主義的な像が役割を演じた。つまり、古法において父と子の関係が父の優越的地位によって刻印づけられていたのに対し、今や親としての愛がそれに代わった――そしてその愛は強制されえないとされたのである[35]。さらに、革命期の立法者たちは、不道徳とされた革命前の時代に背を向けて[36]、父性確認の禁止によって正統家族を強化し[37]、婚姻外の性交渉を抑制しようとしたのである[38]。

「婚姻の指し示す者が父である」[39]という準則もまた、一部では、新たな観

30) *Garaud/Szramkiewicz*, S. 110 f.; *Lefebvre-Teillard*, S. 255 ff. und S. 261 ff.; *Madlener*, S. 77 f.; *Schmidt-Hidding*, S. 24 f.
31) 多くの論者は、革命期の立法者の一部がこの規整の暫定性を誤解し、いったん基礎づけられた扶養義務が終局的なものであることを前提としたのではないかと推測している（*Schmidt-Hidding*, S. 28 f.; *Jacquinot*, S. 15）。
32) *Bigot-Préameneu. Fenet*, Recueil de complet des travaux préparatoires du Code civil X(1836), S. 154 に収録: "Ce genre de calomnie laissait toujours des traces affligeantes."
33) *Boudouard/Bellivier*, S. 123 und 132 f.; *Bart*, S. 352 und 360; *Carbonnier*, Essai sur les lois, 1979, S. 100 も参照。
34) *Mulliez*, Pater is est, S. 419: "L'homme libre . . . n'est père que par effet de sa volonté." *Hauser/Huet-Weiller*, n. 441 も参照。
35) 「命令と実力によって愛を強制できる権力がこの世にあるだろうか？」（プルードン（Proudhon））、また「父性訴訟という不幸な前触れの下でしか父権を得られない子と、自分ではそうでないと思っているのに裁判所がそうであると言っただけの理由で父親である男の間に、いったいどのような関係が生ずるのか疑問である」（ベルリエ）（*Mulliez*, S. 389 Fn. 17 および S. 392 Fn. 51 により引用）。*Hauser/Huet-Weiller*, n. 441 も参照。
36) *Boudouard/Bellivier*, S. 124.
37) *Mulliez*, Pater is est, S. 417.
38) *Schmidt-Hidding*, S. 29; *Barazetti*, S. 415 Fn. 6; *Jacquinot*, S. 223.
39) "pater est quem nuptiae demonstrant"

点の下で考えられるようになる。伝統的な理解によれば、この法命題は、妻は婚姻において誠実である——したがって子が夫からの生物学的出自を持つ蓋然性が高い——という推定を基礎としていた。これに対して、今や、夫は婚姻締結によって婚姻中に生まれるすべての子をあらかじめ受け入れ、承認している[40]、という観念が成立した。それゆえに、夫の父性が肉体的に不可能である場合にだけ夫による嫡出否認が許されるべきだ、なぜなら、この場合には婚姻の本来的目的——子をもうけること——が実現できないのであり、それゆえに、父子関係設定の基礎としての「正しい」婚姻が存在しないからである、と考えられた。そして短い期限内に夫が非嫡出性を主張しなければ、その場合には、あたかも夫はその妻の子を黙示的に養子にしたかのように考えられたのである[41]。現在でもなお、このような考え方は、特に婚姻前に懐胎された子の嫡出性を根拠づけるために用いられている[42]。

　要約すれば、革命中にフランス法を刻印づけた諸要因は矛盾しているといえる。一方には革命の理想があった。すなわち、新しい市民は自由な責任において自分の子であることを認めるのである[43]。それゆえに、親族関係の自由意思による創設が強調されたのである[44]。しかし他方では、社会的現実、特に認知されない子とその母親たちの苦境には目が閉ざされたままであった。革命家た

---

40) *Colin*, RTD civ. 1902, 257 ; *Mulliez*, Révolutionnaires, S. 377.［嫡出の］父性否認の場合には désaveu と呼ぶのに対して、その他のすべての（父性の）否認の場合には contestation という表現法も示唆に富んでいる。この用語法は次のように説明される。「前もって承認していた者だけが désavouer する（On ne désavoue que ce que l'on a précédemment avoué）」

41) *Mulliez*, Révolutionnaires, S. 378.

42) *Labrusse-Riou*, S. 114 ; *Marty-Raynaud*, n. 164 bis ; *Carbonnier*, n. 275 ; *Hauser/Huet-Weiller*, n. 434 も参照。

43) *Garaud/Szramkiewicz*, S.119 ; *Szramkiewicz*, S. 87.「父となり、自由な婦人から非嫡出子を受け取った男は、そのことによって義務を負担しているとはいえないのだろうか？　否！　名誉と愛情という2つの自然的感情の保護の下にある者よりももっと大きな義務が存在するのである」（カンバセレス（Cambacères））（*Mulliez*, Révolutionnaires, S. 381 により引用）

44) たとえば、（未成年）養子制度は、古法の下ではまったく目立たない存在であったが、革命中に「個人意思の勝利（triomphe de la volonté individuelle）」としての新たな意義を獲得したことも、このことと符合している（*Mulliez*, Pater is est, S. 419 ; *Boulanger*, S. 7 ; *Mulliez*, Révolutionnaires, S. 385）。

A. フランス　　　　　　　　　　9

ちも、伝統的な構造と伝来の先入観をしごく当然であると考えてそれを維持しようとした点で、やはりその時代の子にすぎなかったのである。

III. ナポレオン民法典

ナポレオン民法典（Code Nanpoléon ［以下 C.N. と略称する］）は、中間法（droit intermédiaire）に比べ、総じてむしろ反動的な特徴を示したが[45]、出自法の領域においては、ほとんど既存の法状態にとどまった。特に、父性確認の禁止はそのままに残された[46]。悪名高い C.N. 340条には、「父の搜索は許されない（La recherche de la paternité est interdite.）」とあったのである。ナポレオンは、婚姻家族を強力な国家の胚細胞と考え、その家族の団結をこのような仕方で保護しなければならないと考えたのである[47]。彼は、自分の軍隊の兵員を充足するために、父なき子が一定程度存在することに関心を示したのだともいわれている[48]。

いずれにしても出自法の規整にあたっては、子の福祉は焦点とならなかったのであり、むしろ決定的であったのは公共の福利と思い込まれたものである。ナポレオン民法典の第三草案の序文には次のように述べられている。「最良の立法は、社会の一般的福祉と公共道徳の向上を促進する立法である。若干の個人が彼らの家族としての権利を奪われ、国の費用で育てられたとしても、もしもその犠牲によって放蕩が阻止され、家族の平和が確保され、そして婚姻共同体が奨励されるならば、それはなにほどのことであろうか？」[49]

したがって、父子関係の創設は、依然として、もっぱら任意の認知にかかっ

---

45) *Brinton*, S. 55 ff.; *Mulliez*, Pater ist est, S. 423 ff.; *Mulliez*, Révolutionnaires, S. 379.
46) 身分の証明は、任意認知とはもやや同等とはされなかった（*Schmidt-Hidding*, S. 30; *Gutkess*, S. 20）。
47) *Zweigert/Kötz*, 1. Aufl., S. 151; *Schmidt-Hidding*, S. 30 f.
48) *Schmidt-Hidding*, S. 32.
49) カンバセレエス（*Schmidt-Hidding*, S. 32 からの引用による）。ビゴ＝プレアムヌー（*Bigot-Préameneu*)は、古法による父性確認を「いわば社会の害悪の元（comme le fléau de la société)」と表現した（*Fenet*, Recueil complet des travaux préparatoires du Code civil X (1836), S. 154)。

ていた。ただし、姦通もしくは近親相姦の関係から生まれた子は認知されえなかった（C.N. 335条）[50]。その理由は、結婚している側の親の婚姻家族の保護と、そのような認知によって大衆の道徳感を毀損し、またそのような結合を幇助することへの懸念であった[51]。

もちろんナポレオンは、自分の考え方を立法審議機関で貫徹するという課題を抱えていた。立法に参画する会議である護民院は、ナポレオンの提案を拒否し、父性の訴えの限定的許容を擁護した。この勧告に従って、立法手続において最も重要な機関であった「立法府（Corps législatif）」もナポレオン民法典の該当する節を斥けた。そのことからナポレオンは法律草案を取り下げて、護民院構成員の数を半分に減らした。彼は、護民院の立法担当部局を自分の草案の信奉者で占めさせた。新たな手続において、当該の諸規定は反対票なしに採択された。唯一父性の訴えが許されたのは、C.N. 340条2項により、母が懐胎期間中に子の父によって誘拐された場合だけであった[52]。

しかし、子の認知が大きな役割を演じたのは、父性の問題についてだけではなかった。古法時代とは異なり[53]、非嫡出子については、母子関係の創設もまた母の認知にかからしめられたのである（C.N. 334条-339条、341条、342条参照）[54]。たしかに母性の確認を求める訴えは許されたが[55]、母親たちは、望

---

50) この規定は、一方の親への身分的帰属は、それによって子どもが生まれた事情が暴露されないから可能であると解釈された（*Gutkess*, S. 25）。
51) *Zweigert/Kötz*, 1. Aufl., S. 152. このことを埋め合わせるかのように、この子らには親の遺産に対する養育費の請求権が認められた（C.N. 762条）。後になって、C.N. 762条は、扶養請求権は相続開始によってはじめて発生するのではなく、被相続人の存命中にすでに存在することを前提としている、という見解が浸透した。ただし、その扶養請求権は、その出自が何らかの仕方で裁判上確認されている子（判例）もしくは少なくとも別の方途でその出自の知られている子（一部の学説）にしか適用されないと解されたことにより、この規定の及ぶ範囲は徹底的に制限された。このことについては、*Schmidt-Hidding*, S. 177 f.; *Mezger*, FamRZ 1955, 273, 274; *Barazetti*, S. 469 ff. 参照。
52) *Garaud/Szramkiewicz*, S. 180; *Schmidt-Hidding*, S. 33.
53) 古法時代には、出自の証明は洗礼証書もしくはいわゆる身分の証明、すなわち母によってわが子として扱われていたことの立証によって行われた。付加的な証明方法として、認知がこれと併存していた（*Schmidt-Hidding*, S. 23; *Madlener*, S. 50 m.w.N.）。
54) *Barazetti*, S. 382; *Zweigert/Kötz*, 1. Aufl., S. 150.

まれない子を匿名で棄児養育院に引き渡すことにより、依然としてその確認を免れることができたのである[56]。ナポレオンは1811年のデクレでこの制度を追認している。そのデクレにより、彼は、すべての郡に回転箱を備えた棄児養育院を設置するよう命じたのである[57]。

Ⅳ. その後の展開

非嫡出子の法状態が不満足なものであったことから、ほどなくして、ナポレオン民法典に対する批判的な見解が述べられるようになった[58]。

1. 父性確認

父性確認の禁止は棄児が増加する原因となった[59]。さらに、非嫡出子の犯罪の増加やその母親たちによる売春の頻発が憂慮された[60]。このような展開によって、非嫡出子の社会的地位がその実父の善意に全面的に依存しているのだという意識が研ぎすまされたのである。

まず判例は、1845年にはじめて、こうした法状態を緩和する配慮を行った。すなわち、不純な手段で誘惑された母親には、誘惑者に対する損害賠償請求権が認められ、その請求権は C.C. 1382条の一般的な責任規定に依拠し、さらに誘惑によって生まれた子の扶養料をも含むとされたのである[61]。このことは、

---

55) しかし当初は、その場合でも「証拠補充書面 (commencement de preuve par écrit)」が必要とされた (*Zweigert/Kötz*, 1. Aufl., S. 151)。

56) 判例は、出生証書に母の名を記載することを定めたC.C.56条から、母の身元を示す義務を導き出すことはなかった。この規定は、母が名を示した場合にのみそれが記載されるべきであると解釈された (*Gutkess*, S. 24 und 98 参照)。

57) *Bürge*, S. 323 f.; *Schmidt-Hidding*, S. 29; *Frank*, FamRZ 1992, 1365, 1368; *Feld*, S. 181.

58) *Barazetti*, S. 415 ff. Fn. 6 に収録された意見参照。とりわけロワゼル (Loysel) は、「子どもを作った者がその子を養わなければならない (Qui a fait l'enfant doit le nourrir)」と述べている。Motive Ⅳ, S. 873; *Schmidt-Hidding*, S. 72 ff. m.w.N. も参照。

59) *Zweigert/Kötz*, 1. Aufl., S. 153; *Schmidt-Hidding*, S. 75.

60) *Zweigert/Kötz*, 1. Aufl., S. 153; *Schmidt-Hidding*, S. 75.

61) Cass., 7. 6. 1963, Bull. civ. I, n. 292. これより古い判例の紹介は、*Schmidt-Hidding*, S. 70 にある。

その立法趣旨からして、父性の捜索を――不法行為による訴えの枠内でも――すべて拒絶しようとしたC.N. 340条がはじめて回避されたことを意味するものであった。

これとならんで、判例は、子の面倒をみてやりたいという父親の意思が書面（たとえば手紙）から明らかになった場合にも、子に対する父親の扶養義務を認めた[62]。それゆえに、そのような扶養義務を負ったのは、とりわけ自分が父親であると考える者たちであって、それは必ずしも真実の父親ではなかった。この場合には、公平の考量から、まったく事実上のものにすぎない意思表明の中に、その男がこの［書面の］形式ではおよそ有していなかったであろう法的拘束意思があるものと想定されたのである。

改革の必要性が迫っていたにもかかわらず、立法者自身が動いたのは、ようやく1912年になってからであった。父性確認の訴えが許されたとはいえ、それは次の5つの場合に限られた。すなわち、外部的事情からみてある男が父である蓋然性がかなり高い場合（誘拐もしくは強姦の場合（1号）、書面による認知（2号）もしくは誘惑を推測させる文書（5号）の存在）か、あるいは、少なくとも現実に営まれた最小限の親子関係が存在し、かつ、それによりその男の態度に認知類似の性質を認めることのできる場合（公知のコンクビナートの存在（3号）もしくは扶養ないし養育への男の関与（4号））だけであった。1972年の家族法大改革にあたって、立法者は以下のような論拠によって、この訴えの制限を維持することを理由づけた。つまり、もしそうしなければ父親の意思に反して子が彼に押し付けられることになってしまうことも考えられるから、一定の場合には父子関係の設定を妨げることが子の利益なのだというのである[63]。

その後数十年の間、5つの許容事由の存在は、全体として、父性確認の原則的禁止に対する例外にとどまった[64]。子にとって特に深刻だったのは、母親の

---

62) Cass., 3. 2. 1969, Bull. civ. I, n. 55. これより古い判例の紹介は、*Schmidt-Hidding*, S. 71 にある。文書形式の要請は、C.C. 1341条から導かれた。この規定によれば、一定額を超える請求のためには文書による証拠が必要とされていたのである。

63) *Gutkess*, S. 35 ; *Massip*, note sous Cass., 5. 7. 1988, D. 1989, 228 ; *Vidal*, La place de la vérité dans le droit de la filiation, Mélanges Marty, 1978, S. 1130 も参照。

64) *Schmidt-Hidding*, S. 85 Fn. 395.

多数関係が確認されれば直ちに訴えが棄却され、同衾者のうちの1人だけが子の実父として問題になることのさらなる立証が許されなかったことである[65]。

1955年には、姦通および近親相姦から生まれた子の、出自確認を要しない扶養請求権が、フランスにおいてはじめて導入された[66]。この種の子らは、1912年に父性確認が可能とされた後も、依然としてそれから排除されていたからである[67]。この新たな扶養請求権は、父性確認の訴えとは違って無制限に、それゆえ［訴訟］開始事由（cas d'ouverture）の存否にかかわりなく許される。判例は、当初、この扶養請求権をすべての非嫡出子に拡大することを拒絶したが[68]、そのことは、長期的には、姦通および近親相姦から生まれた子が単純自然子（enfants naturels simples）よりも優遇されるという矛盾した結果をもたらした。その後、1969年の破毀院の判決によって、この不平等扱いには終止符が打たれた[69]。立法者は、1972年の改革によってこの判例を追認し、すべての非嫡出子に対して扶養の訴えが開かれたのである。

1993年に、フランスの出自法には根本的な改革が加えられた。C.C. 340条に対する学説の姿勢はこの間に変化していた。自分に対して拒絶的な男の子であるとされることは必ずしも子の利益ではないと長い間指摘されてきたこと[70]に対して、段々と強い批判が加えられるようになったのである。たとえばリュベラン゠ドヴィシ（Rubellin-Devichi）は、［訴訟］開始事由を、「厄介な父性を振り払うための不快な手段の選りすぐりの宝庫」[71]と評した。

出自確認の方法の完成を目の当たりにして、許容事由のカタログによる父性確認の制限を全面的に放棄することが自然に考えられたのであろう[72]。政府か

---

65) この反証は、1972年の改革によってようやく許された。
66) *Madlener*, Diss. 1969, S. 210.
67) これらの子に身分確認が可能とされるのは、1972年の改革によってである。ただし、C.C. 334-10条に残されている制限を参照。
68) Cass., 13. 1. 1959, D. 1959, 62, note *Rouast*; JCP 1959, II, 10952, note *Esmein*; RTD civ. 1959, 306, obs. *Desbois*.
69) Cass., 20. 5. 1969, D. 1969, 429.
70) *Vidal*, La place de la vérité dans le droit de la filiation, Mélanges Marty, 1978, S. 1130.
71) *Rubellin-Devichi*, JCP 1993, I, 3659 : "une mine, bien exploitée, de procédés choquants pour rejeter une paternité encombrante". *Cornu*, n. 261 も参照。
72) *Gouzes*, JOAN, 28. 4. 1992, S. 736 f. ; *Vauzelle*, JO Sénat, 8. 12. 1992, S. 3728.

ら提出された法律草案は、それゆえに、父性確認を一切の制限なしに認めようとし、国民議会の多数の承認も得られていたのである[73]。しかし、すでにその頃から、最初の批判的意見が散発的にみられた。たとえば、ある女性議員は、「この法律草案は……親子関係設定の基準として、もっぱら生物学的出自を優先させており、……そのことにより父性の感情的および社会的な次元を無視している」[74]との意見を述べていたのである。

その後、元老院では、国民議会の改革提案に対する批判が優勢を占めた。従来の体系の維持が擁護されたのである[75]。ある男性議員は、たとえば生物学的真実の体系的優先は、「社会学的父性（paternité sociologique）」に対する脅威であると考えた[76]。父性確認の無制限の許容に関しても、この訴えの可能性の濫用が懸念された[77]。驚くべきことに、フランス革命中にはじめて無制限の父性確認に反対して持ち出された「破廉恥な訴え」というこの常套句が、医学的な父性鑑定の完成にもかかわらず今日に至るまで法律学と立法においてかなりの役割を演じているのである[78]。そこで話題とされるのは、たいてい、相手の男が父親でありうるかどうかはっきりとは分からないにもかかわらず、女が復讐心からあるいは恐喝の目的でその男に対する父性確認を提起するという事案である。けれども、そのことを例示する実務での具体的な事案は、提示されていないのである[79]。

父性確認を「推定もしくは状況証拠（présomption ou indices）」の存在にかからしめようとした国民議会の妥協提案は[80]、元老院の同意を得られなかった[81]。活発な討議の後、また両院協議会の招集の後に見いだされた一致点は、父性確

---

73) JOAN, 15. 5. 1992, S. 1288.
74) *Catala*, JOAN, 28. 4. 1992, S. 739.
75) JO Sénat, 8. 12. 1992, S. 3757.
76) *Bordas*, JO Sénat, 8. 12. 1992, S. 3738.
77) *Dejoie*, JO Sénat, 8. 12. 1992, S. 3756.
78) *Granet-Lambrechts*, J.-Cl. civ., Art. 340 à 340-7 n. 33 ff. ; *Rubellin-Devichi*, JCP 1993, I, 3659 および *Dejoie*, JO Sénat, 8. 12. 1992, S. 3756 を参照すればよい。
79) *Granet-Lambrechts*, J.-Cl. civ., Art 340 à 340-7, n. 33 ff. を参照すればよい。
80) *Vauzelle*, JO Sénat, 22. 12. 1992, S. 4678.
81) JO Sénat, 22. 12. 1992, S. 4684.

認の場合において出自検査は、他の（非医学的な）証拠を用いて「被告に父性があるとの推定もしくはその重大な徴表（indices graves）」が示される場合にはじめて許されるということであった[82]。

こうすることによって、父性が純生物学的な関係と見なされてしまうことを避けようとしたのであろう。つまり、父子関係の設定のためには、むしろ父母間、もしくは父子間における最低限度の人間関係が付加的に存在すべきだと考えられたのであろう。たしかに生物学的結び付きはあっても、それ以外では子をただ拒絶し無視するだけの父親を持つよりは、父親を持たない方が子にとっては良い、と考えられたのである[83]。それゆえに、法律文言上、フランスにおける父性確認は、現在もなお完全に無制限に許されるようにはなっていないのである。

学説では、一方において、草案の「まったく生物学的な構想（conception purement biologique）」は「不快なもの（choquant）」と評された[84]が、他方においては、「時代錯誤的な」訴えの要件の廃止は歓迎された[85]。興味深いのは、カルボニエ（Carbonnier）が若干の提訴制限の存続を支持するために挙げた理由である。すなわち「警察国家の精神を必要以上に発展させないことがフランスにおける社会の利益であり、それどころか、父親としての役割はもともと自分から望んだのだとの証明を与えてやれば、その役割をより良く受け入れるようになるであろうし、それが被告の利益となるのではなかろうか」[86]というのである。しかし、残っている許容要件は、一般に実効性に乏しいものと考えられている[87]。

---

82) JOAN, 23. 12. 1992, S. 7870.
83) *Cattala*, JOAN, 28. 4. 1992, S. 739 ; *Deprez*, JOAN, 28. 4. 1992, S. 746 ; *Clément*, JOAN, 28. 4. 1992, S. 729 ; *Ameline*, JOAN, 28. 4. 1992, S. 742.
84) *Bénabent*, n. 502. *Malaurie/Aynes*, n. 618 も批判的であった。
85) *Sutton*, D. 1993, Chr., 166 ; *Rubellin-Devichi*, JCP 1993, I, 3659.
86) *Carbonnier*, n. 325.
87) *Massip*, Defrénois 1993, no 35559, S. 630 ; *Rubellin-Devichi*, JCP 1993, I, 3659. 残されている訴えの制限の廃止を擁護するものとして、*Granet-Lambrechts*, note sous Cass., 4. 1. 1995, D. 1995, Somm., 225 ; *Bernigaud*, JCP 1995, I, 3813 等がある。*Mirabail*, note sous CA Toulouse, 21. 6. 1994, D. 1995, 100 はこれに反対する。

たしかに、1993年の改革の際には、できるだけ多くの場合に父性確認を可能にしようとする傾向があった。しかし、近親相姦関係から生まれた子はそこから除外されたままに置かれていたのである。これらの子については、母親もしくは父親との血族関係しか創設できないのである（C.C. 334-10条）。立法の討議においては次のようなことが言われた。すなわち、近親相姦的出自の暴露は「およそ子の利益にかなうものではなく、むしろ免れたままでいたかったはずの不名誉をその子に公然と負わせてしまうであろう」[88]。

2．嫡出否認と認知の取消し

ナポレオン民法典のもともとの構想によれば、夫は嫡出性を否認する独占権を保持していた。親子関係設定によって自身の権利に影響が生ずるのは夫であったから、否認についての決定権も夫だけに認められるべきであったのである。ただし、この権利は徹底した制限に服していた。すなわち、C.N. 316条1項により、その訴えは子の出生後1か月の期限内に提起されなければならなかった——夫がその時点までに嫡出性を否定する事実を知るに至ったかどうかとは無関係にである。

しかし、この短い期限内においてでさえも、夫は、わずかの疑いがあるというだけで否認権を行使することはできなかった。それどころか、いわゆる［訴訟］開始事由の存在が必要であったのである。訴えを提起できるのは、事故に起因する生殖無能力もしくは法定懐胎期間全体にわたる継続的不在によって同衾が不可能であったか、あるいは子の出生が夫に秘密にされていた場合だけだったのである。

この規整の関心事は、婚姻家族の利益のため否認訴訟をできるだけ阻止し、また、家族構成員を圧迫するために夫によって何時使われるかもしれない脅威である、嫡出否認というダモクレスの剣［常に危険をはらむ幸福の意］で、身内の者をあまり長く悩ませないことにあった[89]。その後、判例は、厳格すぎる

---

88) *Huet-Weiller/Le Guidec*, Rép. Dalloz, Filiation naturelle, n. 26 に収録されている。
89) *Ernst*, S. 109 m.w.N.

と感じられたこの開始事由をできるだけ拡張的に解釈するように努めた。その努力は、1966年のある裁判においてついに頂点に達した。その事案では、深刻な不和による「心理的生殖不能」が、疾病を原因とした生殖無能力による身体的不能と同じであるとされたのである[90]。

　1972年の出自法の改革によって、[父子] 関係設定の準則を生物学的出自に近づけることが目指された。すなわち、提訴期限は1か月から6か月に延長され、[訴訟] 開始事由の要件は廃止された。子の母親にも否認権が認められたが、それは子が7歳に達しない間だけ存在し、さらに母親が離婚し、子の実父と再婚し、かつその者が子の準正の申立てをなすことを追加的な要件としている（C.C. 318条、318-1条）。この制限によって、子が新しい家族共同体に法的に統合され、かつ、嫡出子としての地位を失わないことが保障されるのである。

　とりわけ子自身に否認の可能性を開いていないこの制限的な否認のシステムは、破毀院の判例によって根底から作り変えられた。C.C. 334-9条によれば、嫡出子の場合、子が嫡出子の身分占有（possession d'état）を有している場合には、すべての認知およびすべての（非嫡出）父性確認の訴えは無効である。この規定は、――ドイツ民法典［以下BGBと略称］旧1593条に類似して（BGB新1599条1項参照）――嫡出子の場合には、原則として先に嫡出否認が行われた後でなければ、認知や非嫡出父性の確認がなしえないことを明らかにしたものである。

　しかしこのことは、子と母の配偶者との間にいわゆる身分占有がある場合にのみ妥当する。C.C. 311-1条によれば、身分占有とは、2人の者の間に営まれた親子関係が存在することを示唆する諸事情の総体である。この制約の背後にあるのは、母の夫が父として記載されている単なる出生証書よりも、身分占有の方が証明力がありかつ信頼が置けるという考慮である[91]。なぜなら、フランス法によれば、既婚女性の出産の場合に、その夫が子の父として身分登録簿に

---

90) Cass., 9. 2. 1966, Bull. civ. I, n. 105.
91) *Ernst*, S. 179.

自動的に記載されるのではなく、その女性によって子の父として申告された男が記載されるからである。

1976年に破毀院は、C.C. 334-9条を反対解釈して次のような論理を展開した。すなわち、子と母の配偶者との間に身分占有が欠けているならば、嫡出子の認知が（先行する嫡出否認なしに）許され、この場合にはすべての任意の第三者は——C.C. 311-7条の一般的な30年の期限内であれば[92]——（現実の）父性の確認を求める訴えを提起することができる[93]。

父性確認の訴えが提起されれば、第三者の父性の証明には、必然的に母の配偶者からの出自でないことの証明が伴う。その場合には父親が新しい父親と交替するのであり[94]、これは C.C. 318条と同様の結果となる。これに対して認知がなされれば、父性の衝突（conflit de paternités）が生ずる。つまり、子はさしあたり2人の父親を持つのである[95]。この衝突は、C.C. 311-12条の一般規定に従って解消される。それによれば、いったいどちらが子の本当の父親であるかについての定まった手続による確認は存在しないのであり、それどころか、すべての利害関係人は、2人の父親のうちいずれがより蓋然性の高い実父であるかを、30年間は確認させることができるのである（C.C. 311-7条）[96]。したがって、これら2つの法的手段は、父親が一方から他方に交替するという結

---

[92] *Hauser-Huet/Weiller*, n. 665. 出訴権者が未成年である間は、この期間の進行は妨げられる（Cass., 10. 1. 1990, D. 1990, 193, note *Huet-Weiller*）。さらに、出訴期間は、「身分占有」がなくなった時からはじめて進行する（*Menne*, S. 24）。

[93] Cass., 9. 6. 1976, D. 1976, 593 note *Raynaud*；JCP 1976, II, 18494 note *Cornu*；RTD civ. 1976, 340 obs. *Nerson*；TGI Paris, 19. 6. 1979, D. 1980, IR, 61 obs. *Huet-Weiller*、圧倒的に否定的な文献とそれより古い日付の一部異なった判決については、*Huet-Weiller/Granet -Lambrechts*, J.-Cl. civ., Art. 335 à 339；n. 56 m.w.N.

[94] *Hauser/Huet-Weiller*, n. 674.

[95] 全体については、*Mezger*, Das Kind mit Zwei Vätern, eine Erfindung des französischen Kindschaftsrecht von 1972, FS Ferid 1978, S. 621 ff. も参照。実務においては、後からなされる認知は、認知者が公知証書（acte de notoriété）を提出できる場合にのみ、——もちろん、その記載は認知の有効性にとって本質的ではないが——出生証書に記載される。C.C. 71条2項と結び付いた311-3条1項により、3名の証人が認知者との身分占有の存在を証明することが、その要件である（*Huet-Weiller/Granet-Lambrechts*, J.-Cl. civ., Art. 335 à 339, n. 59)。

[96] これについて詳しくは、*Ernst*, S. 178 ff. 参照。出訴権限は C.C. 311-12条から直接に導かれる。

果をもたらす[97]。それゆえに、これら2つの手段は、母親の嫡出否認権の基礎ともなっている体系に適合しているのである。つまりこれらの法的手段は、ドイツ的な考え方では、同時に行われる父性確認を伴った嫡出否認である。

この関連で展開された行政実務は驚くべきものである。母の夫に対する身分占有を持たない嫡出子が第三者から認知された場合、検察官は認知者を出生証書に父として記載するよう決定することができ、それは、子はもはや母の配偶者の氏を称しないという結果を伴うのである。その要件は、その子が自分に対して身分占有を示していることについて、その男が公知証書を提出できることである[98]。そのような証書は、3名の証人が営まれた親子関係の存在を証言すれば、後見裁判官によって発行され、出生証書に記載される（C.C. 71条2項と結び付いた311-3条1項）。このような場合は本来 C.C. 311-12条によって取り扱われなければならないはずであるのだが、こうしたやり方により、父性衝突は、当面認知者に有利な方向で裁判外で解決されるのである——もちろんそのことが子の身分にとっての実体法的帰結をもたらすことはない。子の身分は依然として実体法上浮動的なままであるにもかかわらず、この検察実務によって、父性衝突の多くはおよそ裁判所にまでやってこないのである[99]。

1976年の破毀院判例による嫡出否認に関する諸規定のさらなる展開は、まだ既存の体系の枠内にとどまっていたのだが、1985年に同裁判所は、C.C. 322条2項の解釈にあたっていま一歩を進めた。C.C. 322条2項は、子の身分占有が出生証書と一致している場合には、何人もその（嫡出）子の身分を否認することができないと定めている[100]。この規定の反対解釈から、身分占有と出生証書が一致しない場合には、すべての利害関係人は、一般の30年の時効期間内

---

97) 唯一の例外があるのは、嫡出子を有効に認知した者が子の実父でない場合である。C.C. 311-12条による手続の枠内において、母の配偶者も認知者もその子の生物学的父親でないことが判明すれば、子は嫡出身分を失い、同時に認知は無効となる。ただし、そのような事態はまれであろう。

98) *Sutton*, Rép. Dalloz Procédure civile, Filiation, n. 148. *Gisserot*, note sous TGI Puteaux, 17. 6. 1986, D. 1987, 531 参照。

99) *Sutton*, Rép. Dalloz Procédure civile, Filiation, n. 482.

100) この規定は、その文言およびその位置からして、本来的には、嫡出母性の否認のみに関するものであった（*Ernst*, S. 182 参照）。

（C.C. 311-7条）であれば[101]、嫡出性を否認することができる、という論理構成がなされたのである[102]。嫡出身分を審理するために展開された他の2つの法的手段に比べ、この訴えの可能性は顕著な利点を備えている。すなわち、この訴えは、同時に真の父性が確認されること——このことは特定の原告にとっては困難となりうる——を条件としておらず、また、2つの異なった父性のやっかいな併存をもたらすこともないのである。しかし子の観点からすれば、この訴えは他の法的手段の場合のように父を交替させるものではなく、父親の喪失が「親子関係の空白（vide de filiation）」につながることがありうる、という決定的な不利益を伴うのである。

この判例を歓迎する学説を見る限り、社会学的父性の意義が指摘されている。つまり、身分占有が欠けていれば社会学的父性はもはや存在しないのである[103]。カルボニエの理由づけもまた興味深い。夫が子に身分占有を拒絶した結果として身分占有が欠けていることもあり、その場合には、その拒絶の中にすでに一種の嫡出否認がある、というのである[104]。

この判例によって、はじめて子にも固有の否認権が認められた。しかし、否認の可能性の著しい拡大は、否認権限を狭い範囲の者に制限しようとした法律の構想と矛盾する。夫の否認権は C.C. 316 条において徹底した制限を受けているが、判例によって展開された一般的な否認の可能性に依拠してその制限を回避できるならば、その制限は何の役に立つのであろうか？ 結局のところ、夫は、自分の行為によってかなりの程度意のままに子に嫡出子としての身分占有を付与することができるのであり、したがって自分自身の否認権の要件を作り出すこともできるのである。さらに、身分占有が消失した後には母親も一般の

---

101) TGI Bordeaux, 4. 5. 1995, RTD civ. 1995, 611 obs. *Hauser*. 子［が争う場合］については、未成年中は期間の進行が妨げられる（CA Paris, 31. 3. 1987, D. 1987, IR, 120）。
102) Cass., 27. 2. 1985, D. 1985, 265 note *Cornu*. この判例は Cass., 14. 5. 1985, JCP 1985, IV, 259 ; Cass., 30. 6. 1987, D. 1987, IR, 173 において再確認された。かなり否定的な学説およびこれより古い日付の部分的に異なる判断を示した判決については、*Granet-Lambrechts*, J.-Cl. civ., Art. 319 à 328, n. 67 m.w.N.参照。
103) *Massip*, D. 1975, Chr., 81.
104) No 271.

30年の否認権に依拠することができるとすれば、子が7歳未満でありかつ母親が真の実父と再婚する場合にのみ、母親に否認権を認める318条、318-1条の綿密に組み立てられたメカニズムは、何の役に立つのであろうか？

さらに、非嫡出出自の場合にはそれが明文上許されない（C.C.338条）というのに、嫡出出自の場合には父子関係が設定されているにもかかわらず認知が許されるのはなぜかも理解しがたいように思われる。幾人かの論者は、破毀院による否認権の拡大を激しく批判した。「提案されている解決は、出自法における過大なる地位を真実性に譲るものである。……（生物学的）真実性の探索は出自法の最大の目標ではない」[105]。

フランス民法典は、嫡出否認については制限的な考え方を示す一方で、認知の取消しについては、これを従前から緩やかに認めてきた。中間法において、認知には母親の同意が要件とされていたのに対して[106]、ナポレオン民法典は、認知を父親の一方的な意思表示として構成した。認知は法的な利益を有する者であれば誰からでも取り消すことができると、［嫡出否認とは］反対の方向で規定されたのである（C.N.339条）[107]。

しかしながら、自然科学の当時の水準では、認知の不実性の証明はきわめて困難であったことに注意しなければならない[108]。今日この規定は、出自検査の現代的な可能性によってはじめて、広範な意義を獲得したのである。今日この規定は、認知の耐久力を非常に弱めるという結果をもたらしているのである。その取消しは、30年の期限内であれば、すべの利害関係人に開かれているのである。ただし、認知された子が10年来認知者の子としての身分占有を有しているならば、1972年の改革以後は、その取消しをなしうるのは子自身、子の

---

105) Vidal, La place de la vérité dans le droit de la filiation, Mélanges Marty, 1978, n. 22. Hauser/Heut-Weiller, n. 678 および Malaurie/Aynes, n. 558も参照。これらについてさらなる実証をもって詳述するものとして、Ernst, S. 184参照。
106) Madlener, S. 53.
107) ナポレオン民法典のもともとの構想では、この権利は身分の訴えとしておよそ時効にはかからないものとされた。1972年の改革以降、C.C. 311-7条は、すべての身分の訴えについて——別段の定めなき限りは——30年の時効期間を定めている。
108) Madlener, S. 63.

母親および真の実父だけである。しかし、これは周縁的な修正にすぎないのであって、認知の耐久力が弱いことに変化をもたらすものではないであろう。

B. ド イ ツ

ドイツの出自法を刻印づける展開は、フランス法の意識的拒絶にその源を発した。

Ⅰ. ナポレオン民法典への反動

ナポレオン民法典に根を下ろした父性確認の禁止は、ドイツにおいては、多くの法律家によって激しく批判された[109]。たとえばある論者は、この規定は「私生の子らの全存在をその実父の単なる意思の犠牲にしている」と断じた[110]。これにとどまることなく、ナポレオン民法典による「姦通」子の扱いは「野蛮」と考えられた[111]。

しかしながら、ドイツ諸国のいくつかはフランス法を手本とした。ライン同盟時代に、バイエルンはフランスの非嫡出子法の――C.N. 340条も含めた――無制限の継受を意図した。その理由として言われたのは、「この原則は、最初は奇異に、またまるで見せしめのように思われるのだが、よく考えてみると、真実性の吟味に耐えるものであり、父性はおよそ立証できないのであり推測するしかないということに基づいている」[112]ということであった。実際にフラン

---

109) *Schubert*, Französisches Recht, S. 472 ; *Zachariä/Crome*, S. 514. ただし、フランス流の構想の支持者も存在した。Verhandlungen zum 3. Deutschen Juristentag, Wien 1862, Bd. II, S. 241 f. におけるウンガー（Unger）の見解参照。
110) アルメンディンゲン（Almendingen）の見解（*Schubert*, Französisches Recht, S. 479により引用。ただし、この文献では、同じ論者が反対の意見を述べていることも実証されている。）
111) *Zachariä/Crome*, S. 541. *Barazetti*, S. 378 もこれと類似している。
112) *Schubert*, Französisches Recht, S. 473.

スの規整が導入されたのは、ヘッセン‐ダルムシュタット大公国とフランクフルトにおいてであった[113]。

これに対して、バーデンのラント法では、たしかにフランス民法典が広く継受されたが、しかし、父性確認の禁止には重大な例外が認められた——たとえば、父親が子の母親を「妾として自分のところで扶養していたことが周知であった」場合とか、あるいは、父親が母親との同衾を「任意に自白した、もしくは偶然に確信させた」場合がそうであった（バーデンラント法340a条）[114]。フランスと違う規整をする理由としては、バーデンの風俗は「もっと純朴」であり、それゆえに「裕福で品行方正な人々」に対する濫用的な訴え提起の危険はない、ということが挙げられた。さらに1851年には、バーデンにおいて未認知の非嫡出子の父親に対する扶養請求権が認められた[115]。

ドイツ全体の民法典の制定をめぐる議論において、母親側の出自に関して、フランスの認知主義の採用は一致して拒絶された。なぜなら、母性の確認には問題を生じないし、また非嫡出子の境遇を理由もなく悪化させるべきではないと考えられたからである[116]。これに対して、父性の訴えが許されるべきか、それとも、フランスを模範として排除されるべきかに関しては、激しい論争の炎が燃え上がった。1862年のウィーンにおける第3回ドイツ法曹大会で意見の一致が達成できなかった後に、1863年のマインツにおける第4回ドイツ法曹大会では、「父性の訴え（Paternitätsklage）は、……ドイツ全体の法典においては、……例外的場合にのみ許されるべきである」という提案が多数をもって採択された[117]。父性の確認に反対する理由として挙げられたのは、とりわけ、推定に依拠しなければ父性は証明できないのであり、そのような立証は「甚だしい

---

113) *Schubert*, Französisches Recht, S. 473 und 479.
114) *Barazetti*, S. 423に収録。
115) Motve IV, S. 865.
116) Motive IV, S. 856 ; *Planck*, Vorentwürfe Familienrecht 2, S. 1617 f.
117) Verhandlungen des 4. Deutschen Juristentags, Mainz 1863, Bd. II, S. 147. このことについてはとりわけ、Verhandlungen zum 3. Deutschen Juristentag, Wien 1862, Bd. II, S. 126 ff., 220 ff. und 238 ff. および Verhandlungen zum 4. Deutschen Juristentag, Mainz 1863, Bd. II, S. 143 f. におけるウンガーの見解参照。

不公正」をもたらすということであった。さらに、そのことによって、「不道徳な行いが助長され」[118]、また「多くの家族の平和と幸福」がかき乱される[119]、ということも言われたのである。

これに対してドイツ民法典の立法者は、「自然の法則と道徳律」によれば「血族の自然的紐帯は」、「子の扶養に配慮する自然的かつ道徳的な義務」を包含している[120]、と反論した。ここには、扶養の義務は父子間の血のつながりだけからすでに帰結するという、自然法的観念の余韻がきわめて明瞭に残っているのである[121]。

II. ドイツ民法典

上記のことに対応して、ドイツ民法典（BGB）は、最初から、父親に対する非嫡出子の扶養請求権を規定した。この請求権は、――立証を容易にする目的で――BGB旧1717条により、出自にではなく同衾に結び付けられていた。けれども、この請求権は父親の血族に対する扶養請求権（BGB旧1708条ないし1714条、1716条1項1文および2項）を含むものではなかったし、父が死亡した場合における非嫡出子の相続権も規定されることはなかった。なぜなら、非嫡出性は、対世的効力をもって確認されうる身分ではなかったからである[122]。BGB旧1589条2項により、非嫡出子はその父親の血族とはみなされなかった。立法者の見解によれば、「婚姻において子をもうけることだけが、家族法上の義務と権利の前提をなす道徳的基礎を保障する」からである[123]。

それゆえに、――フランス法とは異なり――認知も完全な価値のある血族関

---

118) 「恥知らずな女ども」が「多くの男たちに身を委ね、そのうえで判断して、彼らの中で最も裕福な男に養育費を請求する」ような試みを思いつくことが懸念されたのである。
119) Motive IV, S. 866 f.
120) Motive IV, S. 868. *Planck*, Vorentwürfe Familienrecht 2, S. 1601 もこれと類似している。
121) *Koch*, Rechtshistorisches Journal 1990, 107, 112 f. und 121.
122) Motive EGBGB, S. 92 (Art. 11 § 627 c).
123) *Planck*, Vorentwürfe Familienrecht 2, S. 1597. Motive IV, S. 851 も参照。

係を創設しなかった。認知によって示されるのは、「自然的（血縁的）結び付き……親子関係の基礎」ではなく、「認知者の意思と結び付いた父性の可能性」にすぎない。——「ここには、婚姻によって媒介された血族関係におけるのと同じ親密な家族関係が存在しない」。なぜなら、「私生子とその実父の間の自然」によって「結び付けられた紐帯は、きわめてわずかな場合においてしか、両者の親密な結び付きをもたらさない」[124]からである。認知の制度によって、婚姻外の性交渉、独身とコンクビナートが助長されると考えられた。また、非嫡出子の境遇を改善するためには、養子縁組ないしは準正が適切な手段である[125]、とも言われたのである。

ナポレオン民法典と同様、ドイツ民法典においても、嫡出否認の権利は夫だけに与えられた（BGB旧1594条）が[126]、その場合には、出生を知ってから1年で否認期限が徒過した。この期限の徒過前に夫が——単に黙示的にであれ——子を承認すれば、その否認権は失われた。子が自分の家族に所属すべきか否かについて夫が排他的な決定権限を持つことは、家父長制的な家族像に合致していた[127]。しかしながら、常に「家族の幸福の危機」[128]である否認訴訟の数を減らすために、否認の可能性の厳格な制約によって、子の身分の一義的かつ終局的明確化をもまた達成しようとした。当時の非嫡出子の法的ならびに社会的地位が劣悪であったことから、嫡出子自身は自分の身分を危険にさらす必要性を感じないであろうということを、立法者は前提とすることができたのである。それゆえに、子のための固有の否認権は断念されたのである。

立法者が嫡出身分に付与した特別の意義は、訴訟法規定でも示された。すなわち、ドイツ民法典の公布に伴って改正された民事訴訟法（ZPO）は、その640条において（ZPO旧622条1項および2項との結び付きにおいて）、ライ

---

124) *Planck*, Vorentwürfe Familienrecht 2, S. 1598 ; Motive IV, S. 851.
125) *Planck*, Vorentwürfe Familienrecht 2, S. 1599 ; Motive IV, S. 852.
126) 夫が死亡しかつその否認権が消滅していなければ、そのことに利益を有する者なら誰でも嫡出性を否認することができた。
127) Motive IV, S. 659 ; *Planck*, Vorentwürfe Familienrecht 2, S. 1222 ff.
128) Motive IV, S. 659. *Endemann*, Lehrbuch des Bürgerlichen Rechts, 8./9. Aufl. 1908, S. 532 f. はこれに批判的である。

ヒ民事訴訟法（RZPO）から一転して、職権探知主義（Inquisitionsmaxime）の適用を定めた[129]。実体的真実の探知は公共の利益であり、それゆえ当事者の行為が訴訟の結果に及ぼす影響は最小限度にとどめられるべきだ、というのが立法者の見解であった[130]。この公共の利益は、まず、身分関係の詐称に関する規定（刑法（StGB）169条）に関する規定によって根拠づけられた。さらにこのようにすることにより、親子関係事件における判決が万人に対する既判力（erga-omnes-Rechtskraft）を持つことに対する疑念が緩和されたのである[131]。これに対してZPO旧644条による扶養訴訟では普通の手続規定が妥当していたために、欠席判決や認諾判決および自白が可能であり、この訴訟で実の父親が探知される保証は小さかったのである。

Ⅲ. 国家社会主義の影響

改革の必要性が生じたのは国家社会主義者による権力掌握の後であった[132]。彼らのイデオロギーによれば、血縁に基づく「真実の」出自が決定的であったからである[133]。

---

129) 1877年のライヒ民事訴訟法は、親子関係の問題について特別の規定を置いていなかった。それゆえに、この領域については、一般的諸原則すなわち弁論主義が妥当していた（Damrau, S. 21 ff. 自白があった場合における同種の問題については、Wach, AcP 64 (1881), 232 f.; Levy/Wilwovski, 4. Aufl. 1886, Bd. 1, § 261 Anm. 1 参照）。特別の規定が置かれていなかった理由としては、家族法の領域では地方特別法のかなり区々とした実体法的規整が存在していたために、訴訟手続の一本化への展望が立たなかったからではないかと思われる。
130) Motive IV, S. 672 und S. 1002. これを支持するものとして、Seuffert, ZZP 16 (1890), 486; Rosenberg, Lehrbuch des Deutschen Zivilprozeßrechts, 1927, S. 509; Weismann, Lehrbuch des deutschen Zivilprozeßrechts, Bd. 1, 1903, S. 536 がある。Leonhard, Eideszuschiebung, S. 146 ff. は、権利の放棄不能性と職権探知主義の妥当との間には必然的な関連が存在しないと述べ、「裁判官によるぎこちない後見的介入」を批判するが、やはり原則としてはこの規整を承認している。
131) Motive IV, S. 672.
132) これについて詳しくは、Frank, Abstammungsfeststellungsklage, S. 65 ff.; Dickhut-Harrach, Gerechtigkeit statt Formalismus, 1986, S. 234 ff.; Damrau, S. 422 ff.; Deichfuß, S. 44 ff., 50 f. und 114 ff.; Jauernig, Bundesgerichtshof, S. 31 ff.; Gottwald, S. 112 f.; Rüthers, S. 193 ff.; Zimmermann, S. 96 ff. 参照。
133) 種族的帰属（アーリアン証明）が重要とされたのは、たとえば、ライヒ公民権

B. ドイツ

　最初の一歩として、ライヒ最高裁判所は、――扶養訴訟とは切り離された[134]――独立の非嫡出父性確認の訴えをZPO 256条の枠内で許容した。たとえば、認諾もしくは自白に基づく判決で既判力をもって扶養債務者とされた者が非アーリアン出自であり、子が、本当の父親は別の（アーリアンの）男であると主張する場合には、その確認をする利益が存在したのである。

　それまで多くの論者は、非嫡出出自の確認を求めるこの種の訴えは許されないものと考えていた。なぜなら、生物学的出自それ自体は法律関係ではないし、そのうえ、父と非嫡出子の関係は基本的に扶養請求権に制限されている結果、扶養訴訟以外の場で父親を確認する利益は通常は存在しないからである[135]。これに対して、ライヒ最高裁判所は、確認の対象となしうる法律関係の存在を肯定したのである。すなわち、肉親としての出自の効果は、たとえば、血族の婚姻禁止（BGB旧1310条、現在の1307条に該当）や後婚準正（BGB旧1719条）および嫡出宣告（BGB旧1723条）の可能性から導かれるというのである[136]。

　　（RBürgerG v. 15. 9. 1935, 2条および1. VO zum RBürgerG v. 14. 11. 1935参照）、農民資格（RErbhofG v. 29. 9. 1933、13条参照）、公職任官資格（RBG v. 31. 3. 1873 i.d.F. des Gesetzes zur Änderung von Vorschriften auf dem Gebiete des allgemeinen Beamten-, des Besoldungs-, und des Versorgungsrechts v. 30. 6. 1933、1a条参照）および兵役（WehrG v. 12. 5. 1935 und v. 26. 6. 1936、15条参照）であった（OLG München, JW 1937, 2043による）。

134)　それまでに判例は、非嫡出子の場合には扶養訴訟の枠内において、すでに父性確認の訴えを許容していた（RGZ 135, 219 ; OLG Frankfurt, JW 1930, 1016 ; LG Stade, 1936, 104）。

135)　*Roquette*, DR 1936, 486 ff. ; *ders.*, JW 1935, 1385, 1389 ; *ders.*, JW 1935, 2476, 2477 ; *Fischer*, JW 1936, 237 ; *Natter*, AcP 95(1904)、123 ff. ; 別の見解を述べるものとして *Kuttner*, JehrJb 50(1906), 466 ff. ; この反対の見解については、さらにRG, JW 1938, 245に挙げられた文献参照。これについて詳しくは、*Zimmermann*, S. 61 ff. und 99 ff. 参照。

136)　RG, JW 1938, 245, 246 ; RGZ 159, 58 ; RGZ 160, 293 ; RGZ 169, 129。この訴えの支持者たちも、当時すでに、ライヒ最高裁判所の「技巧（Kunstgriff）」を見通していた（*Schönfeld*, Die Wirkungsgrenzen der Abstammungsurteile, 1943, S. 71 f.）。すでに1933年以前にも、BayObLG 7, 109 ; OLG Frankfurt, JW 1930, 1016 ; OLG Stuttgart, JW 1931, 386 があったのである。この訴えの可能性は、1933年以前にはまだ大きな実際的意義を獲得していなかったので、最上級審での解明により判例を一本化するには至らなかったのである。ライヒ最高裁判所は、現在の判例とまったく同様に、ZPO 256条の意味における「法律関係」とは、すべての「ある者と他者の間の法的に規律される関係」であって、「民法の領域において法的効果を付与されるもの」であることを前提としている（RG, JW 1938, 245）。

法的な利益は、とりわけ第三帝国のアーリアン立法を指摘することで承認されたが[137]、「ユダヤの混血児」であることを欲しないという原告の願望でも十分であると認められた[138]。

　第二歩として、ライヒ最高裁判所は、法律に違反して（contra legem）この確認の訴えに身分訴訟の諸規定を適用した[139]。ZPO 旧644条は、身分訴訟に関する諸規則が非嫡出父性の存在・不存在を対象とする争訟に適用されないことを定め、ZPO旧640条は可能な身分の訴えを列挙し、当然ながら、生物学的出自の確認はそこに挙げられていなかったのである。しかし、ライヒ最高裁判所は、1939年6月15日の判決において、ZPO 旧640条は排他的列挙規定ではないとして、次のように判示した。すなわち、血縁に基づく出自は「国家社会主義の考え方が法秩序に浸透する前には……決定的な意義を持っていなかった」のだから、法律の欠缺が存在する。しかし、いまや、家族への帰属は「家族構成員の利害であるにとどまらず、社会一般の利害でもある」[140]。ZPO 旧644条は扶養訴訟だけを念頭に置いており、父性確認訴訟は考えていない。この確認訴訟は、この規定を採用した当時には、まだおよそ立法者に知られうべくもなかったのである。職権探知主義の適用と当事者処分の排除によってのみ、「民族の人種政策的および人口政策的利害が要求する」ような裁判への道が開かれる[141]。当事者の協同によって生物学的真実に一致しない判決が下されることは、避けられねばならない。

---

137)　RG, JW 1938, 245, 247 ; 別の見解を述べるものして、OLG Kassel, HRR 1936, Nr. 1043 ; LG Oels, JW 1935, 3125 ; AG Bremen, JW 1936, 2489.
138)　RG, JW 1937, 3041.
139)　RGZ 160, 293 ff. ; *Vollhardt*, JW 1935, 2475/76 ; *v. Scheurl*, JW 1936, 235 ff. ; *Schmidt-Klevenow*, JW 1936, 17 ; *Krupp*, DR 1938, 203/204 ; *Fischer*, ZAkDR 1939, 347. 別の見解を述べるものとして、BayObLG 7, 109 ; OLG Frankfurt, JW 1930, 1016 ; OLG Stuttgart, JW 1931, 1386 ; *Kuttner*, JherJb 50 (1906), 469 ff. ; *Rosenberg-Bötticher*, Hess. Rspr. 27, 249 ; *Roquette*, JW 1935, 2476 ; *Henneberg*, JW 1935, 1834/35 ; *Roquette*, JW 1935, 3127. これについて詳しくは、*Zimmermann*, S. 105 ff. m.w.N. 参照。
140)　RGZ 160, 293, 297.
141)　RGZ 160, 293, 296 und 298. 1941年5月24日には、ライヒ司法省の一般指令（DJ 1941, 629）により、ユダヤ出自の原告の訴訟については、職権主義をより厳格に適用できることが定められた（*Zimmermann*, S. 156 f.）。

嫡出子の場合についても、母親の配偶者の沈黙だけで非アーリアン出自が隠されたままに置かれることは、甘受しがたいことであった。それゆえに、1938年の家族法変更法により、検察官の無期限の否認権が導入されたのである（BGB 旧1595a条)[142]。この否認権は、公共の利益と子の利益において、出自関係の解明を「人種的および遺伝生物学的理由から」可能ならしめようとするものであった[143]。さらに、夫の否認権の期限の始期は、新たに、夫が嫡出性を否定する事情を知った時点に固定された[144]。このことにより、いまや、夫にとっては「自分の」子の非アーリアン出自を暴露することがより容易になったのである。

　国家社会主義の影響が特に明白となったのは、出自検査の強制可能性の問題においてである。1877年のライヒ民事訴訟法は、身体検査の命令については特別の規定を置いていなかった。検証による証拠調べに関する一般規定（RZPO 336条、337条）が適用可能ではあったけれども、検証の受忍強制は規定されていなかった[145]。出自確認のための血液検査は19世紀末葉には科学的にまだ利用可能ではなかったから、この法状態に不思議はない。

　血液検査がはじめて法廷で使えるようになったのは、1926年以降のことである。それ以後は、新たな医学的知見が、全事件のほぼ5分の1において父子関

---

142) Gesetz v. 12. 4. 1938 RGBl I S. 380 (Verordnung v. 6. 2. 1943 (RGBl I S. 80) 1条2号も参照)。
143) *Parlandt/Seibert*, BGB, 6. Aufl. 1944, §1595a unter 1b. 立法理由は DJ 1938, 619 に収録されている。ドイツ法アカデミー（Akademie für Deutsches Recht）では、子の固有の否認権も考慮に入れられていた（*Mößmer*, ADR Ⅲ, 2, S. 378 und 389 ; *Brandis*, ADR Ⅲ, 2, S. 381）。しかし、それとならんで、当事者全員の沈黙によって子の真の出自が隠蔽されないようにするために、検察官の否認権が不可欠であるとも考えられた（*Mößmer*, ADR Ⅲ, 2, S. 378 und 602 ; *Günther*, ADR Ⅲ, 2, S. 379 ; *Brandis*, ADR Ⅲ, 2, S. 381 ; *Olczewski*, ADR Ⅲ, 2, S. 382 ; *Hedemann*, ADR Ⅲ, 2, S. 383.）。
144) これについて公式の理由では次のように述べられている。「……われわれの今日的感覚により血縁に基づく出自に与えられるべき意義は、夫によって生み出されたのでない子の嫡出否認を常に可能にし、それゆえ子の本当の出自を解明する方途を開いておくことを（強く要求する)」（DJ 1938, 619）。
145) 自己の身体を証拠目的に供する義務は、ある請求権の根拠が実体法上そこにある場合だけに存在した（Motive zur ZPO, S. 246 f. ; *Friederichs*, ZZP 19 (1894), 399）。しかし、それに相当する状況はおよそ考えることができないも同然であった（*Friederichs*, ZZP 19 (1894), 400は、考えられる例として保険契約を挙げている）。

係の不存在を確実に証明することを可能にしたのである[146]。それゆえに、国家社会主義による権力掌握の後には、法律的基礎がなくとも血液検査の受忍義務を肯定する声が高くなった。「共同の利益は個人の利益に優先する」の原則に従い、「出自関係の解明に対する民族共同体の要求」は、いかなる場合においても、訴訟で有利な裁判を求める個人の利益よりも優先しなければならない[147]、とされたのである。しかし、民事裁判所は原則的に従来の判例を堅持していた[148]。けれども、民事裁判所は、後見人がその被後見人の血液検査への同意を拒絶すれば、後見人のその行為は義務違反であると判示した。裁判所は、真実の出自を解明するためには、たとえそのことにより非嫡出となったとしても、自発的に血液検査を受けることが常に子の利益であるという立場に立っていたのである[149]。

医学の新たな認識可能性がはじめて法律上に表れたのは、その後、1938年4月12日の、家族法規定の変更と補充および無国籍者の法的地位に関する法律（Gesetz über die Änderung und Ergänzung familienrechtlicher Vorschriften und über die Rechtstellung von Staatenlosen）第3章9条においてであった[150]。この規定により、遺伝学的・人種学的検査による出自確認を受忍する「当事者お

---

146) *Kretschmer*, S. 84 und S. 86 Fn. 1. 血液検査の意義が判例で最終的に承認されたのは、1930年4月のライヒ最高裁判所判決（JW 1930, 1605）によってであった。1931年のライヒ司法省の民事訴訟法草案は、370条2項において、受忍義務の導入にはまだ距離を置いていた。なぜなら、「そのような強制がまったく不当であり、その観点の下で不可避的な例外の定式化が容易ではないであろう」場合が考えられたからである。さらには、拒絶は裁判官の自由心証の枠内で考慮することで足りるとされたのである（Entwurf einer Zivilprozeßordnung, Berlin 1931 S. 332）。ただし、これらの考察は一般に検証の強制可能性に関するものであり、出自問題にとっての血液検査の特別な意義はまだ知られていなかった。

147) *Schulz*, DJ 1934, 126, 127; *Reinhardt*, JW 1934, 3176, 3177 f.; この見解はすでに1933年以前に *Sperl*, DJZ 1927, 1523, 1529によって主張されていた。別の見解を述べるものとして、*Hellwig*, DJ 1934, 126, 127; *Maßfeller*, ZAkDR 1938, 171.

148) OLG München, ZAkDR 1938, 170; 別の見解を述べるものとして、LG Altona, JW 1936, 2176.

149) KG, JW 1935, 1891; KG, JW 1936, 3067; OLG München, JW 1937, 2043. 結論的にはすでに *Sperl*, DJZ 1927, 1523, 1526もそうであった。

150) DJ 1938, 619, 621 における公式の理由づけは、国家社会主義的なレトリックにとらわれることなく、新たな医学的知見との関連だけを挙げている。*Rexroth*, DJ 1938, 775と *Maßfeller*, JW 1938, 1281 f. もこれとまったく同様である。

よび証人」の義務が導入されたのである。その該当者が「正当な事由」を主張しない限り、直接強制を用いることによって検査を実施することができたのである[151]。1943年2月6日の、家族法規定の適応に関する命令（FamRAnglV）第4章7条1項は、それまで証人と当事者に限定されていた規定の適用領域を、「その他の関係者」とそれらの者の両親および祖父母にまで拡大した[152]。さらに加えてFamRAnglV第4章7条2項において、刑事訴追を受ける危険は正当な拒絶事由ではないことが明確化された。これらの問題は、それまで争われていたものと思われる。

　要約すると、生物学的出自の確認可能性は国家社会主義の独裁の間に大きな意義を獲得したということができる。できるだけ多くの場合において血縁に基づく「真実の」出自を暴くことができるようにするための諸条件を、実体法的にも訴訟法的にも作り出す試みがなされたのである。その際前面に出ていたのは、民衆の特定集団を人間性を侮辱するような差別の下に置くために、人間をその出自に応じてそれぞれ区別するという、権力者の利益だったのである[153]。

Ⅳ. 1945年以後の展開

　ナチス体制の崩壊後、国家社会主義的なイデオロギーを背負い込まされたライヒ最高裁判所の判例が引き続き維持されうるかどうかについて、疑念が生じ

---

151)　RGBl. 1938 I S. 381. *Hellwig*, DJ 1934, 126, 128は、非嫡出子に関する同趣旨の立法提案を財政的利益によっても理由づけている。*Haas*, ZBlJR 1933, 196, 197もまったく同様である。
152)　RGBl. 1943 I S. 82.
153)　多くの論者は、裁判所は人種生物学的理由とならんで遺伝生物学的理由をも援用していたのだから、この判例は国家社会主義の人種政策だけに奉仕したのではないと論ずる（*Dickhut-Harrach*, S. 242 Fn. 146 ; *Jauernig*, Bundesgerichtshof, S. 32 Fn. 12a）。これに対しては、遺伝生物学的理由の強調も同じくナチスのイデオロギーと密接に結び付いていたのだと反論することができる。*Schönfeld*, S. 62は、たとえば、「遺伝生物学的観点による人間の評価」の利益について述べている。国家社会主義者が優生（Erbgesundheit）に付与していた役割は、遺伝的疾患を持つ次世代の予防に関する法律（ErbkrNachwGes. v. 14. 7. 1933, RGBl. 529 ; v. 26. 6. 1935, RGBl. 773 ; v. 4. 2. 1936, RGBl. 119）および健康な婚姻に関する法律（EhegesundhG v. 18. 10. 1935, RGBl. 1246）からも明らかである。

た[154]。しかし、身分訴訟手続において対世的効力を伴う父の確認を非嫡出子にも可能にしたという結果は、実質的に正当なものに感じられた。このような方法をとれば、後にどのような訴訟が起こされたとしても、非嫡出子の出自が再び問題とされることはありえないからである。

　従来の法状態を維持するために、学説は、嫡出子と非嫡出子の平等化の命令(基本法6条5項)を指摘したのみならず、自己の出自を知る権利は非嫡出子の人格権に含まれると説明した[155]。このような個人の特別の法的地位を援用することには、それによりナチスのイデオロギーからはっきりと距離をとるという長所があった。しかし、この論証の目的論的性格は、当時すでに認識されていた[156]。その目的は、非嫡出子の法的地位を改善することにあったのであり、自己の出自を知る権利は、そのための追加的な論証素材を提供したにすぎなかったのである。

　「国家社会主義の精神から生まれた考量」[157]を拒絶したにもかかわらず、連邦通常裁判所は、基本的に同じ論証によりライヒ最高裁判所の判例を維持した[158]。連邦通常裁判所が示唆的に基本法6条5項を援用していたにすぎないのに対して[159]、連邦憲法裁判所は、非嫡出子に対して嫡出子と同じ諸条件を作り出すべしとする基本法6条5項の命令を明示的に用いて、この法の継続形成を承認

---

154) このことについて詳しくは、*Zimmermann*, S. 173 ff.
155) *Enneccerus/Nipperdey*, Allgemeiner Teil des Bürgerlichen Rechts, 15. Aufl. 1959, §§ 15 II 5 g, 101 II 5 ; *Guggumos*, NJW 1947/1948, 59, 60.（この文献は特にバイエルン州憲法100条（人間の尊厳）を指摘する）; *ders.*, Urteilsanmerkung zu OGHBrZ, NJW 1949, 750, 752 ; *Neumann-Duesberg*, NJW 1950, 14, 15 ; *ders.*, MDR 1952, 486, 487. 別の見解を述べるものとして、*Schwab*, NJW 1956, 649, 651 ; *ders.*, ZZP 68 (1955), 130. 判例もこの考えを取り上げた：AG Schweinfurt, NJW 1950, 789, 790 ; OLG Hamburg, MDR 1954, 424 ; OLG Oldenburg, NJW 1956, 677.
156) *Bruns*, ZZP 64 (1950/51), 119 ff. このことはその後の展開から当時を回顧した考察によっても裏付けられている (*Gottwald*, S. 113)。
157) BGHZ 5, 385, 397.
158) BGHZ 5, 385, 389 ff. und 397 f. ; BGH, NJW 1952, 935 ; BGH, NJW 1956, 668 ; BGH, NJW 1956, 988 ; BGH, NJW 1956, 1438 ; BGHZ 17, 252. これに対してOGHBrZ 2, 123, 128f. は、血縁に基づく出自は「法律関係」ではないという理由で、出自確認の訴えの許容性を否定していたのである。判例評釈として、*Guggmos*, NJW 1949, 750, 751 f. ; *Bruns*, ZZP 64 (1950/51), 114 ff. これに対し、*Bosch*, DRZ 1947, 177 ff. ; *Isele*, AcP 150 (1949), 69 ff. は、連邦通常裁判所の見解を支持していた。
159) BGHZ 5, 385, 396.

したのである[160]。この判例は、その後、1961年に、ZPO 640 条、644 条の変更により立法者の追認を得た。

血液検査の強制可能性に関しても、ナチス体制の終焉の後、身体検査の受忍義務は典型的な国家社会主義の思想を含むものではないという見方が、学説と判例において急速に浸透した。そのような規整の導入は 1933 年以前にすでに求められていたとの指摘がなされたのである[161]。さらに、審問主義（Untersuchungsgrundsatz）によって基礎づけられた真実探知の義務を果たすためには[162]、身体検査が唯一信頼のおける証明手段である[163]、とも言われた。ソビエト占領地区においても、ラント司法大臣会議の決定に従って、この規定は基本的な変更なしに引き続き適用された。この規定は「医学の進歩」[164]に合致していたというわけである。英国地区中央司法局（Zentral-Justizamt für die britische Zone）の命令により、FamRAnglV の 7 条が民事訴訟法に 372a 条として取り込まれたのである[165]。この規定の現在の形は、1950年に ZPO が新たに公布される過程でできあがったものである[166]。その際に行われたドイツ連邦議会における議論では、この規定を原則的に維持すべきことが、ノイマイヤー（Neumayer）議員によって次のように理由付けられた。すなわち、「司法は医学の知識を無視することはできない。司法はこの知識を利用しなければならない。司法にとっての最高原則は、常に、真実を明らかにすることでなければな

---

160) BVerfGE 8, 210, 217 ff.
161) Bosch, Südd. JZ 1947, 314, 315 ; Guggumos, NJW 1949, 151, 152 ; OLG Kassel, DRZ 1948, 396 ; OLG Hamm, NJW 1952, 167. オーストリアでも、判例（OGH, 25. 3. 1952, EFSlg. 3348）と学説（Fasching, ÖJZ 1981, 169）は同じ結論に達した。これと異なる見解を述べたのは Nathan, NJW 1950, 12, 13 である。彼は、この規定の中に「正真正銘のファシストのイデオロギー」が体現されていると考えたのである。
162) Bosch, Südd. JZ 1947, 314, 315.
163) LG Zweibrücken, MDR 1950, 172 ; LG Ravensburg, Unsere Jugend 1950, 73 ; SchlHOLG, SchlHA 1949, 345.
164) OLG Dresden, JR 1949, 453.
165) VOBl.Br.Z. 1947, 93. それにより、今やはっきりと「何人も」事情に応じて必要となる検査を受忍すべきことが義務付けられた。英国地区法務小委員会は、1946年6月4日の意見書において、［被疑者の血液検査を含む身体検査を定める］刑事訴訟法（StPO）81a 条を指摘しつつ、この規整を典型的に国家社会主義的なものとしては位置付けていない（SchlHA 1946, 305）。
166) BGBl. 1950, S. 472.

らないからである。……血液検査の受忍義務が定められても、それは是認しえない不当な要求とはいえないことも、その点から明らかである」[167]、と。

この規定に憲法上の疑念がないことは、1956年に連邦憲法裁判所によって、わずかばかりの血液の採取が基本法2条2項の侵害となるかはまずもって疑わしいし、いずれにせよこの規整は基本法2条2項に定められた法律の留保に含まれる、という簡潔な理由付けによって認証されたのである[168]。

連邦共和国の成立直後の数年間で、ナチス時代に押し通された［法状態の］変更の継続的妥当をめぐる議論が一巡した後、ドイツの出自法が再度包括的に改革されたのは、ようやく1961年の家族法変更法（FamRÄndG）によってであった。検察官の嫡出否認権は、家族領域への国家的干渉が、出自に対する公共の十分な利益によって正当化されることはもはやないという理由[169]で、廃止された。それに代わって、子の固有の否認権と夫の親の副次的否認権が導入された（BGB旧1596条、1597条、1598条および1595a条）。これによってはじめて、嫡出子が自ら──限定的であるとはいえ──自身の出自についての疑念を解明することができるようになったのである。そうはいっても、BGB旧1596条と1598条の考え方によれば、子が否認をなしうるのは、基本的に両親の婚姻が破綻した場合だけであった。こうした規整の背後にあったのは、家族の平和を守り、それにより持続的な社会的結合の中で子が順調に育つことをも広く保障しようとする努力である。

1969年の非嫡出子法（NEhelG）によって、ようやくBGB旧1589条2項が削除された。これにより、非嫡出子の父に対する血族関係が、はじめて法律上無制限に認められたのである。このことはまず第1に相続法上の帰結を伴った。同時に、非嫡の実父であることを確認する身分の訴えも、法律上の根拠を与えられた。立法者は、その理由として、「その出自が裁判手続によって解明されなければならない私生子に本当の父が確認されること、および、真実の父

---

167) Verhandl. des BT, 1. Wahlp., Stenographische Berichte, Bd. 4, S. 2876 A.
168) FamRZ 1956, 215, 216. いわんや比例性（Verhältnismäßigkeit）についての疑問を連邦憲法裁判所が提起することはおよそないのである。KG, FamRZ 1987, 294 も参照。
169) BT-Drucks. III/530 v. 7. 8. 1958, S. 2 und 14.

でない者が子の父として確認されるのを阻止すること」を挙げ、さらに「真実の父の確認は、正義の命ずるところであるのみならず、子の福祉によっても要請されている。子は、自身の血縁に基づく出自が確認されることに対して、保護に値する利益を有する」と述べたのである[170]。

このことの中に、子に真実の出自の確認を可能にしてやろうとする広範な努力を見ることができるかもしれない。しかし、立法者の考え方は依然としてそうではなかった。そのことは、はじめて完全な形成的効力を与えられた認知がBGB旧1600f条1項によって無効とされたのは、一定の形式的要件が無視された場合だけであったことから明らかである。それゆえ、虚偽の認知が有効であり、StGB 169条によっても罰せられないことは明白であった[171]。たしかにこの法律は、通常は本当の父である者だけが認知をなすであろうということを前提としているが、──母に対する好意などから──まったく意識的になされる虚偽の認知は致し方ないとされたのである。その理由は、できるだけ簡易かつ迅速に子と父との関係を設定しようとする努力にあった。さらに、すべての非嫡出子について費用のかさむ身分訴訟を実施することは、回避されるべきだと考えられたのである[172]。

真実の父性の裁判上の確認を立法者が求めたのは、誰も任意に自分の子であると認めない場合だけであった。その場合であれば、生物学上の父親を引き出すことが当然と考えられた。ただしその理由は、「父の親およびその尊属の子の扶養に対する責任、ならびに、父の親およびその尊属の扶養に対する子の責任を、子が現実にその者たちからの出自を持たない場合に規定すること」が不当であるということにあったにすぎない[173]。

---

170) BT-Drucks. V/2370 v. 7. 12. 1967, S. 37. いくつかの改革提案は、自己の出自を知る権利を援用して、そのような展開を促した（*Zimmermann*, S. 196 f. und 199 f. 参照）。この考え方は、非嫡出子法に関するドイツ連邦議会の議論でも一定の役割を演じた（*Zimmermann*, S. 218 参照）。
171) それまで認知は、基本的には後婚準正の枠内でしか意味を持たなかった。そのこととの関連において、認知は父性推定の根拠となった。故意による虚偽の認知は、加罰的な身分詐称とみなされていた（*Deichfuß*, S. 12 ff. 参照）。
172) BT-Drucks. V/2370 v. 7. 12. 1967, S. 26.
173) *Deichfuß*, S. 68で紹介されている。

V. 連邦憲法裁判所による改革の督励

1. 自己の出自を知る権利

すでに古い裁判例において連邦憲法裁判所は、自己の遺伝的出自を知ることに対する子の利益を一定程度承認していた。しかし、その利益は特に重要なものとも考えられなかったし、それに憲法上の位置付けが与られることもなかった。憲法裁判所は、たとえば、ZPO 旧 232 条 2 項（ZPO 新 85 条 2 項と結び付いた 233 条）の適用は出自訴訟においても合憲であると判示していたのである。この規定は、[当事者の責に帰することのできない上訴期限等の徒過による訴訟法上の] 原状復帰（Wiedereinsetzung in den vorigen Stand）に関しては、弁護士の故意・過失は当事者の責任となると定めていた。[そこでの] 決定的な理由は、「いずれにせよ、子の利益と家族の平和の利益に配慮して、民法は、出自関係が正確に解明されるための保障をすべての場合に与えているわけではない」というものであった[174]。

BGB 旧 1594 条 1 項、2 項による夫の嫡出否認に関する 2 年の除斥期間の合憲性も肯定された。自身の身分の早期的かつ終局的な確定に対する子の利益が指摘され、あまりに長期にわたる威嚇的な否認権による負担から婚姻が保護されねばならないことが強調されたのである[175]。自己の出自の確認に対する子

---

[174] BVerfGE 35, 41, 48. [父性確認訴訟において、訴訟代理人の過失による上訴期限徒過の結果、当事者が上訴審において出自を争えなくなることが、人格権の侵害に当たるかどうかが問題となった事件] この判例は圧倒的な拒絶に遭遇した。OLG Stuttgart, DAVorm 1974, 187, 189（ただし、この裁判所ではその判例は引き継がれなかった、OLG Stuttgart, DAVorm 1986, 189 f.）; *Zöller/Vollkommer*, §85 Rz. 2; *Jauernig*, Zivilprozeßrecht, §31 II; *Bosch*, FamRZ 1993, 308; *ders.*, FamRZ 1973, 449; *Leipold*, ZZP 93(1980), 255; *Schneider*, MDR 1990, 596, 597; *Schumann*, ZZP 96 (1983), 208 Fn. 268; *Stürner*, JZ 1986, 1089, 1092; *Berkemann*, FamRZ 1974, 294, 295; *Schultz*, MDR 1974, 196 f.; *Ostler*, AnwBl 1973, 375 f. 連邦憲法裁判所に従うものとしては、BGH, FamRZ 1993, 308 m.w.N zur Rspr., がある。OLG Hamm, FamRZ 1997, 502; *Stein/Jonas-Bork*, (VII/1992), §85 Rz. 9; *MünchKomm/v. Mettenheim*, ZPO, §85, Rz. 12 も参照。

[175] BVerfG, NJW 1975, 203, 204. BGB 旧 1594 条 2 項の 10 年間の絶対的除斥期間が憲法上問題がないことについては、これより前のBGH, FamRZ 1966, 504, 505 も参照。その限りで、BGB 旧 1598 条による [父性を否定する事情の] 認識を要件とする成年子の 2 年間の否認期限に関する最近のBVerfG, NJW 1994, 2475 ff. はそれと判断を

の利益は、まだこの事案では、連邦憲法裁判所によって特に高い評価を受けていたわけではなかった。つまり、「自分の生まれた家族の中で嫡出子として成長する子の利益は、自己の出自の厳密な確認に対する利益よりも、一般的に優越している」[176] と説示されていたのである。

1988年1月18日の判決によってはじめて、遺伝的出自を知る子の権利は憲法上の重要性を獲得した[177]。[それ以前の] 判例では、非嫡出子が実父の名を告げるよう母に求める情報提供請求権は存在しないことが、一貫して承認されていた[178]。そのような請求権は現行法上民法に手がかりがなく、また立法論としては内密領域 (Intimsphäre) の保護を求める母の権利と対立するといわれていた。これに対してパッサウ区裁判所は、成年の娘の情報提供請求権をBGB 1618a条 [「親子は互いに扶け合い、思いやる義務を負う」] の一般条項に根拠付けたのである[179]。

母から提起された憲法異議の訴えは、連邦憲法裁判所によって受理されなかった。その不受理決定において、連邦憲法裁判所は基本法6条5項 [嫡出子と非嫡出子の平等] を援用して次のように説示した。非嫡出子は、自分の父親を知らなければ、嫡出子と平等に扱われるチャンスがない。父親を知ることは、非嫡出子法以後に強化された [父に対する] 法的諸関係を利用するために重要なのである[180]。憲法上保障されるこれらの価値に対して、内密領域の保護を

異にしている。
176) BVerfG, NJW 1975, 203. これに反し、OLG Oldenburg, NJW 1956, 677 f. はもっとはっきりとした憲法上の評価をすでに試みていた。この事案では、生物学的父性は個々人にとってきわめて本質的なものであるがゆえに、基本法1条および2条によって保護された人格権の基礎であると述べられていたのである。
177) BVerfG, NJW 1988, 3010.
178) BGH, FamRZ 1959, 16, 17 ; BGHZ 82, 173, 175 ; BayObLG, FamRZ 1972, 521, 522 ; LG Köln, FamRZ 1963, 55. これ以外の実例については、*Kleineke*, Das Recht auf Kenntnis der eigenen Abstammung, Diss. Göttingen 1976, S. 147 ff. 参照。立法論として開示義務の導入に反対する見解として以下のものがあった ; Beschlüsse des 44. DJT in FamRZ 1962, 401 ; *Gernhuber*, „Eltern und Kinder sind einander Beistand und Rücksicht schuldig" — Ein Beitrag zu § 1618a BGB, FS Müller-Freienfels, 1986, S. 191 Fn. 94. これと異なる見解として、*Dölle*, Familienrecht, Bd. 2, 1965, § 102 V 3 c ; *Lehmann/Henrich*, Deutsches Familienrecht, 4. Auflage 1967, S. 209 がある。
179) FamRZ 1987, 1309 ff. これは LG Passau, NJW 1988, 3010 によって追認された。
180) BVerfG, NJW 1988, 3010. これに対する現在の立場として、BVerfG, FamRZ 1997,

求める母親の人格権は退かなければならない[181]。この裁判例によって、自己の出自を知る権利は、少なくとも非嫡出子に関しては、基本法6条5項の平等化委任からの帰結として承認されたのである。しかし、嫡出子にもそのような権利を認めることができるかどうか、できるとしていかなる脈絡においてかということに関しては、まだ不確定であった。

その後連邦憲法裁判所は、1989年1月31日の事案においてはじめて、自己の出自を知る権利の完全に独立した憲法上の意義をはっきりと示した[182]。この判決の事実関係は次のようなものであった。

> 成年の子が、BGB旧1596条1項の否認事由が存在しないにもかかわらず、BGB旧1598条により自身の嫡出性を否認しようとした。その際、その子は、自分の母と父は否認に同意しており、また、特定の第三者が父であることについては家族の中でもはや争いがない、という理由を挙げた[183]。

連邦憲法裁判所は、まず最初に、すべての子は一般的人格権（基本法1条1項と結び付いた2条1項）の構成要素として自己の出自を知る権利を有することを前面に押し出した。同裁判所は、その理由付けとして以下のように述べる。「出自は個々人の遺伝的特性（genetische Ausstattung）を決定するものであり、それゆえその者の人格を刻印付けている」。さらに、出自の認識は「個性の発見（Individualitätsfindung）と自己理解の鍵となる位置」を占めているのであり、それゆえに「自己の個性の理解と発展にとっての重要な連結点」をなしているのである[184]。

869参照。
181) 連邦通常裁判所はすでに、BGHZ 82, 173, 179において、母親が父親の名を秘匿している場合に職務上の保護（Amtspflegschaft）を完全に終了してよいかという問題に関連して、自己の血縁に基づく出自を知る子の権利は基本法1条および2条の一般的人格権の構成要素であると考え、その権利の根拠を基本法6条5項に求めることはしていなかった。連邦憲法裁判所は、この判例との関連を指摘していない。つまり、連邦通常裁判所は、連邦憲法裁判所がようやくその後の裁判例によって示した展開を先取りしていたのである。
182) BVerfGE 79, 256 ff.
183) AG Hamburg, DAVorm 1987, 545 ff.
184) BVerfGE 79, 256, 268 f.

BGB 旧 1593 条および 1596 条 1 項 1 号ないし 5 号と結び付いた 1598 条が、法定の否認事由のある場合は別として、成年の子に自己の出自の裁判上の解明を禁じているその限りにおいて、この人格権は制限されている。制限を根拠付ける憲法上正当な目的としては、婚姻と家族の平和が問題となるが、成年子による嫡出否認に両親が同意していたのであれば、婚姻と家族が危機にさらされることはありえない[185]。

傍論において連邦憲法裁判所は、人格権への干渉が同様に比例原則に適合しない場合として、さらに 2 つの事案類型を指摘した。まず第 1 に、同裁判所は、その子の気持ちがすでに実の父親に向いており、それゆえ否認に関係なく家族の平和がすでに破壊されているという状況を問題とした。第 2 には、その子が里親のもとで成長した場合を摘示している[186]。

1994 年 4 月 26 日の決定により、連邦憲法裁判所は、成年到達後 2 年を経過した後における嫡出否認を——その時点までに自身の嫡出性を否定する事情を知るに至ったかどうかと関係なしに——禁止している BGB 旧 1598 条もまた憲法違反であると宣言した[187]。同裁判所は次のように述べた。自己の出自を知る権利は、[嫡出性を否定する事情の] 認識と無関係なこのような除斥期間によって是認しがたいほどの侵害を受けている。なぜなら、家族法上の浮動状態を迅速かつ一義的に終結させることによる法的安定性の利益の意義は［出自を知る権利よりも］下位に置かれるからである。そのことは、他の否認権者の否認期限が［事情の］認識を条件としている (1594 条 2 項、1596 条 2 項 2 文) ことにも表れている[188]。それのみならず、立法者は、独立の出自確認の訴え

---

185) BVerfGE 79, 256, 272 f.
186) BVerfGE 79, 256, 273 f.
187) BVerfG, NJW 1994, 2475 ; OLG Frankfurt, FamRZ 1990, 315 f. も参照。これと別の見解をとるものとしてさらに、OLG Bremen, FamRZ 1989, 1228 ff. ; OLG Zweibrücken, FamRZ 1992, 217 ff.
188) BVerfG, NJW 1994, 2475, 2476. BVerfG, NJW 1975, 203 ff. では、連邦憲法裁判所はまだ法的安定性の利益を優先させていたが、その事件で審理の対象となったのは、［事情の］認識を条件として除斥期間にかかる夫の否認権であった。これに対して［夫の］親が否認権を持つ場合に関する、BGB 旧 1595a 条の［事情の］認識と無関係な期限には疑念が抱かれなかった。親は直接の当事者ではないから、そのような期限は正当だったのである。

（isolierte Abstammungsfeststellungsklage）を導入することにより、自己の出自を知る権利を侵害することなしに法的安定性を守ることができる[189]、というのである。

2．批判的検討

これらの裁判例によって、自己の出自を知る権利は基本法6条5項に基づく演繹から解放され、一般的人格権という独自の姿をとって現れるようになった。連邦憲法裁判所のこの判例は、幾人かの論者から熱狂的な歓迎を受けたとはいえ[190]、他の論者からは、この「新たに発明された」人格権に対して鋭い批判が向けられた[191]。

連邦憲法裁判所のこれらの裁判例を受けて、1998年7月1日に発効した親子法改革法は、成年の子について BGB 旧1596条1項1号ないし5号の個別的否認事由を廃止し、そのことにより実質的に無制限の否認権を導入した（BGB 新1600条）[192]。立法者としては、自身の出自の確認に対する子の利益が婚姻と家族の保護よりも優先されるべき諸要件を精確に書き示すことはできないと考えたのである[193]。というのも、自己の出自を知る人格権は、基本的に、そ

---

189) BVerfG, NJW 1994, 2475, 2476.
190) *Coester-Waltjen*, Jura 1989, 520 ff. ; *Münder*, RdJ 1989, 456 ; *Enders*, NJW 1989, 881（「一般的人格権に関する最上級審の裁判史における里程標」と評する）; *Starck*, JZ 1989, 338 f. ; *Degenhart*, JuS 1992, 361, 366 f. ; このことから親子法の結論を導くことについてだけは反対するものとして、*Giesen*, JZ 1989, 364, 367.
191) *Ramm*, NJW 1989, 1594, 1597（「明らかな誤判」と評する）; *Smid*, JR 1990, 221 ff. ; *Koch*, FamRZ 1990, 569 ff. ; *Deichfuß*, S. 114 ff.
192) このことは改革の議論の中で幾人かの論者によって要請されていた。*Schwenzer*, Gutachten, S. A 32 ff. ; *dies.*, FuR 1992 Beilage, S. 5 ; *Gernhuber/Coester-Waltjen*, § 51 V 1. ; Thesen des Deutschen Juristinnenbundes, FuR 1992, 185 ; Beschluß des 59. Deutschen Juristentages, Hannover 1992, FamRZ 1992, 1275 unter B.V.1.c（50 : 25 : 13で採択）; 社会民主党（SPD）会派は、それのみならず未成年の子の場合にも無制限の否認可能性を要請した（FamRZ 1993, 278, 279 = BT-Drucks. 12/4024 v. 17. 12. 1992）; これに否定的なものとして、*Giesen*, JZ 1989, 364, 374 ; *Diederichsen*, Verhandlungen des 59. Deutschen Juristentages, Hannover 1992, Bd. II（Sitzungsberichte）, S. M 71 f. ; *Frank*, Abstammung und Status, S. 89.
193) たとえば、BR-Drucks. 180/96 v. 22. 3. 1996, S. 65 f. における理由がそうである。さらに、ティゼン財団（Thyssenstiftung）の家族法に関する研究会も、精確に書き示された否認事由のカタログを立法化できるとは考えなかった（*Frank*, Abstammung

れぞれの事案ごとに改めて婚姻と家族の保護と比較考量されなければならないからである[194]。他方において立法者は、その利益考量を裁判所の任意に委ねるような不確定な一般条項を採用しようともしなかった。つまり、連邦憲法裁判所は──立法技術的に有効な選択肢がないにもかかわらず──、成年子の嫡出否認権については、婚姻の保護と家族の平和の保護を全面的に放棄することを、事実上立法者に強要したのである。

さらに加えて、親子法改革法では、成年子が父性の維持を期待不能とする事情を知るに至った場合の否認期限の復活が定められた（BGB新1600b条5項）。きわめて不確定なこの規定も、憲法上の異議が持ち出されることに対する懸念から生まれたものである。なぜなら、自己の出自を知る権利がどの時点から他の諸利益に劣後しなければならないかを、すべての事案について述べることはおよそできないからである[195]。

疑問が持たれるのは、連邦憲法裁判所が、出自の問題で互いに衝突する多様かつ正当な諸利益のうち、自己の出自を知る子の利益に過大な意義を付与したのではないか、という点である。むしろ、連邦憲法裁判所は、自己の出自を知る権利を原則的に承認するとしても、とりわけ端緒となった1989年1月31日判決では、その権利にもっと狭い限界線を引くことができたのではなかろうか。というのも、すべての者が否認に了解を与えていても、その了解を獲得するために家族内部で圧力が加えられることにより、家族の平和が破壊されるおそれがあるからである。さらに、自発的な事前の了解も、訴訟となってから婚姻と家族を苦しめる新たな事実が白日の下に現れないことの保証にはならない。子の気持ちがすでに父親とおぼしき人物に向いてしまっていれば、もはや否認は家族の平和を破壊する原因とはならないという、連邦憲法裁判所の摘示

---

und Status, S. 89）。連邦憲法裁判所の1994年6月24日判決が知られるまでは、立法者が乗り出すことは思いとどまるべきだとの意見が述べられていた。*Gaul*, Ehelichkeitsstatus, S. 40 ff. und S. 47は、一定の事案類型の精密化はできないし、また連邦憲法裁判所が摘示する事例でも個別事案ごとの利益考量が加えられなければならない、との見解を示している。

194) *Frank*, Abstammung und Status, S. 89 ; *Gaul*, Ehelichkeitsstatus, S. 40 und 46.
195) BT-Drucks. 13/4899 v. 13. 6. 1996, S. 166 f.

する事案類型も同様に疑念にさらされる。その場合には、子は、自分の嫡出否認の要件を意のままに作り出せることになってしまうのである。

　これらの考察を斟酌するならば、自己の出自を知る権利を原則的に承認するとしても、立法者は BGB 旧1596条1項において、関係する諸利益を適切に考量していたといってよい。一般的人格権の幅の広さと不確定さのゆえに、まさにこの文脈においてこそ、連邦憲法裁判所によって原則的に承認される立法者の判断特権（Einschätzungsprärogative）が擁護されなければならない。連邦憲法裁判所が立法者の評価に代わる自身の評価を下すとすれば、それはこれらの規整の合憲性を理由付けるのに以上の考察では不十分だと憲法裁判所が考える場合である。

　自己の出自を知りたいとの欲求が反論を許さぬ当然のものとして持ち出されるなら、それを審理することは、法律家にとってきわめて困難である。さらに、心理的欲求から憲法上の保護を受ける人格権を推論することには、およそ説得力があるとはいえない。自己の出自の認識が人間にどんな意義を持ちうるかについて、社会科学が例証を提供しているのは、これまでのところ養子縁組の領域に関してだけである。それによれば、多くの養子たちが——一部の者は生涯にわたって——自分の生物学的ルーツを必死になって探している。非配偶者間人工授精の場合となると、その欲求はおよそ証明できない。とりわけ、そのような子らが実父でない母の夫のもとで成長した、あるいは真実に反する認知を作出した者と生活している場合に、その子らが自身の肉親の素性を知らないことで悩んでいることについては、何らの証拠も示されていないのである。自己の出自を知る権利という公式がこの間に世界的に普及したにもかかわらず、養子縁組と非配偶者間人工授精以外の領域で、それが言及に値する議論を巻き起こしている国は——知られる限りでは——他にない。少なくとも、「自己のルーツの認識」への欲求は、人工的な家族創設（非配偶者間受精、養子縁組）に起因する特別の心理的負担から出てくるのではないか、という疑念は残るのである[196]。

---

196) 憂慮すべきことに、この間の判例と学説においてこの公式は、その「呼び起こし

3．判例の方向転換？

しかしながら、連邦憲法裁判所は、自己の出自を知る権利に関する最新の決定において、新たな展開方向を示し、事態をいっそう不安定なものとした。実父の名の告知を求める非嫡出子の母に対する情報提供請求権に関する——パッサウ区裁判所が先鞭を付けまた連邦憲法裁判所によって承認された——判例に鑑みるならば、1990年2月21日にミュンスター地方裁判所が、1959年生まれの非嫡の娘の訴えに基づいて、懐胎期間中に同衾したすべての男に関する情報をその娘に提供するよう母親に言い渡したのは[197]、何ら不思議なことではなかった。

具体的事案は次のようなものであった。この子は、出生後間もなく児童養護施設に収容され、後に里親のもとで育てられた。その子は、個人的な理由に加えて、相続権もしくは相続代償請求権行使のためにも自分の父親の身元を知りたいと申述した。これに対して母親は、自分は法定懐胎期間中に複数の男と同衾し、その中には後に結婚している者もいるので、情報提供は自分にとって期待可能なことではない、と主張した。

親子は互いに扶け合い、思いやる義務を負うと定めるBGB1618a条の解釈に際して、同地方裁判所は、自己の出自を知る子の人格権に配慮し、その人格権に内密領域の保護に対する母親の利益を対峙させた。しかし、裁判所は、性関係の相手を秘匿することについての母親の優越的利益を、そのことについて「重大な」理由が存する場合にのみ認めようとした。なぜなら、非嫡出子は「自己の非嫡出性という事実に対して何らの影響も及ぼしえないのに対して、……その事情は通常の場合……母親の責任領域に属する」からである[198]。それゆえに同地方裁判所は、具体的事案においても、子の利益の方がより保護に値す

(Heraufbeschwörung)」がそもそもどうして必要だというのか理解できない場合にも使われるようになっている（たとえば、OLG Nürnberg, FamRZ 1996, 1155 f. und OLG München, FamRZ 1997, 1170：血液検査を拒絶する権利はない；OLG Rostock, DAVorm 1996, 388, 389：配慮権者の［嫡出性を否定する事情の］認識は、未成年子の嫡出否認期間を進行させない（この裁判例については、*Böckermann*, FamRZ 1996, 238, 239 の正当な批判を参照）；*Schlüter*, FuR 1996, 73：嫡出否認を行うにあたって、子は親に対する訴訟費用立替請求権を有する）。

197) LG Münster, FamRZ 1990, 1031.
198) LG Münster, FamRZ 1990, 1031, 1033.

るとみなしたのである。

　情報提供を命じたこの判決に対して、母親は憲法異議の訴えを提起した。思いもよらないことではあったが、この訴えは――7年後になって――認容された[199]。連邦憲法裁判所は、その決定においてまず最初に、原審地方裁判所に「判断、評価および形成に関する裁量の余地」を認めている[200]。しかし、次いで、連邦憲法裁判所は、原審地方裁判所が自身に認められるべき考量の余地をおよそ誤認し、一方的に子の利益を優先させ、その結果として、母親の利害との考量はせいぜいのところ狭い枠の中でしかなされえないことになってしまった、と論難するのである。

　より厳密に考えれば、連邦憲法裁判所の批判は正当でないことが判明する。原審地方裁判所の決定的な考慮は、親はその子の非嫡出性に責任を負うべきであり、それゆえにそれによってもたらされる不利益を埋め合わせる義務があるということであった。この論拠は、親が結婚しなかったから、親の利益は常に子の利益の背後に退かなければならないという非難を間接的に親に加えるものであるから、たしかに特に説得力のあるものではない。しかし、何といっても、1988年1月18日の不受理決定にもこれと同じ考慮が見られるのである。連邦憲法裁判所の部会（Kammer）による不受理決定は、簡略化された審理方式のみによるために、連邦憲法裁判所法31条1項による拘束力は持たないとしても[201]、やはり連邦憲法裁判所としては、通常裁判所が以前の不受理決定の示した基準に従っただけであるということについて、きちんと言及して然るべきではなかったかと思われるのである。

　しかも、原審地方裁判所は、これに加えて――これも連邦憲法裁判所の不受理決定に従って――基本法6条5項の平等化の委任をも指摘している。というのも、非嫡出子にとって、自己の父親を知ることは、両親双方との法的関係を創設するための必須の条件だからである。これに対して連邦憲法裁判所は、嫡

---

199)　BVerfG, FamRZ 1997, 869, m. Anm. *Frank/Helms*, FamRZ 1997, 1258 ff.; *Lenze*, ZfJ 1998 101; *Starck*, JZ 1997, 779.
200)　FamRZ 1997, 869, 870 f.
201)　*Benda/Klein*, Lehrbuch des Verfassungsprozeßrechts, 1991, Rz. 1235.

出子と非嫡出子の「完全な平等化」は問題とならないとだけ応答しているけれども、このような言辞には理由付けとしての価値がほとんどない。

　連邦憲法裁判所のこの決定がこれまでの判決の流れにいかにそぐわないものであるかは、嫡出否認法の違憲性についての判決をこの判断と対比させた場合にも明らかである。この事件において連邦憲法裁判所は、その言葉からして、裁判官および立法者の「判断、評価および形成に関する裁量の余地」を非常に強く押し出しているのに対して、以前の裁判例ではそのことに一言も触れていなかったのである[202]。むしろ、当時の連邦憲法裁判所は、――裁判されるべき前提事件から離れて――婚姻と家族の平和よりも、自己の出自を知る成年子の利益が優ることを承認すべく、立法者が義務付けられる一連の事案類型を提示することで、微に入り細をうがった基準を立法者に与えていたのである。それのみならず、この事件で討議されている事案、すなわち子が里親家庭で育てられたという事案は、当時はっきりと摘示されていたのである。同裁判所は当時、母親の婚姻と自分が一度たりとも属したことのない家族の利益のために、成年到達後に自己の出自の解明を断念することを、そうした条件の下でその子に期待することはできないと考えていた。それなのに今度は、まったく同じ状況の下で、連邦憲法裁判所は、実父の名の告知を受ける子の利益が母親側の内密領域の保護よりも優先するとした地方裁判所の評価に、異議を唱えているのである[203]。

　連邦憲法裁判所が、自身の従来の判例の変更なしに本件地方裁判所の判断を破棄できるように技巧を凝らしたことは、以下の考察から明らかとなる。つまり、もし仮に、立法者が情報提供請求権を法律で規定し、その中で、まれな例外的事案においてのみその請求権が母親の利益に譲歩しなければならないと定めたとしても、自己の出自を知る権利に関する連邦憲法裁判所の判例を前提と

---

202)　BVerfGE 79, 256 ff.]
203)　この決定において連邦憲法裁判所は、この具体的事案では同裁判所に限定的な審査権限しかないことの理由の糸口を示そうと試みている（このことについては、*Frank/Helms*, FamRZ 1997, 1258, 1260 f. 参照）。

すればそのことに異論はありえないはずである[204]。そして、連邦憲法裁判所は、立法者に認められるのと同じ「判断、評価および形成に関する裁量の余地」を基本権保護のために地方裁判所にもはっきりと認めているのであるから、法律としてであれば合憲と考えられる規準に立って裁判をなすことを地方裁判所に禁ずるのは、納得がゆかないのである。

結局のところ、この連邦憲法裁判所の裁判は、憲法上保障される自己の出自を知る権利の不確かさを示している[205]。自己の出自を知る子の利益をいったん憲法上の位階に叙してしまうと、結果として相当数の問題を抱え込むことになる。なぜなら、その権利自体に中心的な意義があると受け止められてしまい、結局、その権利はあらゆる場面で優先的に扱われざるをえなくなってしまうからである。この決定によって連邦憲法裁判所は、結論としては実際的であるものの、不確かな理由付けを用いて、自己の出自を知る権利に関する以前の諸判決によって自分から呼び寄せてしまった魔物を振り払ってしまおうとしているのである。

結果的に連邦憲法裁判所は、——これまでの裁判例とは違う——最新の決定では自制しているのである。その見解によれば、母親に対する子の情報提供請求権がそもそも存在するかどうかの判断は、通常裁判所の職務である。そのような請求権は、憲法上ぜひとも必要とされるものではない。また、BGB 1618a条からの演繹が憲法上の疑念にさらされることもない。連邦憲法裁判所は、このことによって、自己の出自を知る権利に対する格別の制限を求めてはいないし、ましてやその権利の撤廃を目指しているのでもない。同裁判所は、そのためには方法論上の疑念に目をつぶらざるをえないとしても、[その権利の]野放図な繁茂を阻止しようと試みているのである。

---

204) このことについては、*Starck*, JZ 1996, 1033, 1039 m.w.N.；*Berkemann*, DVBl 1996, 1028, 1032 ff. 参照。
205) すでに批判的な見解を述べていたものとして、さらに *Deichfuß*, NJW 1988, 113 ff.；*Frank*, FamRZ 1988, 113 ff.；*Gottwald*, S. 111 ff.；*Koch*, FamRZ 1990, 569 ff.；*Ramm*, NJW 1989, 1594；*Smid*, JR 1990, 221 ff.

C. 要　　約

　以上の歴史的回顧は、フランス法とドイツ法に影響を及ぼした諸要因がいかに異なったものであったかを示している。フランスでは、革命以降、家族法的紐帯の自由意思に基づく創設が大きな役割を演じたのに対し、ドイツでは、国家社会主義の時代に血縁に基づく出自が前面に据えられた。連邦憲法裁判所は、別の描き方をして、また、まったく違った精神的態度から、自己の出自を知る基本権に関する判例によって遺伝的結び付きの強調を引き継いだ。

　この文脈では、憲法裁判制度の役割の相違も顕著である。フランスになおも存在している、近親相姦関係から生まれた非嫡出子に対する出自法上の不平等扱いは、ドイツでなら、基本権の問題に敏感な法律家にとって耐えがたいものであろう。まったく同様に、遺棄や匿名出産も、自己の出自を知る権利というドイツ的観念とは一致しえないものである。

　ドイツには、自己の出自を知る権利のような特定の諸原理を絶対化する傾向があるのに対し、フランスには、伝統的な考え方を一撃のもとに壊してしまうことに対する不快感がある。たとえば、父性確認の訴えの歴史的展開は、フランス法が、たいていの場合かなりゆっくりと、また妥協を受け入れながら持続的に発展してきたことを示している。嫡出否認法も、フランス出自法の一足ずつの発展の一例である。フランスで立法者の介入や裁判官による法の継続形成が行われるには、きわめて理解しずらく絡み合った網の目に分け入る必要がある。とはいえ、これまで立法者は、問題の除去や解明をねらった改革のきっかけを見いださなかった。嫡出否認に関する準則を見れば、フランスの出自法では、[親子]関係設定準則の一義性と明瞭性にドイツと同じような仕方では価値が置かれておらず、柔軟で個別事案に即した解決にも意義が認められているということが明らかとなるのである。

　次章においてドイツとフランスの現行出自法を検討するに際しては、このような異なった歴史的な前提条件を視野にとどめておかなければならないのである。

第2章 身分的効果を伴う出自確認

　第1節(A.)では、第一次的な父子関係設定のメカニズム（嫡出推定、認知、父性確認）が分析される。その際特に問題とされるのは、それらのメカニズムが、子の身分と生物学的出自との一致をどの程度保証しているかということである。第2節(B.)では、子の身分が遺伝的な由来と一致しない場合に、その身分をどのような要件の下で変更できるか、ということが検討される。最後に第3節(C.)では、非配偶者間人工受精技術の発展によって出自法が直面している特別の問題が扱われる。

A. 第一次的な父子関係設定と生物学的出自

　すべての法秩序では、子の出生後できるだけ速やかに、1人の男を父として親子関係を設定するということにしごく当然の関心を示している。それにより、法的明確性が作り出され、扶養義務者が確定され、家族共同体への子の統合が促進されるのである。しかしながら、このような父子関係設定のために用いられる種々のメカニズムが、法的な父が同時に子の実父であることを保証する程度は一様ではないのである。

I. 母の婚姻に基づく父子関係の設定

　フランス（C.C. 312条1項、311条、314条1項、315条）でもドイツ（BGB旧1593条）でも、伝統的に、婚姻解消後もしくは婚姻無効宣告後302日（ド

イツ)[1] ないしは 300 日（フランス）以内に出生した子は、母の配偶者の子とみなされ（「婚姻の指し示す者が父である」pater est quem nuptiae demonstrant）、その者が現実に実父であるかどうかは問われない。このいわゆる Pater-est 準則は、時代を経るにつれて機能的変容を遂げた。この準則は当初——嫡出否認権の厳格な制限と相まって——婚姻家族を妻の不品行の暴露から保護し、できるだけ多くの子に嫡出性という法的恩恵を与えることに役立ったが[2]、今日では、主に実用性の観点から考えられている。すなわちこの準則は、認知または父性確認の代わりとして、子の父子関係設定を相当程度単純化するのである。さらにこの準則は、通常の場合、当事者が現実に営んでいる社会的関係と合致している。加えて、これは重要な安定維持機能を果たす。その出自が婚姻と出生に基づいて自動的に確定されるなら、さしあたってそれに関して争いが生じることはないからである。

　もっとも、Pater-est 準則の適用が法政策的に正当視されるのは、母の配偶者の生物学的父性が典型的に高い蓋然性を示す場合に限られるとする考え方が一部にある[3]。とりわけその場合であれば嫡出否認の危険が減少するので、この要件の下でのみ安定的な父子関係設定が達せられるというのである。この観点に立つならば、子が婚姻成立後間もなく生まれた場合、つまりは婚姻前の関係からその子が生まれた可能性がある場合、または婚姻がすでに破綻している時点で子が受胎されている場合は、きわめて疑問であると考えられる。

---

[1] 親子法改革法は BGB 新 1593 条 1 文でこの期間を 300 日に短縮している。これは大部分のヨーロッパ諸国で基準とされている期間に足並みを揃えようとするものである（BR-Drucks. 180/96 v. 22. 3. 1996, S. 93 f. 参照）。親子法改革法によれば、婚姻解消後に出生した子が母の配偶者の子とされるのは、婚姻の死亡解消の場合だけに限られ、離婚による解消の場合には、そのようには扱われない（これについて詳しくは A. I. 2. で述べる）。

[2] *Schwenzer*, Status, S. 229 ; *Labrusse-Riou/Le Guidec*, Rép. Dalloz, Filliation légitime, n. 13 参照。

[3] *Schwenzer*, Status, S. 234 ; *dies.*, Gutachten, S. A 26 ; *Beitzke*, FS Müller-Freienfels, 1986, S. 39 f. また、*Labrusse-Riou/Le Guidec*, Rép. Dalloz, Filliation légitime, n. 15 も参照。

A．第一次的な父子関係設定と生物学的出自　　　　　　　51

1．フランス法における嫡出推定の制限

　フランス法は、Pater-est準則を基本的に維持しつつも、一連の複雑な例外的要件をもって、これを補完している。それによると、嫡出推定を破る要件は母の夫に対する身分占有が子にないことである。C.C. 311-1条によれば、身分占有とは、2人の者の間に出自関係が存在することを示唆する諸事情の総体である。その基準はC.C. 311-2条によれば、子が父の氏を称しているか（家名 nomen）、父により自分の子として扱われているかどうか（取扱い tractatus）、そして周囲からその子として見られているかどうか（世評 fama）である。つまり身分占有とは、現実に営まれている父子関係の表れであり、「日々営まれる具体的な親子関係（filiation quotidiennement vécue et concrète）」の表れなのである[4]。

　もっとも嫡出推定は、身分占有の欠如に、さらに別の要素が加わったときにのみ破られる。つまりそれは、出生の際に母が夫の名を子の父として届け出なかった場合（C.C. 313-1条）[5]、または、離婚判決もしくは離婚の訴え提起があり、子の出生時点が裁判所による夫婦の別居の認容後300日を越えていた場合、および子の出生時点が訴えの終局的棄却もしくは和解の後180日を越えていなかった場合（C.C. 313条1項）[6] である。後二者に該当する事案であれば、懐胎時点においてすでに婚姻共同体は事実上終結していたため、子が母の夫の出自を持つ蓋然性がないということを示唆する客観的な手がかりが存在するのである。

　しかし、法定懐胎期間中に「夫の父性に蓋然性を与える実際的結合が持たれた」ことを裁判上の手続で立証する道が、夫婦各自と成年子に開かれている（C.C. 313-2条）。この手続では父性鑑定が許されているので、その場合には、

---

4)　*Granet-Lambrechts*, note sous CA Paris, 13. 3. 1992, D. 1993, Somm., 43.
5)　それに加えて、母に対する身分占有も存在しなくてはならないが、たいていの場合これは自明のことである。
6)　フランスの学説では、裁判上命じられた別居と事実上の別居を同等視することが提案されている（*Labrusse-Riou/Le Guidec*, Rép. Dalloz, Filiation légitime, n. 25 und 26）。

しばしば嫡出否認におけるのと同じくらいの確実性で出自が解明される[7]。もっとも裁判所は、決してすべての事案で医学的な出自鑑定を持ち出すわけではない。自由な立証の原則に基づき、懐胎期間中における夫婦間の性的接触の有無を明らかにするには、証人の供述や取り交わされた手紙の提出で足りるとされることが少なくないのである[8]。

　フランス法がこのような複雑な規整をなしているのは、父子関係の設定に関する諸規定を、柔軟な基準でもって、現に営まれている家族の実態に合わせようとしているからである。とはいっても、この文脈において身分占有にどのような機能が与えられているかということがはっきりしているわけではない。

> ポー控訴院のある判決事案では、子が母の夫の出自を有していないことは明白であり、またそのことについて当事者間に争いがなかったにもかかわらず、裁判所は夫に対する身分占有を排除しようとはしなかった。というのも、その夫は母と仲直りして離婚を思いとどまり、その子を自分たちの子として育てたからである[9]。

　このような事案はありふれたもののように思われるのであるが、母の配偶者に対する子の身分占有を肯定するのに、上に挙げた事情で足りるかどうかについてははっきりしていない。C.C. 311-2条の一般的定義によれば、父が子を自分の子として扱った場合、とりわけ父としての資格において養育と扶養に責任を負った場合には身分占有が存在することの徴表がある。しかし、いかなる場合にある者が父としての資格において登場するかということは、誰を父とみるかにかかっている。生物学上の父をもっぱら「父」と考えるなら、本件におい

---

7) たとえば、TGI Paris, 24. 1. 1983, D. 1983, IR, 327, obs. *Huet-Weiller* ; CA Versailles, 29.11.1993, D. 1994, Somm., 113, obs. *Granet-Lambrechts*; Cass., 18.3.1981, D. 1982, IR, 254, obs. *Huet-Weiller* 参照。

8) たとえば、Cass., 19. 5. 1988, D. 1988, Somm., 403（この事案では、女の生活遍歴が「とても奔放な生き方」とされたにもかかわらず、血液検査は命じられなかった）; Cass., 29. 6. 1994, D. 1995, Somm., 112, obs. *Granet-Lambrechts* （妻が血液検査を求めたにもかかわらず、裁判官は夫婦が家族の祝い事にともに参加し、休暇を一緒に過ごしたことで十分であると考えた）. TGI Paris, 21. 5. 1991, D. 1993, Somm., 323, obs. *Granet-Lambrechts* ; CA Grenoble, 24. 5. 1994, D. 1996, 147 も参照。

9) CA Pau, 17. 3. 1975, D. 1975, 597 note *Huet-Weiller*. また、CA Nancy, 3. 10. 1988, D. 1989, Somm., 363, obs. *Huet-Weiller* も参照。ただしこの事案では、事実関係の記載が簡潔であるため、出自関係の有無を推論することはできない。

A．第一次的な父子関係設定と生物学的出自

てこの夫が父としての資格において子を世話したことは一度もない。彼は、その子が自分の子でないことを十分認識していたからである。このような前提に立つなら、父としての資格において振る舞うことができるのは、少なくとも自ら実父であると考える者だけだということになる[10]。それに対し、父概念の解釈にあたって決定的となるのは、フランスにおいて支配的と目される見解と同じく、現に営まれている実生活、つまり社会感情的な事実（réalité socio-affective）を前面に押し出すなら、夫が事実上父としての役割を引き受けていたかどうかということである[11]。

このような事案は、どのような角度から身分占有に光を当てるかということに応じて、生物学的出自が事実上の結び付きより優位に置かれたり、またはその逆になったりすることがあるということを示している。しかし、フランスの判例がこの2つの立場のいずれに立つものであるかははっきりしていない。身分占有は、新しい事案ごとに裁判官の価値観念を流入させ、具体的な状況にいちばんふさわしいと思われる解釈を行うための余地を提供しているのである[12]。次の事案もまたこのことを示すものである。

　本件の夫婦は、妊娠中「共々、子の誕生を楽しみにしていた」。出産後何日かして、夫が入院している妻を訪ねたところ、夫は見知らぬ男が妻のベットの傍らにいるのを目にした。妻はその男を子の実父であると夫に紹介し、これから彼のもとに行くつもりであると述べた。それに対し夫は、自分が子の父であると強く主張し、離婚手続にお

---

10) たとえば、*Huet-Weiller*, note sous CA Pau, 17. 3. 1975 と TGI Paris, 13. 5. 1975, D. 1975, 597 はこのような前提に立っている。また、CA Paris, 13. 3. 1992, D. 1993, Somm., 43, obs. *Granet-Lambrechts* ; *Bénabent*, n. 441 も参照。

11) CA Pau, 17. 3. 1975, D. 1975, 597 note *Huet-Weiller*. CA Varsailles, 12. 4. 1983, D. 1983, 554 も参照。この事案では自分が実父であることについての夫の疑念は考慮されないものとされた。*Carbonnier*, n. 276 と *Granet-Lambrechts*, note sous CA Paris, 13. 3. 1992, D. 1993, Somm., 43 は、この場合に身分占有が成立することはありうると述べる。また一般論としては、*Hauser/Huet-Weiller*, n. 567 und 449 ; *Labrusse-Riou/Le Guidec*, Rép. Dalloz, Filiation légitime, n. 39 ; *Bouvier*, RTD civ. 1990, 398 も参照。後者は、身分占有によって、父が子を受け入れるのだということを強調している。さらに身分占有に関連して、「あたかも生物学的つながりが存在するかのような生活事実（Le fait de vivre comme si le lien biologique existait）」と述べる *Carbonnier*, n. 258 und 263 参照。

12) CA Pau, 17. 3. 1975, D. 1975, 597 note *Huet-Weiller*.

いて訪問権を求めて争った。控訴院は夫に対する子の身分占有を肯定し、その決定的な根拠を、夫婦が一緒に子の名前を考え、一緒に揺りかごと子ども服を購入し、その父が子の2週間の入院中その子をわが子のように扱ったということに求めたのである[13]。

　母は出産後何日もせずに実父とおぼしき男のもとに行ってしまったので、子と母の配偶者の間に濃密な接触がもたれることはまったくなかった。むしろ最初から子にとって決定的な準拠的個人（Bezugsperson）たる男性は、母の新しい生活パートナーだったのである。身分占有を現実に営まれた社会的関係の表れとして理解するなら、本件はまさに身分占有が欠けている典型例なのである。しかしそれでは、母親が夫を見捨てるだけで夫から父性を剥奪することができるという帰結になってしまう。それゆえに本件裁判所は、身分占有が基礎付けられ、それにより Pater-est 準則が働くためには、夫が子の出生前に父としての権利と義務を行使し、出生後にあっては、別居という事情が許す範囲でその権利義務を引き受けたことで足りるとしたのである[14]。

　この判決には問題がないわけではない。現実に営まれた父子関係を前面に押し出そうとしても、もし出生前の夫の行為に基準的な意味を与えるならば、現実に営まれた父子関係がないとされる場合はさほど多くはない[15]。フランス法の嫡出推定の制限によって得られるものは総じて多くはないということになる。生物学的出自の確実性がもたらされ、それにより法的平和が作り出されるには、――本件のように――しばしば嫡出否認［訴訟］を待たねばならないで

---

13) CA Paris, 5. 2. 1976, D. 1976, 573 note *Paire*. CA Douai, 12. 1. 1977, D. 1979, IR, 242 obs. *Huet-Weiller* も参照。
14) CA Paris, 5. 2. 1976, D. 1976, 573. Cass., 3. 3. 1992, Bull. civ. I, n. 69 参照。また、CA Lyon, 6. 1. 1994, RTD civ. 1994, 337 は、子の出生後1年の別居があった事案で夫の身分占有の存続を肯定した。*Hauser/Huet-Weiller*, n. 569 ; *Guiho*, n. 363 ; *Chardin/Henry*, J.-Cl. civ., fasc. 10, Art. 312 à 318-2, n. 68; *Labrusse-Riou/Le Guidec*, Rép. Dalloz, Filiation légitime, n. 36. *Huet-Weiller*, note sous CA Pau, 17. 3. 1975 und TGI Paris, 13. 5. 1975, D. 1975, 597.
15) 「出生前の身分占有」を肯定した極端な例として、TGI Nanterre, 8. 6. 1988, D. 1988, Somm., 400, obs. *Huet-Weiller* がある。本件では、父が子の出生前にすでに死亡していたのだが、それにもかかわらず身分占有の存在が肯定された。「出生前の身分占有」に反対するものとして、CA Nîmes, 3. 3. 1992, JCP 1993, IV, 574 がある。

A．第一次的な父子関係設定と生物学的出自

あろう。

母がまずもって夫を見捨て、その後に夫のもとに戻ってきた場合の法状態も不満足なものである。判例は、そのような事案において身分占有の復活がありうるとした[16]。このことは懐胎期間中に夫婦が別居していたときにも妥当する[17]。訴訟が起こされることもなく、そしてしばしば両親の申立てだけで[18]、その子は最初は嫡出子として、次いで非嫡出子として、そして最終的には再び嫡出子として扱われるわけである[19]。そのことにより、身分問題にとって耐え難いほどの不確実性が引き起こされる。

たしかにフランスの文献では、Pater-est 準則の制限によって嫡出否認訴訟の数が抑えられているとしている[20]。しかし、嫡出出自の問題が付随的に審理されざるをえず、そこで例外的要件の1つの適用をめぐる争いに火がつくような、裁判上の紛争がその代わりに増加していないのかどうかは［文献上］判然としない。いずれにせよこの種の問題に関する裁判例は、公表されたものの中に豊富に存在するのである。

婚姻してすぐに生まれた子に関してもまたフランス法は制限を加えている。子が婚姻の日から 179 日以内に生まれた場合、すなわち婚姻締結前に懐胎された場合には、夫は C.C. 314 条により、単なる意思表明によってその父性に異議を申し立てることができる（いわゆる単純否定による否認 désaveu par simple dénégation）。嫡出否認とは反対に、嫡出性の異議の場合には、子が自分から

---

16) TGI Avesnes-sur-Helpe, 27. 6. 1974, Gaz. Pal. 1976, 1, Somm., 178. TGI Nantes, 10. 4. 1984, D. 1986, IR, 60, obs. *Huet-Weiller* も参照。その間の生活パートナーが子を認知し、別居後もその父性に固執している場合は別である。その場合には親子関係の衝突（conflit de filiation）が生じ、それは C.C. 311-12 条で解決されるべきものだからである（CA Paris, 15. 3. 1977, D. 1978, 266 note *Massip*. Cass., 4. 5. 1994, Bull. civ. I, n. 157 も参照）。
17) TGI Paris, 14. 6. 1982, D. 1983, IR, 327 obs. *Huet-Weiller*. TGI Colmar, 21. 1. 1985, D. 1986, 57 obs. *Huet-Weiller* ; *Hauser/Huet-Weiller*, n. 569；*Marty/Raynaud*, n.139 bis. も参照。
18) Cass., 7. 6. 1989, D. 1989, Somm., 362, obs. *Huet-Weiller* 参照。
19) 裁判所が約 10 年続いた身分占有を終局的かつ覆し得ないものと考えた場合でもそうである（Cass., 28. 5. 1991, Bull. civ. I, n. 166；CA Nancy, 3. 10. 1988, D. 1989, Somm., 363, obs. *Huet-Weiller*）。
20) *Rubellin-Devichi*, Annual Survey of Family Law 1983-1984, 62；*Carbonnier*, n. 284.

の出自を持たないことの立証は必要とされない[21]。子が自分からの出自を持たないという夫の単なる意思表明で、嫡出推定は覆される。夫が結婚式の時点で、婚約者が妊娠していることをすでに知っていたか、または子の出生後に、子に対して「父として（comme le père）」振る舞っていた場合には、この父性の異議はなしえない（C.C. 314条3項）。

2．ドイツ法の改革

ドイツ法は1998年7月1日の改革まで、Pater-est 準則をいかなる形であれ制限していなかった。婚姻中または婚姻解消後もしくは婚姻無効宣告後302日内に生まれた子は、常に母の配偶者の子としてみなされていた（BGB旧1593条）。この硬直的な態度は批判を招くこととなる。法体系の観点からは、離婚の要件としての別居期間との矛盾が指摘された。この期間中には夫との同衾があり得ないからである[22]。法事実的な観点からは「表見嫡出」子の数が増えることによる、嫡出否認訴訟の増加が憂慮されたのである[23]。歴史的立法者は、嫡出子と非嫡出子の不平等扱いが顕著であったがゆえに、疑わしきときには「可能的な嫡出の父が現実の嫡出の父である」とみなさねばならないという立場に立っていたのであるが[24]、嫡出子と非嫡出子の対等化が広く実現している今日では、もはやこの考え方が決定的な役割を演じることはない。

フランス法に見られるような、大きな不確定性と不安定性を必然的に伴うほどの柔軟性は、ドイツ法には伝統的に馴染みのないものであった。それゆえ立法者は、親子法改革法により、より一義的で確定がたやすい親子関係の設定基準を志向しながら、出自法をさらに発展させようとしたのである。スカンジナビア諸国の例を範として[25]、夫が子の出生時点で母と結婚している場合（BGB

---

21) *Guiho*, J.-Cl. civ., fasc. 2, Art. 312 à 318, n. 60.
22) *Frank*, FamRZ 1992, 1365, 1371 ; *Röwer*, Reformen im Familienrecht, FS Merz, 1992, S. 523.
23) *Brandstätter*, DAVorm 1989, 353 ; *Deinert*, DAVorm 1988, 989 f. ; *van Els*, DAVorm 1989, 641, 642 ; *Feuerabend*, DAVorm 1989, 203 f. ; *N.N.*, DAVorm 1990, 775.
24) Motive bei *Mugdan*, Die gesamten Materialien zum BGB, IV. Bd., Familienrecht (1899), S. 348.

A．第一次的な父子関係設定と生物学的出自　　　　　　　　　　57

新1592条1項）、または婚姻の死亡解消後300日以内に子が生まれた場合（BGB新1593条1文）にのみ、母の夫がその子の父とされることとなった[26]。つまり子の出生時点で夫婦がすでに離婚していた場合には、子が婚姻中に懐胎されたことは、父子関係設定の前提としては——旧法はそれで十分としていたのだが——もはや十分なものとはいえないのである。それに対して婚姻の死亡解消の場合には、母の配偶者との親子関係設定はそのままに残された。というのもこのような場合には、——離婚による婚姻解消の場合とは違って——最初から夫の父性を否定するような事情は存在しないからである。

諸外国の例をモデルにした父性推定のこのような制限はさらに、離婚の申立係属後に子が生まれ、出生当時の夫が認知に同意している限りは、嫡出子を認知できるとの規定（BGB新1599条2項2文）の導入によって補完されている。認知の有効要件のすべてが満たされれば、直ちに夫の父性は消滅するのであり、事前の否認を要しないのである（BGB新1599条2項1文）[27]。この規定によって立法者は、幾重もの安全策を一挙に講じようとしているのである。すなわち立法者は、両者あわせて子の母の夫からの出自を否定する客観的事情（離婚申立係属後の子の出生）と主観的事情（すべての当事者の合意）を組み合わせ、同時に、子が父性の否認によって父を失うことなく、即座に新たな父が確定されることを保障したわけである[28]。

もっともこの規整は、多くの事案で、果てしない物語を繰り広げさせることにもなりかねない。つまり、KがM女・V男夫婦の子として生まれ、その後上述の要件の下で第三者Dが認知したとしても、その認知はDが後に自己の

---

25)　ノルウェー：親子法（1981年）3条；スウェーデン：親子法（1949年）1章1条。
26)　このことはすでに、*Neuhaus*, Ehe und Kindschaft, 1979, S. 234で提案されていた。
27)　諸外国では、夫婦の裁判上または事実上の別居がこれらの要件に加えられている。ベルギー：C.C. 320条；デンマーク：Bekanntmachung von 15. September 1982 über die Behandlung von Vaterschaftssachen 7条；フランス：C.C. 334-8, 334-9条；オランダ：BW第1編198条；ノルウェー、スウェーデンにも類似の規整が見られるが、しかしそれは認知を官庁の許可にかからしめており、この許可にあたっては認知者の父としての蓋然性が審査される（*Dopffel*, Ehelichkeitsanfechtung durch das Kind, 1990, S. 57 f.）。
28)　この手続を強く批判するものとして、*Gaul*, FamRZ 1997, 1441, 1454 ff. *Diederichsen*, NJW 1998, 1977, 1979 はそれどころか、この手続に憲法上の疑念があるとしている。

父性を否認することの妨げとならない。Dがこの否認に成功すれば、それによってVは自動的に再び父となるのか[29]、それとももともとの父であったVに対してKが父性確認を行わねばならないのかということが問題となる。新法はこの問題についてはっきりとした規整をしてはいないが、元の夫の父性を否定するかくも多くの徴表がある以上、以前の婚姻はもはや依拠するに足る父子関係設定基準ではあり得ない。それゆえに、父性確認の方法による出自関係の終局的かつ一義的な解明が必要となる[30]。

　婚姻前に懐胎され婚姻中に出生した子についてドイツ法は、フランス法とは反対に、Pater-est準則を破ることを認めない。いまもって妊娠はしばしば婚姻締結の原因であるので、その限りにおいて、制限は必要でもなければ目的にかなったものでもないであろう。

3．私　　見

　ドイツの改革が嫡出推定と生物学的出自の一致をいっそう強め、それによって嫡出否認を減少させるかどうかということについては今後を見守る必要がある。依然としてドイツ法の嫡出推定は、長期の離婚手続中に懐胎されたが、離婚確定前にすでに出生した子、または離婚しないまま夫婦が別居している子を取り込んでいる[31]。しかしこれらの場合にも嫡出推定を破ることに意味があるかどうかは疑わしい。フランス法の分析が示したことは、実用性と法的安定性を危険にさらしたくないのであれば、嫡出推定の制限には限界があるということである。嫡出推定の制限を時間的にもっと前に移動させるか、あるいは事実上の別居という状況も考慮するならば、――フランス法におけるのと同様――例外を規定するなり、個別事案における考量を行うなりの必要性が直ちに生じ

---

29)　*Deinert*, DAVorm 1988, 990 はこのことを立法論として要求していた。とはいえ彼の提案は、親子法改革法で実現されたよりももっと広範な父性の否定を定めるものであった。

30)　*Greßmann*, Rz. 74 も理由は挙げていないが、この立場をとる。*Gaul*, FamRZ 1997, 1441, 1448 は、この結論を BGB 新1599条1項から導く。

31)　TGI Paris, 1. 3. 1977, D. 1978, 63 は、すでに夫婦が長く別居している場合に Pater-est 準則を働かせることは、フランスの公序に反すると評価した。

るのである。ドイツ法における嫡出推定の制限は、考えうるすべての状況を考慮しようと試みてはいないものの、穏当かつ実用的なものとなっている。

最後に、双方の法秩序については次のことが妥当する。つまり、どれほどPater-est 準則に基づく嫡出推定を現実の関係に適合させようと努力しても、婚姻に基づく自動的な［父子］関係の設定をそのままにする限り、子の生物学的由来に関する安定性は得られない。嫡出子は、出生に基づき獲得した身分を否認の訴えにより審理してもらうことができてはじめて、自己の出自を確実性なものとすることができるのである。

Ⅱ．認知と父性確認

ここ 2、30 年ほどの間に婚姻締結の数が減少し[32]、離婚数が増加した[33]ことと相まって、父母の婚姻は親子関係設定基準としての意義を失いつつある。

1．人口統計上の前提

フランスでは、1993 年に出生した子のうち約 33 ％が未婚の母から生まれている[34]。ドイツでは、その数は新連邦州（41 ％）と旧連邦州（12 ％）でかなり著しい違いを見せている。ドイツ全体についていえば、1994 年におけるその割合は 15 ％であった[35]。よって、フランスにおける非嫡出子の出生割合は、ドイツのほぼ 2 倍の高さを示している。

非嫡出子の父子関係設定についてまず第 1 に問題となるのは任意認知である。フランスでは、1992 年に非嫡で生まれたすべての子の約 70 ％は、すでに

---

32) 1960 年のドイツでは婚姻締結が 521,445 件を記録していたのに対し、1994 年には――旧連邦州について――その数が 387,815 件ほどになっている（BT-Drucks. 13/4899 v. 13. 6. 1996, S. 35）。フランスでは、1974 年に婚姻締結が 394,000 件あったのに対し、1990 年にはたった 288,000 件になっている（*Carbonnier*, n. 104）。
33) 1960 年には婚姻に対する離婚の割合は 9 ％であったものが、1994 年には――旧連邦州について――37 ％になった（BT-Drucks. 13/4899 v. 13. 6. 1996, S. 35）。フランスでは 1990 年に、婚姻に対する離婚の割合は 35 ％であった（*Carbonnier*, n. 104）。
34) DAVorm, 1996, 143 ; *Carbonnier*, n. 302.
35) BT-Drucks. 13/4899 v. 13. 6.1996, S. 37 ; DAVorm, 1996, 143.

出生手続の段階で父に認知されており[36]、出生後2、3年の内にはほぼ85％の子が認知されている[37]。ドイツでは、1994年に［父親の確定が問題となった］非嫡出子のうち86％が父の認知を受けており、ここでもやはり旧連邦州での数（83.5％）と新連邦州での数（93.6％）はかなりの相違を見せていた[38]。問題なのは、ドイツの報告が1年間になされた認知の総数に関するものであり、その年より前に生まれた子もこれに含まれているということである。したがって、特定の年に生まれた子のうち、何人の子が実際に認知されたかについて正確に述べることはドイツでは不可能である[39]。しかし控えめに言っても、ドイツとフランスではほぼ同じ割合で父に任意認知されているということはおそらく間違いないであろう。このことはフランスで出生後2、3年以内に認知された子（85％）とドイツで1年間に認知された非嫡出子（86％）を対比させれば明らかである。

　裁判上の父性確認について見ると、フランスとドイツの間には著しい相違がある。フランスでは1990年——すなわち1993年の大改革前——に係属した父性確認の訴えは、わずか212件であった。そしてそのうち57件（＝27％）が棄却された[40]。同年にはこの訴えの他に、前もって身分訴訟を必要としない扶養の訴え（いわゆる援助金請求の訴えaction à fins de subsides）がさらに239件あった。改革後の年で入手可能な最新の数値を見ることができるのは1994年であるが、この年には、改革の結果父性確認手続の数は598件に、扶養の訴えの数は600件にそれぞれ上昇した[41]。

　フランスにおいて父性の訴えおよび扶養の訴えの割合が割合としては著しく

---

36)　*Carbonnier*, n. 309.
37)　*Gouzes*, JOAN, 28. 4. 1992, S. 737.
38)　FuR 1996, 237.
39)　バンベルグ大学社会科学研究所の1995年の鑑定が明らかにしたところによると、旧連邦州ではすべての非嫡出子の83.5％が父の認知を受けており、他方、新連邦州ではこの割合は87.9％だった（BT-Drucks. 13/892 v. 24. 3. 1995, S. 19）。この調査もまた特定の年に生まれた子に関するものではないので、これらの子のうちのどれほどが後の時点において認知されるのかは判然としない。
40)　*Carbonnier*, n. 322.
41)　Annuaire Statistique de la Justice, 1990-1994, La justice civile, Les saisines en 1994 — Affaires nouvelles au fond.

上昇したにもかかわらず、絶対数として見れば、ドイツの父性確認の訴えと比べ、依然として少ない。1990年のドイツでは、旧連邦州において 6,326 件の父性確認の訴えが提起され、そのうち棄却されたのは 417 件（＝7％）だったのである[42]。

2．フランス

フランスにおいても（C.C. 334-8条参照）、そしてドイツにおいてもまた（BGB旧1600a条1文第1要件）、非嫡出子の父子関係設定メカニズムのうちで、法律上先に規定されているのは認知である。というのも裁判上の父性確認と比べて、認知は、費用もかからず、かつ時間をそれほど必要としないからである。加えて出自問題が国家的介入なしに解明できるならば、認知は共同生活がうまくいっている者たちにとって都合が良いのである。

a）「好意認知（reconnaissances de complaisance）」

しかしながら、認知者が子の生物学的父であるという保証はどこにもない。フランス法によれば認知が有効であるために必要なのは、認知者の方式に従った意思表示だけなのである[43]。またドイツ法のように、認知には――母または子などの――同意を要するとした場合ですら、生物学的な確かさは保証の限りではないのである[44]。

真実に反する認知は、両国において法的に有効であるだけでなく、刑法上も問題とされない。ドイツでは、（故意で）真実に反する認知をなしたことが身

---

[42] BT-Drucks. 13/892 v. 24. 3. 1995, S. 19. 連邦全体としては、1994 年の裁判上の父性確認はほぼ8,000件に及んだ（FuR 1996, 237）。

[43] *Dekeuwer-Défossez*, D. 1986, Chr., 308 は、身分登録官の種々の実務を報告している。それによれば、たとえば、胎児認知の場合には恋人が妊娠していることの証明書の提出を求めることにより、実際上認知を母の同意にかからしめている、とのことである。

[44] ドイツと同様にフランスの立法者も、男は原則として真実に反する認知をなす利益はないと信じていた。というのも、そのような認知はまずもってその男にとって不利な結果をもたらすからである（*Huet-Weiller/Granet-Lambrechts*, J.-Cl. civ., Art. 335 à 339, n. 155 ; BT-Drucks. V/2370 v. 7. 12. 1967, S. 26）。

分詐称の構成要件に該当することはない[45]。その決定的な理由は、立法資料によれば、立法者が BGB 旧 1600a 条の起草にあたって「意識的に、男が自分が子の父ではありえないという事実を知ったうえで認知をする場合があってもやむをえない」[46]と考えたことにある。この民法上の評価は StGB 169 条の解釈に際しても考慮されねばならないのである[47]。フランスでは、真実に反する認知が刑法（C. Pén.）147 条により、身分詐称を理由として処罰されうるかという問題が、破毀院の判決によって明らかにされた。

> 実父と思われる男が、母からの父性確認をとりあえず阻む目的で、3 万フランを支払って、友人に真実に反する認知をさせた。本件では具体的事案として特に非難すべき事情があったにもかかわらず、そして学説の支配的見解がこれとは逆の立場をとっているにもかかわらず[48]、裁判所は可罰性を否定した[49]。

この判決について裁判所は、実質的な理由付けをしていない[50]。

たしかにドイツとフランスでは、前提となる法的状況はかなり似通っている。しかし国民の意識においては、認知は異なった役割を演じているのである。ドイツでは通常、父が自分が実父であると考えている場合にのみ子が認知される。その者が自分の父性に疑いを抱いているならば、彼は裁判上の父性確認で決しようとするのであり、場合によっては血液検査が行われた後にようやく、訴訟中に認知をなすのである。非嫡出子の法的地位に関する法律（NEhelG）の立法資料における叙述は、この考え方をはっきりと示している。すなわち、「任意認知は、父親が高い責任を自覚していることの証拠としては評価されない……。責任を自覚している父の多くは、……自分の父性に疑いを抱くに至れば、そのことを裁判で解明することを望むであろう」[51]というわけである。

---

45) *Frank*, ZblJugR 1972, 260, 266 ; *ders.*, Grenzen, S. 106 ; *LK-Dippel*, StGB, 2. Aufl. (5/1987), § 169 Rz. 16 ; *SS-Lenckner*, StGB, 23.Aufl. 1988, § 169 Rz. 7. これと別の見解をとるものとして、*Dreher/Tröndle*, 47. Aufl. 1995, § 169 Rz. 6 がある。
46) BT-Drucks. VI/1552 v. 4. 12. 1970, S. 11 f.
47) BT-Drucks. VI/3521, S. 11 ; *Frank*, Grenzen, S. 106.
48) *Gebler*, S. 255 ; *Véron*, RTD civ. 1967, 522 Fn. 6. しかし実務では、故意による虚偽の認知が訴追されることはほとんどなかった。
49) Cass., 8. 3. 1988, JCP 1989, II, 21162, note *Jeandidier*.
50) *Jeandidie*r, note sous Cass., 8. 3. 1988, JCP 1989, II, 21162 参照。
51) BT-Drucks. V/2370 v. 7. 12. 1967, S. 26.

これに対してフランスでは、生物学的真実と一致しない、いわゆる好意認知が普通に行われている[52]。これは「母を欲するものが子を受け取る (Qui vent la mère prend l'enfant)」[53] という古い準則と関連している。婚姻締結に際して、妻となる者の子の認知を法律上義務づけられていると多くの男が考えるほどにまで、この原則は国民の意識の中に深く根を下ろしているようである[54]。母が多かれ少なかれ公然と子の認知を婚姻締結の条件としているとか、男の自尊心が強すぎて他の男が父であることを容認しがたい場合の他に、このような伝統を支える主な主観的要因と考えられるのは、「事実上の状況と法的な状況が相互に一致するのが当然だと夫婦が考えている」[55] ことである。

もともとフランスにおける故意の虚偽認知は、特に婚姻締結によって直ちに子が準正されるようにするためのものであった。その意味でこの慣行は、継子養子縁組の代わりとなるものであった[56]。それどころか若干の論者の報告によると、かつてフランスの官庁は、後に母が他の男と婚姻締結をなす場合に認知の可能性を残しておくため、父性確認の訴えの提起を思いとどまるよう折に触れて助言していたとのことである[57]。1959年のゴゲー (Goguey) の推計によれば、フランスにおける真実に反する認知の割合は50％を越えていた[58]。多

---

52) *Cattala*, JOAN, 28. 4. 1992, S. 739：「おそらくは多数である (probablement nombreuse)」; *Gebler*, S. 254 ff.; *Carbonnier*, n. 263; *Massip*, note sous Cass., 6. 12. 1988, D. 1989, 317：「一般的な伝統 (tradition populaire)」; *Véron*, RTD civ. 1967, 529：「かなり頻繁に (assez fréquente)」; *Bénabent*, n. 491：「かなり頻繁に (assez fréquente)」. *Labresse-Riou*, S. 136 もまったく同様である。*Huet-Weiller/Le Guidec*, Rép. Dalloz, Filiation naturelle, n. 134：「頻繁に (fréquentes)」; *Bernigaud*, Petites affiches 1995, 97. このような慣行を批判するものとして、*Malaurie/Aynès* n. 607：「ありもしないことを認めてはならないだろう (on ne devrait jamais reconnaître ce qui n'est pas)」。これに類似した批判として、*Dreifuss-Netter*, RTD civ. 1996, 14.
53) *Malaurie/Aynès*, n. 607.
54) *Savatier*, D. 1950, Chron., 9; *Houin*, RTD civ. 1950, 18; *Huet-Weiller/Granet-Lambrechts*, J.-CL. civ., Art. 335 à 339, n. 155.
55) *Savatier*, D. 1950, Chron., 9; "que les époux trouvent naturel de faire coïncider la situation de fait et la situation juridique"
56) *Frank*, Grenzen, S. 99.
57) *Bilger*, ZblJugR 1962, 18, 21; *Madlener*, S. 81 f.
58) Les reconnaissances et légitimations de complaisance, Paris 1959, S. 2. *Houin*, RTD civ. 1950, 21 は、すべての非嫡出子の10％が好意準正 (légitimations de complaisance) されると見積もっている。

くの身分吏は婚姻締結にあたって婚姻前の子を認知するよう強く促すということが、今日でもなお報告されている[59]。このような中にあって、故意の虚偽認知は、非婚生活共同体との関連においても重要な意味を持つようになってきた[60]。共同の［完全］養子縁組をなしうるのは既婚者に限られるので、非婚生活共同体の場合には、こうした認知が法的に万全な家族関係を築く唯一の可能性なのである[61]。

　当然のことながら、真実に反する認知がフランスとドイツでどれほど行われているかについての詳細な報告は存在しない。しかしドイツとフランスの慣行上の相違を裏付ける一連の手がかりがある。ドイツの判例では、母と子が認知につき了解しているが、他の事情からその男が実父であることに強い疑念が抱かれる場合に、児童少年局（Jugendamt）が子の代理人として認知に対する同意を拒絶することができるかについて判断した事例は、――管見の限りでは――未だ公表されていない[62]。

　それに対しフランスでは、子と認知者との間に年齢差がほとんどなかったり[63]、子の肌の色が母および認知者とは違っている[64]ということから、すでに認知者からの生物学的出自がありえないという事案が、何度も裁判所に持ち出され

---

59)　*Massip*, note sous Cass., 6. 12. 1988, D. 1989, 317.
60)　*Carbonnier*, S. 491 ; *Frank*, FamRZ 1992, 1365, 1366.
61)　故意の虚偽認知は不正な目的にも用いられうる。CA d'Anger, 1. 12. 1992, JCP 1993, I, Doctr., 3729, obs. *Rubellin-Devichi*は、夫が妻に対する扶養義務を軽減するために、離婚の2か月前に9歳の子を認知した事案である。
62)　学説には、この問題を論じているものがある（*Frank*, ZblJugR, 1972, 260, 267 ff. ; *Göppinger*, FamRZ 1970, 59 ff. ; *Deichfuß*, S. 63 ff.）。ダイヒフースは、「これらの状況のうちいくつかのものは実際上まれにしか生じない」ことを認めている。現在ではフランクもまた故意の虚偽認知が「きわめてまれ」であることを確認している（FamRZ 1992, 1365, 1366）。これまでに公表された最初の適用事案は、DIV-Gutachten, ZfJ 1998, 333である。
63)　CA Colmar, 14. 2. 1950, JCP 1950, 5853, note *Savatier*（12歳の年齢差）. *Gebler*, S. 254 f. m.w.N. TGI Paris, 6. 3. 1978, D. 1978, IR, 646, obs. *Huet-Weiller* の事案では、真実に反する認知をなした母は懐胎時点で12歳であった。彼女は結婚式直前に、子の実父とともに9歳の子を認知したのだが、その子はすでに9年前に他の女性に認知されていた！
64)　*Frank*, FamRZ 1992, 1365, 1366. TGI Seine, 14. 12. 1964, D. 1965, 507, note *Rouast* も参照。ただし、これは胎児認知の事案であった。

ていた。最近では、表向きは母である者がもとは男性であることが出生証明書から判明したにもかかわらず、その性転換者のパートナーが認知をなしたという事案があった[65]。

認知取消の数もこの点の理解にとって有益である。ドイツでは、これについて正確な数値は存在しないが[66]、オーベロスカンプ（Oberloskamp）がある区裁判所で行ったアンケートをとったところによると、一定の期間内に実施された71件の親子関係手続のうち、42件が父性確認、29件が嫡出否認に関するものであり、認知取消に関するものは1件もなかった[67]。この調査結果は、公表された認知取消事例が少ないことからも裏付けられる。

フランスにおける認知取消数は、1990年に397件にすぎなかったが、1994年には1,276件にまで増加している。親子関係事件の数が全体としてかなり少ないことに鑑みると、このことは注目に値する[68]。この動向は高い離婚率に起因するものである。つまり、婚姻ないし男女の関係が破綻すれば、男が真実に反する認知を維持し、厄介な扶養義務に身をさらす動機はしばしば失われるのである。

とりわけ重要なのは、フランス法において認知の取消しが排除されるためには、C.C. 339条3項により認知後少なくとも10年の経過を要することである。フランスではこの長い時効期間に対する批判が強まってきている。ある者は期間の短縮を主張し[69]、またある者は、意識的に真実に反する認知がなされた場合について、取消しの全面的排除を求めている[70]。

もっとも、子にとってのこうした苛酷さは、故意の虚偽認知の取消しに成功

---

65) TGI Marseille, 27. 1. 1982, JCP 1983, II, 20028, note *Penneau*.
66) ［嫡出否認と認知取消を含む］父性否認については、その総数しか分かっていない。*Oberloskamp*, FuR 1991, 263, 264によれば、1986年には13,467件であった。
67) FuR 1991, 263, 264.
68) Annuaire Statistique de la Justice, 1990 – 1994, La justice civile, Les saisines en 1994 —Affaires nouvelles au fond. *Rubellin-Devichi*, JCP 1995, I, 3855, n. 7. *Dreifuss-Netter*, RTD civ. 1996, 12も参照。
69) *Dreifuss-Netter*, RTD civ. 1996, 13. *Nerson/Rubellin-Devichi*, RTD civ. 1982, 596もこれに批判的である。
70) *Philippe*, D. 1991, Chron., 47.

した男が損害賠償の支払いを言い渡されることで緩和される。判例は当初、この損害賠償請求権の根拠を、一般的責任規範である C.C. 1383 条に求めた[71]。虚偽認知を意識的に行うことは、有責的加害行為とみなされていた。現在の破毀院はこの理由付けをとってはいない。「好意準正」はフランスで広く見られる伝統に即したものであり、有責的加害とはみなすことができないというのがその理由である[72]。その代わりにこの請求権の根拠は契約に置かれた[73]。認知により、父はその子に対して、自分の子のように面倒を見る義務を引き受けているのであり、取消しの訴えの提起はこの義務に違反するというのである[74]。

この判例に注目すると、フランス法において認知は、純粋な認識の表明（「私はこの子の父である」）としてではなく、むしろ何よりもまず子に対する責任の意思に基づく引受け（「私は父としてこの子に接する」）としてみなされていることが明らかとなる。なぜなら損害賠償という形で扶養義務を負わされるのは、真実の父ではなく、父として行為した者だからである[75]。

しかし、意識的になされた真実に反する認知を取り消したのが実父ではなく第三者であった場合には、この構成は困難に突き当たる。現にパリ控訴院はこのような事案において、約束が破られたことにつき認知者を非難することができないとして、損害賠償請求を否定した[76]。それに対しポー控訴院は、再び以前の判例に依拠し、一般的責任規範である C.C. 1383 条に基づいて、認知者に

---

71) Cass., 1. 2. 1960, JCP 1960, 11689, note *Savatier* ; Cass., 4. 3. 1981, D. 1982, IR, 36 ; TGI Paris, 13. 2. 1975, Gaz. Pal. 1975, 1, 320, note *Viatte* ; TGI Paris, 27. 10. und 9. 12. 1980, D. 1981, IR, 300 ; TGI Strasbourg, 27. 5.1983, D. 1986, IR, 65 ; TGI Paris, 30. 6. 1988, D. 1988, IR, 227.
72) *Massip*, note sous Cass., 6. 12. 1988, D. 1989, 317.
73) Cass., 6. 12. 1988, D. 1989, 317, note *Massip*; Cass., 21. 7. 1987, D. 1988, 225, note *Massip*. その後、下級審判例はほとんどこれに従うようになった。*Huet-Weiller/Granet-Lambrechts*, J.-Cl. civ., Art. 335 à 339, n. 202 における摘示を参照。
74) 不当と感じられる法律の規整を損害賠償請求権の承認によって緩和しようというかような試みは、フランス出自法の伝統である。父性確認の禁止を回避するために、書面（たとえば手紙）から子の面倒を見るという父の意思が明らかとなった場合に、子に対する父の扶養義務を承認した判例を想起せよ (Cass., 3. 2. 1969, Bull. civ. I, n. 55 ; それ以前の判例の紹介として、*Schmidt-Hidding*, S. 71 ; *Savatier*, S. 110 ff.）。
75) *Huet-Weiller/Le Guidec*, Rép. Dalloz, Filiation naturelle, n. 193.
76) CA Paris, 9. 4. 1996, RTD civ. 1996, 593.

損害賠償を言い渡したのである[77]。

扶養請求権の喪失によって生じる財産的損害と同様に、子がその法的地位を失い、父から退けられたことによる非財産的損害もまた賠償の対象となる。裁判所は損害の評価について、広い裁量の余地を有しているのである。特に子の年齢と父が今までに給付した扶養料の額が決定的な要因となる。認容された請求額は、5,000フランから100,000フラン以上にも及ぶ[78]。しかし、請求権が与えられるのは、父が真実に反する認知を意識的に行った場合だけである。すなわちその者が自身を父だと誤信していたときは、錯誤取消によってその者の義務は失われる。ただしこの場合には、すでに給付された扶養料の返還を要求することはできない[79]。

b) 父性確認の制限

生物学的事実に合致した父子関係設定の確実性を認知以上に提供するのは、当然ながら裁判上の父性確認である。フランスでは、C.C. 340-2条1項により子だけが出訴権限を有する。子が未成年である間は、母がその子の名において訴えを提起できる（C.C. 340-2条2項）。母には固有の訴権がない。また非嫡の実父にもこのような権利は存在しない。どのみち実父は子を認知することができるのであり、その際には何らかの同意の必要性を気にかけなくともよいのである。実父が自分の父性に疑いを持ち、それを除去しようと思ったら、その後で認知の取消しをしなくてはならない。この手続の迂遠さがすでに、いかにフランス法の思考において認知が重要な地位を占めているかを示している。

---

77) CA Pau, 13. 2. 1995, RTD civ. 1996, 376.
78) TGI Paris, 13. 2. 1975, Gaz. Pal. 1975, 1, 320(5千フラン) ; Cass., 6. 12. 1988, D. 1989, 317(18万フラン); Cass., 21. 7. 1987, D. 1988, 225 (1万フラン) ; CA Toulouse, 15. 2. 1993, J.-Cl. civ., Art. 335 à 339, n. 202に収録(4万フラン) ; CA Orléans, 27. 7. 1993, J.-Cl. civ., Art. 335 à 339, n. 202に収録(5千フラン); CA Nîmes, 13. 6. 1994, J.-Cl. civ., Art. 335 à 339, n. 202に収録(5万フラン); CA Dijon, 4. 10.1994, JCP 1995, I, 3855, n. 7(5万フラン); CA Bordeaux, 29. 11. 1994, JCP 1995, I, 3855, n. 7(2万フラン); CA Aix-en-Provence, 7. 10. 1994, JCP 1995, I, 3855, n. 7(10万フラン：父の相続人によって取り消された事案).
79) TGI Seine, 14. 12. 1964, D. 1965, 507, note *Rouast* ; CA Dijon, 19. 4. 1994, D. 1995, Somm., 223, obs. *Granet-Lambrechts*; *Massip*, note sous Cass., 21. 7. 1987, D. 1988, 225.

近親相姦関係から生まれた子について依然としてフランス法は、母または父との親族関係の形成だけしか認めていない（C.C. 334-10条）。通常このことは、——母子関係がほとんど自動的に設定されることから——父子関係の身分法上の[80]確認を妨げるという結果をもたらすこととなる。1993年に行われた最近のフランス法の改革に際しても、立法者は意識的にこの原則を維持した[81]。

フランスでは今日でもなお、ドイツと比べて裁判上の父性確認手続がごくわずかしか行われていない（フランス 1994年：598件；ドイツ 1990年：6,326件）ことを考えると、その原因がどこにあるのかが探求されねばならない。

aa）「推定または重大な徴表（présomptions ou indices graves）」

C.C. 340条の旧規定は、5つの訴訟開始事由がある場合に限って父性確認を許していたが、C.C. 340条の新規定では、被告の父性が推定されるかあるいはその重大な徴表があればそれだけで、訴えができるようになっている。このことは、父性確認訴訟が2つの段階を通過することを意味する。第1段階で原告は、非医学的な証拠を用いて、被告の父性の重大な徴表があることを示さなければならない。そしてようやく第2段階になって、出自検査を命じることができるのである。

学説では——従来の訴訟開始事由の他に[82]——重大な徴表と考えられるものとして、数多くの手がかりが挙げられていた。グラネ（Granet）が挙げているのは、たとえば「外見の顕著な類似性；父と目される者が行った子の健康、教育、宗教に対する配慮、……父と目される者の願望あるいは［逆に］母の行う中絶に関してその者が取り決めた医者の予約；法定懐胎期間中の母への訪問、または出生後の子への訪問；子に対する贈り物；子の名前の選択に対する関与；出生時の立ち会い；彼によってなされた出生登録官への届出；出産前、

---

80) もちろん父に対する扶養請求権の行使は認められる（このことについては後述 d) 参照）。
81) *Huet-Weiller/Le Guidec*, Rép. Dalloz, Filiation naturelle, n. 26 参照。
82) *Huet-Weiller/Le Guidec*, Rép. Dalloz, Filiation naturelle, n. 203 ff.；*Rubellin-Devichi*, n. 1523.

A. 第一次的な父子関係設定と生物学的出自　　　　　　69

出産および出産後の費用の支払い；子との通信、または子に関する母との通信
で、その内容が父性の蓋然性をもたらす場合、または父性の承認を含むもの……
ベビー用品の購入」[83] である。

今までに示された裁判例の分析からまず確認されるのは、裁判所が新 C.C.
340条をかなり寛大に取り扱っており、ささいな事実があれば、被告の父性の
重大な手がかりがあると考えているということである[84]。

> パリ控訴院は、被告が「その際彼が母と密かに抱き合っているところを目撃されてし
> まった、そして彼女と散歩をしているのが何度も目撃された」ことで十分であると判
> 断した[85]。
> 他の判決で、同裁判所は、男が母に手紙を書き、その筆致が「2人の関係が単なる友
> 人関係のレベルにとどまるものではない」ことを示すものであり、アパートの賃貸借
> 契約にその母と共同で署名し、また何度も母の実家に泊まっていたということで、十
> 分であると判断した（しかし血液型検査では、その男は2人の子のうちの一方の父親
> でしかないことが判明した）[86]。

しかし通常の場合、重大な徴表の存在は法定懐胎期間中の長期的かつ安定的
な関係から導かれるのであり、その証明にはさしたる困難はない[87]。ただし旧
法とは異なり、母と父と目される者との出会いが短期的かつ偶発的なものであ
っても、そこで性的接触がもたれたことについてある程度の蓋然性があるなら
ば、それだけで十分とされることがある[88]。しかし母が、被告に父性があるこ
とについてのごくわずかな手がかりも提出できなかったときには、父性確認の
訴えは許されない。

> たとえばディジョン控訴院では、被告が産科病棟にいる母を見舞ったことでは十分で

---

83) J.-Cl. civ., Art. 340 à 340-7, n. 44.
84) TGI Paris, 5. 4. 1994, D. 1995, Somm., 119, obs. *Granet-Lambrechts* ; CA Paris, 17. 11. 1994, RTD civ. 1995, 342, obs. *Hauser* も参照。
85) CA Paris, 14. 5. 1993, D. 1994, Somm., 119, obs. *Granet-Lambrechts*.
86) CA Paris, 4. 3. 1994, D. 1995, Somm., 117, obs. *Granet-Lambrechts*.
87) TGI Paris, 21. 9. 1993, D. 1994, Somm., 118, obs. *Granet-Lambrechts* ; CA Chambéry, 8. 2. 1994, D. 1995, Somm., 118 ; CA Bordeaux, 28. 2. 1995, RTD civ. 1996, 138, obs. *Hauser* ; *Bernigaud*, JCP 1995, I, 3813, n. 9 m.w.N. ; *Granet-Lambrechts*, J.-Cl. civ., Mise à jour, Art. 340 à 340-7, n. 31 f. m.w.N.
88) *Granet-Lambrechts*, J.-Cl. civ., Art. 340 à 340-7, n. 46.

はないと判断された[89]。

また血液検査の拒絶もそれ自体が「重大な徴表」とみなされることはない。というのも、このような検査の命令は、そもそも父性の重大な手がかりが存在しない限り、許されないからである[90]。

しかしこの種の判決は、どちらかといえば周辺的な現象にとどまるものである。今までに公表された裁判例を見ると、母はほとんど常に被告の父性についての十分な手がかりの提出に成功している。どうやら裁判官は、わずかな徴表であっても、直ちにそれを「重大な」ものと評価しようとしているように思われる。

bb) 期　　限

したがって C.C. 340 条の訴えの要件は、実務上はおよそ訴え提起の制限とはなっていないが、フランスにおける父性確認は依然として、厳格な出訴期間の制限に服している。C.C. 340-4 条 1 項によれば、確認手続は子の出生後 2 年以内に行われなければならない。父が母と非婚生活共同体で生活するか、または父としての資格において（en qualité de père）子の扶養、もしくは養育に貢献した場合には、出訴期間はこれらの事情の終了時点から進行を開始する（C.C. 340-4 条 2 項）。子が成年［満 18 歳］に到達した際は、その子のために新たに 2 年の期限が開始する（C.C. 340-4 条 3 項）。ただし、父母間の非婚生活共同体が継続していたとしても、そのことは考慮されない。

この短い除斥期間は、母に速やかな行動を促す[91]ことで、証明手段の散逸を防ぎ、家族の平和を保護するためのものとされている[92]。しかし、母が実父と思われる者と同棲しているとか、またはその男が自発的に子の扶養に貢献し

---

89) CA Dijon, 18. 5. 1995, D. 1996, Somm., 156 obs. crit. *Granet-Lambrechts*.
90) CA Toulouse, 21. 2. 1995, D. 1996, Somm., 156, obs. *Granet-Lambrechts*. 旧法時代の裁判例として、CA Bordeaux, 9. 1. 1992, D. 1992, Somm., 317 も参照。
91) *Bénabent*, n. 506 ; *Granet-Lambrechts*, J.-Cl. civ., Art. 340 à 340-7, n. 86. 父が近いうちに認知をすると偽り、その間に出訴期限が徒過してしまった場合には、母は父に対して損害賠償を要求できる（Cass., 24. 10. 1973, Bull. civ. I, n. 283）。
92) *Malaurie/Aynès*, n. 620 ; *Bénabent*, n. 506.

た場合には、母がその男を訴えることはしばしば「道義上不可能（impossibilité morale）」である。ゆえにこの期間中は期限の到来が阻止される[93]。さらにまた実父と思われる者が子の母を遺棄するか、または扶養を停止したが、それにもかかわらず母が2年以内に訴えを提起しなかった場合でも、そのことについて十分な理由があるという信頼を受ける[94]。たとえば、その間の子の扶養が別の方法で確保されていることがありうるからである。もちろん、成年に達した子は、いま一度、訴え提起をした方がよいかどうかを自ら決定することができるのでなければならない。というのも、母が実父と思われる者の影響を受けたとか、子の運命について無関心だったこともありうるからである。

　学説では、全体としてかなり短い除斥期間は誤ったものとして一般に考えられている[95]。なぜなら、この除斥期間は実父とその家族の平和の保護に資するものにすぎないからである。この期限は、父性否認がなされた場合に特に苛酷なものとなる。父が子の出生後2年以上経ってから嫡出否認または認知取消を行った場合には、真の実父に対しての訴えはもはや不可能である。このような場合に、子がなおも訴えを提起しようとするなら、自分が成年に到達するのを待たねばならないというのは、不条理であるように思える。［ましてや］子がその時点ですでに20歳以上となっていれば、もはやいかなる訴えの可能性も存しないのである。

c）　身分占有による出自証明

　しかし若干の事案においては、強制的父性確認の期限の徒過が子の不利益にならないこともある。C.C. 334-8条によれば、子と特定の男との間における身分占有の証明が、認知および父性確認と並んで、非嫡出出自を確認する第3の可能性である。これを認めるにあたりまずもって立法者の念頭にあったのは、

---

93)　*Granet-Lambrechts*, J.-Cl. civ., Art.340 à 340-7, n. 78.
94)　*Granet-Lambrechts*, J.-Cl. civ., Art.340 à 340-7, n. 79.
95)　*Malaurie/Aynès*, n. 620 ; *Bénabent*, n. 506. *Dreyfus-Schmidt*, JO Sénat, 8. 12. 1992, S. 3732も参照。異なる見解を述べるものとして、*Rubellin-Devichi*, JCP 1993, I, 3659（「濫用的訴えに対する当然かつ効果的な障害」であるという）も参照。

男が長年生活を共にし面倒を見た子を認知することなく死亡し、その時点で父性確認の期限が徒過してしまったという場合であった[96]。たしかに身分占有による出自証明は、その要件事実から見ればこのような状況に限定されるものではないが、実務上は、ほとんどこの種の事案に限って適用されている[97]。C.C. 311-1条によれば、身分占有とは二者間における出自関係の存在を示唆する諸事情の総体である。ただし身分占有がC.C. 311-1条2項で要求される継続性を示すためには、出生の際にそれが存在している必要もなければ、身分占有の主張時点までそれが継続している必要もないのである[98]。必要とされるのは、単にそれが一定期間存在したことだけである[99]。この法的状態の判断が困難となるのは、母のパートナーが替わる度ごとに子がその者らと生活を共にしてきた場合である。この種の事案についてフランスの裁判所は、最後の身分占有を優先させる傾向にある[100]。こうした判例は身分占有が出自の生物学的な真実を志向するものではなく、実生活として最新の、子にとって最重要な社会関係を志向するものである、ということを改めて明らかにしている。

訴訟外では、身分占有の証明は、いわゆる公知証書（acte de notoriété）によって行うことができる（C.C. 311-3条1項）。このような証明書は、3人の証人が現に営まれた親子関係の存在について証言した場合に、後見裁判所裁判官によって交付され、出生証書に記載される（C.C. 71条2項と結び付いたC.C. 311-3条1項）。この証書は、反証がなされるまで身分占有の存在を証明する（C.C. 311-3条1項）。

このような証書が申請されなかったか、または裁判官によって交付されなか

---

96) *Huet-Weiller*, J.-Cl. civ., Art. 334-8 à 334-10, n. 18.
97) *Bernigaud*, JCP 1993, I, 3688 ; *Hauser/Huet-Weiller*, RTD civ. 1991, 727. *Sutton*, Rép. Dalloz Procédure civile, Filiation, n. 536 によると、最終的な帰結として、相続法上の請求権の行使が認められなかった1件の判決が公表されているにすぎないということである。
98) CA Versailles, 12. 4. 1983, D. 1983, 554, note *Huet-Weiller* ; TGI Paris, 24. 4. 1984, D. 1984, 572, 1 esp., note *Huet-Weiller*.
99) *Huet-Weiller*, J.-Cl. civ., Art. 334-8 à 334-10, n. 27.
100) Cass., 25. 11. 1980, D. 1981, IR, 296, obs. *Huet-Weiller*; Cass., 23. 6. 1987, D. 1987, 613, obs. *Massip* ; *Hauser/Huet-Weiller*, n. 500 m.w.N. ; *Hauser/Huet-Weiller*, RTD civ. 1991, 728 ; *Massip*, note sous Cass., 23. 6. 1987, D. 1987, 614.

った場合には、子は C.C. 311-7 条の 30 年の期限内で、身分占有確認の訴え (action en constatation de possession d'état) を提起することができる[101]。この期限の始期は主張されている身分占有が (たとえば父の死亡によって) 失われた時点であるので[102]、訴えの提起が時効により失敗に終わることはまれな場合にとどまる。

公知証書に対しても (身分占有異議の訴え action en contestation de la possession d'état)[103]、身分占有の裁判上の確認に対しても[104]、被告である父 (またはその相続人) は身分占有が生物学上の真実と一致しないことを主張することができる。ただし、身分占有が30年以上存続している場合には、この抗弁は認められない (C.C. 311-7条)。これが最も役立つのは相続事件においてである[105]。身分占有それ自体にとって、生物学上の出自の真実性が本質的でないということもまた注目すべきことである。身分占有は、男が自分の父性に疑いを持っていた場合であっても十分に存在しうるのである[106]。

d) 支払いの父性の訴え

身分的効果を伴う父性確認 (父性の捜索の訴え action en recherche de la paternité) と並んで、フランス法では、認知または父性確認によって出自が明らかとなっていない非嫡出子に対して[107]、身分確認を要しない扶養の訴え (援

---

101) Cass., 10. 2. 1993, D. 1993, Somm., 325, obs. *Granet-Lambrechts* ; RTD civ. 1993, 337, n. 21 obs. *Hauser* ; CA Paris, 3. 10. 1995, D. 1996, Somm., 151, obs. *Granet-Lambrechts*.
102) CA Paris, 25. 1. 1994, D. 1994, Somm., 117, obs. *Granet-Lambrechts* ; CA Paris, 7. 4. 1995, D. 1996, Somm., 151, obs. *Granet-Lambrechts*; *Huet-Weiller*, J.-Cl. civ., Mise à jour, Art. 334-8 à 334-10, n. 31 m.w.N.
103) *Huet-Weiller*, J.-Cl. civ., Mise à jour, Art. 334-8 à 334-10, n. 31.
104) Cass., 4. 12. 1990, JCP 1991, IV, 42 ; TGI Paris, 24. 4. 1984, D. 1984, 572, 2 esp., note *Huet-Weiller*. CA Versailles, 12. 4. 1983, D. 1983, 554, note *Huet-Weiller* はこれと異なるようである。
105) CA Paris, 29. 9. 1988, D. 1989, Somm., 364, obs. *Huet-Weiller* 参照。原告が父の死後、意図的に、身分占有の成立から30年が経過するまで、訴えの提起をせずに静観しているということすら考えられるようである。CA Rennes, 27. 3. 1991, J.-Cl. civ., Mise à jour, Art. 334-8 à 334-10, n. 25 f. ; CA Fort-de-France, 19. 10. 1990, J.-Cl. civ., Mise à jour, Art. 334-8 à 334-10, n. 28 f. も参照。
106) CA Versailles, 12. 4. 1983, D. 1983, 554, note *Huet-Weiller*.
107) 非嫡出子の外に、この訴えは C.C. 342-1条により、父との関係で嫡出子の身分

助金を求める訴え）が認められている。この扶養の訴えは、過去において、確認の訴えの許容事由が満たされなかった、もしくは確認の訴えそのものが一般的に禁止されていた場合に、大きな役割を演じていた。しかし今日では父性確認がほとんど無制限にできるようになっており、近親相姦子の例外を除いて父性確認の禁止はもはや存在していないので[108]、援助金を求める訴えに今なおいかなる意義がありうるのかが問題となる。

扶養のみを求める訴えは、身分の訴えに比して出訴期限がゆるやかなものとなっているので、この訴えをなす利益は依然として存在する。すなわちC.C. 342条2項により、この扶養の訴えは、子の未成年中はいつでも法定代理人によって提起することができ、成年到達後2年間は子自らこれを提起することができる[109]。

被告が法定懐胎期間中に母と同衾したことを子が立証すれば、この訴えは成功する[110]。しかし、今日における決定的な証明手段は血液型検査である。この検査は出自を裏付け、かつそれにより間接的に同衾をも裏付けるのである（C.C. 342-4条も参照）[111]。したがって、結局のところ扶養の訴えの場合にも、出自問題はきわめて決定的な役割を演じるのである。

破毀院がC.C. 342条の訴えについて出自鑑定のみによる同衾の証明を認めた[112]ことから、C.C. 340条により身分確認に要求される許容要件を回避できる可能性が開かれた。つまり原告は、身分訴訟ではおそらく必要な重大な徴表

を有していない嫡出子にも開かれている。ただし、判例がC.C. 334-9条の反対解釈により、このような事情の下にある嫡出子にも身分的効果を伴う父性確認の訴えの提起そのものを認めているので、この訴えができることの実益はかなり乏しい。

108) 近親相姦関係から生まれた子は、片方の親のみの出自しか創設できない（C.C. 334-10条）。それに対し支払いの父性の訴えは、この子らに開かれている（C.C. 342条3項）。

109) その一例として、CA Paris, 21. 6. 1994, D. 1995, Somm., 119.

110) *Madlener*, FamRZ 1972, 336, 341.

111) Cass., 14. 2. 1995, RTD civ. 1995, 343 obs. *Hauser*; Cass., 5. 2. 1991, D. 1991, 456, note *Massip*; D. 1992, Somm., 176, obs. *Granet-Lambrechts*; Cass., 9. 3. 1983, Gaz. Pal. 1983, 2, 561, note *J.M.* しかしこれに対し、CA Paris, 22. 2. 1991, JCP 1991, II, 21777, note *Mirabail* は、出自検査を行う前に、出自の主張がもっともだと思われる十分な手がかりがすでに存在していることを要求する。

112) Cass., 14. 2. 1995, RTD civ. 1995, 343, obs. *Hauser*; Cass., 5. 2. 1991, D. 1991, 456, note

A. 第一次的な父子関係設定と生物学的出自　　　75

の証明ができないであろうと予測されるときには、扶養の訴えで争って、速やかに出自検査を命じてもらうことができるのである。被告が扶養料支払を言い渡されると、その判決によって——フランスの学説・判例によれば——（扶養請求の要件としての）同衾もまた既判力をもって証明される[113]。この扶養判決は、現在では C.C. 340 条による父性確認訴訟で要求される重大な徴表——すなわち同衾——を証明するために利用できるのである。このような方法が可能となったことで、C.C. 340 条の訴えの制限は不合理なものとなってしまっている[114]。

被告である男が多数関係の証人を指名するか、母が法定懐胎期間中に複数の男性と親密な関係を持ったことを申述した場合には、これらの者は C.C. 311-11 条によりその訴訟に参加させられる。それらの男のいずれの［父である］蓋然性がより高いか確定できない——このようなことは現代医学の可能性からして、おそらくはそれらの者が出自検査を拒否した場合にしかありえないのだが——場合には、C.C. 342-3 条により、それらの者が連帯して扶養料を支払うべき旨言い渡すことができる[115]。

1993 年の改革に際して、身分訴訟がかなり無制限に認められたことに伴い、その当然の成り行きとして、扶養訴訟は廃止されてよかったはずである。［しかし］支払いの父性の訴えがそのままに残されたことで、母は、すべての家族法上の権利を発生させる父性確認の訴えを提起するか、あるいは独立の扶養請求をなすにとどめるかという選択の余地を与えられることとなった[116]。現実

  Massip ; D. 1992, Somm., 176, obs. *Granet-Lambrechts*.
113) Cass., 4. 1. 1995, D. 1995, Somm., 225, obs. *Granet-Lambrechts*. それに続いて身分訴訟を開始することは扶養訴訟によっては排除されない。その限りで扶養訴訟は既判力を発生させない（C.C. 342-8 条）。
114) *Granet-Lambrechts*, note sous Cass., 4. 1. 1995, D. 1995, Somm., 225. *Dekeuwer-Défossez*, note sous Cass., 4. 1. 1995, D. 1996, Somm., 231 も参照。
115) このことの詳細については、*Labrusse-Riou*, S. 153.　要件とされるのは、それらの者が同衾に関して「有責であること」である。この概念は広く解されている。この要件の充足の判断にあたっては、特に C.C. 旧 340 条の訴訟開始事由が参考にされている。
116) *Massip*, Defrénois 1993, n. 35559, S. 633. *Hauser/Huet-Weiller*, n. 432 も扶養の訴えの存続は有用であると評価している。

の場面では、親の配慮［＝親権］を父と共同にしなくてもよいようにするために、母が、子の未成年中は扶養請求権の行使をするにとどめるということが起きている。そして、成年到達の後、その子はこの扶養料名義を利用して、上記の手続に従い身分判決を獲得できるのであり、その判決は特に後の相続法上の請求権を保障するのである。こうしたことが扶養請求の機能として意義あるものだといってよいかは疑わしく思われる。もちろんその男が、このような支払いの父という限定的地位に甘んじている必要はない。つまり、いずれにせよ子を認知できるということは念頭に置かれねばならない。

3．ドイツ法の改革
 a) 認　　知

従来のドイツ法によれば、認知が有効であるために必要なのは、子の同意だけであった。その際、子は児童少年局によって代理されるのが通常であった（BGB旧1706条1号）。補佐法（Beistandschaftsgesetz）[117]によって、非嫡出子に対する法定の職務上の保護が廃止され、非嫡出子の母に無制約な親の配慮が与えられた（BGB 1716条と結び付いた新1626a条2項）結果として、認知の有効要件も再考されざるをえないこととなった[118]。親子法改革法によれば、現在ではBGB新1595条1項に従い、認知には母の同意が必要とされている。これは母が子の代理人としてではなく、自らの名において行使する権利である。母が（もはや）親の配慮の保持者ではなくなっているようなことがあれば、認知が有効となるためには、さらに子の同意も必要とされる（BGB新1595条2項）。

子の認知について母に共同決定権が認められたことは、原則として歓迎すべきことである。まず母が認知に同意している場合であれば、関係者間で良好な

---

117) Entwurf eines Gesetzes zur Abschaffung der gesetzlichen Amtspflegschaft und Neuordnung des Rechts der Beistandschaft (Beistandschaftsgesetz), BT-Drucks. 13/892 v. 24. 3. 1995.
118) BGB旧1600e条1項2文が全面的に削除された結果、今後は、場合によって必要とされる法定代理人の同意も公証を要することとなった。

関係が持たれる公算が大きい。また母が同意を拒絶するのであれば、生物学上の実父であるかどうかという疑いは父性確認によって除去することができる。もちろんこの場合において、父子間に費用のかさむ訴訟を招来させるかどうかの判断は母の手に委ねられることとなる。

親子法改革法の草案は当初、ZPO 新 93c 条 2 項 2 文によってこの危険に対処しようとした。この規定によれば、「子または男の父性確認の訴えが認容され、かつその訴えが父の認知に母が同意しなかったことに起因するものであった」場合には、その費用の一部または全部を母に負担させることができるとされていた。この規定の背後には、費用負担で威嚇することにより、責任感のある判断を母に迫るという善意から出た苦心があった。当然のことながら、ここでいう「起因」は当然単なる因果関係の意味において考えられていたのではなかった。[草案の] 立法理由が趣旨を明確にするために挙げていたのは、むしろ「母が同意を拒否することで、唯一考えられる父親に、父としての法的地位を与えないようにしているか、または子に対する無関心から、同意をしないままでいる」という事例であった[119]。しかし、認知に対する同意を拒絶している母は、自分は父性に疑いを持っていたのであり、子の利益のために父性を訴訟で明らかにしてもらうつもりであったという主張に逃げ込むことが常に可能なのである。旧法下においても、児童少年局が認知する意思のある父に対して父性確認手続を行うというケースがあった[120]。それゆえこの規定は、正当なことに、親子法改革法では最終的に条文として採用されなかった。

子がすでに成年に達している場合には、母の同意要件は特に疑わしいものとなる。成年子の意思に反して同意を拒否するということに、母はいったいいかなる正当な利益を有するというのであろうか[121]？

---

119) BR-Drucks. 180/96 v. 22. 3. 1996, S. 129.
120) KG Berlin, DAVorm 1991, 864, 865 ; OLG Stuttgart, DAVorm 1985, 1039, 1040 ; KG Berlin, FamRZ 1994, 909, 910 ; KG Berlin, DAVorm 1991, 946 ; OLG Köln, DAVorm 1991, 1102, 1103. *MünchKomm/Mutschler*, § 1600a Rz. 9 ; *MünchKomm/Coester-Waltjen*, ZPO, § 640 Rz. 29 も参照。
121) BGB1768 条 1 項 2 文および 1747 条によれば、成年養子については養子となる者の親の同意も必要でない。認知に関する母の取消権が導入されたが、その理由は、母

b）父性確認

父性確認に関する諸規定は、親子法改革法によって基本的には本質的な変更を加えられないままにおかれている。ただし、子および非嫡の父に加えて、母にも固有の訴権が認められた（BGB新1600e条1項）[122]。法技術的には、この権限は単に子の法定代理人の資格において母に与えられているのではなく、──認知の同意権と同様──母の固有の権利として構成されており、それゆえ子の成年到達後も失われることはない。児童少年局による職務上の保護があった当時であれば、それと並立する母の固有の権利の要求はもっともなことであった。しかし職務上の保護が廃止された現在では、これらの権利を法定代理人の資格において母に与えることのほうが適切であっただろう。改革の議論を追跡すると、どうも成年子の利益との衝突が看過されていたようである。子が成年である場合に母が子の意思に反して父性確認を行うと、その子が実父との接触を拒否している場合ですら、母が子にその者を父として押し付けることとなりうるのである。

たしかに父側の出自の問題は、原則として母の地位にも影響を及ぼす（子に対する父の扶養義務は母の財産的利害にかかわる）が、当然のことながら成年子の場合にはこの考慮は大きな役割を演じない。国際的に見ても、このような権限を母に与えているのはドイツだけであろう[123]。

たとえばフランスでは、母が子の未成年中に身分の訴えを提起することなく扶養請求権を行使するにとどめていた場合、成年到達後に、父に対して完全な身分関係を創設するために父性の訴えを提起しようとするか、あるいは扶養法

　　　は、自分の子の父でない者を押し付けられる必要はないということであった（BT-Drucks. V/2370 v. 7. 12. 1967, S. 32）。しかしこのことが妥当するのは、とりわけ未成年子の認知に関してである。何者かが母と共にその子をもうけたことを不当にも公知させるとしたら、母はそのことを甘んじて受け入れる必要がないからだという論拠（*Deichfuß*, FuR 1991, 275, 279）は、認知が生物学的出自と関係なしにされうるということを見落としている。*Schlüter*, 8.Aufl., Rz. 278 もこの点を批判している。

122）　BGB新1600e条1項は、「父性の確認もしくは否認については、母の……男に対する……訴えに基づき、家庭裁判所が裁判する」としている。草案理由には、これによって父性確認を求める母の権利が導入される旨を示す言及はない。

123）　ベルギー：C.C. 322条；フランス：C.C. 340-2条；イタリア：C.C. 273条2項；オーストリア：ABGB 164c条1号；スイス：ZGB 263条1号と結び付いた261条1

上の関係にとどめようとするかは、成年子の自由に委ねられているのである。このことにつきデクーヴェール＝デフォッセ（Dekeuwer-Défossez）は次のように考えている。「この場合成年子は、自己の身分を要求するか、その身分を拒否すべく何の行動も起こさないかについての選択権を有しており、両者のうちどちらを選ぶかは子だけに委ねられるのが適当であり、その態度表明はいずれであっても尊重されるべきである」[124]。

新たに認められた母の父性否認権と比較しても齟齬は存在する。すなわちこの権利は、たしかに事実上無制限に母に与えられてはいるが、子の嫡出性に反する事情を知ってから2年以内でなければ行使できない。母に対するこの期限は、常に子の出生後直ちに始まるので、成年子の母の否認権なるものは観念しえない。成年子の母が子の意思に反して既存の父子関係を排除することが許されないのと同様、母には、成年子が欲しない父性を押し付ける権利もないというべきであろう。なぜならば、子の生活を取り巻く人間関係も、やはりまたそのことによって影響を被ることがあるからである。

c）職務上の保護の廃止

法定の職務上の保護の廃止および補佐法の新規律に関する法律は、自動的な法定の職務上の保護（BGB旧1706条）を廃し、その代わりに、今後はいわゆる補佐（Beistandschaft）の提供の申立てを母がなしうるようになった[125]。この補佐は母の代理権に取って代わるものではなく、母の代理権と並存するものである。これは特に——従来と同様——父性確認と扶養請求権の行使にあたって、母を援助するために用いられる。

この改革のきっかけとなったのはドイツの再統一である。旧東ドイツ法には自動的な職務上の保護は存在していなかったのであり（FGB 46条1項）、統一

　　　項参照。旧東ドイツでは、FGB 56条1項2文は、成年到達後は子だけに出訴権限があると解されていた（Ministerium der Justiz（Hrsg.), Kommentar zum FGB, 1973, §56 FGB Anm.1)。
124)　Note sous Cass., 4. 1. 1995, D. 1996, Somm., 231.
125)　BT-Drucks. 13/892.

後に東ドイツの母の権利を制限することは政治的に賢明ではないと考えられたのである。国際的に見て（西）ドイツの規整がかなり孤立していたこともあって[126]、母の自立性への介入は理解を得られなかったであろう。ゆえに、統一条約（民法施行法［以下 EBGB と略称する］230条1項）により、法定の職務上の保護に関する西ドイツの当時の規定は、東ドイツ州地域には適用されなかった。この法的分裂が改革の圧力となったのは自然の成り行きであった。しかし再統一前にもすでに、職務上の保護は非嫡の母の自立性を否定した保護監督であるとして批判されていた。この制度の背後には、非嫡の母は無力で孤立無援の境遇にあり、特段の保護を必要としているとの時代錯誤な観念が存在するという批判である[127]。

　とりわけ問題なのは、父性確認を求めるにあたっても、母に無制限の親の配慮が認められるようになったということである。このことにより立法者は、父子関係の創設を広く母の手に委ねたのである。不思議なことに、あらゆる場面で自己の出自を知る権利が強調されているにもかかわらず、職務上の保護の廃止が子の利益にマイナスの影響を与えうるということには――親子法改革法の立法作業に際しても――考えが及んでいなかったのである。児童少年局の職務は、今まで一度たりともそれを渋る母に実父の名の告白を強いることではなかったのであり、せいぜいのところ父性確認が子にとって特に重要な事柄であるということについて、母の意識を高めることだったのである。また児童少年局の関与は、真実でない認知をなすことに対する少なくとも心理的障壁にはなっていたのではないだろうか。

---

126)　*Dopffel*(Hrsg.), Kindschaftsrecht im Wandel, Zwölf Länderberichte mit einer rechtsvergleichenden Summe, 1994, S. 616 ff.　改正前のドイツ法と比較可能なのはスイスの法状態である。スイスでは、後見官庁が自動的に父性確認のための配慮をすべきものとされている（ZGB 309条1項）。それに対しオーストリアでは、改正前のドイツ法に類似した職務上の保護が、1989年に、管轄する児童福祉局の援助提供と結び付いた単なる法律的教示に置き換えられた（これについては *Schwimann*, NZ 1990, 218）。

127)　*Simitis*, StAZ 1970, 255, 261；*Zenz/Salgo*, S. 51. *Brötel*, FamRZ 1991, 775, 777 も参照。これについて詳論するものとして、*Will*, Macht und Gleichheit, Diss. Konstanz 1997, S. 173 ff.

この改革は、職務上の保護の実際的有用性を考慮することなく、単なる原理原則から非嫡の母と嫡出の母の間の一切の区別的取扱いを拒否したのではないか、という疑問が残る。職務上の保護のシステムは、実務において所期の成果を挙げてきたのであり[128]、これをやっかいな保護監督だと負担に感じていた母親はごくわずかだったのである[129]。児童少年局は、勝訴の見込が最も高いのに、母がまったく別の問題と格闘しなければならないことの多い時期において、母から父性確認の苦労を取り除いていたのである。加えて、児童少年局は子の父と争う母を支援するのである。児童少年局の援助——現在では児童少年局はそのことについての情報を職務上母に提供しなければならない——を自発的に求めるようにとの申出は、従来の制度を全面的に肩代わりするものではない。多くの母が客観的には父性確認が可能であるにもかかわらず、それを行わないでおくということが危惧されるのである[130]。このような展開は、長期的に見れば、任意認知の減少にもつながっていくであろう。裁判上の父性確認という脅威がなくなれば、実父が先手を打って自発的に認知をしようとする気持ちは薄らいでいくのである。

母が実父の確認を妨害している場合には、将来 BGB 1666 条による配慮権の剥奪という手段をとることも考えられなくはない[131]。しかし BGB 1666 条を適用する際の敷居はかなり高いし、加えてこのような差別的措置は、母の権利に対するよりいっそう強い介入となろう。またこの手段によるとしても、その手続のイニシアチヴを誰がとるべきなのかもはっきりしない[132]。それだからこ

---

128) BT-Drucks. 13/892 v. 24. 3. 1995, S. 23 ; DIV-Gutachten, DAVorm 1993, 1009 ; *Binschus*, DAVorm 1989, 171 ff. ; *Kemper*, DAVorm 1989, 169 ff.
129) *Kemper*, FamRZ 1991, 1401, 1402 ; DIV-Gutachten, DAVorm 1993, 1009, 1013 ; *Barth*, DAVorm 1992, 277, 281.
130) *Mutschler*, FamRZ 1996, 1381, 1384 ; *Ramm*, FPR 1996, 220, 221 ; *ders*., JZ 1996, 987, 989 ; *Richter*, FamRZ 1994, 5 ; DIV-Gutachten, DAVorm 1993, 1009, 1016. *Will*, Macht und Gleichheit, Diss. Konstanz 1997, S. 181 ff. も参照。*Vaskovics/Rost/Rupp*, S. 162 は、すべての認知のうちの 20 ％が児童少年局の介入が決定打となった「任意」認知である、という結論に達している。
131) *Koch*, FamRZ 1990, 569, 572 参照。
132) この規定については、*Kleineke*, S. 241 ; *Gernhuber*, Familienrecht, 3. Aufl. 1980, S. 915 ; *Gernhuber/Coester-Waltjen*, § 59 I 2 参照。

そ、一定期間の経過後、子の父が出生登録簿に記載されないままになっていた場合、自動的に児童少年局に通知され（いわゆる「第二波 zweite Welle」モデル）、その後なおも認知もしくは父性確認が行われなかった場合にはやはり職務上の保護が開始されるべきだ、という提案が正当にも度々なされていたのである[133]。

4．私　　見

ドイツとフランスの法律状態が類似しているにもかかわらず、認知は社会学的にかなり異なった役割を演じているということが明らかとなった。すなわち歴史的な回顧（第1章）で示された伝統は、今なお生き続けているのである。数的に見た場合、認知が生物学的真実と一致する頻度はドイツの方がフランスよりも高いといってよいであろう。フランスで認知に母の同意を要しないことは、この相異の決定的な原因ではないであろう。というのも、フランスではそもそも母の意思に反した認知が実際上行われないからである。このことはまた、公表された裁判例において、母が取消権を行使した例はごくまれであり、それを行使しているのは、真実に反する認知を作出した者自身かまたはその相続人であることからも示される[134]。

とはいえまさに近年になってフランスの裁判所が扱う[認知]取消訴訟の数が増えていることは、感情的かつ意思的な要素によって規定される父子関係設定が不安定な状況にあることを示している。婚姻もしくは非婚生活共同体が認知の「行為基礎」となっている場合には、その関係が破綻すれば、通常の場合男は認知を排除しようとすることになるのである。

---

[133]　*Mutschler*, FamRZ 1996, 1381, 1384. *Oberloskamp*, ZfJ 1991, 586, 592 ; Deutsches Institut für Vormuntschaftswesen, DAVorm 1993, 1009, 1015 ; 1995, 401 ff. ; 1995, 415 ff. ; *Richter*, FamRZ 1994, 5, 9 も参照。

[134]　これと反対の例は、CA Pau, 13. 2. 1995, RTD civ. 1996, 376 である。この事案では、母の生活パートナーが、母と5年間の同棲中には認知していなかったにもかかわらず、離別後に彼女の3人の子を認知した。母が、その認知を取消しによって排除することに成功した後、真実に反する認知をしたことによる損害賠償がその認知者に言い渡された。CA Orléans, 9. 6. 1994, D. 1996, Somm., 147, obs. *Granet-Lambrechts* も参照。

A．第一次的な父子関係設定と生物学的出自　　　83

　意外なことに、フランスでは1993年の改革前にすでに、任意認知された子の数がドイツのそれとほぼ同じ程度に達していた。改革前のフランスでは父性確認は徹底した制限に服していたので、任意に認知するよりも、訴えに持ち込ませた方がよいと考える父親が多かったかのように思われるかもしれない。しかし、事態はまったく違っていたのである。

　1993年前には父性確認訴訟の数が相対的に少なかったということに関していえば、このことはその訴えの可能性が実体法上制限されていたということだけでは説明できない。なぜなら婚姻外で子がもたれる典型的な事案はC.C. 340条によって十分に捕捉されていたし、判例も、訴訟開始事由をできるだけ幅広く解釈する努力をしていたからである。そこで浮かび上がってくるのは、多くの女は強制的な父性確認の実行を自発的に控えていたのではないかという疑念である[135]。彼女にしてみれば、このようにすることには関係の破綻後に配慮権紛争を恐れる必要がないという利点があったのである。デクーヴェール＝デフォッセは、フランスの行政実務を詳細に調査し、母親が父子関係の設定を行うことは、「うまくいっても余計なもので、最悪の場合には厄介なものとなる」ようなものだという理由で、ソーシャルワーカーが母にそれを思いとどまるよう忠告していると報告している[136]。この姿勢はフランス出自法の歴史を考えれば理解できる。なぜなら男が自発的に受け入れない父子関係設定は、常に価値の低いものとみなされてきたからである。父性確認の訴えの要件としての訴訟開始事由が廃止された後ですら、父性確認訴訟の数はさして増加していないのである（1990年：212件；1994年：598件）。

　フランス法における父性確認の様々な可能性の――ドイツ的視点から見ると時代錯誤的な――相互併存は、分かりにくいものとなっている。こうした状態は、裁判上の父性確認がこの間に広く無制限に認められるようになったことで、いっそう理解しづらくなっている。C.C. 340条の枠内において存続してい

---

135)　*Siehr*, FamRZ 1974, 401, 404参照。
136)　D. 1986, Chron., 307 f. : "au mieux inutiles, au pis gênantes". *Rieg*, L'établissement du lien de filiation légitime en droit français, in : Ann. Fac. de Strasbourg, Bd. XXIII, S. 39 ; *Carbonnier*, S. 491 も参照。

る訴えの制限——重大な徴表の要件——は、判例においてほとんど重要な役割を演じておらず、さらに扶養判決の既判力に関する破毀院の判例[137]によって一切の理論的な根拠をも失ってしまった。しかし、この訴えの制限が近い将来においてなくなることは、おそらくないであろう。実務は、新たな法状態にうまく適応してきたように思われるのである。

B．身分と生物学的出自が一致しない場合における父子関係設定の変更

　前節においては、第一次的な父子関係設定のメカニズムが検討された。そこでの中心的問題は、それらのメカニズムによって、法的身分と生物学的出自の一致がどこまで、またどのような要件の下でもたらされるか、もしくはもたらされうるか、ということであった。第2段階として次に検討されるべきは、最初に獲得された身分が生物学的出自と一致していない場合に、いかなる要件の下でその身分が排除されうるかという問題である。

I．フランス

1．概　　観
　フランス法では、嫡出否認と認知の取消しについて、それぞれ異なった原則が適用される。

　a）　認知の取消し
　フランスでは、認知の取消しは、それについて法的な利益を有する者であれば、誰にでも許されている（C.C. 339条1項）。まず第1には子、その母、認知者、さらには実父、認知者の相続人、および特別の要件の下では検察官でさ

---
[137]　Cass., 4. 1. 1995, D. 1995, Somm., 225, obs. *Granet-Lambrechts*.

えも（C.C. 339 条 2 項）、これに該当する。

　C.C. 311-7 条により、取消権は認知の時点から 30 年で時効にかかる。ただし、認知された子が 10 年間認知者の子としての身分占有を有する場合には、取消しをなしうるのは、子自身、その母および真実の実父に限られる（C.C. 339 条 3 項）。この規整によって、まず第 1 に、認知者が 10 年にわたって子と安定した家族共同体で生活した後になお、部外者の干渉によって真実の出自が暴かれることが阻止される。第 2 に、認知者自身は、長期にわたって子に対して父親のように振る舞った場合には、彼自身の「言葉」に拘束されるのである。

　b）　嫡 出 否 認

　法律の文言によれば、嫡出否認権は夫と妻だけに認められている。夫は C.C. 312 条 2 項により否認権を有するが、彼が自分の父性を否定する事情をいつ知ったかに関係なく、子の出生より 6 か月以内でなければ、その権利を行使することができない（C.C. 316 条）[138]。実務では、この否認権は大きな役割を演じていない。フランスで記録された父性の否認（désaveux de paternité）は、1992 年には 240 件、1994 年には 219 件であった[139]。

　1972 年の出自法の改革により、これに加えて子の母にも訴権が付与されたが、それは子が 7 歳に達しない間だけ存在し、しかも、母が離婚して子の実父と再婚し、その実父が子の準正の申立てをなすことが要件とされている（C.C. 318 条、318-1 条）[140]。子自身の否認権は、1972 年の改革の前後を通じて議論されていない[141]。

---

138)　C.C. 316-2 条により、夫が当初の期限内に「裁判外での書証」により自己の父性を否定していた場合には、この否認期限はさらに 6 か月間延長される。また、C.C. 316-1 条によれば、夫が否認期限徒過前に死亡した場合には、その否認権は夫の相続人に与えられる。

139)　RTD civ. 1995, 871 ; Annuaire Statistique de la Justice, 1990 − 1994, La justice civile, Les saisines en 1994 − Affaires nouvelles au fond.

140)　子が母およびその新たなパートナーに対する身分占有を有することは必要とされない。したがって、離婚後に子が（単独の）配慮権者たる父のもとで生活している場合にも、この否認権は存在する（Cass., 16. 2. 1977, D. 1977, 328, note *Huet-Weiller*）。

141)　*Ernst*, S. 153.

この制限的な否認の体系は、――すでに歴史部分で詳論したように（第1章A. Ⅳ. 2）――破毀院の判例によって根本的に変更された。C.C. 334-9条によれば、嫡出子の場合には、子が嫡出子としての身分占有を有していれば、一切の認知は無効であり、（非嫡出）父性の確認を求める一切の訴えも許されないとされている。破毀院はこの規定の反対解釈から、身分占有が欠けているならば、事前の嫡出否認なしに認知が許されるのであり[142]、その場合にはすべての任意の第三者も（非嫡出）父性の確認を求める訴えを提起できるとの結論を導き出したのである[143]。

ここで問題とされるのは、表向きにはたしかに認知ないしは（積極的な）父性確認ではあるが、しかし、この場合、これらの制度は、結果的に嫡出否認をもたらすのである。嫡出子について（積極的な）父性確認が成功すれば、実父の父性の立証は、母の配偶者からの出自なきことの証明と必然的に結び付くからである。これに対して認知がなされた場合には、父性の衝突が生ずる。つまり、その子は当面2人の父を持つのである[144]。C.C. 311-12条によれば、すべての利害関係人は、30年間は（C.C. 311-7条）、2人の父のいずれがより蓋然性の高い実父であるかの確認を求めることができる[145]。関係者の誰かが、この親子関係の衝突（conflit de filiations）をより蓋然性の高い父性の方に解決するようにイニシアチブをとれば、その結果として、嫡出出自の審理が行われることとなり、通常の場合には、――必然的にではないにせよ――実父の確認が行われるのである。しかし、2人の男のいずれも父として問題にならないことがそのような手続の枠内で判明すれば、たしかに認知は無効となろうが、子は

---

142) これについて詳しくは、*Inderst* 参照。
143) Cass., 9. 6. 1976, D. 1976, 593 note *Raynaud*；JCP 1976, II, 18494 note *Cornu*；RTD civ. 1976, 340 obs. *Nerson*；RTD civ. 1977, 752 obs. *Nerson/Rubellin-Devichi*；TGI Paris, 19. 6. 1979, D. 1980, IR, 61, obs. *Huet-Weille*r. 圧倒的に否定的な学説およびそれ以前の部分的に異なる判決については、TGI Paris, 21. 9. 1982, D. 1983, IR, 325, obs. *Huet-Weiller*；*Huet-Weiller/Granet-Lambrechts*, J.-Cl. civ.，Art. 335 à 339, n. 56 m.w.N. も参照。
144) *Mezger*, Das Kind mit den zwei Vätern, eine Erfindung des französischen Kindschaftsrechts von 1972, FS Ferid, 1978, S. 621 ff.
145) このことについて詳しくは、*Ernst*, S.178 ff. 参照。

自身の嫡出出自を失うのである[146]。

それに加えて、C.C. 322条2項からの反対解釈として、身分占有と出生証書が一致しない場合、すべての利害関係人は、それゆえ子も、一般の30年の時効期間内であれば（C.C. 311-7条）嫡出性を否認できる[147]。とりわけ子が真の実父を知らない場合には、子はこの訴えについての利益を有する。実父を知っている場合ならば、子は、すでに述べたように、直接その者に対して父性の（積極的）確認を訴求することができるのであり、それによって同一の訴訟において表見的な父と実の父を交換することができるのである。

2．嫡出否認の要件としての身分占有の欠如

パリ大審裁判所は、一時期、嫡出否認が許されるのは、子が一度も嫡出子としての身分占有を有しなかった場合だけであるとの見解を主張していた[148]。しかし、嫡出否認を限定的にしか認めない結果となるこの見解は、判例には浸透しなかった[149]。というのも、C.C. 311-1条2項により、「継続性」が身分占有の有効要件だからである。したがって、表見的な父に対する身分占有が最初は存在していたが、訴え提起前にそれが失われてしまった場合にも、嫡出否認は許される。これとパラレルな関係において、認知の時点で身分占有が欠けていれば、その段階ですでに嫡出子の認知も有効である。

問題なのは、身分占有という基準の確定がきわめて難しいことである。両親が離婚して親の配慮が母親に委ねられ、その後父と子の接触が断たれた[150]、も

---

146) *Sutton*, Rép. Dalloz Procédure civile, Filiation, n. 500. C.C. 311-12条で——より蓋然性の高い出自のほかに——補助的判断基準として挙げられている身分占有は、出自なきことの証明がされればもはや持ち出されない。
147) Cass., 27. 2. 1985, D. 1985, 265 note *Cornu*. これは Cass., 14. 5. 1985, JCP 1985, IV 259 ; Cass., 30. 6. 1987, D. 1987, IR, 173 によって追認されている。
148) TGI Paris, 21. 11. 1978 und 26. 2. 1979, D. 1979, 611, note *Raymond*.
149) Cass., 25. 1. 1980, D. 1981, IR, 296, obs. *Huet-Weiller* ; Cass., 19. 3. 1985, D. 1986, 34, note *Massip* ; Cass., 23. 6. 1987, D. 1987, 613, note *Massip* ; Cass., 19. 1. 1988, Gaz. Pal. 1988, 2, 855 note *Massip* ; *Granet-Lambrechts*, note sous Cass., 5. 11. 1991, D. 1992, Somm., 315. TGI Paris, 9. 10. 1984, D. 1986, IR, 58, 2 esp.obs. *Huet-Weiller* も参照。同様に、両親が法定懐胎期間中にすでに別居していたことも必要とされない（Cass., 25. 1. 1980, D. 1981, IR, 296, obs. *Huet-Weiller*）。

しくはもともと接触が持たれていなかった[151]という場合であれば、身分占有が欠けていることは確実である。しかし、父子間の接触断絶の原因が母による意図的な交際の妨害にあった場合となると、すでに状況は不明瞭となる。たしかに、その場合には身分占有の消失がありうると考えられる[152]が、しかし、まさに最近になって、多くの裁判所は、母が父子間の情緒的結び付きを破壊する行為は信義に反するという理由で身分占有の存続を肯定している[153]。

これと逆の場合も存在する。すなわち、後に否認の訴えを提起して身分占有の欠如を援用できるようにする目的で、父が子との接触を絶つという場合である。この場合にも裁判所は、父が訴え提起の要件をこのようなやり方で自分から作出する行為は濫用的であるという論拠をもって、訴えを棄却している[154]。母が子と一緒に新たな男友達と生活している事案でさえも、このことが肯定されている[155]。もっとも、すべての当事者が同じ尺度で評価されているわけではないことは明白である。子の側から一方的に遠ざかっていったという逆の事例では、否認の訴えが許されているのである[156]。

これらの事例は、身分占有を、したがって父子関係の質を判定することがどれほど困難であるかを示している。人間関係の強度について、信頼性ある分析はおよそなしえないのである。身分占有への着目をもってしては、身分問題における法的安定性の要請に対してきわめて限られた配慮しかなされないのである。

子が母の配偶者からの出自を持たないことを示す重大な手がかりがある場合

---

150) Cass., 25. 11. 1980, D. 1981, IR, 296, obs. *Huet-Weiller*; TGI Paris, 9. 10. 1984, D. 1986, IR, 58, 2 esp. obs. *Huet-Weiller*; Cass., 19. 1. 1988, Gaz. Pal. 1988, 2, 855 note *Massip*.
151) Cass., 13. 12. 1989, Bull. civ. I, n. 390 ; Cass., 27. 2. 1985, D. 1985, 265 note *Cornu* ; CA Paris, 21. 2. 1995, D. 1995, Somm., 221, obs. *Granet-Lambrechts*.
152) Cass., 23. 6. 1987, D. 1987, 613 ; *Huet-Weiller*, D. 1985, Chr. 125. *Ernst*, S. 180 und 182 f. も参照。
153) Cass., 30. 6. 1992, D. 1993, Somm., 161, obs. *Granet-Lambrechts*. ただし、裁判所の努力が実を結んだかどうかは、この判決からははっきりとは分からない。CA Dijon, 8. 9. 1993, D. 1995, Somm., 112, obs. *Granet-Lambrechts*.
154) Cass., 15. 7. 1993, D. 1994, Somm., 115, obs. *Granet-Lambrechts*.
155) CA Nîmes, 26. 4. 1994, D. 1995, Somm., 220, obs. *Granet-Lambrechts*.
156) CA Poitiers, 30. 12. 1992, J.-Cl. civ., Mise à jour, Art. 319 à 328, n. 78.

でも、嫡出子としての身分占有が肯定され、その結果否認ができないこともありうる。たとえば、被告たる父が自己の実父としての地位に疑念を述べ、かつ多数関係の証人の名を挙げたとか[157]、以前の婚姻パートナーからの出自を持たないことを母が子にうち明けたとしても[158]、身分占有の喪失には十分でないのである。第1審ですでに血液検査が実施され、それにより前配偶者からの出自を持たないことが証明されたにもかかわらず、身分占有の肯定をためらわない控訴審裁判所も少なくない[159]。

これに対してナンシー控訴院は、1994年10月20日判決において、身分占有の存否の問題について、母親が法定懐胎期間中に姦通的な関係を持っていたがゆえに、夫からの出自に蓋然性のないことを決定的に重視している[160]。また、パリ控訴院は、1992年3月13日判決において、母が夫と知り合ったときすでに妊娠していたことを決定的であると考えている[161]。これらの判決では、嫡出否認の要件の審理にあたって、「身分占有の存在・不存在」だけを切り離すことなく、出自関係の蓋然性を考慮して結論が導かれている。現実に営まれる親密な父子関係の存在はさほど重視されず、むしろ、生物学的蓋然性が身分占有判定の基準として持ち出されているのである。これらの判決は、身分占有という不確定概念が裁判官の手で操作可能な道具であることを示している。

身分占有というメルクマールによって、フランス法がいかなる目標を追求しているかは、もし連邦憲法裁判所1989年1月31日判決のような状況[162]があ

---

157) TGI Paris, 6. 11. 1990, RTD civ. 1991, 726, obs. *Hauser/Huet-Weiller*. CA Dijon, 11. 2. 1994, D. 1995, Somm., 112, obs *Granet-Lambrechts* も参照。
158) Cass., 30. 6. 1992, D. 1993, Somm., 161, obs. *Granet-Lambrechts*(子が自分からの出自を持たないことを夫も知っていた事例)。ランス控訴院は、母が子は自分の2番目の夫の卑属であると周知させていたことは、身分占有の破壊には十分でないと考えた。しかし、破毀院は、そこで行われた事実関係の解明では不十分であるとして、事件を差し戻している(Cass., 16. 7. 1992, Gaz. Pal. 1993, 2, Somm., 547)。
159) Cass., 15. 7. 1993, D. 1994, Somm., 115, obs. *Granet-Lambrechs*;CA Bourges, 20. 9. 1993, J.-Cl. civ., Mise à jour, Art. 319 à 328, n. 78. 認知についてはTGI Paris, 26. 3. 1991, D. 1993, Somm., 326, obs. *Granet-Lambrechs* も参照。
160) CA Nancy, 20. 10. 1994, JCP 1995, IV, n. 2541.
161) CA Paris, 13. 3. 1992, D. 1993, Somm., 43, obs. crit. *Granet-Lambrechts*.
162) 前述第1章 B.V.1. 参照。

ったとして、フランスでは子に固有の嫡出否認権が認められただろうか、という問題を提起してみれば明らかとなる。この事件において、子が援用したのは、自分と良好な関係にある母親と父親が否認に同意しており、また第三者が父であることについて関係者間には争いがない、ということであった[163]。

　フランス法によるとすれば、その子が嫡出子の身分占有を有していなかったことが嫡出否認の要件となろう。エルンスト（Ernst）は、フランスではおそらく否認が許されるであろうと考えている[164]。しかしその際にエルンストが援用するのは、関係者の1人が嫡出否認の訴えを提起したという理由だけでフランスの裁判官が身分占有の存在を否定することも許されなくはない、というユエ＝ヴェレール（Huet-Weiller）の見解[165]なのである。

　しかしながら、まさにその後の判例の分析は、この評価が支持できるものではなかったことを示している[166]。親子関係の――極端な場合には嫡出否認の訴えの提起だけによって表明される――一方的「解約告知」は、身分占有を排除するには十分でないのである[167]。ラブリュス＝リウ（Labrusse-Riou）とギデック（Guidec）はまさしくそのような意見を述べている。すなわち、「破毀院は、身分占有の決定に対する意思的要因の影響を拒絶している。……完璧な身分占有の効果は、……自身の子をもはや正当な卑属として扱いたくないという夫の意思だけによっては遮断されえない」[168]。このような言明は、関係の一方的断絶が嫡出否認権の発生にとって十分なものではないとの判断を繰り返す、上掲の諸裁判例によって裏付けられる。さらに、かの連邦憲法裁判所判決は、関係断絶があったとはおよそいえないような事案である点にも疑問が持たれる。父と娘は互いに良好な関係を持っていたし、それを変えようとも思っていなかったのである。

---

163)　AG Hamburg, DAVorm 1987, 545 ff.
164)　*Ernst*, S. 172 f.
165)　*Huet-Weiller*, D. 1985, Chr., 126.
166)　*Vidal*, S. 751 und 753 も参照。
167)　Cass., 15. 7. 1993, D. 1994, Somm., 115, obs. *Granet-Lambrechts*；Cass., 30. 6. 1992, D. 1993, Somm., 161, obs. *Granet-Lambrechts*.
168)　Rép. Dalloz, Filiation légitime, n. 35.

関係者間の社会的諸関係がまったく親密であり、訴えの実益が父子関係設定の生物学的な正しさを審査することでしかないにもかかわらず、嫡出否認の訴えが許されるというようなことは、フランスではないであろうと思われる。フランスで嫡出否認権が存在するのは、古い関係が破壊されるか、あるいは新しい関係が子にとって重要性を獲得した場合である。生物学的に真実である［親子の］帰属関係を明るみに出すことが、それ自体としてひとつの価値であるとは考えられていないのである。

このことは、ボルドー控訴院の一判決でも明らかとなる。それは、父親が子の出自に疑いを抱いたという理由で、自分のなした認知を取り消そうとした事件である。裁判官は、以下のような理由を述べて、この訴えを棄却した。「この訴えの目的は……自分の父性を確かめることでも、疑いを取り除くことでもなく、……その反対に、父子関係設定を否定することである」[169]。

3. 否認期限

a）「合意否認（désaveu d'accord）」

フランスの判例と学説では、否認期限の遵守は職権によって審理されなければならないかどうかが、長い間争われていた。実務の一部では、いずれの側からも期限の徒過が援用されなければ、否認期限徒過の後は、いわゆる合意による父性否認が行われていた。

そのような措置が当事者にとっての利益となったのは、子が母の配偶者に対する身分占有を有しており、それゆえにその配偶者が判例の展開によって認められた一般的否認権に依拠できず、しかも彼自身の法定否認権が6か月の期限（C.C. 316条）を徒過してしまった場合である。

新民事訴訟法典（Nouveau Code de Procédure Civile ［以下 N.C.P.C. と略称する］）125条によれば、期限の定めが公序に属するならば、時効は職権によって考慮されなければならないとされる。当初、若干の判決は、そのような公序としての性格を否定した。裁判官は、生物学的真実が明るみに出るよう援助

---

169) D. 1993, Somm., 163.

するのが1972年の親子法改革の関心事であったということを、その根拠として挙げた。父も母も望んでいない父子関係設定を維持することは意味がない、というのである[170]。一部の学説はこの判例を拒絶したが[171]、他の学説は、子の利益にとって必要な場合には、職権によって時効に配慮しようとした[172]。

この間に、問題は解明されたものと考えることができる。破毀院の一判決[173]の後、いまでは、下級審裁判所も、親子関係事件では除斥期間が職権で考慮されなければならないという見解に従っている[174]。合意否認は否認期限の潜脱であり、子の身分の処分不能性という原則に反する、というのである[175]。ただし、この判例に大きな意義は与えられない。関係者が合意すれば、彼らは一致して身分占有の不存在を主張できるのであり、つまりは、C.C. 322条2項の反対解釈により嫡出性を否認できるからである。そして、独自の調査組織を使えない裁判官は、そのような一致した供述内容の真実性をおよそ審査できないのである。

b) 10年の身分占有

認知を取り消す権利は、原則として、身分の訴えに関する一般的時効規定に従い、認知の時から30年で時効にかかる（C.C. 311-7条）[176]。しかし、子が認知者に対して少なくとも10年間の身分占有を有する場合には、子、母および実父と目される者以外の第三者は、取消しをなしえない（C.C. 339条3項）。こ

---

170) TGI Fontainebleau, 14. 4. 1976, JCP 1976, IV, 6613, obs. *J.A.*; RTD civ. 1977, 759, obs. *Nerson/Rubellin-Devichi*; CA Agen, 7. 12. 1987, RTD civ. 1988, 729, obs. *Rubellin-Devichi*.
171) *Marty/Raynaud*, n. 163; *Weill/Terré*, n. 551; *Vidal*, La place de la vérité dans le droit de la filiation, Mélanges Marty, 1978, S. 1132 f.
172) *Gebler*, note sous CA Basse-Terre, 20. 5. 1974, JCP 1975, II, 17753; *Huet-Weiller*, D. 1978, Chr., 237. 全般的には、*Chardin/Henry*, J.-Cl. civ., fasc. 20, Art. 312 à 318-2, n. 44 f. 参照。
173) Cass., 24. 11. 1987, D. 1988, Somm., 403, obs. *Huet-Weiller*.
174) たとえば、CA Aix-en-Provence, 21. 2. 1996, D. Somm., 159, obs. *Granet* 参照。
175) CA Versailles, 12. 3. 1992, D. 1992, IR, 165; CA Paris, 26. 11. 1993, RTD civ. 1994, 336, obs. *Hauser*. Cass., 2. 6. 1992, D. 1992, IR, 202 も参照。
176) フランスの学説では、取消期限のあまりにも長いことが批判されている（*Hauser*, RTD civ. 1993, 812）。

の場合に関しても、身分占有という不確定概念は明確な境界画定を許さない。

　ポワチエ控訴院は、認知後の婚姻によって準正された子に関して、夫婦が子の出生の4年後に離婚し、それ以後父が訪問権を行使しておらず、また、判決によって義務づけられた扶養料の支払いもしていなかったにもかかわらず、10年間の身分占有を肯定した[177]。

その理由として同裁判所は、そのような父の無関心は「残念ながら広く見られる現象」であることを指摘している。これに対して、アルジャンタン大審裁判所は、これと類似した事案において、身分占有［の存在］に疑念が残る（équivoque）とし、それゆえそれは尊重されないとしている[178]。

破毀院もまた、1996年の判決において、争いの余地ある判断を行っている。

　父は子の出生の10年後に認知をなした。その後、子と父との接触は3回の金銭振込みだけであった。それにもかかわらず、同裁判所は、身分占有の存在を肯定したのである[179]。

4．子の実父の地位

　フランス法において、生物学上の実父は——すべての利害関係人と同様——認知を取り消すことができ、また、子が母の配偶者に対して身分占有をもはや有していない場合には、子を認知するかあるいはその嫡出性を否認することにより、子の嫡出性を問題にすることができる。身分占有に関するこれまでの論述（本章 A．Ⅰ．1．参照）は、母とその夫がすでに出生の直後から最低限度の接触しか持たなかった場合でさえも、一部の判例では身分占有が肯定されることを明らかにした。そのような事案では、実父自身が子と密接な関係を築くようになり、その結果として新たな身分占有が古いそれと衝突する事態にならない

---

[177]　CA Poitiers, 15. 2. 1989, D. 1989, Somm., 366, obs. *Huet-Weiller*. Cass., 3. 3. 1992, RTD civ. 1993, 109, obs. *Hauser*；CA Paris, 16. 9. 1993, D. 1993, IR, 222 も参照。ただし、これら2つの事案では、父子間で若干の接触がなおも継続していた。
[178]　TGI Argentan, 13. 6. 1991, Gaz. Pal. 1993, 2, Somm., 509. Cass., 28. 5. 1991, D. 1991, IR, 172 も参照。
[179]　Cass., 9. 3. 1996, RTD civ. 1996, 374 obs. *Hauser*.

限りは、実父の嫡出否認権は排除されたままなのである。

　さらに、実父は、子をすでに出生前に認知し、そのことにより一定の要件の下で同じく出自関係の審理を強要することもできる。破毀院は、次のような事件の判断を迫られた。

　　S夫人とその夫の間で離婚手続が開始された後、S夫人は新たな男友達のもとへ引っ越した。彼女が妊娠した時、その男友達は胎児認知をなした。しかし、夫婦は子の出生前に仲直りし、再び一緒になった。

　この事案の特殊性は、子と母の夫との間に身分占有があれば、それは認知の有効性に対抗しえたはずであったのに、その身分占有は出生前認知の時点では存在しえなかった、という点にある。たしかにフランスの判例では出生前の身分占有の可能性は原則的に肯定されているが[180]、母は法定懐胎期間中のほとんどを夫と別居していた。けれども、子の出生後における唯一の排他的な準拠的個人は夫であった。

　破毀院は、認知時点における特別の事情に立ち入ることなく、胎児認知の有効性を肯定した[181]。このことにより親子関係の衝突が生じたのであり、それはC.C. 311-12条に従い、蓋然性のより高い方の父性を優先させて——やむを得なければ血液検査の助けを借りて——解決されなければならない。認知者が子と生活を共にしたことがまったくなく、その子は出生以来母とその夫によって養育されたという事実は、何の役割も演じなかったのである。

　夫と子の間に保護に値する社会的関係が存在するかどうかの確認に資するべき、身分占有という基準は、これにより空洞化される。つまり、母が出生前の期間中にその婚姻パートナーと共同生活しておらず、それゆえに、子に対する出生前の身分占有を有せず、かつ、実父と推測される者が出生前に子を認知していれば、——母とその配偶者間の家族共同体の復活がありうることへの配慮

---

180)　TGI Nanterre, 8. 6. 1988, D. 1988, Somm., 400, obs. *Huet-Weiller* ; CA Montpellier, 10. 6. 1996, D. 1997, Somm., 155, obs. *Granet-Lambrechts* 参照。

181)　Cass., 4. 5. 1994, D. 1995, 601, note *Mirabail* ; D. 1995, Somm., 115, obs. *Granet-Lambrechts*. 破毀院は、事件を控訴院に差し戻している : CA Montpellier, 10. 6. 1996, D. 1997, Somm., 155, obs. *Granet-Lambrechts*.

なしに——子の生物学的出自が審理されることになるのである。そこに発生する親子関係の衝突は、C.C. 311-12条に従い、常に蓋然性のより高い父性の方を優先させて解消されなければならない。これに対して、子がすでに出生していて、母の配偶者と生活を共にしていれば、実父は出生のその瞬間からもはや一切の干渉をなしえない。それゆえにこの判例は、多くの事例において、出産と出生前認知との競走をもたらす結果となっている。身分占有が目指す現実に営まれる父子関係の保護は、その競走の中で置き去りにされてしまうのである。

II. ドイツ法の改革

ドイツにおいて、嫡出否認と認知の取消しは、親子法改革法によって父性否認（Vaterschaftsanfechtung）という一体的な制度にまとめられ（BGB新1599条1項）、その要件も完全に統一された。

1. 母の否認権

子の母に固有の嫡出否認権が与えられていないことは、かなり以前から批判されていた[182]。とりわけ、1969年の非嫡出子法（NEhelG）以来、認知の取消権が母に与えられているだけに、それは意外であった。この問題についても、改革への圧力は再統一から生じた。というのも、旧東ドイツの最高裁判所は、すでに1950年に、同権原則を援用して母に固有の否認権があることを認めていたからである[183]。

親子法改革法以降、母は否認権者の範囲に入れられている（BGB新1600条）[184]。

---

182) *Schwenzer*, Gutachten, S. A 34 f. m.w.N. さらに、*Deichfuß*, FuR 1991, 275 Fn. 1 und 2 にも文献が挙げられている。
183) NJ 1951, 185 f. 立法者は、1965年の家族法典（FGB）の導入にあたってこれに従った（FGB 61条1項）。
184) 夫の親の副次的否認権（BGB旧1595a条、1600h条1項）は全面的に削除された。しかし、この否認権は実務上さしたる意義を持っていなかった。

ただし、連邦政府の当初の草案[185]では、母の否認権はまだ制限されていた。つまり、母が子の生存中に父性を否認してよいのは、そのことが未成年の子の福祉に資する（草案1600条2項1号）、もしくは、成年の子が同意を与えている（草案1600条2項2号）という要件が充足される場合だけであるとされていたのである。未成年子の否認権も同様に子の福祉の留保に服するものとされていたから、この制限は、母の否認権と未成年子のそれとを同調させようとするものであった。

これに対して、連邦参議院の態度表明では、母の無条件の否認権が要請された。母は不適切な法的父子関係設定を除去することについて、その夫と同じ利益を有しているから、夫と同じ権利を持つべきだとされたのである[186]。この要請に連邦議会は応じたのである。

嫡出否認の期限は、嫡出性を否定する事情を知った後2年間に固定された。草案1600b条5項によれば、当初は、母が「父性の効果」を彼女自身にとって「期待不能」ならしめる事情を知るに至った場合には、新たに2年の期限が進行すべきものとされていた。この「期待不能性」の場合における否認期限の復活は、嫡出否認の実質上無制限な許容に対抗する流れの中で放棄された。それゆえ、母にとっての否認期限は出生直後から進行を開始するのが通常であるから、父子間にまだ非常に深い結び付きが持たれていないことが保障されるのであり、その結果、子の福祉の審査は必要とされないというわけである[187]。

子の代理人としての否認と比較した場合、母固有の否認権は、とりわけ、母が否認を決定する際にその夫の協力に依存しなくともよく[188]、また、否認を

---

185) 1995年7月24日に報告者草案が提出され、それは基本的に同一内容のまま政府草案（BR-Drucks. 180/96）としてその態度表明を求めるべく連邦参議院に送付された。連邦参議院は、1996年3月22日にそれについての態度表明をなした（BR-Drucks. 180/96）。それに基づいて、連邦政府は最終の政府草案を提出したのである（BT-Drucks. 13/4899）。
186) BT-Drucks. 13/4899 v. 13. 6. 1996, S. 148.
187) BT-Drucks. 13/4899 v. 13. 6. 1996, S. 166.
188) 配慮が両親に共同で帰属している限りは、否認の訴えを提起すべきかどうかについても両親が共同で決定する（*MünchKomm/Mutschler*, § 1597 Rz. 6 ; *Soergel/Gaul*, § 1597 Rz. 8）。

実行するときにも補充保護人（Ergänzungspfleger）の選任を必要としない[189]、という利点を母に提供する。

母の否認権が［内容の］不確定な子の福祉の留保に服さないことは、たしかに通常の場合には妥当である。普通の事案なら、２年間の期限設定によって子の利益との衝突はなくなる。しかし、夫婦が出生の直後に離婚を考え、その子についての親の配慮がおそらくは父の単独に委ねられるであろうことがはっきりしている、あるいはそれどころか、夫婦の別居後にすでに父に委ねられているという場合も考えられる。その場合、母は自己に固有の否認権を、子にとって中心的な社会的関係を破壊するために利用できることになろう[190]。

２．子の否認権

連邦憲法裁判所によって促された自己の出自を知る権利を実現するために、親子法改革法は、BGB旧1596条１項１号ないし５号を廃し、実質的に無制限の子の否認権を導入している（BGB新1600条）[191]。子の行為能力が制限されている間は、この権利は法定代理人によって行使される（BGB新1600a条３項）が、法定代理人は従来のような後見裁判所の許可を得なくともよい。その代わりに、この否認権は、要件事実の上で否認が子の福祉に資する場合に制限されている（BGB新1600a条４項）。

a）成年の場合

実質上無制約な子の否認権を導入するにあたって決定的であった立法者の考えは、「成年子が表見的な父の父性を問題にすれば、通常はそれだけでもう親

---

[189] 離婚前は BGB 1629条２項１文、1795条１項３号がこれを求めている。離婚後に親の配慮が母の単独に委ねられている場合にも、BGB 1629条２項３文、1976条により、これが必要となる。
[190] 子の福祉の留保がないことに批判的な意見を述べるものとして、*Gaul*, FamRZ 1997, 1441, 1458. さらに *Diederichsen*, NJW 1998, 1977, 1980 Fn. 37. も参照。
[191] 正当にも、草案は独立の出自確認の訴えの導入を断念している（その理由については、BR-Drucks. 180/96 v. 22. 3. 1996, S. 66 f.）。この問題を包括的に論ずるものとして、*Frank*, GS Arens, S. 65 ff.

の苦悩は生じている」[192]というものであった。この論証に確たる根拠があるかどうかは、疑わしく思われる。よく考えてみなければならないのは、嫡出否認の無制限な許容が、多くの場合において、父性を問題にするよう子に仕向けることになり、しかも、それはアイデンティティー発見という理由だけからではなく、裕福な父親を発見する、あるいは自分の父親に対する厄介な扶養義務を免れるという、経済的な考慮からなされることもあるということである。立法者は、大多数の嫡出否認がなによりもまず人格の実現に向けられていると想定しているようである。もし子の嫡出性が問題にされれば、それだけでもう家族の平和に苦悩が実際に生ずるから、というのであれば、その論拠をもってすべての任意の第三者にも無制約の否認権を認めることができるであろう。

b) 未成年の場合

配慮権者によって行使されなければならない未成年子の否認権は、親子法改革法により、子の福祉の留保の下に置かれた。子の福祉の尊重は、出自法において目新しいことではない。すでに旧法でも、法定代理人が否認の訴えを提起するためには、BGB旧1597条1項ないし1600k条1項2文により後見裁判所の許可が必要であったのであり、後見裁判所はその判断にあたって子の福祉を基準としなければならなかったのである[193]。

しかしながら、親子法改革法は子の福祉条項の意義を相当に拡大している。旧法によれば、子の否認権が存在するのはBGB旧1596条1項1号ないし5号に掲げられた諸要件がある場合だけであり、それらの要件の存在をもってすでに否認が子の福祉に合致することの徴表と見なしえたのである。実務では、後見裁判所の許可が拒まれることはきわめてまれであった。求められるべきは、この法律上のカズイスティークを完全に削除するのではなく、それを継続

---

192) *Schwenzer*, FuR 1992 Beilage, S. 5. 親子法改革法に対する社会民主党（SPD）会派の修正提案も参照（BT-Drucks. 13/1752 v. 21. 6. 1995, S. 12)。
193) スイスでも、後見官庁がこれに相当する審査を行う（*Hegnauer*, Grundriss des Kindesrechts, 4. Aufl. 1994, Rz. 6. 07)。しかしスイスでは、――ドイツの旧法のように――未成年子の否認権は最初から特定の場合に限定される（ZGB 256条1項2号)。

的に展開していくことだったのではなかろうか[194]。それでもなお、旧1596条1項に掲げられた諸状況はその徴表作用を失っていないのであり、子の福祉を具体化するための指針として役立てることができる。しかし現在では、原則として、各事案は個別的に判断されなければならない。必要なのは、子の経済的利益、子の社会的および情緒的結び付きと、自己の真実の出自を知る子の利益を相互に考量することである[195]。子自身の希望や考え方にも適切な配慮がなされなければならない。

　改革をめぐる議論において、子の否認権の拡大が求められたのは、とりわけ次のような場合を念頭に置いてのことであった。すなわちそれは、子の母が夫と別居し、子およびその真の実父と新たな家族共同体を築いているが、BGB旧1596条1項2号後段の定める3年の別居期間がまだ経過していないという場合である[196]。実際この場合には、子にとって今大切な家族共同体への迅速な統合が否認の訴えによって可能となるのであれば、それが子の福祉に合致するかもしれない。しかし、離婚法の別居期間は何といっても和解への機会を開こうとするものであり、そのことと法律体系上の矛盾に陥りかねない。

　さらに、母と新たな生活共同体を築く男が子の遺伝上の父でない場合でも、それで十分といえるのかどうかという疑問も出てくる。その男が、子の福祉の審査によって否認の可能性が認められるようにするために、認知を行ったとする。BGB新1594条2項によれば、その認知は［夫の］父性否認の確定と同時に有効となるであろう。しかし、その後になってその男が——父性否認の方法により——その認知の効力を免れることは、妨げられないのである。本当に終局的な父子関係設定が保証されるのは、母が子の実父と一緒になり、かつその者が子を認知する場合だけなのである。それゆえムチュラー (Mutschler) は、

---

[194] 第59回ドイツ法曹大会（ハノーファー、1992年）の決議 V. 1. d による要請もそのようなものであった。ZGB 256条1項2号の規整を子の福祉の留保によって補完すれば、それが有益な手本となりえたであろう。

[195] 未成年子の場合には、真実の出自を知る利益にあまりに大きな意義が認められるべきではないであろう（BayObLG, FamRZ 1995, 185, 186 も参照）。

[196] *Henrich*, S. 196 f.; *Beitzke*, FS Müller-Freienfels, S. 49; *Münder*, RdJ 1989, 456, 462; *Schwenzer*, FamRZ 1985, 1, 6; *Zenz/Salgo*, S. 79.

嫡出否認手続の枠内において「肉親たる父」の適式な認知の意思表示がなされるべきことを要求しているのであるが、それが実際に肉親たる父であるかどうかがどのようにして審理されるべきかは説明していないのである[197]。

たしかに、子の福祉条項をそのようにとらえれば、よりはっきりとした輪郭がそれに与えられるであろうが、しかし、父性否認が子の福祉に資するすべての場合をそれによって把握することはできないであろう。もし仮に立法者が、肉親たる実父のもとに赴く場合についてだけ子による嫡出否認を拡大しようとしたのであれば、BGB旧1596条1項1号ないし5号を、その場合に対応する6号で補完できたのではないだろうか。旧法でも、別居期間の経過後は、母が誰のもとに赴いたか、またそもそも新たな男友達を持ったかどうかは問題にされなかったのである（BGB旧1596条1項2号）。それならば何ゆえに、その期間の経過前ならば肉親たる実父のもとへ赴くことが、父性否認の絶対的条件であるといえるのであろうか？

しかも、BGB旧1596条1項2号の古い要件事実が充足される場合、すなわち、離婚がなされるか、3年の別居期間が経過している場合でさえも、子の福祉の判断は今後困難となりうるであろう。BGB旧1596条1項1号ないし5号が否認を特定の要件事実に制限していた間は、後見裁判所は、例外的場合でなければ、配慮権者に否認の許可を拒絶しない傾向にあった[198]。現在では、未成年子の名におけるすべての否認は、要件事実上、否認が子の福祉に資することが前提となる。このことにより原則と例外の関係が逆転した。旧法では、子の福祉に反しない限り、未成年子による否認は許されていたからである。

問題として残されているのは、特に、母がたしかに新しいパートナー関係を築いてはいるが、子と母の夫との密接な接触は継続している事案である。この場合、父性否認は子の利益に資するのであろうか？　また、母と夫との別居が一過性のものでしかなく、母が時折夫のところに戻り、そして事情によっては夫を最終的に見捨てるという、取り立てて珍しいともいえないような事案はど

---

197) FamRZ 1994, 65, 69.
198) *MünchKomm/Mutschler*, §1597 Rz. 7；*MünchKomm/Schwab*, §1828 Rz. 15 参照。

B．身分と生物学的出自が一致しない場合における父子関係設定の変更　101

うなるのであろうか？

　新たな子の否認権は、次のような場合にも評価問題を投げかけることがありえよう。すなわちそれは、母と父の否認権の期限は徒過しており、家族共同体が存続しているにもかかわらず、婚姻外の実父に子の扶養料を請求するために、父母が法定代理人として父性を否認しようと共同で決意する場合である[199]。そのようなやり方が問題となるのは、子の否認期限の満了時と父母の否認期限の満了時とが一致しないからである。未成年子の場合の期限の開始は、原則として、子の法定代理人らの［父性を否定する事情の］認識が基準となる。しかし、彼らが離婚しておらず、親の配慮が母単独に委ねられていない間は、父母はその代理権を制限されている[200]。父性否認を行うためには、補充保護人の選任が必要となるのである。否認期限も、その後にようやく進行を開始する。この場合、［扶養請求による］付加的な経済的保証が子の利益となりうるかもしれないと考えれば、否認を肯定した方がよい。他方で社会的親と法的な親が食い違ってしまうかもしれないことを考えれば、家族共同体からの法的引き離しは認めない方がよい。こうしたことは、子にアイデンティティー確認の問題を惹起させ、両親にとって自分は厄介なお荷物なのだとの考えを抱かせるようになるかもしれないのである。

　ここで提起された諸問題は、全体として、ドイツ法がフランス法に接近してきたことを明らかにしている。フランス法においても、身分占有は子の利益に配慮するための手段なのである。フランス法とまったく同様に、ドイツでも、出自法において諸々の評価問題と個別事案判断に直面することが今後多くなるであろう。

　c）　否　認　期　限

　父性否認の出訴期限がBGB新1600b条1項により、すべての訴えについて

---

[199]　スイス法は、こうした場合には、未成年子による否認を否定する（ZGB 256条1項2号）。
[200]　父については、自己訴訟（In-Sich-Prozeß）の禁止が妥当し、母については、BGB 1629条2項1文、1795条1項3号が適用される。

父性を否定する事情を知った時から2年に統一されているのに対し、子［の訴え］については成年到達後に新たな期限が開始する（BGB 新 1600b 条 3 項 2 文）。それだけにとどまらず、BGB 新 1600b 条 5 項（変更された規定）[200a] により、子が「父性の効果」を「期待不能」ならしめる事情を知るに至った場合には、さらに2年の期限が開始する。否認期限のこの再復活は、子の保護のため、すなわち自己の出自を知る権利を保護するために不可欠であると考えられたのである[201]。

改革をめぐる議論においては――管見の限りでは――これに対応する規定はまったく提案されていなかった。むしろ、否認の理由となる事情を知った時から1年の否認期限を提案するものが圧倒的であった[202]。そのような一義的な除斥期間であれば、出自関係の早期の明確化が保証され、それにより家族の平和が保護されていたことであろう[203]。

比較法的に見ても、BGB 新 1600b 条 5 項は、ほとんどその例がない。伝統的に身分の安定性と身分の明瞭性に価値を置くドイツ法圏の諸国は、比較的短い除斥期間によって否認を制限しており、たいていは否認の原因となる事情を知った後1年で期限が満了する[204]。しかし、フランス法と他のロマン諸国では、伝統的に出自制度におけるより大きな流動性を許容するので、長い時効期間を定めている[205]。最も近いのはスイスの規整であろうか。ZGB 256c 条 3 項

200a) 親子法改革法に関する連邦司法省の最初の2つの草案（1995年5月12日および同年7月24日―未公刊）では、BGB 新 1600b 条 5 項は、同じ内容で同条の 4 項に置かれていた。

201) BT-Drucks. 13/4889 v. 13. 6. 1996, S. 166 f. 連邦参議院は、子に関してもこの期限を削除するよう求めた（BT-Drucks. 13/4899, v. 13. 6. 1996, S. 148 f.）。

202) 期限 1 年とするもの：These II. 3 des Deutschen Juristinnenbundes, in FamRZ 1992, 912（これについては *Schwenzer*, FuR*info* 4/92 1992, 1, 4 f.）; SPD-Antrag, Reform des Kindschaftsrechts, BT-Drucks. 12/4024 v. 17. 12. 1992, S. 3 f.; *Schwenzer*, Gutachten, S. A 38; *Mutschler*, FamRZ 1994, 65, 69; *Frank*, Abstammung und Status, S. 91.

203) *Oberloskamp*, FuR 1991, 263, 267; *Schwenzer*, FuR*info* 4/92 1992, 1, 4. BVerfG, FamRZ 1975, 82, 85 f. も参照。

204) 旧東ドイツ（FGB 59 条 2 項、62 条 1 項）、スイス（ZGB 256c 条 1 項、2 項）、オーストリア（ABGB 156 条、163d 条、164b 条）がそうである。これより長い期限を定めるのは、デンマーク（1986 年親子法 5 条）、ノルウェー（1981 年親子法 6 条 1 項）である。

205) ベルギー（C.C. 331 条の 3）、フランス（C.C. 311-7 条、316 条）、イタリア（認知

によれば、「重大な事由」により「免責」される場合には、否認期限の徒過は[訴えの]妨げとならないからである。

ドイツの規整についていえば、父性の維持が子にとって期待しえない場合には子のために新たな否認権が発生するが、父母についてはそうなっていないことからしてすでに基本的に問題である。そのような事案が考えられるのは、とりわけ、家族共同体の破綻が［子による］否認の背景にあった場合であろう。この場合父母にとっては、自分たちには否認権がないというのは容認しがたいのではなかろうか。まして、たいていの場合、家族の紛争には全員に共同の責任があるのだから、それはなおさらである。

子の否認期限に関して、草案理由は、「期待不能性」の具体化のために、従来のBGB旧1596条1項1号ないし5号を規準とすることを提案している[206]。しかし、どこまでそれに依拠するべきかは不明確なままである。子の父が死亡している場合（BGB旧1596条1項1号）に、新たな否認権が自動的に子に認められるというのだとしたら、その理由が判然としない。さらに、母の人格にかかわる領域も保護に値するのである。その場合に父性の維持が子にとって期待不能といえるためには、それゆえ、別の事情が加わらなければならないであろう。これと同様に、父母が婚姻してから50年後に離婚した場合に、子がBGB旧1596条1項2号に依拠して父性を否認できるのだとしたら、それも理解できない[207]。

さらに判然としないのは、連邦憲法裁判所がBGB旧1596条1項に批判を加える端緒となったような状況において、どのような判断がなされるべきかである。子が18歳の時から父性を否定する事情を知っていたとしたら、BGB新1600b条1項により否認権はその2年後に消滅する。その5年後に父母が子に

について、C.C. 263条3項：ただし、嫡出否認については異なる。C.C. 244条2項、3項）。さらにスウェーデン（1949年親子法 第3章2条）も参照。
206) BR-Drucks. 180/96 v. 22. 3. 1996, S. 66.
207) *Oberloskamp*, FuR 1991, 263, 268 参照。FamRZ 1990, 796 に登載されたデュッセルドルフ上級地方裁判所決定は、46歳の（嫡出の）娘が、真実の父（と推測される者）の死亡後に、相続上の請求権を行使する目的で父性否認を行おうとした事件である。

よる否認の訴えに同意すれば、その否認権は復活するのであろうか？　そのような場合に、その時点で「父性の効果」が子にとって「期待不能」となったというのは困難であろう。しかも、否認によって迷惑を被る者がいないと思われる場合でも否認はできないのに、否認が他の関係者にとっては多大な苦悩となりうるにもかかわらず、父性が一部の者にとって「期待不能」である場合にだけ否認ができる理由も理解できないのである。

　連邦憲法裁判所は、傍論として、子の気持ちが肉親たる父に向いてしまっている場合についても、BGB 旧1596条1項1号ないし5号の要件事実による制限を批判した。この場合には、父性の効果は子にとって期待不能であるかもしれないが、その種の展開が徐々に進行したという事情があるならば、いったいどの時点で新たな否認期限が開始するのかも、やはり疑問である。そのうえ、以前の父子関係の断絶につき誰が「有責」であったかについての配慮も考量に加えられるべきなのかどうか判然としない。もしその配慮がなされないのであれば、子は自己の誤った行為によって、新たな否認権を意のままに生み出すことができることになってしまうであろう。

　たしかに、期待不能性条項は、子の利益と欲求に一方的に着目している。しかし、BGB 1618a条により子は親に対して扶け合いと思いやりを義務づけられているのであるから、親の利益を同時に考慮しなければ、何が子にとって「期待可能」であるかは探求できない。しかしながら、すでに明らかとなったように、BGB 新1600b条5項の解釈のために、随意の時点における否認権の復活を正当化するような、一般化可能な基準を示すことはおよそできないのである。それゆえ、期待不能性条項は、合理的な再吟味ができない判断の余地を裁判所に与える、空疎な定式となる危険を冒しているのである。身分の安定性に対する信頼を不確かなものにすべきでないとすれば、この条項は制限的に扱われなければならない。

B．身分と生物学的出自が一致しない場合における父子関係設定の変更　105

3．実父の否認権の排除
a) 法的および社会的前提条件の変化

ドイツ民法典の制定にあたって、生物学上の父の嫡出否認権が考慮に入れられることはおよそなかった。立法者にとっては、「婚姻」だけが「家族法上の権利と義務の前提をなす道徳的基礎」[208]であったからである。これに対して、非嫡出子法改正の際には、実父が真実に反する第三者の認知を取り消せるようにすべきかどうかという、それとパラレルな問題が立法者の頭を悩ませた[209]。決定的と考えられたのは、出自関係に疑問をさしはさむことは一般に子の福祉に反するということであった。これに加えて、「実の父親が、自分に由々しい義務を負わせる父性の確認を訴えによって無理やり実行しようとするのは、きわめてまれな場合だけであろう」ということも前提とされた。実の父親は、最終的に、もしその子が自分の同意なしに第三者の養子にされた場合でも、甘んじてそれを受け入れなければならない[210]、というのである。

これらの論拠の一部は、今日では説得力を失っている。たとえば、非嫡の父親たちが一般的に自分の子の運命に無関心であるとは、もはや主張できない。むしろ、これらの父親たちの中には、[子どもに対する] 法的影響力と接触の可能性を強化せよという彼らの要求を政治的に推進するために、利益団体を結成している者もいるのである[211]。父親たちの姿勢は全体として変化している。父親たちは、依然として余暇活動が中心ではあるものの、今日では、より長い時間、より濃い密度で自分の子どもたちにかかわっている[212]。実の父親たちの [子に対する] 関心が高まっている一方で、同時に伝統的な家族像の解体が

---

208) *Planck*, Vorentwürfe, Familienrecht 2, S. 1597. Motive IV, S. 851 も同様。
209) この点については、OLG Frankfurt/M, FamRZ 1998, 1356 も参照。
210) BT-Drucks. V/2370 v. 7. 12. 1967, S. 32.
211) *Stein-Hilbers*, ZRP 1993, 256, 258.
212) *Beck-Gernsheim*, Vom Geburtenrückgang zur Neuen Mütterlichkeit, 1984, S. 179 f.；*Kaufmann*, Zukunft der Familie, 1990, S. 102；*Nave-Herz*, Familie heute, 1994, S. 48 ff.；*dies.*, FuR 1995, 102, 104；*Stein-Hilbers*, FuR 1991, 198；*dies.*, Wem "gehört" das Kind?, 1994, S. 133 ff. こうした変化の現実的広がりについて懐疑的なものとして、*Conen*, FuR 1996, 171, 175；*Leube*, Doppelter Lebensentwurf für Väter?, in : Deutsches Jungendinstitut(Hrsg.), Was für Kinder － Aufwachsen in Deutschland, 1993, S. 106 ff.

進行している。つまり、今日、多くの子どもたちは、母親の夫からその男友達を経て新しい継父という、準拠的個人となる男性の入れ替わりを幾度も経験するのである。どのみち子が異なった父親役割と折り合っていくことを強いられるのであれば、生物学上の父親も視野に入ってくる。入れ替わりの可能性ある社会的関係とは異なり、遺伝的紐帯は関係の継続性と安定性を約束するのである。

第三者による子の養子縁組についても、非嫡の父がそれを異議なしに甘受しなければならないということはもはやない。連邦憲法裁判所は、母親もしくはその夫による非嫡出子の養子縁組を非嫡の父の同意なしに許容していたBGB旧1747条2項1文および2文は違憲であると宣言した[213]。ただし、非嫡の父が基本法6条2項1文[「子の監護および教育は親の自然の権利であり、何よりもまず彼らに課された義務である」]を援用できるのは、依然として、父としての地位が身分法上確定されている場合に限られるのかどうかについては、連邦憲法裁判所は明らかにしていない[214]。しかし、非嫡の父の権利を常にその身分法上の地位にかからしめることの問題性は、まさに養子縁組の場合に現れてくる[215]。養子縁組の場合に子の非嫡の父に同意権を認めざるをえないにしても、事前の父性確認が必要であるとすると、その権利はほとんど無意味になってしまうであろう。養子縁組は、子の利益のために滞りなく行わなければならないが、親子法改革法によれば、認知は母の同意を有効要件としている（BGB新1595条1項）し、強制的な父性確認にはしばしば時間がかかってしまう。それゆえに、親子法改革法が、非嫡の父が自己の父性を疎明できれば、すでにその非嫡出子の養子縁組に対する同意権があると規定している（BGB新1747条1項2文）のは、論理的に一貫している。つまり、この場合には、非嫡の父が法的にはまだ父ではないにもかかわらず、すでにその者の利益は保

---

213) BVerfG, FamRZ 1995, 789. EGMR, Keegan gegen Irland, 26. 5. 1994 A/290 も参照。
214) BVerfG, FamRZ 1995, 789, 792. 従来は、それが当然の要件とされていた（*Maunz*, in : Maunz/Dürig (Hrsg.), Grundgesetz, 2. Bearbeitung 1980, Art. 6, Rz. 25）。*Coester*, JZ 1992, 809, 814 m.w.N. も参照。
215) *Coester*, JZ 1995, 1245, 1246 参照。

B. 身分と生物学的出自が一致しない場合における父子関係設定の変更　107

護されるのである。それどころか、憲法学説の一部では、いま一歩先に進めて、他の男が法的には子の父と見なされている場合でも、基本法6条2項1文による親の権利を生物学上の父に承認しているのである[216]。

このような前提的事情の変化に鑑みて、親子法改革法は、生物学上の父に「父性否認に対する利益を否定することはできない」ことを容認している。しかしそれでもなお、固有の否認権は否定されている。「他の関係者が彼ら自身に与えられた否認権を行使しないのであれば、そのことは、否認が『社会的家族』の福祉に反するであろうということの証左である」[217]と考えられたからである。つまり立法者は、父性否認が生物学上の実父に認められてよいと考えられるような事案では、すでに母、その夫もしくは子に否認権が与えられているから、その実父に固有の否認権を承認する必然性はないという前提に立ったのである。これらの関係者の意思に反する否認は、子の福祉にとって有益なものではないと考えられているのである。

b）　否認権が考慮に値すると思われる事案群

肉親たる父の固有の否認権が学説で要請された[218]のは、とりわけ、子が持続的養護（Dauerpflegschaft）の下にあったとか、第三者による養子縁組がなされるべき場合、あるいは両親が死亡している場合を念頭に置いてのことであ

---

216)　*Jestaedt* in : Dozler/Vogel(Hrsg.), Kommentar zum Bonner Grundgesetz, XII 1995, Art. 6 Abs. 2 und 3, Rz. 75 は、現時点で、「表見嫡出」子の肉親たる父に憲法上の親の地位をはっきりと認める。*E.M. v. Münch*, in : Benda/Maihofer/Vogel(Hrsg.), HdbVerfR, 2. Aufl. 1994, §9, Rz. 28 は、さらに、当時の法律規定は、「嫡出否認と他の男のなした認知の取消しから子の実父を……最初から排除するものであり、……憲法上の疑念がある」とする。これに同意すると思われるものとして、さらに、*Schmitt-Kammler*, in: Sachs(Hrsg.), Grundgesetz Kommentar 1996, Art. 6, Rz. 49 in Fn. 112 も参照。欧州人権裁判所のクローン対オランダ事件判決（RTDF 1995, 213）では、生物学上の父とその子との結び付きは、その子が嫡出推定により法的には他の男の子であるとされていても、実父が母と——共同生活はなくとも——安定した関係を維持していた限りにおいて、欧州人権条約8条［私生活および家族生活の尊重］の保護の下に置かれるとされた。

217)　BT-Drucks. 13/4889 v. 13. 6. 1996, S. 57 f.

218)　このことについては、*Helms*, FamRZ 1997, 913 ff. 参照。

った[219]。これらの事案類型の特徴は、両親がその親としての地位を事実上もしくは法的に失っているか、将来的に失うであろうという点にある。

　両親が子を養護に委ねる場合、それはまず最初は一時的な問題解決策として行われる。両親は原則として子の引渡しを求める権利を有する。もし、子が養護に委ねられたことを理由として子の実父が父性を否認できることとなり、そのことを［法的な］父が懸念しなければならないとしたら、それは児童養護の意義と目的にそぐわないであろう。さらに、養護関係がいつ継続的な措置、すなわち持続的養護になるのかを決定することも難しい。

　養子縁組の場合においても、実父の否認権を定めることは実際的ではないであろう。現在ではすでに親子法改革法が、非嫡の父に子の養子縁組に対する同意権を認めている（BGB新1747条1項2文）から、嫡出子や認知された子について、生物学上の実父に潜在的な否認権があるとなれば、それは縁組手続を煩雑にし、かつ無用に遅延させるだけであり、結果として養子縁組の成功を危ういものにするであろう。さらに、そもそも生物学上の実父が養子縁組の計画をいかにして知るというのか、通常の場合では理解できない。

　子の両親が死亡している場合であれば、親子法改革法により、今後は子の否認権が認められてよいのではなかろうか。BGB旧1596条1項1号に依拠するなら、その場合、従来の父子関係設定の維持は子にとって「期待不能」といえるであろう。

　それゆえ、これまで学説で唱えられてきた提案に、格別の説得力があるわけではない。とはいえ、肉親たる父の否認権の承認が考慮に値する状況もある。例として考えられるのは、母親が子の出生直前に他の男と結婚したとか、第三者が母親の協力を得て子を認知しても、母親と長年同棲し、彼女と共通の将来を計画していたという事情のある実父がそれを阻止できない、といった場合で

---

219)　*Schwenzer*, FamRZ 1985, 1, 8；*dies.*, Gutachten, S. A 37；*Henrich*, S. 197；*Beitzke*, S. 52.　その他の場面でもこれを要請するものとして、*Zenz/Salgo*, S. 87 f.　批判的なものとして、*Deichfuß*, S.150 ff.；*Ernst*, S. 185 ff.；*Finger*, NJW 1984, 846, 849；*Frank*, Abstammung und Status, S. 92 ff.　別の父性推定があっても、例外的場合には「実の父親」に自分の父性を確認する可能性を開くべきだとの提案は、第59回ドイツ法曹大会で賛成41、反対31、保留13（の僅差）で採択された。

ある[220]。

　母、夫、子および実父が長年にわたって共同生活していたとか、あるいは子が長年実父の下で成長したけれども、夫婦が別居するとか、妻が実父と継続的な関係を計画することもなかったような場合にも、個別事案では父性否認が子の福祉に資するかもしれない。その場合において、ある日両親から子の引渡しが求められると、すでに実父が子にとって決定的な準拠的個人となっていたとしても、実父には何の権利もない[221]。離婚後に嫡出否認がなされたという状況と比較すれば、そのような結び付きがドイツ法では何らの保護も受けないことは理解できない。親子法改革法によれば、父でないことが確認された離婚後の夫は交際権を獲得できる（BGB 新 1685 条 2 項）のに、子と密接な関係を築くにいたった生物学上の実父は何らの権利も持たないのである。

　母親とその夫との関係が崩壊し、実父と思われる者との間に密接な接触がもたれるにいたった場合にも、これと類似した状況が考えられる。そのような場合に、嫡出性が母によっても夫によっても否認されなければ、母は実父の「彼の」子に対する接触をいつでも妨げることができるのである。

　しかしながら、上述の個別的な事案が体系的にカテゴリー化できないものであることは認めざるをえない。一般化に親しむ否認の準則をそこから導き出すことはできないのである。それゆえに、生物学上の父の否認権が認められているのが、どこよりもまず――フランスにおけるように――伝統的に身分の明確性と身分の安定性にあまり価値を置かず、出自法において個別事案に即した考量を許す国々においてであることは、不思議なことではない[222]。しかし、ド

---

220)　そうした状況の実例はアメリカの実務で見られる（Weidenbacher v. Duclos, 661 A. 2d 988 (Conn. 1995)）。類似の事実関係の事案として、Turner v. Whisted, 607 A. 2d 935 (Md. 1992); Michael M. v. Giovanna F., 7 Cal. Rptr. 2d 460 (Cal. App. 1992) および B.H. v. K.D., 506 N.W. 2d 368 (N.D. 1993).

221)　そうした状況の実例はアメリカの実務で見られる（Michael H. and Victoria D. v. Gerald D., 105 L.Ed. 2d U.S. 91）。Mc Daniels v. Carlson, 738 P. 2d 254 の事実関係もこれと類似している。

222)　本文で検討された国以外では、スロベニアも実父と目される者による父性否認権を法律で規定している（*Jessel*, DAVorm 1980, 338, 343）。カナダについては、*Groffier*, in : Eekelaar/Katz(Hrsg.), Marriage and Cohabitation in Contemporary

イツ法も、親子法改革法によって——すでに述べたように——より柔軟な出自法に向けて最初の一歩を踏み出したのである。生物学上の実父の否認権が導入されるとすれば、それも一般条項の形をとらざるをえないであろう。

III. 私　　見

親子法改革法は、父性否認法に2つの一般条項を組み込んでいる。第1に、未成年子の法定代理人が否認権を行使してよいのは、それが子の福祉に資する場合だけであると規定されている（BGB新1600a条4項）。第2に、子が父性の効果を自身に期待不能ならしめる事情を知ったときは、子のための否認期限は新たに進行を開始する（BGB新1600b条5項）。しかしながら、ドイツ法は、実務上もっと重要な父と母の否認権につき厳格かつ一義的な期限を固定し、生物学上の実父の否認権については、依然としてこれを完全に排除している。

ドイツの出自法にとって一般条項がこれまでほとんど無縁であったのに対し、ローマ法秩序は身分占有という法的考案によって、伝統的に柔軟な［親子関係］設定基準を意のままに使えるようにしている。つまり、一方では、子と母の配偶者の間に身分占有がもはや存在しなければ、たいていの場合、嫡出否認の要件が備わる。また、他方において、身分占有が10年間存続すれば認知の取消しは許されないが、この準則は、母、子および実父の取消権には適用されない。ただし、判例では身分占有概念の精密な解明には成功していないことが、これまでの検討によって示された[223]。

出自法における不確定概念の使用には、原則としてかなりの問題がある。父性否認については、否認権の存否とその存続期間を、すべての関係者がはっきりと知っていなければならないからである[224]。自己の身分に関する不確かさ

Societies(1980), S. 239. これについてはさらに、Manitoba Court of Appeal in L. v. B., 125 D.L.R. 4th 640 も参照。ただしこの判例の具体的事案では、否認の申立ては却下されている。

223) *Ernst*, S. 41 ff. m.w.N. und S. 181 ; *Spellenberg*, FamRZ 1984, 117, 118 f. und *ders.*, FamRZ 1984, 239, 242.

224) しかし、*Smid*, JR 1990, 221, 226 における、一般条項的な子の否認権を採用せよ

は心理的負担となりうる。さらに、法律上の否認要件が充足されているかどうかが不明なままに、否認の訴えが提起されることは避けられるべきであろう。否認が最初から許されないものであったことが訴訟で明らかとなれば、原告が目標を達成できないというのに、家族に不和が生ずることになる[225]。

しかし、ドイツ法において子の実父に固有の否認権を今後も拒絶しつづけることができるかどうかは、簡単には判断がつかない。実父の否認権を導入するとすれば、おそらくはいまひとつの一般条項によらざるをえないことを考えると、それは、個別事案に向けられた考察のために、出自法における明瞭かつ一義的な準則の放棄をよりいっそう押し進めることを意味するであろう[226]。ドイツの立法者は、この問題に関して、個別的妥当性と子の身分の安定性のいずれを優先させるつもりなのかを、遅かれ早かれあらためて決しなければならないことになろう。

興味深いのは、フランス法では、認知に基づいて獲得された身分と嫡出性に基づいて獲得された身分が異なった扱いを受けることである。認知が相当程度無制限的に取り消されうるのに対して、嫡出否認権の存否にとって決定的に重要なのは身分占有の有無である。逆に、認知は10年の身分占有の後はその耐久力を強められ、とりわけ認知者自身とその相続人による取消しは排除されるが、嫡出身分に関してはこれに匹敵するメカニズムは存在しない。

こうした異なった取扱いの背景には、婚姻家族に対する以下のような伝統的な見方がある。夫婦が不貞をきっかけとして共同体を終了させないのであれば、何人も夫婦間の事柄に介入する可能性を認められるべきではない。他方、

との提案もあった。これに対して批判的なものとして、*Ramm*, FPR 1996, 220, 221 Fn. 9 ; *Mutschler*, FamRZ 1996, 1381, 1382.
225) このことについては、*Gaul*, Ehelichkeitsstatus, S. 40 参照。否認期限の復活に反対した連邦参議院の態度表明もこれと類似している（BT-Drucks. 13/4899 v. 13. 6. 1996, S. 148 f.）。
226) 家族法全体におけるこのような展開について述べるものとして、*Simitis*, Kindschaftsrecht – Elemente einer Thorie des Familienrechts, FS Müller-Freienfels, 1986, S.587 f. und 606 f. こうした展開に批判的なものとして、*Müller-Freienfels*, „Neues" Familienrecht, in : Familienrecht im In- und Ausland, Bd. II 1986, S. 355 ; *Gernhuber*, Neues Familienrecht, 1977, S. 85 ff.

関係が解消された場合には、しばしば身分占有が消失することとなり、子の嫡出性はすべての側からほとんど無制限に否認されうる。なぜなら、父子関係設定の基礎としての婚姻が「脱落」しているからである。

しかし、子の立場に立って、家族共同体が攪乱されないことに対する子の利益を前面に据えるならば、長期的には、そのような区別は正当化されえないことになろう。母子と認知者で持たれる安定した非婚生活共同体は、出自法上も、婚姻とまったく同様に保護に値するように思われる。また他方では、婚姻が解消されれば否認が時間的にほとんど無制限で許されるというのに、なぜ認知者（およびその相続人）は10年後に自身の言葉に拘束されるのか、その理由は理解し難いのである。

C. 非配偶者間人工受精

非配偶者間人工受精とは、非配偶者間の人工授精と卵子提供の場合を指していう。配偶者間人工授精は、女性が自分の（婚姻）パートナーの精子を用いて受精するのに対し、非配偶者間人工授精では提供される精子は第三者のものである。それに対し、卵子提供の場合には、他人の卵を（婚姻）パートナーの精子と受精させた後、その卵細胞を女性に着床させる。胚提供は卵子提供と精子提供を相互に組み合わせたものである。すなわち、他人の卵子を（婚姻）パートナーではない男性の精子と受精させた後、その卵細胞を女性に着床させる場合がそれである。

I. 許 容 性

1. フランス

1994年7月29日の生命倫理に関する法律[227]は法律改革前からすでに存在し

---

227) 人体の保護に関する法律（94-653号）、人体の一部および産出物の提供および利

た臨床実務を受け継ぐものであった[228]。これにより、フランスでは精子提供と卵子提供が許されることとなった。そこでは、卵子および精子の提供者は匿名にされなければならないと定められている（C.C. 16-8 条）。人工受精が認められるのは、婚姻ペアか異性間の生活共同体であるが、後者についてはその共同生活が2年以上存続していなければならない（公衆衛生法 Code de la Santé Publique［以下 C.S.P. と略称する］L. 152-2 条）。要件とされるのは、申立人らが生殖可能な年齢にあり、かつその者らの不妊が医学的に確認されていることである。卵子提供と精子提供を相互に組み合わせて行うこと（胚提供）はできない。つまり、子は常に少なくとも一方のパートナーの遺伝的出自を有しなければならない（C.S.P. L. 152-3 条1項）[229]。提供者の配偶子は最大5人の子の生殖に用いることが許される（C.S.P. L. 673-4 条）。卵子および精子の提供者はパートナーと共同生活を営んでいなければならず、その者との共通の子を有していなければならない（C.S.P. L. 673-2 条）。

　正確な統計は存在しないものの、フランスでは年間に約2千件の非配偶者間人工受精が成功し、非配偶者間受精によって生まれた子の数は総計2万人から3万人にも及ぶとされている[230]。その際、精子提供と卵子提供の割合をここで確かめることはできない。医学的に実施が容易であることと成功率が高いことに鑑みれば、圧倒的多数は精子提供のケースであるといってよいであろう。

２．ドイツ

　ドイツでも、非配偶者間人工授精は禁止されていない。しかし自己の出自を

　　　　用、人工生殖ならびに出産前診断に関する法律（94-654 号）
228）　*Rubellin-Devichi*, in : Rubellin-Devichi（Hrsg.）, Droit de la famille, 1996, S. 400.
229）　体外受精の成功率が低いために、しばしば多くの卵子が受精させられ、冷凍され、次の受精の試みのために保存される。それらの一部がもう必要ないということが明らかとなれば、その残った受精卵は他のペアによって利用されうる。そうすることが、これらの受精卵を廃棄しない唯一の選択肢なのである（C.S.P. L. 152-4 条1項）。
230）　*Cadou*, La "biologisation" du droit de la filiation, in : Labrusse-Riou（Hrsg.）, Le droit saisi par la biologie, 1996, S. 25 ; *Bonnet*, Secret, S. 56 ; *Huet-Weiller*, D. 1988, 186 は、1年間に非配偶者間人工生殖で生まれる子の数は2千人だとし、*Stepan*, FS Overbeck, 1990, S. 546 は、これまでに行われた非配偶者間人工授精の成功例は全部で2万件だとしている。

知る権利に関する連邦憲法裁判所の判例から、匿名の精子提供の禁止が導き出せる[231]かどうかが明らかでないことが、実施の拡大を妨げている。提供者が匿名にされないままに置かれると、彼は子の父として請求を受けることを覚悟しなくてはならない。というのもドイツの判例は、当初から夫が人工授精に同意をしていた場合でも、その実施後における夫からの嫡出否認を認めているからである。これにより、精子提供者を子の肉親たる父として確認する道が開かれているのである[232]。

診療にあたった医師が、提供者の特定を許してしまうおそれのあるすべての資料を破棄した場合には、その医師自身が子の扶養についての責任を負わされる危険を有する[233]。いずれにせよ、実務にはかなりの法的不安定性がある。多くの公立病院は匿名の非配偶者間人工授精をもはや行っておらず、この方法を臨床で実践しているのは、今では若干の民間の施設だけである[234]。

親子法改革法はこの問題について明らかにしていない。それは「精子提供の許否は今なお争われて」おり、「基本法74条1項26号において連邦の立法管轄にされているにもかかわらず、連邦法上の規整はまだ決着がついていない」ため、この「未解決の問題」に民法が「手をつけ」られないということから、一切の規整を自制したことによるものである[235]。そのために、基本法74条1項1号により親子法改革法を管轄する連邦の立法者は、基本法74条1項26号により、人工受精についても同じく連邦の立法者の管轄であるにもかかわらず、その問題についてはまだ動き出していないことを理由として、この問題に

---

[231] このような結論に達するものとして、*Coester-Waltjen*, Jura 1989, 520, 523 ; *Giesen*, JZ 1989, 364, 368 f. ; *Münder*, RdJ 1989, 456, 462 ; *Starck*, JZ 1989, 339. 1988年の第91回ドイツ医師大会で議決され、1993年の第96回大会で改訂された体外受精の実施に関する指針によれば、人工受精は原則として配偶者間の方式でのみ行われるべきものとされている。その例外が認められるのは、医師会に設置されている委員会への事前の申請があった場合に限られる（DAVorm 1997, 478, 479）。

[232] BGH, FamRZ 1995, 1272. 特に、BGHZ 87, 169.

[233] *Bernat*, MedR 1986, 245, 249 ; *Zimmermann*, FamRZ 1981, 929, 932 ; *Giesen*, FamRZ 1981, 413, 418 ; *Coester-Waltjen*, Jura 1987, 629, 639 ; *Kollhosser*, JA 1985, 553, 557 ; *Schumacher*, FamRZ 1987, 313, 319 ff.

[234] フライブルク大学およびアーヘン大学付属病院の回答

[235] BR-Drucks. 180/96 v. 22. 3. 1996, S. 62.

C. 非配偶者間人工受精

取り組まなかったのである。

それに対しドイツでは、卵子提供と胚提供を法律上禁止している（胚保護法 ESchG 1 条 1 項 1 号、2 号、6 号、7 号および養子縁組斡旋法 AdVermiG 13a 条ないし 13d 条）。これらを禁止する目的は、いわゆる母性の分裂が生じるのを阻止し[236]、子のアイデンティティーの発見が困難にならないようにすることにある。そのようにして生まれた子は、遺伝的には提供した女性との出自を持つが、生物学的に見れば自らを宿した母にも自己の存在を負っているということになるからである[237]。

しかし、なぜ卵子提供が非配偶者間人工授精と比べて、より重大なアイデンティティーの問題を引き起こすとされるのかは理解に苦しむ。それどころか、卵子提供によって子を宿した母と子の関係の方が、非配偶者間人工授精における（子を望んだ）父と子の関係よりもより密接であるというまったく逆の論証もできる。卵子提供の場合、母と子は少なくとも妊娠中の 9 か月を共に「分かち合」っている。つまり［生みの］母は生物学的に子の存在について（共同の）責任を負っているのである[238]。なぜ女性の不妊の場合には人工受精は行われるべきではないが、男性の場合であればかまわないのかは理解しがたい[239]。したがって、多くの国では卵子提供もかなり無制限に許されているのである[240]。

---

236) *Keller/Günther/Kaiser*, Kommentar zum Embryonenschutzgesetz, 1992, § 1 Abs. 1 Nr. 1 Rz. 4 und 7 ; *Deichfuß*, S. 197 m.w.N.

237) BT-Drucks. 11/5460 v. 25. 10. 1989, S. 7 ; *Keller/Günther/Kaiser*, Kommentar zum Embryonenschutzgesetz, 1992, § 1 Abs. 1 Nr. 1 Rz. 7. この点については立法者は単なる推測に依拠している。この問題についての科学的調査は未だ行われていないからである。

238) *Bernat*, Rechtsfragen medizinisch assistierter Zeugung, 1989, S. 221 ; *Binder*, Die Auswirkungen der Europäischen Menschenrechtskonvention und des UN-Übereinkommens über die Rechte des Kindes von 20. November 1989 auf Rechtsfragen im Bereich der medizinish assistierten Fortpflanzung, Diss. Freiburg 1997, S. 139 ; *Keller/Günther/Kaiser*, Kommentar zum Embryonenschutzgesetz, 1992, § 1 Abs. 1 Nr. 1 Rz. 8 は、それゆえ遺伝上の母と生みの母の分裂は遺伝上の母と社会的母の分裂よりも深刻であることから、子のアイデンティティー葛藤の増大を阻止すべきことを主張する。

239) *Coester-Waltjen*, Die künstliche Befruchtung beim Menschen － Zulässigkeit und zivilrechtliche Folgen, Gutachten B zum 56. Deutschen Juristentag, Berlin 1986, S.B 110 f. *Deichfuß*, S. 198 ff. ; *Feick*, BayVbl 1986, 449, 552 も参照。

240) このことを法律上明文で認める国として、フランス：C.S.P. L.152-1 条以下（1994

II. 身分法上の親子関係設定

卵子提供の場合、第一次的な母子関係設定が問題とされる。というのも分娩した女性が同時に遺伝上の母だというわけではないからである(a)。非配偶者間人工授精の場合には、出自法の一般的諸規定が適用されるべきかということが問題となる。これを適用すると、遺伝的には「正しくない」親子関係の設定の排除と、生物学的基準による出自の確認が許されることになるからである(b)。

1. フランス

フランス法は伝統的な出自法の道具立てを用いて卵子提供を扱っている。

a) 卵子提供

嫡出子の場合には、出生証書に母として記載されている者が母とされる (C.C. 319条)。非嫡出子の場合には、母子間の身分占有が加わると、出生証書は認知の効力を持つ (C.C. 337条と結び付いたC.C. 334-8条)[241]。フランス法によれば、母子関係もまた出産によって自動的に創設されるのではなく、認知によってはじめて創設される。つまり、分娩した女性が子の母として身分吏に申告されることが必要なのである (C.C. 55条ないし57条参照)[242]。これが欠け

年7月29日法第94-654号）；イギリス：ヒトの受精および胚研究に関する法律（1990年）sched. 2 para. 1；スペイン：生殖援助法（1988年）5条；アメリカについては Stepan(Hrsg.), International Survay of Laws on Assisted Procreation, 1990, S. 192 ff. 参照。明文上禁止している国として、ノルウェー：人工受精に関する法律（1987年）3章12条；オーストリア：生殖医療法3条3項；スウェーデン：体外受精に関する法律（1988年）2条；スイス：連邦憲法24条の9［新連邦憲法（2000年1月1日施行）119条参照］
241) 嫡出子の場合には、出自証明は身分占有の存在だけで足りる（C.C. 320条）。
242) 別の者が分娩者として出生証書に記載されたか、または別の女が子を認知した場合には、その母子関係は否認することができる（嫡出子の場合にはC.C. 322条2項による嫡出母子関係に対する異議 contestation de la maternité légitime（C.C. 322-1

ている場合には、母性確認の訴えを提起することができる（嫡出子については C.C. 323 条、非嫡出子については C.C. 341 条）。その場合には、分娩した女性がその子の母とされるのである[243]。

したがってフランス法では、卵子提供の場合、子は分娩した女性の子となるのであり、遺伝上の母の子とはならない。これにより、子は出生と同時に、一義的に特定の女性の子となることができるので、このような［親子］関係の設定は望ましいものなのである。加えて、妊娠が母子間の密接な結び付きを築いているのである。

b) 精子提供

母子関係設定の場合には、従来通りの身分準則がそのまま適用されている一方で、生命倫理法の定めは、父子関係の設定についてこれまでの諸規定を修正するものとなっている。その中核は、精子提供の場合に一切の否認権を排する C.C. 311-20 条 2 項である。このことは、嫡出子として出生した場合、母の夫も、母も、さらには子自身も嫡出性を否認できないことを意味する。

民法典にこの規定が採用される以前には、判例は長い間［精子提供に］同意した夫による否認の訴えを認めていた。というのも、身分問題について否認権の放棄は無効であることが C.C. 311-9 条から明らかだからである[244]。しかし、後になっていくつかの下級審は、この判例と袂を分かった[245]。この下級審の論証は注目に値する。社会的なものの見方の進展や生殖医療の進歩により、「父

条も参照；非嫡出子の場合には C.C. 339 条による認知に対する異議 contestation de la reconnaissance)。ただし、嫡出子の場合にこの否認が許されるのは、子が記載された母に対する身分占有を有していない場合だけである。
243) C.C. 341 条はこのことをはっきりと定めている。同様の原則は C.C. 323 条の枠内においても妥当する。さしあたり、*Hauser/Huet-Weiller*, S. 374 参照。
244) Cass., 10. 7. 1990, D. 1990, 517 ; TGI Paris, 19. 2. 1985, D. 1986, 223 note *Paillet* ; T-GI Nice, 30. 6. 1976, JCP 1977, II, 18597 obs. *Harichaux-Ramu*. 認知の取消しも認められていた（CA Toulouse, 21. 9. 1987, D. 1988, 184)。
245) TGI Bobigny, 18. 1. 1990, D. 1990, 332. この判決は CA Paris, 29. 3. 1991, Gaz. Pal. 1991, 2, 649 によって確認された。

性」と「母性」の概念は、もはや純粋に生物学的には定義できないのであり、心理学的・社会的結び付きもまた尊重されなくてはならない、というのである。非配偶者間人工授精を行ったペアの意思が、家族関係設定の決定的な基礎として考えられたのである。つまり、非配偶者間人工授精は、「夫婦共同の意思によって、代替的な父性を作り出すことを目的としており、その代替的父性はまさに生物学上の出自と一致しないことを前提として引き受けられている」[246]のである。

この判例の傾向は学説の幅広い支持を受けた[247]。カルボニエは次のように考えた。父性の本質的な法的基礎は、精子の産出にではなく新しい生命の発生に対する責任を負うということにあるのだから、否認を行おうとした夫は、現行法上でも子の父とみなされるべきであり、それゆえに否認の訴えなどというものは認められるべきではない[248]というのである。立法論としては、［人工授精は］養子縁組とパラレルに考えられていた。つまり、人工授精の同意は養子縁組の申立てに相当するものだというのである[249]。精子提供の場合には嫡出否認が許されないことは、現在では、生命倫理法によって明らかにされている。

非婚ペアが人工受精を行う場合には[250]、一般準則に従い、人工受精を行う女性の生活パートナーが認知をなす場合にのみ、その子はそのパートナーの子となるであろう[251]。男性がそのような認知をするつもりのない場合の解決にあたっても、人工授精に対する生活パートナーの同意に出生前認知の効力を認

---

246) "A pour finalité de créer, par la volonté commune des époux, une paternité de substitution, acceptée à raison même de son indétermination biologique."
247) 立法論としては、*Baudouin/Labrusse-Riou*, Produire l'homme : de quel droit ?, 1987, S. 223 も参照。
248) *Carbonnier*, n. 287. *Paillet*, note sous TGI Paris, 19. 2. 1985, D. 1986, 223 f. も参照。別の見解をとるものとして、*Rubellin-Devichi*, RTD civ. 1986, 577 f. ; *dies*., RTD civ. 1990, 456 f.
249) *Harichaux-Ramu*, note sous TGI Nice, JCP 1977, II, 18597 ; *Paillet*, note sous TGI Paris, D. 1986, 223 f.
250) フランスでは、非婚生活共同体は社会的に制約されることなく受け入れられており、33％以上の子が婚姻外で生まれている。この割合は西ヨーロッパ諸国で最高である（*Rubellin-Devichi*, France − Reforms and Controversies, in : Bainham(Hrsg.), International Survey of Family Law 1994, S. 250）。
251) このような認知は、C.C. 311-20 条 2 項により取り消すことができない。

めることが最も簡便であろう[252]。これに対し、生命倫理法は子に選択の可能性を与えた。

つまり非婚の生活パートナーが最初は人工授精に同意したが、子の出生後になって認知を拒否した場合には、一方では C.C. 311-20 条 4 項により、その者は母と子に対しそのことから生じた損害、とりわけ失われた扶養料の責任を負い[253]、他方では、父性確認の訴えにより、子の父として確認されることすらありうる。この訴えの目的は、遺伝上の実父の探知ではなく、子をもうけることに同意した者の探知にあるのである[254]。したがって子は、その子を「自分の」子であると自発的に認めようとしない男について法的な父性の確認を求めるかまたは、不承不承ではあれ、単なる経済的要求をするにとどめるかの選択をすることができるのである。フランス法の観点から見れば、この解決法は首尾一貫したものとなっている。なぜなら、自然な方法によってもうけられた子も、同様に身分の訴えをなすか、扶養の訴えをなすかという選択をすることができるからである。

全般的に見るならば、要するにフランス法は、人工生殖子をその子を望んだ家族に包括的に編入する方向に向かっているのである[255]。この［親子］関係設定によって、両親が子に対する責任について鮮明な意識を持つことが期待されているのである[256]。さらに、もともと匿名の配偶子提供者に対する一切の訴えが許されないとされていることで、この対応は首尾一貫したものとなっている。つまり提供者との身分法上の関係が創設されることはありえない（C.C. 311-19 条 1 項）し、受精による不都合な結果（障害もしくは遺伝的疾患を伴

---

252) このことに賛成するものとして、*Massip*, Defrénois 1995, S. 143.
253) このことは、生命倫理法の導入以前の古い法状態に合致していた。CA Toulouse, 21. 9. 1987, RTD civ. 1987, 725 obs. *Rubellin-Devichi*; Cass., 10. 7. 1990, D. 1990, 517, note *Huet-Weiller*.
254) この強いられた父性（paternité focée）を批判するものとして、*Malaurie/Aynès*, n. 461 ; *Rubellin-Devichi*, RTD civ. 1987, 463 f. ; *Labrusse-Riou*, Rép. Dalloz, Filiation, n. 300. また、*Huet-Weiller*, D. 1988, 186 も参照。
255) 問題なのは、母と父が共同すれば、子の人工的出自を隠し、それにより否認の訴えを成功に導くことができるという点である。
256) *Byk*, JCP 1994, I, 3788, S. 409.

った出生）が万一起こったとしても、それに対する責任も生じない（C.C. 311-19条2項）のである。

2．ド イ ツ
a） 卵 子 提 供

卵子提供および胚提供の場合について、親子法改革法は、子と分娩した女性との［親子］関係設定が自動的になされる旨規定している（BGB 新 1591 条）。このことは旧法下の状況を明確化するにとどまるものであり[257]、フランス法のみならず、かなり一般的な国際的法見解と合致するものである[258]。卵子提供と胚提供がドイツでは認められておらず[259]、ドイツの裁判所がそれに関する事件に直面したことがないにもかかわらず、規整が必要とされたのは、卵子提供と胚提供を禁止している国は少数にとどまるからである[260]。

親子法改革法は、最初の母子関係設定の母性否認による修正を規定していない。自己の出自を知る権利を踏まえるなら、この点には疑問があるといえよう。なぜならこれによって、遺伝上の母の身元の確認を求める可能性が、（成年）子にも認められなくなってしまうからである[261]。草案理由は、子が遺伝

---

257) これに相応する親子関係設定はすでに旧法を基礎として承認されていた（*Münch-Komm/Mutschler*, §§ 1591, 1592 BGB Rz. 52 m.w.N.）。
258) ベルギー：C.C. 57 条と結び付いた C.C. 312 条 1 項；イギリス：ヒトの受精および胚研究に関する法律（1990年）Sec. 27；オーストリア：ABGB 137b 条；スイス：ZGB 252 条 1 項；スペイン：生殖援助法（1988年）10 条 2 項；アメリカについては *Stepan* (Hrsg.), International Survay of Laws on Assisted Procreation, 1990, S. 192 ff. 参照。援助技術により懐胎した子の法的地位に関する統一法（1988年）――これは 1994 年時点でようやく 2 つの州で採用されている――は 2 つの異なった選択肢を規定している。そのうち、子が常に分娩した女性の子とされるのは選択肢Bだけである。*Byk*, Petites affiches 1994, 50 m.w.N. も参照。
259) 胚保護法 1 条 1 項 1 号、2 号、6 号、7 号および養子縁組斡旋法 13a 条ないし 13d 条。
260) 明文で禁止している国として、ノルウェー：人工受精に関する法律（1987年）3 章 12 条；オーストリア：生殖医療法 3 条 3 項；スウェーデン：体外受精に関する法律．（1988年）2 条；スイス：連邦憲法 24 条の 9 ［前注 240 訳者注参照］。法律上明文で認めている国は、フランス：C.S.P. L.152-1 条以下（1994 年 7 月 29 日法律第 94-654 号）；イギリス：ヒトの受精および胚研究に関する法律（1990年）sched. 2 para. 1；スペイン：生殖援助法 5 条（1988 年）；アメリカについては *Stepan*(Hrsg.), International Survay of Laws on Assisted Procreation, 1990, S. 192 ff. 参照。
261) *Schwenzer*, Gutachten, S. A 40；*dies.*, FuR*info* 4/1992, 1, 6；*Coester-Waltjen*,

C. 非配偶者間人工受精

上の母を確認するためには一般の確認の訴え（ZPO 256 条）を提起することができるという指摘でもって、憲法上の異論に対処した[262]。しかし、血縁上の出自は ZPO 256 条 1 項の意味における確認の対象となる「法律関係」ではない。なぜなら、出自が――子の身分と独立に――法的な帰結に結びつけられているのは、ほんのわずかな規定（BGB 1307 条［近親婚の制限］、StGB 173 条［血族間の性交渉の禁止］）にすぎないからである[263]。むしろこれらの場合において出自は法律関係の（事実的）要素にすぎないから[264]、独立の出自確認は許されないように思われる[265]。それどころか、ZPO 256 条による手続は子の助けとはならないであろう。なぜならこの手続は身分訴訟ではないので、完全な処分権（認諾、欠席判決など）が当事者に与えられるからである[266]。

さらに、卵子提供と胚提供が禁止されている以上、現実的には、この受精技術は外国でしか実施されないと考えられる。その場合にもやはり、遺伝上の母の身元を確かめることができなくなる公算が大きいであろう[267]。なぜなら、こ

FamRZ 1992, 369, 371 ; *Coester*, FamRZ 1995, 1245, 1246 Fn. 13 ; *Münch-Komm/Mutschler*, §§ 1591, 1592 Rz. 55 und § 1596 Rz. 21 ; *Raum*, JZ 1996, 987, 993. これと同一内容の決議案B. II. 1は、第 59 回ドイツ法曹大会（ハノーファー、1992 年）において、賛成 32、反対 36、保留 11 で否決された。

262) BR-Drucks. 180/96 v. 22. 3. 1996, S. 93.
263) しかし、この点を重視するものとして、BR-Drucks.180/96 v. 22. 3. 1996, S. 93 ; *Ernst*, S. 176 ; *Reinke*, Das Recht des Kindes auf Kenntnis seiner genetischen Herkunft, Diss. Bayreuth 1991, S. 152 f. がある。
264) BGHZ 68, 331, 332 und 334 によれば、事実の真実性のような法律関係の前提問題ないし要素は、既判力を持つ確認の対象ではありえない。それゆえ、もし許されるものがあるとすればそれは、BGB 1307 条の婚姻障害の存在もしくは不存在確認の場合だけである。もっともその場合、原告はこれについて「正当な利益」を証明しなければならないことになろう。
265) *Frank*, GS Arens, S. 74 ; *Gaul*, Ehelichkeitsstatus, S. 36 ; *Schwab/Wagenitz*, FamRZ 1997, 1377 f. また、*Diederichsen*, NJW 1998, 1977, 1979 Fn. 22 も参照。この場合に、子の遺伝的出自を明らかにできる可能性が必要だとする少年援助に関する研究会の態度表明（ZfJ 1996, 95）もおそらくこのことを前提としている。
266) これらの場合のために出自確認の訴えを法律上明文で導入せよとの要求が多方面からなされていた。第 59 回ドイツ法曹大会（ハノーファー、1992 年）の決議案B. IVに対する意見割合は、賛成 65、反対 12、保留 7 であった。また他にも、*MünchKomm/Mutschler*, § 1593 Rz. 21a ; These II. 6 des Deutschen Juristinnenbundes, in FuR 1992, 185 ; *Zumstein*, FPR 1996, 225, 227 ; SPD-Antrag, Reform des Kindschaftsrechts, BT-Drucks. 12/4024 v. 17. 12. 1992, S. 4.
267) 国際私法上、独立の出自確認の訴えは、それが分娩した女性からの出自を持たな

の種の受精方法が許されている国では、提供者の身元公開を禁じている[268]か、または狭い要件の下でしかこれを認めていない[269]からである。加えて、多くの国は血液検査の（物理的）強制を認めていない[270]。これらの法秩序が定めている圧力手段——つまり出自訴訟における敗訴——は、そもそも法的効果のない出自確認の場合には大きな説得力を持たないのである[271]。

b） 精子提供

卵子提供と胚提供に関する法律家の取り組みにおよそ期待が持たれない状況下で、非配偶者間人工授精の問題については、これを立法者が取り扱う差し迫った必要があったはずである。特に満足のいかないのは、ドイツでは［人工授精に］同意した夫による父性否認が依然として可能だという点である。これまでに人工受精に関する包括的な法律規整を放棄した多くの国々においても、夫の否認権排除を定めたという中にあって、この間にドイツのこうした姿勢は世界的にかなり孤立したものとなっている[272]。1988年には、連邦とラントの

いことの確認である場合には、否認の準拠法（EGBGB 20条）に服し、遺伝上の母の確認の場合には、出自の準拠法（EGBGB 19条）になろう。なぜなら、この訴えは身分訴訟が許されないことの代替なのだからである。この訴えは受精方法と結び付いた人格権侵害に対する補償であって、その限りで不法行為地法に服するという論証は説得力がない。

268） フランス：1994年7月29日法94-653号の規定における C.C. 16-8条および C.C. 16-9条
269） スペイン：生殖援助法（1988年）5条5項：「まれな場合において、尋常ならざる事情があるときに限って」という；イギリス：ヒトの受精および胚研究に関する法律（1990年）Sec. 31
270） *Frank*, FamRZ 1995, 975.
271） ただし、身分としての母子関係が設定できるならば実効性が上がるかどうかは疑問である。なぜならそのような判決の執行が、これらの国々で許されることは困難と考えられるからである。フランス：1994年7月29日法律94-653号の規定における C.C. 16-9条参照。それによれば、提供者の身元の秘匿に関する規定は「公序」とされている。
272） ベルギー：C.C. 318条4項；イギリス：ヒトの受精および胚研究に関する法律（1990年）Sec. 28 2項、3項；オランダ：BW 第1編 201条1項；ノルウェー：親子法（1981年）9条3項；オーストリア：ABGB 156a条、163条3項；ポルトガル：C.C. 1839条3項；スウェーデン：親子法（1949年）1984年法の規定における1章6条；スイス：ZGB 256条3項；スペイン：人工受精に関する法律（1988年）8条1項；アメリカ：統一親子法 Sec. 5。イタリアには今のところこれに関する規整は存在しない（Trib. Roma, 30. 4. 1956, Giur. it. 1957, I, 2, 218 参照）。

C. 非配偶者間人工受精

「生殖医療」に関する研究グループの決定を端緒とする内閣の報告において、嫡出否認の排除が立法論として要請された[273]。第56回ドイツ法曹大会（1986年、ベルリン）でも、この提案は賛成120、反対12、保留5という意見割合で可決された[274]。第59回ドイツ法曹大会（1992年、ハノーファー）では、同様の要請が繰り返された（57、12、10）[275]。親子法改革法の審議中においても、連邦参議院が同一内容の規整を要請していた[276]が、連邦政府は、連邦厚生省が設置する連邦とラントの研究グループでまだ審議が継続しているということを理由として、この規整を拒否したのである[277]。

判例とは反対に、学説の大部分は、そもそも子はその存在をまさに人工授精に同意した夫の意思に負っているのであるから、人工受精に夫が同意している場合に、その後否認権を行使することは、BGB 242条の意味における権利濫用である、という見解を主張している[278]。この同意を一種の出生前養子縁組とみて、夫はもはやそれを一方的に解消することが許されないと考えることもできよう。これに対し、連邦通常裁判所は最近になって、否認権は通常制限されることなく存在するという立場を再確認した。了解の意思表示は否認権の喪失をもたらすものではないので、否認権の行使は通常権利濫用にはならない、というのである[279]。解釈論的に見れば、連邦通常裁判所の論証はまったくもって妥当なものである。なぜなら身分規整の領域では、法的安定性と法的明瞭性が求められるため、公平の考量のためにBGB 242条に依拠する余地はほとん

---

273) BT-Drucks. 11/1856 v. 23. 2. 1988, S. 9 f.
274) Beschluß III. 10 auf S. K 236 f.
275) Beschluß B. III. 1 auf S. M 250.
276) BT-Drucks. 13/4899 v. 13. 6. 1996, S. 148.
277) BT-Drucks. 13/4899 v. 13. 6. 1996, S. 166.
278) *Giesen*, Moderne Fortpflanzungstechniken im Lichte des deutschen Familienrechts, FS Hegnauer, 1986, S. 67 ; *Deutsch*, MDR 1985, 177, 180 ; *Staudinger/Göppinger*,（VIII/1983）, § 1591 BGB Rz. 40 ; *MünchKomm/Mutschler*, § 1594 Rz. 15 f. ; *Schlüter*, Rz. 275 ; *Kollhosser*, JA 1985, 553, 555. さらに典拠を示すものとして、*Deichfuß*, S. 173 Fn. 10 ; *Spickhoff*, AcP 197（1997）, 413 ff. は「特に熟考された同意」を求める。別の見解を述べるものとしては、たとえば *Soergel/Gaul*, § 1591 Rz. 33, 34 m.w.N. ; *Deichfuß*, S. 174.
279) BGH, NJW 1995, 2921. すでにあったものとして、BGHZ 87, 169 ; OLG Celle, Nds. Rpfl. 1992, 24 ; AG Wesel, FamRZ 1986, 493 ; OLG Köln, FamRZ 1997, 1171 も参照。

どないからである[280]。

しかしながらこの法状態は是認できない。たしかに連邦通常裁判所は、人工授精に対する夫の同意から扶養約束を推断できる[281]、ということを明らかにしているが、これであらゆる問題を解決できるにはほど遠い。たとえば、否認によって子が失う相続法上の請求権（遺留分権）がどうなるのかについては明らかにされていない[282]。学説の一部には父の同意から、母に対してその子を相続法上自己の子として扱うという約束をしたものと推断するものがある。そうすれば、子は第三者のためにする契約により、遺留分額に相当する遺産に対する請求権を取得できるわけである[283]。ここで判例は、そのようなものとしてはおよそ示されていない意思表示を擬制することになるのである。

加えて、真実の父を何とか確認することができた場合にはどのような帰結になるのか、ということについても未解決のままである。推断された扶養と遺留分の約束には、このような場合についての黙示の解除条件が付されている、というのであろうか[284]。また、特に［離婚後の］世話扶養の請求権に関する母の法的地位も明らかでない。というのも BGB 1570 条の要件は、父性否認後にはもはや存在しないからである。できることといえば BGB 1576 条の苛酷条項に依拠するか[285]、あるいは結局のところ推断された扶養約束を擬制するくらいしかないのである。すべての問題について満足いく結論を得るためには、もはや現行法とは両立しない法律構成をとらねばならない。それゆえ若干の下級審裁判所は、連邦通常裁判所の見解から離れた評価を正当化するような尋常な

---

280) *Deichfuß*, S. 174.
281) BGH, NJW 1995, 2921, 2922. 他には特に、BGH, FamRZ 1995, 861. このことを支持するものとして *Coester-Waltjen*, S. B 56 f. 別の見解を述べるものとして、*Holzhauer*, FamRZ 1986, 1162, 1164.
282) *Beitzke*, FS Müller-Freienfels, S. 37 は、この請求権の喪失は決定的なものではないとする。
283) *Kemper*, FuR 1995, 311 ; *Coester-Waltjen*, Die künstliche Befruchtung beim Menschen － Zulässigkeit und zivilrechtliche Folgen, Gutachten B zum 56. Deutschen Juristentag, Berlin 1986, S. B 58.
284) これに対し *Coester-Waltjen*, NJW 1983, 2059, 2060 は、請求権の重複または連帯債務となることを前提にしている。
285) *Kemper*, FuR 1995, 311.

らざる事情が具体的事案に含まれていなかったにもかかわらず、連邦通常裁判所の判例に反して、BGB 242 条による否認権の排除を肯定したのである[286]。

立法論としては、人工授精に同意した夫の否認権が排除されるべきであるのとまったく同様に、子の否認権も排除してよいであろう。否認の訴えは、その子の由来を知る利益を満足させるための適切な手段ではない。なぜなら、その子は身分上の父に対する扶養法上および相続法上のあゆる請求権を喪失する結果になるからである[287]。この手段の代わりに、提供者の身元を記録に残し、その閲覧権が子に保障されるようにすべきであろう。

子と生物学上の父との間に現実の親子関係が持たれることは期待できないから、父の身分法上の切り離しを可能にする必要もない。[父子]関係が破綻したと考えるのは子であるのだから、この場合の否認は子による父の処罰という性格を帯びてくるであろう。しかし、身分関係は、その関係が破綻したという理由だけで、簡単に解消してよいものではなかろう。身分関係は、一定程度までは運命的な事実である。ある法秩序が、非配偶者間人工授精について一切の否認の可能性を排除するならば、それは人工授精に同意した者が子の唯一かつ真の父なのだということを表明しているのである。そのことによって子に対する[親側の]責任意識が強化されることになり、子にとっては身分上の父を[自分の父として]確認することが容易になるのである。

それに対し、ダイヒフースは次のように考える。すなわち、母と子の父との間の関係が破綻した場合には、「その間に新しく生じた事実上の親子関係へ子を法的に統合する」ための前提条件を否認によって子が作り出せるようにしなければならない[288]、というのである。[しかし]人工受精の場合には、妻が子の実の父のもとへ赴くことはおよそ考えられないから、そのような法的統合がありうるのは、「真実に反する」認知や養子縁組の場合にほとんど限られるで

---

286) AG Lüdenscheid, NJW 1986, 784 ; AG Dieburg, FamRZ 1987, 516 ; OLG Düsseldorf, FamRZ 1988, 762 ; AG Norderstedt, DAVorm 1991, 419.
287) 現行法では、子の側から父性を否認した場合には、推断的な扶養約束は行為基礎を失う（BGH, NJW 1995, 2031, 2032）。
288) *Deichfuß*, S. 177.

あろう。

　人工授精の場合に、授精に同意を与えた夫を真の父とみなすならば、否認権を認めることは体系に反するであろう。子の存在について共同責任を負っている男との父子関係を破壊するために、母が未成年子の否認権を利用することがなにゆえできようか。加えて、2人の者が遺伝的には自分たちの出自を持たない子に対する共同責任を引き受けるという点に着目すれば、養子縁組とパラレルな関係がどうしても浮かび上がってくる。養子縁組の場合でも、子が両親との関係が破綻したと考えたときに、その子が［親子］関係設定を簡単に元に戻すことはできないのである。

　連邦通常裁判所の判例の結果として、ドイツでは非配偶者間人工授精がほとんど実施されなくなった。匿名での精子提供が許されるかどうかははっきりしていないので、たいていの病院では、提供者の身元が明かされるという前提がなければ人工授精は行われない。提供者は子の父として確認される危険を冒すことになるので、親族内部における精子提供の場合（たとえば、夫の父が息子に代わってその妻に精子を提供する）を除いては、誰も提供を申し出る者はいないのである。

　（原著者による日本語版への追記：BGB1600条に新たに第2項が加えられ、2002年4月12日付けで発効した。この規定によれば、父母の同意の下で、第三者からの精子提供による人工受精の方法で子がもうけられた場合には、父および母による父性否認は排除される。これにより立法者は、上述の連邦通常裁判所判例に対する広範な批判に応えたのである。この改正で目立っているのは、子の否認権は排除されなかったことである。したがって、子が未成年である間は、それが子の福祉に資するのであれば、法定代理人が父性の否認をすることができる（BGB1600a条4項）。成年到達の後は、BGB1600b条4項により、子に固有の無制限な否認権が認められる。このような非対称性は上述の諸理由から妥当とはいえない。父の否認権を排除する論拠として、養子縁組との比較が立法手続中に繰り返し持ち出されたのに対し、養子縁組と比肩しうることを理由として子の否認権をも排除することは、一度も議論されなかった。は

っきりとは述べられていないが、このことは、非配偶者間受精が許されるための要件が依然として法律で定められておらず、政治的に相当に争われていることと関係しているのかもしれない。しかしながら、そのままに残されている子の否認権は、非配偶者間授精を威嚇によって思いとどまらせる有効な手段となる。なぜなら、精子提供者は、子による父性否認に続いて自分自身が子から請求を受けるという危険を、常に冒すことになると考えられるからである。この法律規定のいまひとつの不備は、たしかに、授精に同意を与えた男について一切の否認権を排除してはいるが、その者が法的にも常に子の父とみなされるべきことを確定する規律を含んでいないことにある。嫡出子の場合には、BGB 1592条1号の父性推定があるからこのことは問題にならない。しかし、母と結婚していない生活パートナーが子に対する共同責任を引き受けようとして第三者の精子による授精に同意した場合には、その同意のみに基づいてその者が子の父とみなされることはないのである。その者が、BGB 1592条2号の意味における任意の認知を追加的に——もちろんBGB 1594条4項により認知は子の出生前でも可能なのであるが——行わない限りは、そこでもうけられた子と生物学上の血族関係がない以上は、その者を子の父として確認してもらうことはできないのである。それゆえに、ドイツ出自法のこの一部改正後にあっても、人工受精の許容性と出自法上の帰結をめぐる議論は終わっていないのである。)

Ⅲ. 私　　見

ドイツとフランスの出自法のそれぞれに異なる展開は、人工生殖子の身分法的関係設定の問題にも反映している。第1章では、家族法上の結び付きを築くにあたって、フランスではドイツに比して、両親の意思が大きな役割を演じていることが示された。このような理由から、人工受精を望んだ男女を実父母としてみなすということはフランス人にとって分かりやすいのである。人工受精は、ある意味でXによる出産と表裏一体である。匿名による子の委譲の場合、母の意思があれば親子関係の成立を妨げるのに十分であるのに対し、人工授精

の場合には、それに対する同意によって親子関係が築かれる。それゆえフランスの議論においては、両制度が相互に比較されることもしばしばなのである。

　それに対しドイツ人にとっては、生物学的出自が基準であるとの観念から離れることは難しい。とはいえ父の場合には、母の場合と比べて、実親と社会的親との不一致が受け入れられやすい。ドイツでは非配偶者間人工授精の議論をする際に、子の身分の問題を、精子提供者の匿名性の問題から切り離すべきであろう。人工受精に対する同意によって子の出生を可能にした男性がその子の父となることが、身分法上は望ましいのである。もし法秩序が（場合によっては報酬と引き換えに）自分の精子を提供しただけの男性を父とみなすとすれば、それは子の視点に立てば耐えがたいことであろう。これに対し出産した女性のパートナーは、母との関係を通じて子の生命の形成に少なくともいまひとつの要因を与え、受精に対する同意によって、子の生命に対する共同責任を引き受けた男性なのである。だからこそフランス法は、正当にも、一貫してかつ固定的に、人工受精に同意を与えた男性を子の父としているのである。法秩序が社会的父性に法的なよりどころを置く度合いが強まれば強まるほど、同意をした夫が真の父であるという意識もいっそう強められることとなるし、その男女は、非配偶者間人工生殖で生まれてくる子に対して、共同で責任を引き受けるかどうかをよりきめ細かくかつ良心的に熟慮するようになるのである。

第3章　生物学的出自の認識

　これまでの論述により、子とその肉親たる父母の間に法的関係を創設できる可能性には限界があることが明らかになった。しかし、さらに検討されなければならないのは、自己の出自の認識にも同じ限界が付されなければならないのか、それとも、出自の身分法的確認を自己の由来の単なる認識から切り離すことができるのかということである。

A．ドイツ法における独立の出自確認？

　一見すると、このような考え方に与したい誘惑にかられる。ドイツ連邦憲法裁判所のように、自己の出自を知る権利を承認し、さらに出自法における身分の体系（Statussystem）内部でこの権利を実現しようとすれば、否応なく矛盾に陥るからである[1]。法的安定性と法的明瞭性を確保するために一度獲得された身分の維持に関心を示す身分の体系と、常に真実の生物学的出自を明るみに出そうとする自己の出自を知る権利との間には、必然的な緊張関係が内在している。

---

1)　成年子に関する嫡出否認の制限は憲法違反であると宣言した1989年1月31日の連邦憲法裁判所判決に反応して、多くの論者は嫡出否認事由を拡大すべきであると提言した（*MünchKomm/Mutschler*, §1598 Rz. 10 ; *Gaul*, Ehelichkleitsstatus, 40 ff. 特に　S. 47 ; *Henrich*, S. 196 ; *Schwenzer*, Gutachten, S. A 32 ff. ; *dies*., FuR 1992 Beilage S. 5 ; *Smid*, JR 1990, 221, 226）。

I. 自己の出自の認識に対する欲求と身分の体系の衝突

　たとえば子は、嫡出否認もしくは認知の取消しにより法的父を失い、次いでそれに続く実父とおぼしき男に対する父性確認手続の中で、その者がおよそ実父ではないことを知らされるというリスクを負っている。出自の解明を通じて自己のアイデンティティーを実現したいという子の欲求を承認するのであれば、なにゆえに子がそのようなリスクを負わなければならないのか納得し難い。多くの論者は、父の喪失というこの危険を歓迎している。子が真剣に自分の遺伝的ルーツを希求しているのかどうかが、その危険によって示されるからであるというのである[2]。もしそのように考えるのであれば、ドイツ連邦憲法裁判所によって当然のものとして要求された自己の出自を知る権利を、およそ真剣に受け止めていないことになる。なぜなら、若い人々が、高い経済的リスクを代償として自分の「アイデンティティー発見」をあがなわなければならないことになってしまうからである。さらに、子と父が親密な親子関係で生活している場合でさえも、否認がなされれば、母の夫や認知者の手から父としての権利がすべて奪われてしまうであろう[3]。調和的な社会的諸関係を危険にさらすそのような規整がなされるとすれば、少なくとも自己の出自を知る権利を実現するのにもっと適した［別の］手段がある限り[4]、そうした規整には憲法違反の疑いがあるだろう。

　連邦憲法裁判所が1989年1月31日と1994年4月26日の判決において、いわゆる独立の出自確認の訴えの導入によって自己の出自を知る権利を実現することを立法者に示唆した[5]のは、この理由に由来している。連邦憲法裁判所が自己の出自を知る権利を当然のものとして要求したことから生じた難問は、こ

---

2)　*Giesen*, JZ 1989, 364, 374 f.; *Henrich*, S. 196.
3)　本当の父と知り合うことだけが子にとっての問題であるにもかかわらず、父が何年にもわたって扶養料を給付した後に、子に対する父の扶養請求権が奪われてしまうような事態も、場合によってはありうることになろう。
4)　*Coester*, JZ 1992, 809, 811.
5)　BVerfG, JZ 1989, 335, 338; BVerfG, NJW 1994, 2475, 2477.

の方法によって一挙に解決できるように思われる[6]。すなわち、身分に関係しない手続において遺伝的出自を探求するそのような手続であれば、子とその身分上の父との法的諸関係に影響を及ぼすことはないのであり、その限りで従来の身分体系を変更せずに維持できるであろうし、同時に自己の出自を知る権利が理想的に実現されることになろう[7]。

II. 独立の出自確認に対する原理的な異論はあるか？

そのような手続はまったく新しいというものではない。既述のように、ライヒ最高裁判所はナチス体制下においてすでに、非嫡出子の血縁に基づく出自の確認を求めるそのような訴えを、十分な法律的根拠なしに許容していたのである。嫡出子に関しては、法的父性と現実の父性との不一致を避けるために、この訴えの可能性は当時も否定されていた[8]。現行ドイツ法においても、非嫡出子が養子縁組の後になおも ZPO 640 条以下による父性確認の訴えを提起できるとすれば、同種の問題が生ずる[9]。

---

6) *Coester*, JZ 1992, 809, 811 ; *Gernhuber/Coster-Waltjen*, §§ 51 I 9, 51 I 6, 51 III 4, 51 V 1 ; *Coester-Waltjen*, Überlegungen zur deutschen Kindschaftsrechtsreform, FS Stepan, 1994, S. 20 ; *dies.*, FamRZ 1992, 369, 373 ; *dies.*, Jura 1989, 520, 522 ; dies., Die Anfechtung der Ehelichkeit des Kindes insbesondere im Hinblick auf ein Recht des Kindes auf Kenntnis der eigenen Abstammnug, FS Deliyannis, 1991, S. 239 ff. , 252 ff. ; *Deichfuß*, S. 137 ff.（しかし、この論者は、判例に矛盾があるので立法者が措置をとる義務はないと考えている）; *Diederichsen*, Rreferat zum 59. Deutschen Juristentag, Hannover 1992, These II. 4. d. ; *Ernst*, S. 177 ; *Münder*, RdJ 1989, 456, 461 ; *Ramm*, NJW 1989, 1594, 1597（この論者は、やむを得ざる解決の意味においてのみ認める）; Antrag der SPD-Fraktion（FamRZ 1993, 278, 279 = BT-Drucks. 12/4024 v. 17. 12. 1992）; *Zenz*, Referat zum 59. Deutschen Juristentag, Hannover 1992, S. M 13 und These 3. *Giesen*, Familienrecht, Rz. 508 もこの方向にあると考えられる。否定的なものとして、*Böhm*, ZRP 1992, 334, 337 ; *Gaul*, Pater-est-Regel, S. 646 f.; *Henrich*, S. 196 ; *Erman/Holzhauer*, § 1593 Rz. 26（*ders.*, 8. Aufl. 1989, § 1593 Rz. 25a は、独立の出自確認の訴えが現行法上すでに許されるとしていた）; *Schwenzer*（Familienrechtskommision des Deutschen Juristinennbundes）, FuR 1992 Beilage, S. 5, *Smid*, JR 1990, 221, 226）。

7) 第 59 回ドイツ法曹大会（ハノーファー 1992 年）も、これに相応する提案を賛成 65、反対 12、保留 7 の意見割合で採択している（FamRZ 1992, 1275 unter B. IV. 1）。

8) RG, DR 1942, 1335 ; RG, ZAkDR 1943, 217, 218 ; RGZ 170, 402, 404. このことについて詳しくは、*Zimmermann*, S. 123 f. m.w.N.

そのうえさらに、そのような手続の導入を最初から排除するような、原理的な異論も存在しない。若干の周辺的規定（BGB 1307 条、StGB 173 条）が出自に——身分とは関係なく——法的効果を与えているがゆえに、血縁に基づく出自が ZPO 256 条 1 項の意味における「法律関係」であるかどうか[10]、あるいは、それは法律関係の単なる（事実的）要素なのであって[11]、出自確認の訴えを認めるとすれば、それは民事訴訟上の変則となるのか、といった諸問題に対する解決をここで与えておく必要はない[12]。立法者は、既存の体系の内部で法秩序を継続的に発展させていく義務を負わされてはいないのである。さらに、ZPO 256 条 1 項による証書の真正確認の訴えは、支配的見解では純然たる事実確認と解されているのであり[13]、このことは、そのような訴えが既存の体系の内部でも完全に排除されているわけではないことを示している。

　事実の確認を求めるそのような訴えは、その事実確認が法的根拠からなされる限りは、民事訴訟の主たる目的——権利保護[14]——に反することもない[15]。この場合の決定的な法的根拠は自己の出自を知る権利の実現であろう。ガウル（Gaul）は、民事訴訟は「自己発見ではなく権利発見」のために行われるのであるから、そのことだけでは不足であるとする[16]が、自己の出自を知る権利が承認されたことによって自己発見はすでに権利発見の問題になっていること

---

9) *Frank*, GS Arens, S. 66 ; *Staudinger/Frank*,（I/1991), § 1755 Rz. 15 ff.
10) *Ernst*, S. 176 ; *Reinke*, S. 152 f.
11) BGHZ 68, 331 und 334 によれば、ある事実の真実性のような、法律関係の前提問題ないし要素は、既判力ある確認の対象となりえない。それゆえ許されるのは、BGB 1307 条の婚姻障害の存在・不存在だけであろう。もちろん、その場合、原告は「正当な利益」を証明しなければならないであろう（RGZ 85, 440, 441 ; BGHZ 53, 245, 248 und 250 も参照)。
12) *Frank*, GS Arens, S. 74 ; *Gaul*, Ehelichkeitsstatus, S. 36. このことが決定的な重要性を持つのは、母性が分裂する場合において母性確認が許されるかどうか、という問題においてである。
13) *Stein/Jonas-Schumann*,（XI/1996), § 256 Rz. 51 m.w.N. 人格権保護を目的として、ZPO 256 条の類推により主張の不真正の確認を許すべきだとの提案（*Leipold*, ZZP 84(1971), 157 ff.) も、そのような訴えが少なくとも立法論としては最初から完全に排除されているわけではないことを示している。
14) *MünchKomm/Lüke*, Einl. Rz. 7 f. ; *Zöller/Vollkommer*, Einl. Rz. 39.
15) *Stein/Jonas-Schumann*,（XII/1992), Einl. Rz. 21 ; *Leipold*, ZZP 84(1971), 158.
16) Ehelichkeitsstatus, S. 40. 類似の見解として、*Smid*, JR 1990, 221, 223.

が考慮されていない。

同様に、判決が確認できるのは何が法的に存在すべきかだけであって、何が事実として存在するかを確定することはできないのであるから、そのような裁判は伝統的な意味での既判力を持ちえない[17]、という異論も簡略にすぎる。裁判官は判決理由において常に事実を確認しているのである。判決理由が主文を介して既判力を持つにいたることはないにしても、ここでは大きな問題ではない[18]。さらに、訴訟によって探求されるのは、常に、訴訟および訴訟という場で可能なことと相関関係にある真実だけである。「KはEからの出自を持つ」ことが既判力をもって確認される場合、そのことによって裁判されているのは、「法秩序の諸基準と確認の可能性によれば」KはEによって生み出されたと考えられる、ということだけなのである。Kが現実にEによって生み出されたということは、「不可能な確認」にはあたらないのである。

III. 問題が生ずる領域

独立の出自確認の訴えを民事訴訟の体系にはめ込むことが十分可能だとしても、より厳密に分析すれば、そのような手続は種々の問題を必然的に伴うことが明らかとなる。

1. 既 判 力

自己の出自を知る権利の実現にとって重要なのは遺伝的なルーツを実際に知ることだけなのであるから、そのような確認判決に既判力を付与することは、独立の出自確認の訴えの目標に反するのではなかろうか、という疑問が生じる[19]。

---

[17] *Gaul*, Ehelichkeitsstatus, S. 37 ; *Schönfeld*, S. 23 は、事実確認判決の既判力というものは考えられないとする（S. 64 ff. und 82 も参照）。

[18] *Leipold*, ZZP 84 (1971), 158.

[19] その意味では、独立の出自確認の訴えを非訟事件手続に移すことが考えられるであろう。その手続であれば、裁判の変更はかなり容易であるし、また裁判の拘束力も相当に縮減されているからである（非訟事件手続法（FGG）18条1項参照）。このことはすでにライヒ最高裁判所の時代にも提案されていた（*Bosch*, AcP 149 (1944), 75；

原告の立場からすれば、その裁判の既判力を求める意味はない。原告にとって大切なのは、出自を実際に知ることだけだからである。しかし、既判力は原告当事者の利益に役立つだけのものではない。それは、第三者にとって無用な負担（たとえば、無益な血液検査、証人尋問等々）を回避することや、事件の取扱いの無駄な繰り返しから裁判所を守ることにも役立つのである[20]。それゆえ、確認判決の通常の既判力を維持することは望ましいように思われる。

独立の出自確認の枠内でなされた裁判が既判力を持つとすると、それ以後の身分訴訟において裁判官は「出自確認の既判力」に拘束されることを前提としなければならないであろう。もしそうすると、子は、まず独立の出自確認手続で自分の父の身元を明らかにし、次いで［２人の父の］資産状態を比較したうえで身分の訴えを提起するかどうかを決めるようなことを、意のままになしうるようになる。立法者は、子が否認の訴えもしくは父性確認の訴えを提起する可能性をも有している限りは出自確認の訴えは許されないと定めることにより、そうした事態を避けることができるであろう。しかしその場合には、生物学的出自の独立の確認を求める訴えは、まさに原告が望まない身分法的帰結をもたらすであろう。冒頭で確認しておいたように、生物学的出自の確認を求める訴えによって追求される目標は、身分の訴えによって追求される目標とは別なのである。

この理由から、身分の訴えの遂行が可能である限りは訴え提起ができないとするのは、独立の確認の訴えが目標としているところとはおよそ一致しないことになろう。これと逆に、出自確認に成功した後には身分訴訟を許さないとするのも実際的ではないであろう。なぜなら、身分訴訟では、何よりも子を（新たな）完全な家族に組み入れることが重視されることもあり、その家族が最初

Palandt/Seibert, BGB, 6. Aufl. 1944, § 1717 unter 2. RGZ 163, 156, 163 も参照）。この時代には、医学的検査方法に限界があったため、それらの判決にかなり誤りが含まれることを前提とせざるを得なかったのである。さらに、イデオロギー的理由から、是が非でも真実を探求するという努力がその背後にあった。

20) *MünchKomm/Gottwald*, ZPO, § 322 Rz. 2 f.；*Stein/Jonas-Leipold*, (Ⅸ/1987), § 322 Rz. 30 ff. 現在の医学的方法の完成を考慮すれば、既判力が特に厄介なものと受け止められることはもはやありえない。

の［出自確認の］訴え提起の時点で成立していることはおよそないはずだからである。

2．出訴要件

独立の出自確認の訴えを支持する論者たちのほとんどは、そのような訴えが無制限で許されるべきことを前提としている[21]。このような主張の基礎にあるのは、子の利害と対立する諸利益がそのような訴えによって危険にさらされることはない、もしくは危険にさらされたとしてもとるに足らない程度であるという想定である。

しかしながら、真の実父の探求によって法律上の親のプライバシーに対する介入がなされることは、嫡出否認や認知取消の場合と同じである。婚姻と家族の平和が脅かされることについても、典型的な身分訴訟の場合とこれといった違いはない。場合によっては赦されて久しい浮気の再度の暴露や、実父たる人物との対決、さらには、子が真の実父の下へ行ってしまうかもしれないという親の不安は、婚姻と家族の平和に対する重大な脅威を必然的に伴うのではなかろうか。これに対し、子がその法的身分を失うことはありえないとの両親の確信によって、その感情の高まりが鎮められるかどうかは、まったくもって疑わしいといえよう。

さらにまた、独立の出自確認の訴えにより他の男からの出自が確認されたにもかかわらず、父に背いた子が引き続きその父に扶養請求権を行使する場合には、いずれにせよ特別の——伝統的な身分訴訟の場合には考えられない——紛争の火種が存在するのである[22]。自分が父でないことが証明され、他の男の父

---

21) 独立の出自確認は「社会的結合を損ねるものではない」(*Coester*, JZ 1992, 809, 811)というよく用いられる言い回しは、そのように理解できるであろう(*Geruhuber/Coester-Waltjen*, § 51 I 9 ; *Coester-Waltjen*, FamRZ 1992, 369, 373 ; *dies.*, Überlegungen zur deutschen Kindschaftsrechtsreform, FS Stepan, 1991, S. 20.)。*Zenz*, Referat zum 59. Deutschen Juristentag, Hannover 1992, S. M 13 もおそらくはこれを前提としているであろう。*Schwenzer*, Gutachten, S. A 33 は、この点をもっと現実的に考えている。

22) *Frank*, GS Arens, S. 84. *Schwab*, JZ 1954, 273 は、かつて存在した扶養判決と出自判決の衝突について、「もしその者に引き続き扶養義務があると考えようとするな

性が公式に確定したにもかかわらず、何ゆえに自分がその後も扶養料を支払う義務があるのか、およそ実感として理解しがたい。

このように内密領域や婚姻と家族の平和を攪乱させる潜在力がある以上、この訴えについても、権利の実質的な制限とりわけ時間的な制限を考えることが是非とも必要なのである。

3．手続構成

生物学的出自の確認を求める手続が、当事者の処分権を制限するために、身分訴訟手続のように構成されなければならないことには疑いがないであろう。被告が訴えを認諾できるとか欠席判決を誘発できるとなれば、そこで求められている真実発見の役には立たないのである[23]。

学説の一部では、出自検査の強制的実施を可能にするZPO 372a条をそのような手続に無制限に取り入れることには、憲法上の疑問があると考えられている。通常の場合であれば、出自の確認によって、そこから一歩進んだ法律効果（たとえば扶養あるいは相続権）の主張が可能となる。しかし、人格の発展を目的とした出自の独立した確認「だけ」が問題なのであれば、身体の不可侵およびプライバシーの保護に対する当事者および証人の利益が軽視されてはならないであろうというのである[24]。

このような立論には説得力がない。嫡出否認や父性確認の枠内における血液

ら」、その父は、「世間知らずの法律家のへりくつの犠牲になったと感じる」のが当然であろうと述べている。*Isele*, AcP 150 (1949), 76 は、出自判決は扶養判決に対抗しうるとすることこそが「正義と公平」にかなっているという。

23) *Coester*, JZ 1992, 809, 811 は、「普通の」確認訴訟手続を支持しているようである。そのような手続で認諾が許されることをはっきりと前提にしているからである。*Erman/Holzhauer*, 8. Aufl. § 1593 Rz. 25a は、すでに現行法の下でも、確認の訴えが許されることを支持し、その訴えを身分訴訟手続の準則には服させようとはしていなかった。この見解は、被告の側における操作の可能性を明らかに見落としている。この見解は、原告には訴訟物の（真実に反した）処分をなす実益がない、ということによって理由づけられているからである。現在、この見解は同書の第9版では放棄されている。

24) *Frank*, GS Arens, S. 83 ; *Deichfuß*, S. 139 f. ; *Gaul*, Ehelichkeitsstatus, S. 39 ; *Smid*, JR 1990, 221, 223.

検査は、これまでも、そのことから子がさらなる利益を導き出そうとの希望を持っているかどうか、ないしはそれは可能性だけにとどまるのかということとはかかわりなしに許されているのである。連邦憲法裁判所が人格発展に付与した高い価値は、この場合にも決定的なものであろう。被告との出自の存在・不存在を示す具体的な手がかりがある場合にのみ血液検査を許すべきだという主張の根拠として挙げられているものは、現在許されている手続にもすでにあてはまるのである[25]。

さらに、独立の出自確認の訴えの費用を、子が勝訴した場合でも、全面的に子に負担させるべきだという提案がかなり見受けられる[26]。この問題に関しては、ZPO 93a条と93c条を参照すべきであろう。これらの規定は、嫡出否認の訴えあるいは認知取消の訴えで勝訴した場合について、――一般的な費用負担準則とは異なり――費用の相消（Kostenaufhebung）を命じている。その理由は、敗訴当事者が認諾によって訴訟を免れることができない場合に、すべての費用をその者に負担させるのは不公平だということにある[27]。それのみならず、独立の出自確認の訴えは子の自己実現だけに役立つものであるということも主張されている[28]。しかしながら、法政策的に見て、そのような規整は是非とも必要だというものではないであろう。何といっても実父は、子をもうけた際の諸事情によって、またその後における真実の出自の秘匿によって、子の人格権にとって不都合な状態を招来することに寄与しているのである。この状態と最も照応するのは、子から提起される父性確認訴訟であり、この訴訟にも

---

25) Antrag der SPD-Fraktion (FamRZ 1993, 278, 279 = BT-Drucks. 12/4024 v. 17. 12. 1992). *Deichfuß*, S. 140 は、「被告が懐胎期間中に母と関係したことが確実である（もしくは少なくともそのことの具体的な示唆がある）場合にのみ」裁判所は出自鑑定を命じているとするが、血液検査の要件に関するこの叙述は、裁判所の現在の実務とは一致しない。血液検査を、問題の男が懐胎期間中に母と関係したことを子が証明することにかからしめるべきだという彼の提案は、出自確認の訴えを空回りさせることになろう。やはり血液検査によらなければ、そのことの証明ができないからである。

26) *Frank*, GS Arens, S. 83；*Deichfuß*, S. 141；*Ramm*, NJW 1989, 1594, 1597.

27) *MünchKomm/Belz*, ZPO, § 93c Rz. 1；*Stein/Jonas-Bork*, (VI/1993), § 93c Rz. 1；*Wieczorek/Schutze-Steiner*, 3. Aufl., § 93c Rz. 1.

28) *Deichfuß*, S. 141.

ZPO 91条［敗訴者負担の原則］が適用される。それゆえ、通常の費用負担準則を維持すべきだとする論者もいるのである。

IV. 結　論

　以上の考察から明らかになったのは、独立の出自確認の訴えは様々な問題を必然的に伴うこと、そして、独立の出自確認を導入すれば、身分体系から自己の出自を知る権利に加えられる制約が難なく乗り越えられると考えるのは幻想であろう、ということである。

　それゆえに、立法者が親子法改革法において独立の出自確認の訴えの導入を拒否したのは歓迎すべきことである。これに対して連邦参議院は、子による否認の可能性の拡大では自己の出自を知る権利の実現には不十分であると——これといった理由を示すことなく——論評した。連邦参議院が要請したのは「補充的規定」[29]であったが、おそらくそこで考えられていたのは、社会民主党会派の修正提案に対応した独立の出自確認の訴えの導入であろう[30]。しかし連邦議会は、参議院に対する反論において、何がしかの「補充的規定」を採用する「何らの理由」も認めなかったのである[31]。

B. 母の自己決定権と子の利益の衝突

　生物学上の実父の認識は、自己の出自を知る権利の実現に資するのみならず、現行法では、何よりもまず出自訴訟を成功に導くための前提条件である。この点に関しては、たいていの場合、母の利益と子の利益は同じ方向を向いて

---

29) BT-Drucks. 13/4899 v. 13. 6. 1996, S. 147. 出自法の規整で優先されるべきは、自己のアイデンティティーと出自を知る子どもの権利に根ざした「原則規範」である、という青少年援助研究会（Arbeitsgemeinschaft für Jugendhilfe）の要請（ZfJ 1996, 95）も同様に漠然としたものであった。
30) BT-Drucks. 13/1752 v. 21. 6. 1995, S. 4.
31) BT-Drucks. 13/4899 v. 13. 6. 1996, S. 166.

いる。子のために扶養義務者が発見され、また子の将来的な相続権が保障されるなら、双方ともそのことから利益を受けるのである。しかしながら、母の利益が子の利益と衝突に陥ることも少なくない。つまり、子の実父が母にとってこれ以上の接触が望ましくない男であったり、父であることを公にしたくない男であるという場合には、母が、父側からの出自を何とか子に隠しておこうとすることがあるのである。

これに対して、自己の母の認識は常に当然のことであるかのように思われる。けれども、母が子との関係を絶ったままにしておきたいとの願望を持ち、それゆえ母側からの出自を子に隠しておきたいような状況も原理的に考えられる。子が強姦、近親相姦あるいは姦通から生まれたからというのであれ、――理由は何であるにせよ――母が子を適切に世話できない状態にあるからというのであれ、そのような状況はやはり考えられるのである。

父側の出自の認識のみならず母側のそれに関しても、それぞれの場合において、母の自己決定権は、自己の生物学的な由来を知り、両親双方と法的ならびに情緒的な関係を形成する子の利益と衝突することになる。フランス法は、Xによる出産と母の匿名遺棄の制度によって、完全な匿名性を保障しつつ子に対する一切の関係を絶つ可能性を認めている。これに対してドイツ法は、支配的見解によれば、父側の出自に関する情報提供を母に求める権利を子に保障している。

I. フランス法における「母性の秘密」

ドイツ法では、母親側の出自の認識については何の問題もない (mater semper certa est)。子を出産した女性がその子の母なのである[32]。すべての出産において、母の名が出生証書に記載されなければならない（身分登録法［以下PStG

---

32) 現在ではBGB新1591条がこのことを明確にしているが、これはすでに以前から認められていたことである (*MünchKomm/Mutschler*, §§ 1591, 1592 Rz. 52 m.w.N.; *Coester-Waltjen*, FamRZ 1992, 369, 371 m.w.N.)。

と略称] 21条1号)。

1. 法律的基礎と実務的意義

これに対してフランス法では、これに匹敵するような出産のみに基づく自動的な[母子]関係設定が、必ずしもすべての場合になされるわけではない。たしかに嫡出子ならば出生証書が出自の完全な証明となる (C.C. 319条)[33]が、非嫡出子の場合には、母側の出自は古くからの伝統に従って任意認知によって創設されるのである (C.C. 334-8条)[34]。もっとも、出生証書における母としての記載が認知の効力を有することを C.C. 337条が定めていることにより、認知は容易なものとなっている。しかし、これが適用されるためには、さらに子が母に対する身分占有を有していなければならない[35]。

しかし、嫡出、非嫡出いずれの出自にとっても重要なのは、出生証書への母の名前の記載が義務的ではないことである。たしかに C.C. 57条1項1文は、「父母の氏名、年齢、職業および住所が示されるべき」ことを原則として要求している。しかし身分登録官は、「父母の一方もしくは双方が示されない」場合には「その事項について登録簿に記載してはならない」のである (C.C. 57条1項2文)。この条項は 1924年に民法典に追加されたのであるが、それ以前から判例によって承認された実務に合致するものであった[36]。そのような場合には、子は不知の母(「X」)の子として出生登録簿に記載されるのである。

このようにして母のないままにおかれる子が、C.C. 322条 (嫡出子の場合:身分を求める訴え action en réclamation d'état) もしくは C.C. 341条1項 (非嫡出子の場合:非嫡出母性の捜索の訴え action en recherche de maternité naturelle) により自己の出自を裁判所で確認してもらうことは、それ自体として

---

33) その証明は、出生証書の代わりに、家族身分の占有 (C.C. 320条) あるいは出自の訴え (C.C. 323条) によって行うこともできる。
34) C.C. 334-8条は、身分占有もしくは判決の効力による出自の証明を補助的に規定している。
35) 身分占有がなければ、子は、母性を確認するために C.C. 341条による出自の訴えに出ることができる。
36) *Gutkess*, S. 98 ff.

B. 母の自己決定権と子の利益の衝突

は可能であろう。また、出産を秘匿することは困難であるから、本来であれば、母側の出自の証明は容易になしうるはずである。しかしながらフランスでは、すべての母が分娩に際してその匿名性を守られる権利があること（Ｘによる出産）がその障害となる。

　もっともこの原則は、長い間、法律の明文に根拠を置くものではなかった。しかし間接的な示唆は、家族および社会扶助法（C.Fam.）47 条から得られる。この条文は、基本的には同一内容の 1953 年の規定を、1986 年に新たに定式化したものである。この規定によれば、女性が公立もしくは私立の病院に入院しており、自分の匿名性が守られることを希望すれば、入院と分娩の費用は社会扶助によって負担される。その場合には、身上に関する事項を記録することも調査することも許されない（C.Fam. 47 条 2 項）[37]。それでもなお子が母性の確認を裁判所に申し立てるようなことがあったとしても[38]、その申立てが成功する見通しはかなり低いであろう。というのも、C.Fam. 47 条が、医療従事者の守秘義務と結び付いて、母性確認訴訟において分娩した者の身元に関する情報を事後的に提供することの障害となるからである[39]。

　このように、法状態がそれ自体としてすでに明確であったにもかかわらず、1993 年に、母の匿名出産の権利がいま一度民法典で明文上再確認され、そのことによって、母性の秘密の意義と目的に関して広く行われていた議論に終止符が打たれた。C.C. 341-1 条によれば、女性は、「自己の出産……の秘密が守られること」を求めることができる。この「公式の言明（affirmation solennelle）」

---

[37] この禁止は、1974 年 1 月 14 日の「医療サービスの実施（le fonctionnement des services hospitaliers）」に関する政令（74-27 号）の 20 条でも繰り返されている（Nykiel, S. 46 に収録）。このことは、以下のように規定する C.Fam. 81 条からの反対解釈として導き出すこともできる。「共和国検事は、養子縁組手続もしくは嫡出宣告の手続に際して、子に関して社会福祉機関が作成した書類の内容を知ることができる。すべての場合において社会福祉機関は、自己の判断もしくは裁判官の照会に基づいて、被後見子に関するすべての情報を提供することができる。この方法によって得られた情報は、行政手続ないし裁判手続において公表されてはならない、また裁判所の決定において言及されてはならない。」

[38] このような裁判例について示唆するものとして、Rubellin-Devichi, Revue droit de l'enfence de la famille 1991/1992, 72 ; dies., RTD civ. 1991, 703.

[39] Rubellin-Devichi, Revue droit de l'enfence de la famille 1991/1992, 66.

には、この制度についてもっとよく知ってもらう目的もあった[40]。けれども、この改革は従来の法状態をいま一歩進め、そのような場合には非嫡出母性の確認の訴えが最初から許されないことを確定したのである（C.C. 341 条）。従来は、訴えは許されるものの、実際には勝訴の見込みがないという状態であった。

ところで、新たに導入された C.C. 341 条の母性確認の禁止が非嫡出子にだけ適用されることは、一見して奇異に思われる。このような区別をした理由は、理論上、非嫡の父は、母側の出自が確定していなくとも、認知によって自己の子に対する法的関係を創出できるということにある。これに対して嫡出子の場合の父子関係設定は母の婚姻に基づいて行われる。したがって、母側の出自が確定している場合でなければ父側の出自も確立できない。このような──非常に可能性の低い──チャンスを子から奪わないために、嫡出母性確認の訴えを［非嫡出子と］同じように許されないものと明文で宣言することはしなかったのである。しかしながら、上述の証拠状態を考えれば、匿名出産の後に自己の出自を解明することは、嫡出子にとっても事実上は同じように不可能なのである。

かようにして母が知られないままの状態にある子は、児童社会援助機関（Service de l'Aide Sociale à l'Enfance）に移され、C.Fam. 61 条 1 号により国家後見の下に置かれ、さらに、母が自分の決心を覆すことのできる 3 か月（C.Fam. 62 条 5 項）が経過した後には、養子縁組に委ねられる（C.Fam. 63 条）[41]。

フランス法は、母子間の結び付きを出生段階から切断する可能性を定めるだけにはとどまらない。当初は子に対する法的責任を引き受けていた親が、その後の時点でその責任をないものとし、その際に子の由来の痕跡を完全に消し去ってしまうことも許されているのである（匿名遺棄 abandon anonyme）。C.Fam. 61 条によれば、親が知られているような子であっても、配慮権者の希望によって国家後見の下に置くことができる。子を国の福祉官庁に委譲するに際しては、C.Fam. 62 条 2 項 4 号により、国の福祉官庁は、子の民事身分を黙秘する権

---

40) *Desanlis*, JOAN, 28. 4. 1992, S. 747 ; *ders.*, JO Sénat, 9. 12. 1992, S. 3736 ; *Neuwirth*, JO Sénat, 9. 12. 1992, S. 3736.
41) 法律的根拠はないものの、匿名出産された子のある程度の数の者は、民間の養子縁組機関の監護下に置かれ、その後に養子縁組の斡旋がなされる（*Nykiel*, S. 166 ff.）。

B．母の自己決定権と子の利益の衝突

利が親にあることを伝えなければならない。その沈黙の可能性を利用するにあたって、親は自分自身の身元を申告しなくともよい。この秘密の恒常的な保持が明示的に要求された場合[42]、国の福祉官庁が、生物学的出自の露見につながりかねない情報を後にその子に与えることは許されない（1996年7月5日法の規定におけるC.Fam. 62条7号）。親のための3か月の熟慮期間の後、やはり子は養子縁組に委ねられる。1996年7月5日の養子法の改革以後、この種の子の委譲は、子が1歳以下の場合でなければできなくなっている（C.Fam. 新62条）。

最も新しい1996年の改革に際して、匿名で出産した母ないし後の時点で自己が知られないことを条件として子を委譲した者に対しては、彼らの身元が特定されない形で、親に関する情報と委譲に至った事情が子に伝わるような個人的事項を申告できる旨が説明されなければならないことが規定された[43]。さらに、この匿名性は後に実親子間の合意によって解除することができ、これについてもC.Fam. 62条により委譲をなす者に説明されなければならない。その場合には、子が成年到達後に福祉官庁に行けば、実親が託しておいた住所を知ることができる。この改革によって立法者は、母性の秘密に抵触することなしに自己の由来を知る子の権利に対処しようと試みたのである。

近年のフランスでは、年平均930件の匿名出産があった[44]。出生後若干の期間の後に匿名で遺棄された子の数は、年間約300人と見積もられている[45]。

---

42) 親が子の民事身分を黙秘はしたものの、その由来が常に秘匿されるべきことを明示的には求めなかった場合について、かつての法状態は不明確であり、また実務も一定していなかった。多くは、これに関しては母の明示的な意思表示が必要であるとしていた（*Hauser/Huet-Weiller*, S. 541）が、女性が入院の際に名前を申告していなければそれで足りるとする別見解もあった（*Trillat*, S. 525 f. 以前からこれを主張したものとして *Rubellin-Devichi*, Revue droit de l'enfance de la famille 1991/1992, 66 ff. もある）。現在では、秘密の保持が明示的に求められなければならず、そのことについて親に対する説明がなされなければならないということが、法律によって明らかとされている（1996年7月5日法の規定におけるC.Fam. 62条7項）。

43) これは *Mattei*, Enfant d'ici, enfant d'ailleurs. L'adoption sans frontière, rapport au Premier ministre ; La documentation française, 1995, S. 170 ff. の提案に由来する。

44) *Nykiel*, S. 11 und 260.

45) *Delaisi/Verdier*, S. 113 Fn. 79.

長い間世論は、匿名で出産する女性の大部分は未成年であり、北アフリカ地方の出身であることを前提としていた[46]。しかし、パリ市とナンシー市での調査によれば20歳未満の女性はわずか約14％であり、多く（50％）は20歳台であった。また出身地で見ても、匿名で出産したフランス人のうち北アフリカ地方の出身者は4分の1にすぎない[47]。1996年に設置された政府の委員会は、詳細な調査の結果、子の遺棄について一般化可能な言明をなすことはできないとの結論に到達した[48]。つまり、決して、若い女性とかパートナーに捨てられた女性、あるいは社会的もしくは経済的苦境にある女性だけの問題ではないし、委譲される子らにしても、その多くが強姦や近親相姦から生まれた子であるとはいえない[49]、というのである。しかし、たいていの場合において子は妊娠した女性の周囲の社会や家族から——その理由は何であれ——「手に余る子（enfant impossible）」と考えられていることも、これと同時に確認された[50]。

2．法政策的な根拠づけ

母性の秘密の発展をもたらした歴史的な原因の多くは現在なくなっている。非嫡出子の出産は、西ヨーロッパの社会秩序ではもはや汚点とは感じられていない。加えて、親に経済的な支援を保障する国家的な社会給付が存在する。フランスの立法者が今日もなお、子の運命を意のままにできる権利を女性に認めているのは、ドイツ人の目から見れば奇異なことである。自分の母性をひた隠しにすることによって、通常その女性は同時に、子が将来自分の父側の出自を

---

46) *Bonnet*, Secret, S. 133 ; *Maury*, On "abandonne en France", Revue autrement, no 96, 1988 Abandon et adoption, S. 20, 22 参照。
47) *Trillat*, L'accouchement anonyme : de l'opprobre à la consécration, Mélanges Huet-Weiller, 1994, S. 515 Fn. 17 は、デュマレ/ロッセ（Dumaret/Rosset）とクノル（Knoll）の調査を引用している（それによれば、特に出産の目的で国外からやってくる女は合計して10％であるという）。
48) *Maury*, Revue autrement, no 96, 1988 Abandon et adoption, S. 20 und 23 も参照。
49) L'accès à la connaissance des origines familiales, Groupe de travail institué par Mme. Veil, Ministre des Affaires Sociales, sous la dir. de Dominique Ferrière, S. 3.
50) L'accès à la connaissance des origines familiales, Groupe de travail institué par Mme. Veil, Ministre des Affaires Sociales, sous la dir. de Dominique Ferrière, S. 4. ニキエル（Nykiel）の行った1990年の調査結果（*Nykiel*, S. 263 ff.）も参照。

知ることをも妨げている。そのことにより子は、その父が監護教育を引き受けるチャンスを奪われるのである。自分の遺伝的由来に関する最低限度の情報を得ることができなければ、多くの(養)子が生涯にわたって苦しむことは、長年の経験と調査研究によって明らかにされていることでもある。

種々の異論にもかかわらずフランスは、学界[51]、政界[52]および世論[53]の幅広い賛成の下で現行の法状態を堅持している[54]。その最大の理由は、Xによる出産と匿名遺棄によって堕胎と嬰児殺の数を減らすことが期待されていることにある。「たしかに子には自分がどこから来たのかを知る権利があるが、生きる権利はもっと重要である」[55]。しかし、これら2つの事象は相当数の法的・社会的要因に依存しているから、かような言明は経験的に吟味できるものではない[56]。特に、子の委譲を匿名の形にする必要があるかどうかの判断はかなり

---

51) *Bénabent*, n. 498 ; *Bonnet*, S. 128 ff.; *dies.*, Geste, S. 1 ff. ; *Geadah*, Accouchement anonyme. Enjeu du secret, in : Verdier/Soulé (Hrsg.), Le secret sur les origines 1986, S. 91 ff. ; *Granet*, D. 1994, Chr., 24 ; *Rubellin-Devichi*, Cahiers de maternologie 1995, 17 f. ; *dies.*, Revue droit de l'enfance et de la famille 1991/1992, 69 ; *Trillat*, S. 517 ; *Hirsoux*, La volonté individuelle en matière de filiation, Thése Paris 1988, S. 300. 控えめであるがこれに同意するものとして *Dreifuss-Netter*, S. 112 ; 批判的なものとして *Massip*, Defrénois 1993, no 35559, n. 29 ; *ders.*, D. 1997, Jur., 588 ; *Vidal*, S. 748 f. ; *Delaisi/Verdier*, S. 12 ff.
52) 1993年の親子法改革に際して、その立法論争の間に、Xによる出産の原則的維持については広範な一致が見られた。たとえば、*Cacheux*, JOAN, 28. 4. 1992, S. 720 ; *Vauzelle*, JOAN, 28. 4. 1992, S. 725 ; *Clément*, JOAN, 28. 4. 1992, S. 730 ; *Gouzes*, JOAN, 28. 4. 1992, S. 731 ; *Ameline*, JOAN, 28. 4. 1992, S. 742 ; *Lederman* ; JO Sénat, 9. 12. 1992, S. 3735.
53) *Maury*, Revue autrement, no 96, 1988 Abandon et adoption, S. 20 ff.; Vogue vom 11. 12. 1995, S. 76. 1991年のあるアンケートでは、Xによる出産を拒否しているのはフランス国民の12％にすぎなかった (Fédération "Enfance et Familles d'Adoption", Accueil, no 2-3, Mai 1992, S. 18 f.)。
54) *Nykiel*, S. 49 und 56 は、これら2つの制度は一般にあまり知られていないと主張しているが、少なくとも定評のあるジャーナリズムにおいては、これについてかなりの数の新聞記事が見られる。
55) "L'enfant a le droit de savoir d'où il vient, mais il a encore plus le droit de vivre." これは1990年のある会議におけるグモー (Goumot) の発言である (*Rubellin-Devichi*, Revue droit de l'enfance et de la famille 1991/1992, 63 und 69 に収録)。*Trillat*, S. 517 f. ; *Gridel*, D. 1993, Chr., 198 ; *Vauzelle*, JOAN, 28. 4. 1992, S. 725 も参照。
56) *Massip*, Defrénois 1993, S. 634, no 29 は、スイス、ベルギー、オランダおよびドイツの嬰児殺の統計と比較して、この論証は確固たるものとはいえないとしている。類似の見解として *Verdier*, S. 210. 別見解として *Hirsoux*, La volonté individuelle en

難しい。なぜ、中絶を考えている女に直ちに養子に出すよう督励するだけでは足らないというのであろうか？

このような疑問に対して、フランスでは、完全な匿名性でなければ母親を周囲の無理解や社会の非難から守ることができないとの反論が加えられる[57]。すなわち、完全な匿名性は、もしそれがなければ中絶しか逃げ道がないと母が考えるような場合に、月満ちるまで子をはぐくむ道を開くというのである。母性の秘密を実際に支えているのは、国の費用で必要な医学的・心理学的ケアが受けられる母の家に、母が出産前の都合のよい時点で入所することができることである[58]。つまり、治療を受けなければならないからという口実で、隣人や同僚などに対して妊娠の外見的徴候を隠すことができる。他の患者たちとの関係では、しばしば偽名を使うことで彼女の匿名性が守られる。また、電話の取り次ぎや訪問者を拒否したり、特定の者に限ることもできるのである[59]。

月満ちるまで子をはぐくむかどうかの判断に迷っているときに、その心理的にきわめてつらい判断の最終決着を出産の直後まで持ち越すことができるとなれば、その決心は容易になる。この点でも母性の秘密が求められるのである[60]。母の決断の自由は、3か月以内であれば考えを変えて子を取り戻すことができることによって、さらに保証されている。フランスの14の県におけるアンケート調査によれば、1987年から1993年の間に約13％の母親たちが、ともかくもこれによって決心を変えている[61]。ドイツでも、自分の子を養子に出した母親たちはその事実を隠そうとし、それが露見するかもしれないとの永続的なストレスに悩まされることが多いという、社会教育学者（Sozialpädagoge）の報告がある[62]。もしそれが露見すれば、仮面がはがされて「無情な母」だと言わ

---
matière de filiation, Thèse Paris 1988, S. 304 Fn. 18. 嬰児殺に関する統計資料は *Nykiel*, 1995, S. 247に挙げられている。
57) *Hirsoux*, La volonté individuelle en matière de filiation, Thèse Paris 1988, S. 300.
58) *Nykiel*, S. 76 ff.
59) *Nykiel*, S. 76 ff.
60) *Dreifuss-Netter*, S. 100.
61) *Nykiel*, S. 153.
62) *Swientek*, Wessen Kind, S. 38 f. ; *Textor*, Soziale Arbeit 1998, 456, 459.

れるだけでなく、しばしば周囲に対しても嘘つき女のレッテルを貼られると思うのであろう。ただし、こうした報告の中には、一貫して接触を拒絶する母親はおよそ存在しないであろうとの主張も見られる。たいていの母親は、養子に出された子が再び自分と接触を持ってくれれば嬉しいと思う、というのである[63]。

ニュージーランドからの報告によれば、養子に対する縁組記録の開示を許した法律が 1985 年に可決されてから 1 年以内に、子を養子に出した 3,710 人の者から自分にかかわる縁組記録の開示に対する異議が申し立てられたとのことである[64]。それに対して、自分の子を養子に出したカナダ人の母 78 人に質問したところ、88.5 % が自分の身元を養子に明らかにしてもよいと答えたという[65]。

母性の秘密が維持されているいまひとつの重要な理由として、フランスでは女性の自己決定権の保護が挙げられる[66]。一定の条件の下で自分の胎児を中絶することが女性に許されるのとまったく同様に、女性は匿名遺棄というより穏やかな手段をとる権利を持っているはずである。この場合には、父性確認の禁止によって男性に伝統的に妥当していたこと (C.N. 340 条) が、母子関係について引き継がれることになる。いずれにせよ真の母子関係が築かれる可能性がわずかしかない場合に、その意思に反して母性が女性に強要されるべきではないというのである[67]。

フランスでは、匿名で出産された子は母からの「贈り物」である、といささか情熱的に語られることがよくある[68]。「子の贈与 (don d'un enfant)」という

---

63) *Swientek*, Wessen Kind, S. 38 f.(S. 140 では別のニュアンスである); *Swientek*, Suche, S. 218.
64) *Textor*, Soziale Arbeit 1998, 456, 459.
65) *Sachdev*, Amer. J. Orthopsychiatry 1991, 244.
66) *Rubellin-Devichi*, RTD civ. 1991, 701 :「人格的自由および子を生むか生まないかを自ら決定する権利に由来するところの、女性の基本的権利」。類似の見解として *Neuwirth*, JO Sénat, 8. 12. 1992, S. 3736 ; *Vauzelle*, JOAN, 28. 4. 1992, S. 725 ; *Dejoie*, JO Sénat, 9. 12. 1992, S. 3731 ; *Trillat*, S. 514 und S. 518. Nykiel の研究もこの観点をきわめて強く主張している。この論拠に批判的なものとして : *Massip*, note sous Cass., 10. 2. 1993, D. 1994, 67 ; *Vidal*, S. 749 ; *Neirinck*, JCP 1996, Doctr., 153.
67) *Malaurie/Aynès*, n. 590.
68) *Corpart-Oulerich*, RD sanit. soc. 1994, 13 ; *Hirsoux*, La volonté individuelle en matière

表現は、この場合二重の意味で理解されている。すなわち、子に生命が、そして養子を望む親に子が贈られるのである。この表現により、Xによる出産のポジティブな面が一方的に強調される。公式の用語法も変更された。1984年の改革以来、家族および社会扶助法は、もはや「遺棄（abandon）」とはいわずに「児童社会援助［機関］への委譲（remise à l'aide sociale à l'enfance)」と呼んでいるのである。

　最近の1993年における親子法の大改革を通じて、議会でXによる出産の原則的許容性に関して対立的な議論がなかったということは、この制度が一般にかなり受け入れられていることをよく示している[69]。論争があったのは、Xによる出産の場合に、後の母性確認の訴えが許されないことを宣言すべきかどうかだけであった。それに必要な証拠を獲得することがすでに実際上不可能になっていたことを考えれば、これは周辺的な問題にすぎなかった。国民議会は、母性確認の訴えは許されるが匿名出産により成功の見込みはほとんどないという法状態を堅持しようとしたのだが、最終的に両院協議会では元老院の反対の見解が通った。その際決定的であったのは、病院に受け入れるときにはまず母の匿名性を保護しながら、たまたまそれがまだ可能である場合には母性の確認を許すというのは矛盾している、との論拠であった。リュベラン＝ドヴィシ（Rubellin-Devichi）は、「そうなれば……法律が嘘をついて女性をだますことになるだろう」[70]と辛辣な言い方をしている。養子に出したことが決して明らか

---

　　　de filiation, Thèse Paris 1988, S. 305. ボネ（Bonnet）がその著作で用いる「愛情の仕儀（Geste d'amour）」とか「秘密の子ども（Les enfants du secret）」という言葉もそうである。*Granet*, D. 1994, Chr., 24 ; *Neuwirth*, JO Sénat, 9. 12. 1992, S. 3736もこれに類似している。1996年の委員会報告にもそのようなイメージが示されている：L'accès à la connaissance des origines familiales, Groupe de travail institué par Mme. Veil, Ministre des Affaires Sociales, sous la dir. de Dominique Ferrière, S. 3 und 4：「養子縁組のためにする子の委譲は、まさしく愛情に基づく行為である」。

69）　もともとの立法提案にはこれに関する規整は置かれていなかった（*Vauzelle*, JOAN, 28. 4. 1992, S. 748）。［後に］この権利を民法典に明文で取り入れることが提案され（JOAN, 28. 4. 1992, S. 730）、すぐに幅広い賛同を得たのである （*Vauzelle*, JOAN, 28. 4. 1992, S. 725 ; *Cacheux*, JOAN, 28. 4. 1992, S. 718 ; *Bergé-Lavigne*, JO Sénat, 9. 12. 1992, S. 3759 f.)。

70）　*Rubellin-Devichi*, Revue droit de l'enfance et de la famille 1991/1992, 70 : "ce serait ... faire mentir la loi à la femme." これに類似するものとして *Granet*, D. 1994, Chr.,

にならないように安心できる保証を与える規整でなければ、妊婦に中絶や嬰児殺を思いとどまらせることはできないというのである[71]。

3．国際法との整合性はあるか？

母性の秘密は、しかし、欧州人権条約および子どもの権利に関する国連条約に抵触する可能性がある。

a）　欧州人権条約

欧州人権裁判所は、1979年にいわゆるマルクス（Marckx）事件において、非嫡出子に出生と同時にではなく認知に基づいてのみ母子関係を設定するベルギーの規整は欧州人権条約14条（平等原則）と結び付いた同条約8条（私生活と家族生活の保護）に違反すると判示した[72]。非嫡出子の出自が、嫡出子の場合のように出生証書のみによって証明される（C.C. 319条）のではなく、さらに身分占有もしくは認知が加わらなければならない（C.C. 337条と結び付いたC.C. 334-8条）とすれば、それは非嫡出子に対する不当な不利益扱いだということになる[73]。

---

24 ; *Lanier*, JO Sénat, 22. 12. 1992, S. 4685.
71) *Rubellin-Devichi*, Revue droit de l'enfance et de la famille 1991/1992, 69. これに対して批判的なものとして *Massip*, Defrénois 1993, S. 634 ; *Sutton*, D. 1993, Chr., 165. ただし、再度これを支持したものとして、*Rubellin-Devichi*, JCP 1994, I, 3739 ; *Gridel*, D. 1993, Chr., 191.
72) EGMR Fall Marckx, A/31, 特に Nr. 37 および 41。しかしこれに対しては、Nr. 31以下に述べられたフィッツモーリス（Fitzmaurice）判事の個別意見を参照。フランス法は、身分の占有があればそれだけで母子関係を創設できるという点でも、当時のベルギー法と異なっている。*Granet*, D. 1994, Chr., 22 参照。*Hauser/Huet-Weiller*, n. 448 は、欧州人権条約違反を前提としている（ただし、1993年の第2版、n. 455 特に Fn. 83 末尾ではこの点があまり明確でない）。*Rubellin-Devichi*, JCP 1993, I, 3659, n. 13 は、条約違反の判断がありうるとする。条約違反の判断に反対の意見を述べるものとして *Sturm*, FamRZ 1982, 1150, 1155 ; *Wiederkehr*, L'application des dispositions de la convention interéssant le droit privé, in : Jonathan u.a.（Hrsg.）, Dix ans d'application de la Convention Européenne des droits de l'homme devant les juridictions françaises, 1985, S. 164.
73) 1993年の改革作業中に、——匿名出産の権利に何らの変更も加えないという前提で——出生証書のみに基づく母子関係設定が提案された（*Cacheux*, JOAN, 28. 4. 1992, S. 721）が、立法者はこれを明確に拒絶した（JOAN, 16. 5. 1992, S. 1287 f.）。

しかし本研究の目的にとって重要なのは、――通常の場合に――母子関係を設定するための法的技術ではなく、例外的場合に母側の出自の認識と確認をできなくするXによる出産や匿名遺棄のような制度を法律が定めてよいのかどうかという問題である。マルクス事件では、出生証書があればそれをもって出自の証明として十分であるとすべきかどうかが審理された。本研究にとっての問題は、出生証書に必ず母の名が記載されていなければならないのかどうかである[74]。それゆえ、母性の秘密が条約に反するとの結論を、マルクス判決から導き出すことはできない[75]。加えて、Xによる出産の場合には、――マルクス事件の状況とは異なり――嫡出子と非嫡出子が違った扱いを受けるものではない。

しかし一部には、自己の由来を知る子の権利をも欧州人権条約8条（私生活と家族生活の保護）から導き出す見解がある[76]。それが出発点としているのはギャスキン (Gaskin) 事件である。これは、抗告人が児童養護施設と里親家庭で過ごした子ども時代の記録の閲覧を求めた事件であった[77]。イギリス当局は、福祉事業が十全に機能するためには、医師、心理学専門家および養護担当者からの親展の報告が彼らの同意なしに他に渡らないことが必要であり、そうしないと報告の真実性と完全性が担保されない、という理由で情報の提供を拒絶したのである。

これに対して欧州人権裁判所は、個人の私生活に関する範囲で、その情報の

　この問題については、*Granet*, D. 1994, Chr., 22 m.w.N. in Fn. 15 および *Carbonnier*, n. 315 参照。これ以前における立法に向けた果敢な取組みについては、*Savatier*, D. 1963, Chr., 229参照。

74) 1993年の改革に際して、国民議会の委員会の報告者であるカシュー (Cacheux) は、母が自己の名の秘匿を要求していない限りにおいて、出生証書のみによって出自証明ができるとの見解を主張した (*Cacheux*, JOAN, 28. 4. 1992, S. 721)。しかし、これと同趣旨の立法提案は斥けられたのである (JOAN, 15. 5. 1992, S. 1287 f.)。

75) 別見解として *Vidal*, S. 749 f.；*Baudouin/Labrusse-Riou*, Produire l'homme: de quel droit?, 1987, S. 224. 管見の限りでは、マルクス事件の判決をこの問題に関連づけるフランスの論者はほかにいない。

76) *Meulders-Klein*, La production de normes en bioéthique, in : Neirinck (Hrsg.), De la bioéthique au bio-droit, 1994, S. 105；*Raymond*, Droit de l'enfance et l'adolescence, Le droit français est-il conforme à la Convention Internationale des Droits de l'Enfant ?, 1995, S. 27. *Forder*, Int. J. Law & Family 1993, 70；*v. Sethe*, S. 83 f.も参照。

77) EGMR Fall Gaskin, A/160.

開示を求める請求権を条約8条から導き出した。それらの文書の添付は、国の福祉施設や里親家庭で育った子が、親の想い出を拠り所にできないことの代わりになるというのである。ただしこの文書閲覧権は条約8条2項［法律・公益等の留保］の枠内で制限されうるという。ギャスキン事件で決定的であったのは、イギリスの規則が関係諸利益の考量の余地をまったく与えていなかったことであった[78]。

この判決からフランスの母性の秘密についての結論が導かれるかどうかは、疑問に思われる。ギャスキン事件では、抗告人の私生活に関する情報がともかくもすでに存在していたのである。匿名による子の委譲の場合には、そもそもその情報をあらかじめ用意しておく義務を国に負わせなければならないのであろうか。さらに、ギャスキン事件での抗告人は、（肉親たる）親に関する情報を求めたのではなく、その書類を用いて自分自身の生活史をより詳しく知りたいと考えたのである。それゆえ、それは（遺伝的）由来を知る権利の行使ではない。むしろそこで問題とされたのは、個人情報に関する自己決定権の保護、つまりは、自分に関するデータの公表と使用については原則として自分自身が決定できるという権利の保護だったのである。

b) 子どもの権利に関する国連条約

1989年11月20日の子どもの権利に関する国連条約は、自己の出自を知る子どもの権利を、欧州人権条約よりもかなり具体的に規定しているように思われる。子どもの権利条約7条1項は、「自己の父母を知る」権利を「可能な限りにおいて」子どもに保障しているのである[79]。

本条約の批准にもかかわらず、破毀院は、多くの裁判例において、フランス裁判所での争訟における本条約の直接的適用を排除している[80]。しかし、もし

---

78) EGMR Fall Gaskin, A/160, Nr. 98-103.
79) フランスは、1990年7月2日の法律によって子どもの権利条約を批准している（1990年9月6日発効）。
80) Cass., 10. 3. 1993, JCP 1993, I, 3677 ; Cass., 2. 6. 1993, D. 1993, IR, 156 ; Cass., 15. 7. 1993, 2 arrêts, JCP 1994, II, 22219 ; Cass., 4. 1. 1995, Bull. civ. I, n. 2. これに批判的な見解として *Rubellin-Devichi*, JCP 1994, I, 3739. それに対して賛成する見解として *Dreifuss-*

母性の秘密が本条約7条1項に矛盾するとすれば、フランスにはこれを廃止する国際法上の義務があることになろう[81]。もちろん、欧州人権条約の場合とは異なり、そのような国際法違反を主張できるような、欧州人権裁判所に匹敵する裁判機関は存在しないのではあるが。

条約に違反しないという論拠としてまず挙げられるのは、条約の文言から見て、子どもは「可能な限りにおいて」父母を知る権利を有しているにすぎないということである。このくだりを法律の留保と理解すれば、フランスの諸規定は条約と適合することになろう。なぜなら、母性の秘密が親を知ることと対立する「限りにおいて」、親を知ることは（法的に）「可能」でないからである[82]。フランスの規整が本条約と一致しうる目的を追求していることは、子どもの健康と生命を最大限度に保護することを締約国に義務づける条約6条から明らかである[83]。たしかに、フランスの規整がそのような保護作用を持つことを統計的に証明はできない。しかし、この問題においては立法者にドイツの専門用語でいうところの判断特権（Einschätzungsprärogative）が認められなければならない。そして、結局のところ、その立法者の評価は非論理的でもないし逸脱的でもないのである。

Netter, S. 110 f. ドイツは、本条約の批准に際して、この条約が国内で直接に適用されるものではなく、ドイツ連邦共和国の国際法上の義務を基礎づけるにすぎない旨の国際法上の留保を宣言している（この留保は FamRZ 1992, 266 に掲載されている）。この留保を無効とするものとして *Ullmann*, FamRZ 1992, 892 ff.；*Wolf*, ZRP 1991, 374, 378；*Koeppel*, ZfJ 1991, 355, 357；*Ebert*, FamRZ 1994, 273, 275. 別見解として *Stöcker*, FamRZ 1992, 895 f.

81) 本条約7条1項違反を肯定するものとして *Sutton*, D. 1993, Chr., 165；*Delaisi/Verdier*, S. 129.

82) Conseil d'Etat, section du rapport et des étrudes, Statut et protection de l'enfant, La Documentation française, 1991, S. 79；*Corpart-Oulerich*, RD saint. soc. 1994, 12；*Granet*, D. 1994, Chr., 24；*Labrusse-Riou*, Rép. Dalloz, Filiation, n. 109；*Rubellin-Devichi*, Cahiers de maternologie 1995, 17；*dies.*, Revue droit de l'enfance et de la famille 1991/1992, 69；*dies.*, JCP 1994, I, 3739. また、類似の見解として *Cacheux*, JOAN, 28. 4. 1992, S. 718；*Neuwirth*, JO Senat, 9. 12. 1992, S. 3736. 別の見解として *Dreifuss-Netter*, S. 111 m.w.N.；*Neirinck*, Petites affiches 1994, 15；*dies.*, Le droit de l'enfance après la Convention des Nations-Unies, 1993, n. 40；*Sutton*, D. 1993, Chr., 164 Fn. 13.

83) *Bonnet*, S. 130；*Neuwirth*, JO Sénat, 9. 12. 1992, S. 3736；*Granet*, D. 1994, Chr., 24；*Trillat*, S. 518.

けれども、「可能な限りにおいて」というこの部分を「法的に可能な限りにおいて」の意味に理解しようとする支配的見解は、必ずしも説得力のあるものではない。そこで、少なからぬ論者は、この規定表現を「事実上可能な限りにおいて」の意味でとらえようとしている[84]。しかしそれでは、制限として定式化されたこの表現がその意味を失うのではなかろうか。どんな権利であれ、当然のことながら、常に事実上の可能性を前提として認められるのだからである。さらに、自己の出自を知る（法的に）無制限の権利は、決して存在しえない。少なくとも未成年の子についてこの権利を制限することができなければならない。たとえば、養子とされた子どもにその子の真実の由来を知らせるかどうか、またいつ知らせるかを決定するのは、親の任務である。「可能な限りにおいて」の制限を法律の留保と解しないとしても、実際的な整合性を持たせるために、子どもの権利条約で保障されたある権利を、それと対立する条約上の別の権利によって制限することは常に許されるはずである。健康と生命の保護を命じる条約6条は、そのような意味での競合する価値でありうると考えられる。

加えて、7条は遺伝的な親だけを考えており法的ないし社会的な親のことはおよそ念頭に置いていないのだろうか、という疑問も持たれるであろう[85]。条約の体系から見て、国連子どもの権利条約7条は法律上の親を念頭に置いていることが論証できる。なぜなら、その条文ではすべての子どもは「自己の父母を知る」権利を有すると規定されているだけでなく、「父母に養育される」権利も規定されているからである。子を養育する権利は、常に法律上の父母に認められるはずである。父母の概念が国連子どもの権利条約の内部において、少なくとも同一の条項において統一的に解釈されるべきことも、ひとつの根拠となる[86]。そのうえ、その全体的構想から見て、国連子どもの権利条約では、未

---

84) *Delaisi/Verdier*, S. 130.
85) *Dreifuss-Netter*, S. 112 ; *Berney/Guillod*, SJZ 1993, 205, 207 f. ; *Dorsch*, Die Konvention der Vereinten Nationen über die Rechte des Kindes, Diss. Berlin 1994, S. 116 特に Fn. 110.
86) *Massip*, Defrénois 1995, n. 35975, S. 74 Fn. 19 ; *Rubellin-Devichi*, RTD civ., 1991, 700. *Neirinck*, Le droit de l'enfance après la Convention des Nations-Unies, 1993, n. 37 ; *Berney/Guillod*, SJZ 1993, 208 も参照。

成年の子の保護が前面に置かれている。しかし、自己の出自を知る権利は、とりわけ養子縁組と人工受精の場合における成年者にかかわるものであろう。それゆえ、子どもの権利条約は、自己の出自を知る権利の根拠を求めるにふさわしい場所とはいえないであろう。むしろ、一般的な人権と市民権を確立することがそこでの問題であったと考えられるのである[87]。規定の成立史からもこれと異なることは出てこない。締約国が子どもの権利条約7条で目的としたのは、何よりもまず子どもの誘拐と子どもの取引を阻止することであったからである[88]。

国際法の解釈に際しては、自国における前提的理解を解釈の基準にしようとすることに対して特に警戒が必要である。本研究の冒頭の章で明らかにしたように、ドイツ法に比べフランス法は、生物学的出自を指向する度合いが伝統的にかなり低い。少なからぬフランスの論者が、匿名で分娩した女性をおよそ子の「母」とはみなさないほどなのである[89]。限定された範囲内でのみ生物学的出自を親子関係設定の基準とする法秩序は、自己の（生物学的）出自を知ることに相対的に弱い意義づけを与えるであろう[90]。

ともあれこのフランスの考え方は孤立したものではない。Xによる出産はロマン法圏の特徴である。ルクセンブルクでは、国連子どもの権利条約の可決後にこの制度がいま一度強化された。イタリアでも、妊婦は自分の身上について申告しなくともよい。また、スペインは、未婚の女性にこの権利を認めているのである[91]。

---

[87] *Dreifuss-Netter*, S. 112.
[88] *Mc Golderick*, Int. J. of Law & Famiy 5 (1991), 139 und Fn. 70.
[89] *Rubellin-Devichi*, Cahiers de maternologie 1995, 16 ; *Dreifuss-Netter*, S. 100 Fn. 10. 政府報告 : L'accès à la connaissance des origines familiales, Groupe de travail institué par Mme. Veil, Ministre de Affaires Sociales, sous la dir. de Dominique Ferrière, 1996, S. 4 は、この文脈において「生みの母 (mère de naissance)」という語を用いている。
[90] *Trillat*, S. 515.
[91] *Trillat*, S. 514 ; *Nykiel*, S. 44.

II. ドイツ法における出自確認の保障

フランスとは異なり、ドイツでは、子は肉親たる父の名を明かすことを自己の母にどこまで強制できるのかという問題が中心となる。嫡出子の場合には、自己の出自に疑いを持たない限り嫡出性を否認するきっかけがないし、非嫡出子の場合には、実父の名を知らなければ、その者に対して父性確認の手続をとるチャンスがないのである。

決定的な情報を握る唯一の者であることの多い母は、様々な理由から子に父の身元を沈黙することがある。たとえば、時として既婚者である実父との関係を父性確認によって危険にさらしたくないこという理由が考えられる。また、肉親たる父との接触を終わらせたいと思っていること、あるいは、その子を自分の子だと信じているらしい別の男との新たな関係を危うくすることを避けたいということも考えられる。さらに、男が女に圧力を加えているとか、母が社会扶助を受けており、子の父にその返還義務を負わせたくないといった場合も考えられるのである[92]。

母の協力が得られないことで父性確認が失敗に終わる事案の数は、——とりわけ近時においては——およそとるに足らないほどだとはいえないであろう。1990年には、旧連邦州において総計73,693件の父性確認が成功しているが、父が探知されなかった事例が3,566件あり、そのうち約3分の1（1,055件）は母の協力のないことがその原因であったと推計されている[93]。

これらのことを背景として、ドイツ法では、子は実父の名を明かすことを裁判上母に強制できるかどうかという問題が提起される（1.）。次いで、実父の名を明かすよう母に強制できる手段が、特に社会法に存在しないかどうかが検討される（2.）。というのも、財政的観点から見ても、——社会扶助の負担軽

---

92) BGHZ 82, 173, 178；*Kleineke*, S. 136 f.；*Zenz*, StAZ 1974, 281, 287 f. *Brüggemann*, Intimsphäre und außereheliche Elternschaft, Diss., Bonn 1964, S. 8 f. も参照。
93) BT-Drucks. 13/892 v. 24. 3. 1995, S. 19. *Kleineke*, S. 134 は、1976年に、代表性のないデータに基づいて、全事案の約20％で父が探知できず、その5分の1のケース（つまり非嫡出子全体の4％）では、母が名の申告を拒否したことが原因となっている、という結論に到達している。

減を目的として——実父に対して求償請求をするためにその名を知ることについての利益が、多くの場合において存在するからである。

1．母に対する子の情報提供請求権は認められるか？

判例と学説では、肉親たる父の名を告げることを母に対して求める子の情報提供請求権は存在しないことが、長い間確立していた。BGB 1618a 条の導入以前において、そのような請求権は BGB の中に準拠規定を有していなかったし、また、自己の内密領域の保護を求める母の権利がそれを否定していたのである[94]。

a）判例における展開

1987 年 7 月 15 日の一裁判例において、パッサウ区裁判所は、はじめて成年の非嫡出子の情報提供請求権を 1980 年の配慮権改正法（SorgeRG）によって導入された BGB 1618a 条の一般条項の上に根拠づけた[95]。この規定によれば、親と子は互いに扶け合いと思いやりの義務を負うのである。敗訴した母は憲法異議を提起したが、受理されなかった[96]。連邦憲法裁判所の不受理決定によって、パッサウ区裁判所が先鞭をつけた判例は実務に加速的に浸透していった。その後、この情報提供請求権の原則的存在が広く承認されるようになったのである[97]。

---

94) LG Köln, FamRZ 1963, 55 ; BayObLG, FamRZ 1972, 521, 522 ; BGH, FamRZ 1959, 16, 17 ; BGHZ 82, 173, 175. これらすべての裁判例において、この問題についての言及は傍論としてなされている。論争状況についてさらに資料を挙げるものとして *Kleineke*, S. 147 ff. ; *Kumme*, ZBlJR 1973, 140. 立法論として開示義務の導入に反対するものとして Beschlüsse des 44. Deutschen Juristentages, FamRZ 1962, 401 ; *Gernhuber*, FS Müller-Freienfels, S. 191 Fn. 94 ; *Brüggemann*, S. 18 f. ; *Urbach*, ZBlJR 1959, 74 f. 別見解として、*Dölle*, Familienrecht, Bd. 2, 1965, § 102 V 3 c ; *Lehmann/Henrich*, Deutsches Familienrecht, 4. Aufl. 1967, S. 209 ; *Krüger*, Die Rechtsstellung des unehelichen Kindes nach dem Grundgesetz, 1960, S. 78 ; *Gernhuber*, Familienrecht, 3. Aufl. 1980, § 58 IV 2. ただし、これらの論者の中には、本当に訴求可能かつ執行可能な母に対する子の固有の請求権を肯定するのかどうかをかなりあいまいなままにしているものがある。歴史的展開については *Frank/Helms*, FamRZ 1997, 1258 参照。

95) FamRZ 1987, 1309 ff. これは LG Passau, NJW 1988, 144 ff. によって容認されている。

96) BVerfG, NJW 1988, 3010.

97) AG Gemünden, FamRZ 1990, 200, 201 ; LG Münster, FamRZ 1990, 1031, 1033 ; LG

それゆえに、1990年2月21日にミュンスター地方裁判所が、法定懐胎期間中に関係したすべての男（4人）に関する情報を1959年生まれの非嫡の娘に提供するよう母に言い渡した[98]ことは、驚くに値しない。BGB 1618a条の適用にあたって同裁判所は、自己の出自を知る子の人格権を考慮し、内密領域の保護に対する母の利益をこれに対比させた。しかし同裁判所は、性関係の相手を秘匿する母の優越的利益が認められるのは、それについて「重大な」事由がある場合に限られると考えた。なぜなら、非嫡出子は「自己の非嫡出性の事実に対して何らの関与もできないのに対し、その事情は通例……母の責任領域に属している」[99]からである。それゆえ同裁判所は、具体的事案においても、子の利益の方がより保護に値すると考え、母に情報提供を言い渡したのである。

これに対して母から提出された憲法異議は、7年も経った1997年5月6日の決定によって思いがけなくも認容されたのである[100]。ミュンスター地方裁判所がその裁判において、[前記の] 連邦憲法裁判所の不受理決定の理由づけをほとんど字句通りに繰り返していたにもかかわらず、連邦憲法裁判所はもはやそれでは満足しなかったのである。すなわち、同地方裁判所は自身に与えられた考量の余地を誤解し、一方的に子の利益を優先させており、結果として、母の利益との適切な考量がもはやできなくなっている、というのである。連邦憲法裁判所のこの判断に照らしてみれば、母に対する子の情報提供請求権の要件と帰結について改めて考えてみる十分な理由がある。

　　Saarbrücken, DAVorm 1991, 338 ; OLG Hamm, FamRZ 1991, 1229 ; AG Duisburg, DAVorm 1992, 1129, 1130（これは LG Duisburg, DAVorm 1992, 1130, 1131 によって認容されている）; OLG Köln, FamRZ 1994, 1197. *Weber*, FamRZ 1996, 1254 ff. m.w.N. および *v. Sethe*, S. 100 ff. m.w.N. も参照。依然として否定的なものとして、LG Landau, DAVorm 1989, 634, 635（これは OLG Zweibrücken, NJW 1990, 719, 720 によっても認容されている）; AG Schwetzingen, DAVorm 1992, 88, 89 ; AG Rastatt, FamRZ 1996, 1299, 1300. 未決定のままとするものとしては、LG Essen, FamRZ 1994, 1347.
98)　LG Münster, FamRZ 1990, 1031.
99)　LG Münster, FamRZ 1990, 1031, 1033.
100)　BVerfG, FamRZ 1997, 869.

b) BGB 1618a 条の解釈

その第一歩として解明されなければならないのは、BGB 1618a 条からそもそも訴求可能な請求権が導かれるのかどうかである。出発点は BGB 1618a 条の文言である。「……の義務がある (sind ... schuldig)」という厳格な規定表現は、完全な請求権の根拠にすることと少なくとも対立するものではない。たしかに、規範（「扶け合いと思いやり」）の外延の不確定性は、BGB 1618a 条は単なるプログラム規定以上のものなのかという疑念を呼び起こすが、ドイツの法秩序には、裁判によって容易に具体化される多種多様な一般条項が存在しているのである。BGB 1618a 条を単なるプログラム規定に縮小してしまうことは適当でない。道徳的アピールは私法では異物であることを考えただけで、すでにそのことは明らかである[101]。

BGB 1618a 条が親子関係における訴求可能な請求権を含みうることを前提とすれば[102]、次の問題は、母に対して実父の名の告知を求める子の情報提供請求権もこれに含まれるかどうかである。子にしてみれば、自身の実父の身元を知ることが、扶養法ないし相続法上の請求権を主張するために不可欠の前提条件であるのみならず、自己の出自を知る基本権の実現にとって根本的な意味を持つことも少なくない[103]。夫婦間の関係についても、配偶者の財産的利益を尊重し、法的請求権の行使の際に配偶者を支援すべき義務も扶け合い義務に含まれることは、立法者が BGB 1618a 条のモデルとした BGB 1353 条［婚姻共同生活を営む義務］の枠内で、かなり以前から承認されているのである[104]。

これらの理由から支配的見解は、子の利益が母の利益に優先すると考量される場合において、子の情報提供請求権を個別的に承認するのである[105]。この

---

101) *Gernhuber*, FS Müller-Freienfels, S, 164 f. 類似の見解として、*Bosch*, FamRZ 1980, 739, 748. 単にアピール的な性格の規定と解するものとして、LG Landau, DAVorm 1989, 334, 336 および AG Schwetzingen, DAVorm 1992, 88, 91.
102) *MünchKomm/Hinz*, § 1618a Rz. 11 ; *Staudinger/Coester*, (II/1985), § 1618a Rz. 13 ; *Soergel/Strätz*, § 1618a Rz. 3 ; *Zettel*, DRiZ 1981, 211, 212.
103) AG Passau, FamRZ 1987, 1309, 1311 ; LG Passau, NJW 1988, 144 f. ; *Knöpfel*, FamRZ 1985, 554, 563.
104) OLG Düsseldorf, FamRZ 1990, 46, 47.
105) AG Passau, FamRZ 1987, 1309, 1311 ; LG Passau, NJW 1988, 144, 146 ; AG Gemünden,

利益考量が必要とされるのは、BGB 1618a 条によれば親と子は「互いに」思いやる義務があるとされており、民法の一般条項の枠内では、双方の基本権の間接的な第三者効力が尊重されなければならないからである。

しかしながら、連邦憲法裁判所の 1997 年 5 月 6 日決定以前になされたこれらの判決のほとんどは、通常の場合には、自己の内密領域の保護を求める母の利益に対して子の利益が優先されるべきだということを前提としている[106]。一般に例外的場合として挙げられていたのは、近親相姦、強姦による妊娠や犯罪者からの出自である[107]。これ以外にどのような例外が認められるかの判断は一定していない。情報提供によって母が自身を「特別の不名誉」にさらす必要はなく、また「自己の人格の毀損を強要」されてはならないという判例の用いる定式は、これまで精密化されてこなかったのである[108]。

かような状況に対応して、ミュンスター地方裁判所も――前掲の判決において――、法定懐胎期間中に関係を持った(4 人の)すべての男の名を、ほぼ 40 歳になる娘に告知することを母に義務付けたのである[109]。この判決の論証は原則的に筋の通ったものであった。母に対する子の情報提供請求権を BGB 1618a 条から認める以上、もし自分は法定懐胎期間中に複数の男と関係したと主張するだけで母が防御できるとすれば、この請求権はほとんど空疎なものに

FamRZ 1990, 200, 201 ; LG Münster, FamRZ 1990, 1031, 1033 ; OLG Hamm, FamRZ 1991, 1229 ; AG Duisburg, DAVorm 1992, 1129, 1130 ; LG Essen, FamRZ 1994, 1347.

106) AG Passau, FamRZ 1987, 1309, 1311 ; LG Passau, NJW 1988, 144, 146 ; AG Gemünden, FamRZ 1990, 200, 201 ; LG Saarbrücken, DAVorm 1991, 338 ; AG Duisburg, DAVorm 1992, 1129, 1130. 別の見解として、*Giesen*, JZ 1989, 364, 376 は、性交渉の相手の開示は最も内部的な不可侵の生活領域に属することを前提としている。

107) AG Passau, FamRZ 1987, 1309, 1311 ; *Knöpfel*, FamRZ 1985, 554, 563. ; *Gernhuber/ Coster-Waltjen*, §59 I 2. OLG Köln, FamRZ 1994, 1197 において、原審地方裁判所は、被告が強姦されたことを援用したにもかかわらず、訴えを認容した。*Brüggemann*, S. 8 f. は、さらに可能な事案状況を挙げている。

108) LG Passau, NJW 1988, 144, 146 ; LG Münster, FamRZ 1990, 1031, 1034. ハム上級地方裁判所は、正当にも、ある看護婦の事例において、彼女が患者と関係を持ったことを雇用主が知れば精神病院での職を失うかもしれないとの懸念を、保護に値するものと認めた(FamRZ 1991, 1229)が、加えて同裁判所は、児童少年局がこの一身専属的な請求権を子の同意なしに行使することはできないと指摘している。

109) LG Münster, FamRZ 1990, 1031, 1033. これに対する AG Schwetzingen, DAVorm, 1992, 88, 90 および *Beitzke/Lüderiz*, §30 I の批判は正当である。

なってしまったであろう。その子がもうけられたのがほぼ40年も前であることも、決定的な役割を演ずることはなかった。父性確認を求める子の権利は——憲法上の疑念もなく——時間的制限に服さないからである。実父は、40年後もなお、強制的血液検査（ZPO 372a条）を伴う父性確認訴訟がなされることを予期しなければならない。それなのに母については時間の経過によって情報提供が期待不能となるというのであれば、その理由が理解できない。ミュンスター地方裁判所によって展開された判断規準は、それゆえ理解できるものであったし、また、個別事案の結論としても——情報提供請求権が一般に認められるとの前提の下では——実際的であったのである[110]。

　それにもかかわらずミュンスター地方裁判所のこの判決を連邦憲法裁判所が破棄したからには、憲法裁判所は子の情報提供請求権の存在を一般的に疑問視しているのではないかとの疑いがどうしても持たれる。しかし憲法裁判所は、[憲法以外の] 一般の法律の解釈に介入しないようにするために、この点についてはっきりと言明するのを控えているのである。それゆえに憲法裁判所は、ミュンスター地方裁判所の行った考量に批判の言葉を向け、母の利害を十分に評価していないと非難したのである。しかし、それならこの具体的事案では母の秘密保持の利益の方が保護に値するのかどうかについては明言することもなく、事件を地方裁判所に差し戻したのである。このことにより、今後どのような基準が通常裁判所の利益考量に妥当すべきか不明瞭なままにとどまっているのである。子がもうけられてからある程度の時間が経っていれば、訴えは棄却されるべきなのか？ 母が問題の期間中に複数の男と関係したと主張すれば、それだけで十分というべきなのか？ その数が何人であれば、[情報提供が] 母にとって期待不能になるのか？ この事件では4人の男がいたといわれているが、それが2人なら判断が違ってくるのだとすれば、その理由は何か？ 連邦憲法裁判所の本決定は、こうした場合には今後訴えが棄却されることを想像させるけれども、当然にそのような結果になるとまではいえないのである。

---

110)　*Starck*, JZ 1997, 779, 780 も参照。

c）考量の難しさ

どんな利害が優先されるべきかの判断が BGB 1618a 条の枠内ですでに困難であるとすれば、関係諸利益の探求がきわめて難しいことによって、裁判所の任務はさらに複雑なものとなる。

たとえば子の情報提供請求では、しばしば経済的な利害が中心であることを前提とすることができるが、それ以上にさらに自己の出自を知ることが役割を演じるのかどうかは、探求が困難である。当然のことながら、真の動機を審査できる見込みはかなり少ないように思われるのである。

ミュンスター地方裁判所は他方において、——ほとんどシニカルに——本件訴訟では母の申述によってすでに事案の特別事情が知られてしまっているという理由で、内密領域の保護を求める母の利益を低く評価している[111]。このことは、どんな綱渡りが裁判官に求められるかを物語っている。母側に尊重に値する事情があるかどうかの判断をなしうるためには、裁判官は、まずもって事実関係を詳細に知らなければならない。しかし内密領域の保護を空洞化させまいとすれば、裁判官は、「示唆的な疎明」で満足すべきことになってしまい、結局、女は、露見から保護されるべき事情そのものを開陳しなくともよいことになる[112]。これと類比すべき状況は、ZPO 384 条 2 号もしくは 3 号による証言拒絶権が行使される場合に生ずる。つまり、立法者が証言拒絶権によって秘密保持を認めたその事実を明らかにしないまま、証人が拒絶権を行使しようとする状況である。この場合にも、証人は ZPO 386 条 1 項の意味における疎明のために具体的陳述をなす必要はなく、裁判所を「ある程度の表象」が抱ける状態に持っていくだけでよい、ということが認められているのである[113]。

---

111) FamRZ 1990, 1031, 1034.
112) この点を敷衍するものとして、LG Essen, FamRZ 1994, 1347 ; AG Schwetzingen, DAVorm 1992, 88, 90 f. ; *Moriz*, Jura 1990, 134, 139 ; VG Berin, DAVorm 1980, 128, 138. 連邦行政裁判所は、社会扶助の申立てに際して、子の父に対する扶養請求が原則的には可能であるとしても、具体事案では自身に期待しえないことを母が説明しなければならないという場合において、証明度の同じような引き下げをその母に認めている (BVerwG, NJW 1983, 2954, 2956 ; OVG Berlin（原審）, FamRZ 1981, 1107, 1010)。
113) *Stein/Jonas-Schumann*, (VII/1988), § 384 Rz. 20 ; *MünchKomm/Damrau*, ZPO, § 386 Rz. 2 und § 384 Rz. 5.

したがって、[子と母]双方の側について供述を審査できないのは明らかである。結論的に諸利益がどのように評価されようとも、裁判が偶然の産物となるおそれがある。当事者らが真実でない主張をなそうと試みるであろうことは、容易に想像がつくからである。それゆえ、連邦憲法裁判所の1997年5月6日決定にいたるまで、多くの裁判所が、精査することなく概括的に子の利益を優先させ、それによって真実探求の際に生ずる種々の困難を避けていたことも不思議ではないのである[114]。

d) 執行可能性はあるか？

従来の議論では、情報提供請求権がBGB 1618a条から認められるとして、そもそもそれが実現可能なのかという問題はあまり注目されてこなかった。連邦憲法裁判所も、最近の裁判例においてそのことについては一言も述べていない。強制執行が憲法の観点から許されるかどうかについての言及があってもよかったのではないか。ミュンスター地方裁判所で勝訴した娘が、1995年に母に対する強制金を確定する申立てをなしたのであるから、なおのことこの点に言及するきっかけはあったのである。連邦憲法裁判所は、この決定の言渡しまでに5回ほど、仮命令の方法によって地方裁判所の判決の執行を一時的に停止している[115]。

家族法学説の一部では、不代替的作為に関する一般準則（ZPO 888条1項）による執行の可能性を肯定している[116]が、支配的見解は、ZPO 888条2項[夫婦同居等の判決の場合における間接強制の不適用]の類推から、それは許され

---

114) LG Saarbrücken, DAVorm 1991, 338 は、一審判決には利益考量の詳細な理由づけがないことを公然と認めている。
115) BVerfG, v. 23. 5.1995；v. 7. 11. 1995；v. 26.4.1996；v. 10. 10. 1996；v. 4. 4. 1997, 1 BvR 409/90（すべて未公表）。
116) *Beitzke/Lüderitz*, § 30 I；*Dölle*, Familienrecht, Bd. 2, 1965, S. 393；LG Passau, NJW 1988, 144 は、「法的手段によって実現可能な情報提供請求権」と述べる。OLG Köln, FamRZ 1994, 1197, 1198 は、強制執行も可能であると考えているようである。BGB 1618a条から一般的に執行可能な請求権が導かれうるかという問題に関する文献指示として、*Gernhuber*, FS Müller-Freienfels, S. 186 Fn. 82. *MünchKomm/Hinz*, § 1618a Rz. 11 は、例外的に執行が可能であるとする。

ないとしている[117]。

立法者は、BGB 1618a 条から完全な法的義務が導かれるというのか、それともこの規範は理想を示す機能しか持たないのかを未解決のままにしており、その請求権が認められるとした場合の執行可能性の問題は考察していない[118]。また、ZPO 888 条 2 項に規定された場合と子の情報提供要求の場合には、比較可能な利益状況が存在する。支配的見解によれば、ZPO 888 条 2 項は BGB 1353 条 1 項 2 文［夫婦の婚姻共同生活を営む義務］から導かれるすべての請求権を取り込むものではなく、その執行が「道徳的感情」に反するような請求権に限られている。つまり、もっぱら財産権にかかわる事項が問題とされる[119]のか、それとも、その請求権がそれを超えた人格的・道徳的性質を帯びる[120]のかどうかが重要なのである。

これらの原則をここでの問題に移し換えてみると、BGB 1618a 条による情報提供請求権は——財産権にかかわる利益が内包されるものの——女性の内密領域への介入のゆえに究極的には「人格的・道徳的」性質を帯びている。扶け合いと思いやりは、もしかすると判決によって「催促する」ことはできるかもしれないが、強制金や拘留によって強制できるものではないのである[121]。ドイツ後見制度研究所（Deutsches Institut für Vormundschaftswesen）も、執行は

---

117) LG Landau, DAVorm 1989, 334, 336 ; AG Schwetzingen, DAVorm 1992, 88, 91 ; DIV- Gutachten, DAVorm 1990, 1078 ; *Frank*, FamRZ 1988, 113, 116; *Henrich*, § 17 IV 4; *Koch*, FamRZ 1990, 569, 573 f. ; *Moritz*, Jura 1990, 134, 140 ; *Kleineke*, S. 195 f. ; *Soergel/Strätz*, § 1618a Rz. 3 ; *Deichfuß*, NJW 1988, 113, 116 ; *Brüggemann*, S. 26 ; *Frank/Helms*, FamRZ 1997, 1258, 1261。立法論として社会民主党会派は、情報提供請求権に法律上の根拠を与えるべきだと要請する中で、その請求権の執行可能性を排除しようとしている（BT-Drucks. 13/1752 v. 21. 6. 1995, S. 4）。
118) BT-Drucks. 8/2788 v. 27. 4. 1979, S. 36 und 43.
119) *MünchKomm/Wacke*, § 1353 Rz. 49 ; *Staudinger/Hübner*,（XII/1992）, § 1353 Rz. 141 ; *Soergel/Lange*, § 1353 Rz. 36. *Gernhuber/Coester-Waltjen*, § 23, 2 m.w.N. も参照。
120) これを争うものとして、OLG Bremen, FamRZ 1965, 77. OLG Hamm, FamRZ 1966, 449 ; *Soergel/Lange*, § 1353 Rz. 33 und Rz. 36 はこの点をあまり明確にしていない。もっとも *MünchKomm/Wacke*, § 1353 Rz. 43 は、婚姻回復の訴えは時代錯誤であると考えている。
121) *Soergel/Strätz*, § 1618a Rz. 3 ; *Brüggemann*, S.26 ; *Frank*, FamRZ 1988, 113, 116 ; OLG Düsseldorf, HRR 1940, Nr. 73. 別見解として、*Hilger*, FamRZ 1988, 764, 765 Fn. 11（ただし何の理由付けもない）。

ZPO 888条2項に抵触するという結論に達している[122]。そのうえ、もし執行による強制を否定しないとすれば、母による実父の名の告知拒絶は、StGB 169条により身分の隠蔽（Personenstandsunterdrückung）として処罰されうるという、耐えがたい帰結をもたらすであろう[123]。

　この結論は比較法的にも裏付けられる。BGB 1618a条のモデルはス・イ・ス・民・法・272条であり、そこでは「親と子は……共同体の福祉が要求するすべての扶け合い、すべての思いやりおよび尊重を互いに義務（付けられる）」と規定されている。この規定に関して、スイスの学説では、可能的な実父に関する情報の提供を母に求める成年子の請求権がそこから導かれることが承認されている[124]。しかし、支配的と思われる見解によれば、スイス民法272条による請求権は、原則として訴・求・可・能・でも執・行・可・能・でもないのである[125]。

e）　身分との対立

　嫡出子も、嫡出否認の提起に先だって、誰が本当の父であるかを知ることについて利益を有している。もしそれができれば、自分の身分上の父を失うリスクを冒さなくとも、情報を受ける子の利益が満足されるであろう。また、否認の訴えの提起がそもそも必要であるかどうか、本当の父に対して父性確認訴訟をなしうるどのようなチャンスがあるか、さらには、確認訴訟をしたとして経済的に有利なのかどうかということを、子が事前に評価することもできよう。

---

122)　DAVorm 1990, 1075, 1078.
123)　*Koch*, FamRZ 1990, 569, 572 ; *Becker*, RdJ 1964, 51, 56 ; RG, JW 1937, 3150. しかしZPO 888条2項によって執行可能性が否定されれば、StGB 169条の勿論解釈ないしは目的論的縮小の方法で、加罰性も否定されうるであろう。
124)　*Schwenzer*, in : Honsell/Vogt/Geiser (Hrsg.), Schweizerisches Zivilgesetzbuch I, 1996, Art. 272 Rz. 5 ; *Hegnauer*, Grundriss des Kindesrechts, 4. Aufl. 1994, Rz. 27.30.
125)　*Schwenzer*, in : Honsell/Vogt/Geiser (Hrsg.), Schweizerisches Zivilgesetzbuch I, 1996, Art. 272 Rz. 9 m.w.N. *Grossen* (Hrsg.), Schweizerisches Privatrecht, Familienrecht, Bd. 2, 1992, S. 51 も参照。それどころか、オーストリア法はもっと徹底している。そこでは情報提供請求権が、すでに実体法上明文で排除されている。オーストリア民法（ABGB）163a条によれば、法定代理人は、「……母が父の名を告知しない権利を行使する場合を除き、……父性が確認されること」を取り図らわなければならないのである。

認知を取り消すべきかどうかの問題に直面している非嫡出子の利益状況は、この場合に比肩しうる。

　これらの場合に情報提供請求権を許容することには、法律体系上の障害がある。それは、法律に別段の規律が含まれている限りにおいて、一般法としてのBGB 1618a条は適用されないという障害である[126]。自分の現在の身分が遺伝的出自と一致しているかどうかを知る子の利益は、嫡出否認および認知の取消しの可能性によって考慮されている。BGB新1599条1項は、現存の身分関係の否定に成功した後にはじめて積極的な父性確認が可能であることを保証しようとするものである[127]。立法者は、否認もしくは取消しの訴えにの準備のために、当然のように情報提供の訴えを提起することを、BGB 1618a条によって可能にしようとしたのではない[128]。否認権もしくは取消権が出訴期限の徒過によって消滅しているなら、母に対する子の情報提供請求権はなおのこと存在しえない。そう解しなければ、法律の規律が潜脱されてしまうからである[129]。

　利益評価からいっても、これは納得のいく結論である。[嫡出子と非嫡出子]双方の場合において、子は、BGB 1618a条の枠内での考量を行わせるために、自分の扶養請求権や相続権が脅かされていることを援用できない。これらの場合、子には、完全な責任のある父が法的にすでに存在しているからである。嫡出子の場合には、これに加えて、何の理由もなく情報提供請求権を保障するようなことは、婚姻と家族の平和の保護(基本法6条1項)に抵触するということになる[130]。また、そのような情報提供請求権は、ZPO 383条1項2号[訴訟当事者の(元)配偶者の証言拒絶権]の評価と矛盾することにもなろう。母がその夫に対する否認訴訟ではZPO 383条1項2号により一切の供述を拒むことが

---

126) OLG Oldenburg, FamRZ 1992, 351 ; *Palandt/Diederichsen*, Einf. vor § 1591 Rz. 2 ; *Erman/Holzhauer*, § 1589 Rz. 9, § 1596 Rz. 2 a.E. ; *MünchKomm/Mutschler*, § 1589 Rz. 9 参照。別見解として、 *v. Sethe*, S. 135 f.
127) OLG Oldenburg, FamRZ 1992, 351 ; OLG Düsseldorf, NJW 1990, 1244 参照。この原則はBGB 旧1593条においてもっと明瞭に表現されていた。このことについて全般的には、*Gaul*, FamRZ 1997, 1441, 1448参照。
128) *MünchKomm/Mutschler*, § 1589 Rz. 9.
129) *Bernat*, MedR 1986, 245, 249.
130) *MünchKomm/Mutschler*, § 1589 Rz. 9. *Giesen*, JZ 1989, 364, 372 und 376 も参照。

できるのに、独立の情報提供訴訟では実父の名の告知を義務づけられるとしたら、それはおよそ理解しがたいことであろう[131]。否認（の成功）後に父性確認訴訟に進むことは子の自由に任されている以上、自己の出自を知る権利の是認しがたいほどの侵害はないのである。

f）　筆者の見解

　国家の裁判所に情報提供の訴えを提起することは、しばしばBGB 1618a条の目的に反して、家族の結束を強めるよりはむしろ弱めるであろう。このことからすでに、判例と学説における従来の支配的見解に対する疑問が生ずる[132]。この危険には、少なくとも規範の制限解釈によって対抗しなければならない[133]。さらに、立法者が1618a条をBGBに挿入したのは、「配慮権改正法によって、一方的に親に義務を負わせ子に権利を与えなければならないかのような印象を与えるのを防ぐ」[134]ためであった。こうした背景を考えるならば、BGB 1618a条の導入以前は母の内密領域の援用によって拒絶されていた情報提供請求権をこの規定から導き出せるというのは、理解しがたいことであろう[135]。

　たしかに、BGB 1353条の枠内で夫婦間の義務について展開されてきた諸基

---

131)　これに対して非嫡出子の場合には、ZPO 383条1項3号［当事者の直系血族の証言拒絶権］を、同じような仕方で情報提供請求権を否定する根拠として持ち出すことはできない。たしかに、父性確認訴訟では母もZPO 383条1項3号によって供述を拒絶できるが、ZPO 383条1項3号を情報提供請求にまで転用することは、この規定の意義と目的が命じるところではない。ZPO 383条1項3号の目的は、自己の供述によって近親者（子）を害する結果となるような義務を訴訟の中で負わされるのを防止することでしかない（OLG Hamm, FamRZ 1991, 1229）。情報提供訴訟では、そのような対立状況は最初から問題にならない。

132)　*Gernhube*r, FS Müller-Freienfels, S. 187；*Knöpfel*, FamRZ 1985, 554, 560. *Soergel/Strätz*, § 1618a Rz. 3 a.E. もこの危険を指摘しているが、同じ結論は導かれていない。［母の申立てによる職務上の保護の解除に関する］BGB旧1707条の場合に生じうる同様の危険については、*Schimpf*, StAZ 1983, 192, 199；*Zenz*, StAZ 1974, 281, 288 ff. 参照。

133)　そのような解釈を支持するものとして、LG Passau, NJW 1988, 144, 145；*Gernhuber*, FS Müller-Freienfels, S. 176 und 184 f.；*Knöpfel*, FamRZ 1985, 554, 562；*MünchKomm/Hinz*, § 1618a Rz. 11；*Soergel/Strätz*, § 1618a Rz. 3.

134)　BT-Drucks. 8/2788 v. 27. 4. 1979, S. 36.

135)　これ以外にBGB 1618a条の適用事例は少ないし、重要な意義もない。たとえば、本規定についての*MünchKomm/Hinz*の注釈を参照。

準から親子関係についての推論を導くことには魅力をおぼえる。しかしそのような考察は、夫婦間での法的請求権の行使と実現が実際に問題になるのが、とりわけ離婚問題が起きているときであることを見逃している。それに対して母子関係は、法的におよそ断ち切ることのできないものなのである。

加えて、情報提供請求権が——すでに確認したように——執行可能でないことも、そうした請求権の存在を否定する[136]。ZPO 888 条2項は、実現の強制はできないものの訴求は十分に可能な権利が存在することを示しているから、たしかに思考の上では、法的義務の存在はその強制可能性の問題から区別できる。しかしながら、執行可能ではないことを考えるなら、その判決がいったいどんな意味を持つというのかが問われる。それは、基本的には、それでもなお情報を提供せよという、母に対する裁判所のアピールでしかないのである。しかし司法の任務は道徳的なアピールの言渡しではなく、法律上の請求権の実現なのである[137]。

成年の子から提起された訴えには、その意図が何よりもまず母をさらし者にすることにあったのではないかとの疑いを払拭できないものが相当ある。というのも、その子らは、どんなことがあっても母は実父の名を明かさないであろうことを、しばしば自覚しているようだからである。この種の動機からなされる訴えがなお BGB 1618a 条の法律目的と一致しうるかどうかは疑わしく思われる。訴求可能ではあるが執行できない婚姻回復の訴えはこれとパラレルな場合であるが、破綻主義の導入によってこの訴えが離婚訴訟の準備としての機能を失ってからは、多くの論者はこれも法政策上の時代錯誤だと見なしているのである[138]。シュロッサー（Schlosser）の見解によれば、婚姻回復の訴えの唯

---

136) *Erman/Michalski*, § 1618a Rz. 2 ; *Knöpfel*, FamRZ 1985, 554, 560 ; *RGRK/Wenz*, § 1618a Rz. 3 ; AG Schwetzingen, DAVorm 1992, 88, 89 ; *Brüggemann*, S. 26.
137) たとえば LG Landau, DAVorm 1989, 634 ; *Brüggemann*, S. 26 もこのような結論である。類似のものとして、*Knöpfel*, FamRZ 1985, 554, 560 f. それに対し、*v. Sethe*, S. 115 は、「社会的な秩序の枠組み」を示し、「価値を明確にする」ことにそうした判決の意味があるとする。これは裁判所の判決が持つ道徳的作用の過大評価である。
138) *Stein/Jonas-Schlosser*, (Ⅳ/1993), vor § 606 Abs.2 Rz. 14a ; *Gernhuber*, Familienrecht, 3. Aufl. 1980, § 23, 4 ; *MünchKomm/Wacke*, § 1353 Rz. 43 ; *Zöller/Phillipi*, § 606 Rz. 3.

一の効能が「道徳的圧力」の行使であるならば、その訴えには権利保護の必要性はないのである[139]。

　連邦憲法裁判所の最近の裁判例を読んでみても、同裁判所は情報提供請求権の存在に一般的な疑問を持ってはいるが、[憲法以外の]一般の法律の解釈に過度に介入しないために、これについて明確に述べることを控えようとしているのではないかとの疑念を抱かざるをえないのである。

　支配的見解は、連邦憲法裁判所の決定をきっかけとして、自身の立場を再考すべきであろう。母に対する子の情報提供請求権が将来的に通常裁判所で否定されるようなことがあっても、連邦憲法裁判所によってそれを正されるようなおそれはない。なぜなら、連邦憲法裁判所の見解によれば、母に対する子の情報提供請求権がそもそも存在するかどうかを判断する任務は通常裁判所にあるからである。そのような請求権が憲法上ぜひとも必要なものだとはいわれていないのである。

2．社会法上の圧力手段

　ここで主張している見解に従い、母に対する子の情報提供請求が許されないとすれば、次に出てくる問題は、母に実父の名を告知するよう仕向ける圧力手段が社会法の中にあるかどうかである。実際的には、扶養義務者たる実父の名を告げるつもりがないにもかかわらず、母は自分自身と子のために社会扶助を求めることができるかどうかという問題である。

　連邦社会扶助法（BSHG）2条1項によれば、自助能力のある者は社会扶助を受けられない。つまり、母が扶養請求権の行使を自由意思で思いとどまっているとすれば、その母は扶助を要する状態にはない[140]。扶養請求権の不行使にもかかわらず例外的に社会扶助が供与されるのは、実父の名を沈黙する母の利

---

139) *Stein/Jonas-Schlosser*, (IV/1993), vor § 606 Abs.2 Rz. 14a. 類似のものとして、*Wieser*, Das Rechtsschutzbedürfnis des Klägers im Zivilprozeß, 1971, S. 109. 支配的見解はこれに反対する。さしあたり *MünchKomm/Wacke*, § 1353 Rz. 43 参照。

140) BVerwGE 21, 208, 212 ; 38, 307, 308 ; 41, 115, 116 f. ; 55, 148, 152. BVerwG, ZfJ 1992, 209, 210. これに批判的なものとして、AG Passau, FamRZ 1987, 1309, 1311. 類似のものとして、LG Passau, NJW 1988, 144, 146 ; LG Münster, FamRZ 1990, 1031, 1033.

益と予算を節約する公共の利益とを比較考量して、母の利益に優先性が認められる場合である[141]。

このこと自体は、子の社会扶助請求にも同じように当てはまる。父に対する請求がなされていないことの責任は、配慮権者たる母にあるからである[142]。しかし、親子法改革法以前であれば、BGB 1630条1項により母が有する親の配慮が、BGB 旧1706条2号に基づき通常は児童少年局の職務上の保護により制限されていたので、その限りでは、母の態度の結果を子に負担させることはできなかった[143]。法定の職務上の保護は廃止されたのであるから、本来であれば、今後は子の社会扶助請求も否定されるべきことになるはずであろう。けれども、職務上の保護の廃止の際にこのような苛酷な帰結が企図されたのでないことは確実であるし、また、それでは改革をなした立法者の目標に背反することになろう。

法定の職務上の保護の改革によって、従来の判例に対する一般的な疑念が喚起される。これ以後、母が必要な裁判手続をとるつもりがなければ父性確認が行われなくなることを、立法者が十分に意識して黙認しているのだとすれば、その背後にある評価は社会法における考え方の変更をも求めているのではないか、という問題が提起されるのである。［職務上の保護機関であった］児童少年局の役割を引き継ぎ、今後は——低所得の母の場合に——父性の確認を監視することは、［社会扶助実施機関である］社会局(Sozialamt)の任務ではありえない。現在では、前述の連邦憲法裁判所1987年5月6日決定がこれに加わる。自分は4人の男と性交渉を持ったという母の主張が人格権に基づく子の請求を阻止するのに十分であるとすれば、同じ場合に国の財政的利益に優先性を認めるのは一貫しないであろう。

---

141) BVerwG, NJW 1983, 2954, 2955. その原審である OVG Berlin, FamRZ 1981, 1107, 1109 は、社会法典(SGB)第1編60条1項により、社会扶助受給者には給付にとって重要なすべての事実を申告する義務があるが、それは、社会法典第1編65条1項2号により、申告を期待不能とする重大な事由がない限りにおいてである、ということに着目している。
142) BVerwG, NJW 1983, 2954, 2956.
143) BVerwG, ZfJ 1992, 209, 210.

扶養料立替法（UnterhVG）もその1条3項において、母が父性の確認への協力を拒んでいる限りは扶養料立替の請求権を有しないことを規定している。扶養料立替法は、単独配慮権者たる親の下にある子の扶養必要を、定型化された最低額の供与によって確保することを目的としている。権利者［たる子］と同居していない親からの扶養料支払が不規則であったり、遅滞したり、あるいはまったくなされないことがしばしばだからである。すでにこの領域では、母の態度の責任を常に子が負わされていた。親の配慮［権］に通常加えられていたBGB旧1630条1項と1706条2号による制限は、この請求権の行使を含んでいなかったからである。このことは、［立替請求は法定代理人の書面申立てによると定める］扶養料立替法9条1項1文が明確にしている[144]。立法者が母に義務づけているのは、母自身が［立替請求ではなく直接の］扶養請求をした場合でも明らかにしなければならないはずの情報の提供にすぎないのであるから、扶養料立替法1条3項の規整に問題はない[145]。

III. 私　見

　母性の秘密とドイツ法における出自確認保障のメカニズムの対比から明らかになるのは、フランス法では、子の運命を決定する権利がかなり広範に母に認められているということである。母に対して実父の名の告知を求める子の情報提供請求権は、フランスでは理解されないであろう。この問題は学説でまったく議論されていないし、自己の出自を知る権利の最も強力な擁護者でさえも、このような子の権利を要求してはいないのである[146]。

　これに対してドイツ人の目から見れば、Xによる出産は一見して奇異の念を呼び起こさせる。母側の出自は自然に決まった事実であると考える伝統的があるからである。フランスにおけるように母が自分の母性をあっさりと否定でき

---

144)　BVerwG, ZfJ 1992, 209, 210.
145)　OVG Münster, DAVorm 1984, 410, 415 f.; OVG Münster, FamRZ 1984, 1034, 1035.
146)　*Vidal*, S. 750.

るとすれば、ドイツの法律家にはそれこそが「不自然」に思われるであろう。しかし、堕胎と嬰児殺を回避するというその背後にある関心事に思いをいたすならば、フランス法にはいささか違った光が当てられる。ドイツでもやはり「中絶に代わる養子縁組」というテーマについて議論されたことが注目される[147]。しかしながらこれに対する態度表明は、どちらかといえば否定的な性質のものであった[148]。117の養子縁組斡旋機関へのアンケート調査では、その4分の3が養子縁組は一般的に妊娠中絶に対する有効な選択肢ではないとの見解であった[149]。カリタス会妊娠葛藤相談所の1991年の報告によれば、StGB 218条［堕胎罪］にかかわる相談のうち養子縁組相談に移行したのはわずか4％足らずであった[150]。とはいうもののシュヴィーンテク（Swientek）は、養子縁組を中絶に対する選択肢とは考えないとしながら、次のような言明に到達している。「中絶を求める女性は、通常、子を望まないだけでなく、妊娠も望んでいない。そこで決定的なのは、身体的負担よりもむしろ社会的負担であるように思われる。もしも妊娠が最後まで『人目に付かない』のであれば、おそらく少なからぬ母親たちは中絶に代わる養子縁組を決意するであろう」[151]。ここで語られているのは、まさしく、フランス法がXによる出産と母の家の設置によって保証しようとしている諸条件なのである。

しかし、養子縁組が中絶に対する選択肢となると考えたとしても、母性の秘密の受容はドイツ法にとってはまったく推奨できないであろう。この制度はフランス人の法的伝統と法的感情を基盤としているからである。この文脈においてあるフランス人の論者は、「風土によってその性質を変えない正義も不正義もない。……ピレネーのこちら側での真実は、あちら側では誤謬なのである」というパスカルの言葉を引用している[152]。

---

147) *Ebertz*, S. 11 m.w.N.
148) *Schreiner*, S. 141 m.w.N.
149) *Textor*, Inkognitoadotion und offene Formen der Adoption im Freistaat Bayern, 1991, S. 76.
150) *Schreiner*, S. 142.
151) *Swientek*, Ich habe mein Kind fortgegeben, 1982, S. 29.
152) *Trillat*, S. 514.

フランス法では、1996年7月5日の改革によって、当初の匿名性を後に関係者全員の合意で解除する可能性が導入された。これによって法状態の苛酷さが多少緩和された。ここで考慮されたのは、出産や子の遺棄の時点で、母が尋常ならざる心理的ストレス状態に置かれていることがありうるということである。子の痕跡の一切を自分の人生から消し去ることを決心した母が、後になってそれを後悔することがある。子が後に自分の母と知り合いたいとの思いに駆られるようになった場合でさえも、母が自分の子の運命について詳しく知ることができないとすれば、それは悲劇的であろう。合意による匿名性解除がいつの日にか通例になるようなことがあれば、Xによる出産の廃止をも予期しなければならないことになろう。しかし現時点では、そのような展開はほとんどありそうもないように思われる。

　これに対して、自己の出自を知る権利というドイツ的観念を前提とすれば、母に対する子の情報提供請求権をも支持せざるをえないように思われる。けれども、子の利益において母に広範な決定の自由を認めるフランスの法状態を念頭に置くならば、子の情報提供請求権に関して、法律的根拠にも実際的有用性にも疑問があるにもかかわらず、ドイツ法は原理原則にとらわれて、子の権利を過度に強調しているのではないのかということが問われるのである。自己の出自を知ることに対する子の利益にどれほどの理解を示しても、母と子の人間関係がこの領域における定型化された法的規整に親しまないことは、やはり明らかなのである。

　イギリスにおける母に対する子の情報提供請求権の導入の可否に関する、次のようなあるイギリス人論者のコメントは、ドイツの規整が他の法秩序から見ていかに異質なものであるかを示している。「この種の手続に対して世論が一般に反感を抱いていること……に鑑みれば、これが導入される可能性は低い。さらに、そのような強制は母の個人的自由の権利を侵害するものであり、その権利は間違いなく遺伝的出自を知る権利よりも重要なものなのである」[153]。

---

153) *O'Donovan*, Int. Journal of Law and the Family 2 (1988), 41 : "Given . . . the general public repugnance of this kind of procedure, this is unlikely to happen. Furthermore,

C. 養子縁組

養子縁組の場合（C.）と非配偶者間人工受精の場合（D.）にも、生物学上の親と法的な親が不一致のままに置かれるのが通常である。それゆえに、子が自分の血縁に基づく出自の認識を得る可能性はあるのか、またそれがあるとしたらどの程度までか、ということが問題となる。

I. 生物学的ルーツの探索

相当多くの養子が自分の過去についての詳細な情報を得たいと感じているということには今日もはや疑いの余地がない。この情報への欲求は、文学[154]、法律学[155]、ないしは社会科学[156]といった様々な視角から記述され、研究されてきている。実親を探す養子は、しばしばこのような心情を、「本当の自分」、自分の「真のアイデンティティー」そして自分の「固有の存在」を見つけたいのだ、という言葉で記している[157]。生物学的由来を知ることは、自己のアイデンティティーの重要な側面として捉えられているのである[158]。

---

such compulsion would undermine the mother's right to indivual liberty, surely a more fundamental right than that of knowledge of parentage."

154) *Domnick/Thomsen*, Int. J. of Prenatal and Perinatal Psychology and Medicine, 1994, 159 ff.; *Guderian*, Wo komm' ich eigentlich her? Eine Adoptierte auf der Suche nach ihren eigenen Wurzeln, 1994; *Lifton*, Zweimal geboren. Memoiren einer Adoptivtochter, 1981.

155) *Paulin*, Jounal of Fam. Law 1987-1988, 395 ff.; *Zenz*, Referat zum 59. Deutchen Juristentag, Hannover 1992, S. M 11 ff.

156) *Baer*, NDV 1988, 148 ff.; *Bonnet*, S. 157 ff.; *Bott*, ZfJ 1995, 412 ff.; *Ebertz*, Adoption als Identitätsproblem, 1987; *Geller*, S. 50; *Hoffmann-Riem*, Das adoptierte Kind, 1984; *Jänsch/Nutzinger*, Unsere Jugend 1988, 471 ff.; *Raynor*, The Adopted Child Comes of Age, 1980; *Sorosky/Baran/Pannor*, Adoption, Zueinander kommen – miteinander leben. Eltern und Kinder erzählen, 1982; *Swientek*, Wer sagt mir, wessen Kind ich bin?, 1993; *dies.*, Wir haben dich adoptiert, 1986; *Textor*, ZfJ 1990, 10 ff.; *ders.*, Soziale Arbeit 1988, 456 ff.

157) *Swientek*, Wessen Kind, S. 22.

158) *Daniels/Tayler*, Politics and the Life Sciences 1993, 160; *O'Donovan*, Int.J. of Law & Familiy 2(1988), 31; *Swientek*, Wessen Kind, S. 22 f. und 40; *Nies-Diermann/Pausewang*,

しかし、養親子関係がうまくいっていればいるほど、子が生物学上の親を探し求めることは少なくなるようである[159]。また、「親探しをする」子の多くが、後になってはじめて、思いやりのないやり方で、養親から自分の由来についての告知を受けたということも注目される[160]。どれほどの養子がそのような探索について現実に関心を示しているのかについては、かなり異なった評価がされている。文献によっては、その数は、45％とも、33％とも、はたまた20％とも報告されている[161]。一方、スコットランドでは、50年の間に、自分の元の出生証書へのアクセスを申し立てた養子は全体の7％であり、イングランドでは15％であるとされる[162]。しかしながら、自分の出自に関する公的情報の提供を求めた者のうち、実際に実親に会いに行こうとまでしたのは、ほんの一部にすぎなかった[163]。イギリスの調査では、そこまで行う者は、情報を求めている者のうちの約3分の1であると報告されている[164]。

実務の経験的報告によれば、たいていのケースでは、養子と実親との間で出会いが持たれるのは、たった1、2回という状態であるという。そこで持たれる関係が深いものになっていることはまれであり、ほとんどは軽い接触にとど

Die subjektive Wertung der leiblichchen Herkunft und ihre Bedeutung für die Eltern-Kind-Interaktion, 1989, S. 64 ; これについては、*Gibson*, Journal of Family Law 30 (1991-92), 16 も参照。

159) *Daniels/Tayler*, Politics and the Life Sciences 1993, 160 ; *Raynor*, The Adopted Child Comes of Age, 1980, S. 100 ; *Swientek*, Wessen Kind, S. 30 ; *Textor*, ZfJ 1990, 10, 12; *ders*., Soziale Arbeit 1988, 456, 458. これと異なる見解をとるものとして、*Hoffmann-Riem*, S. 249は正反対の結論を導く。また、*Schechter/Bertocci*, The meaning of the search, in : Brodzinsky/Schechter(Hrsg.), The psychology of adoption, 1990, S. 68 に収録されている諸研究もこの主張を補強するものではない。

160) *Textor*, Offene Adoptionsformen, 1988, S. 40 f. m.w.N. ; *Soulé/Noël*, Aspects psychologiques des notions de filiation et d'identité et le secret des origines, in : Verdier/Soulé(Hrsg.), Le secret sur les origines, 1986, S. 64.

161) *Textor*, Soziale Arbeit 1988, 456 ; *ders*., Offene Adoptionsformen, 1988, S. 35 ff. 参照。また、*Schechter/Bertocci*, The meaning of the search, in : Brodzinsky/Schechter (Hrsg.), The psychology of adoption, 1990, S. 67 および *Raynor*, The Adopted Child Comes of Age, 1980, S. 100 も参照。

162) *Textor*, Soziale Arbeit 1988, 456 参照。

163) たとえば、*Hoffmann-Riem*, S. 245 参照。

164) *Textor*, Soziale Arbeit 1988, 456, 457. *Swientek*, Suche はむしろ、すべての子が自分の実親に会いたがっている、と考えている。

C. 養子縁組

まっている[165]。たいていの養子は、この出会いを満足のいくものであり、気持ちの整理ができた、というポジティブな経験として受け止めている[166]。親探しをしていることが養親に知らされている限り、養子と養親の関係が損なわれることはほとんどないようである[167]。

このような認識から、多くの論者は、遺伝的出自の秘匿は子の人格発達に対する脅威となり得、子が心理学的特異性を示すようになるというリスクをはらんでいる、との結論を導き出している。他方、自己の出自の認識に決定的な意義を認めない論者もいる。つまり実親探しは、とりわけ養親との関係不和の徴表であるか、その他の人生の危機の結果なのであり、子は生物学上の親を探すことでそれを解決しようとしているのだ、というのである[168]。

II. 情報入手の可能性

1. フランス

フランスでは、——すでに述べたように——Xによる出産ないしは匿名遺棄という手段によって親が国の社会援助機関に子を委ねるので、他人養子の多くの場合において親に関する情報はまったく存在しない。つまり子の出自の認識は、養子縁組によってではなく、匿名で引き渡されることによって妨げられてきたのである。

現行ドイツ法とは異なり、フランス法では2種類の養子縁組の方式が区別されている。ひとつは完全養子（adoption plénière）、いまひとつは単純養子

---

165) *Textor*, ZfJ 1990, 10, 12 ; *ders.*, Soziale Arbeit 1988, 456, 460.
166) *Schechter/Bertocci*, The meaning of the search, in : Brodzinsky/Schechter(Hrsg.), The psychology of adoption, 1990, S. 70 f. ; *Swientek*, Suche, S. 219 ; *Textor*, ZfJ 1990, 10, 12 ; *ders.*, Soziale Arbeit 1988, 456, 460.
167) *Hoffmann-Riem*, S. 250 ff. ; *Textor*, ZfJ 1990, 10, 12 ; *ders.*, Soziale Arbeit 1988, 456, 459 f.
168) *Ernst*, Psychological Aspects of Artificial Procreation, in : Veröffentlichungen des Schweizerischen Instituts für Rechtsvergleichung(Hrsg.), Künstliche Fortpflanzung, Genetik und Recht, 1986, S. 83 ff. ; *Soulé/Noël*, Aspects psychologiques des notions de filiation et d'identité et le secret des origines, in : Verdier/Soulé(Hrsg.), Le secret sur les origines, 1986, S. 55 ff. und 67. *Hassenstein*, FamRZ 1988, 120 ff. も参照。種々の見解については *Gibson*, Journal of Familiy Law 30(1991-92), 16 ff. 参照。

(adoption simple）である。親族養子や成年養子でない限り、通常の縁組方式は完全養子である[169]。

そもそも、子が情報を必要とするのは完全養子縁組の場合に限られる。というのも、子の新たな出生証書が作成されるのは、完全養子縁組の言渡しがなされた場合だけだからである。この出生証書から実親の身元は明らかにならないが、養子縁組の事実は明らかになる。元の出生証書は無効とされる（C.C. 354 条、単純養子の場合はこれと異なる——C.C. 361 条および 362 条参照）。後にその出生証書を閲覧することは許されない。さらにフランスでは、養子縁組の斡旋がなされてしまえば、その後は C.C. 352 条により、生物学上の親（特にそれは通常確認されていない非嫡の父である）の確認は許されない。

児童心理学では、今日、養子は早い年齢で——就学前に——養親から養子縁組のことについて、子にとってできるだけ適切な形で告知を受けるべきである、ということで広く意見の一致を見ている[170]。今日では、相談機関もこのような告知をするよう親に強く勧めている[171]。しかし若干のケースでは、子との関係が悪化することへの懸念からか、はたまたそのようなことをしたら子が実親と会いたいという欲求を覚え、実親と競争関係に立ってしまうというこ

---

169) 1987 年には完全養子縁組は 3,818 件、単純養子縁組は 2,312 件であった（*Neirinck*, J.-Cl. civ., Art. 343 à 370-2, n. 22）。
170) *Bonnet*, S. 171 f.；*Eberts*, S. 95 m.w.N. und S. 152；*Geller*, S. 24 ff.；*Hoffmann-Riem*, S. 280 ff.；*Raynor*, The Adopted Child Comes of Age, 1980, S. 90 und 94；*Sorosky/Baran/Pannor*, Adoption, Zueinander kommen − miteinander leben. Eltern und Kinder erzählen, 1982, S. 77 f.；*Textor*, Soziale Arbeit 1988, 456, 458；*Vidal*, S. 736. *Textor*, Inkognitoadoption und offene Formen der Adoption im Freistaat Bayern, 1991, S. 81 によると、このことは養子縁組斡旋者の一貫した態度でもある。また、*Bayerisches Landesjugendamt*(Hrsg.), Aufklärung des Kindes über seine Adoption − Eine Hilfe für Eltern, 4. Aufl., 1996, S. 4 f. も参照。別見解として、*Wieder*, Sollen Betroffene über ihre Adoption aufgeklärt werden und wann？, in : Harms/Strehlow(Hrsg.), Das Traumkind in der Realität, 1990, S. 41 があるが、ここでは、告知は「できるだけ後になってから」行うべきものとされている。
171) *Ebertz*, S. 97；*Geller*, S. 24 f.；*Hoffmann-Riem*, S. 222. 子の保護および福祉増進のための社会的・法的諸原則、とりわけ国内外の里親委託および養子縁組に関する国連宣言（1986 年 12 月 3 日）9 条も参照。本条は、「里子または養子の、自己の由来に関する情報に対する欲求は、それが子の福祉に反しない限り、子の監護教育の責任者によって承認されるべきである」とする（*Textor*, ZfJ 1990, 10, 11）。

C. 養子縁組

とに対する不安からか、親はそのような告知を怠っている[172]。

ドイツとは異なり、フランスでは、子は自分が養子であることにまったく気づかずにいることが十分考えられる。ドイツでは婚姻締結の際に、出生証書（そこから養子縁組の事実が明らかとなる）を必ず提出しなければならないが、フランスではその必要はない[173]。しかし子が自分が養子であることを知った場合には、成年到達後、自分の出生証書の謄本を請求し、それによって養子縁組の事実と縁組決定の書類番号を見ることができる[174]。

次の段階として、子は、養子縁組決定の謄本を請求できる（N.C.P.C. 1174条と結びついた1972年7月5日法11-3条）。その謄本から養子縁組に同意した者の氏名が判明する[175]。通常の場合には、ともかくも実母の氏名がそこにある。さらに子は、N.C.P.C. 29条により、それについて正当な利益があることを証明できた場合には、養子縁組に関する裁判記録を閲覧することもできる。報告によれば、多くの裁判所は過去においてそのような記録閲覧を認めておらず、その際に実親のプライバシーの保護を援用しているとのことである[176]。しかしこの理由付けが妥当でないということは、法学文献におけるまったく一致した見解である[177]。

しかし、子が養子縁組前に児童社会援助機関（Aide sociale à l'enfans [A.S.E.]）の後見の下にあった場合には、この情報は役に立たない。なぜなら、これはXによる出産（C.Fam. 47条およびC.C. 341-1条）、もしくは遺棄（C.Fam. 62条）のケースであり、その場合に養子縁組に必要な同意を与えたのは家族会（conseil de famille）だからである。親が子を委譲するにあたって確約された匿名性は、養子縁組手続においても依然として保証されている[178]。国際養子、親

---

172) *Swientek*, Wessen Kind, S. 201 ff.
173) *Vidal*, S. 737.
174) *Delaisi/Verdier*, S. 103. *Philippe*, Droit et patrimonie 1995, Doctr., 50 と *Vidal*, S. 737 は、役所に出生証書の抜粋しか用意されておらず、それによって養子縁組の事実が子に隠されているところも時折見かけられる、と報告している。
175) *Delaisi/Verdier*, S. 105 ; *Philippe*, Droit et patrimonie 1995, Doctr., 50.
176) *Delaisi/Verdier*, S. 206 ff. に収録されている不許可決定の理由を参照。また、Conseil d'Etat, 12. 10. 1979, D. 1979, 606 note *Bénabent* も参照。
177) *Vidal*, S. 208 f. m.w.N.

族養子および成年養子を除外すると、フランスではこのようなケースが養子縁組の大部分を占めているのである。

　1978年7月17日法6条の2により、子は国の社会援助官庁（A.S.E.）の記録を閲覧することで、さらに広範囲にわたる情報を入手することができる。この官庁は、子の父母に関するできるだけ多くの情報を収集するよう努めるのであり、匿名による子の委譲のケースであっても、カウンセリングなどにより親の身元を了知しているのである。とはいうものの親が子の委譲に際して匿名性の保証を要求していれば、実親の身元が明らかになるような書類の閲覧は、やはり認められない[179]。

　1996年7月5日の法律改正以来、——すでに述べたように——匿名で委譲した親は、後になって社会援助官庁に赴き、そこで自身の身元を明らかにすることができるようになっている。子は成年到達後、実際に身元が開示されたかどうかに関する情報を求めることができる（C.Fam. 62-1条）。また国の社会援助官庁としても、親の特定にはつながらないが、親および委譲にかかわる事情についてある程度のイメージが持てるような情報を残してもらえるよう、委譲をした者に強く働きかけるのである（C.Fam. 新62条）。この［身元開示の］可能性がどの程度利用されるかについて判断できるまでには、なおいっそうの時間が必要であろう。

2．ド　イ　ツ

　ドイツで実務上もっぱら行われているのは、いわゆる匿名養子（Inkognito-adoption）である[180]。この場合生物学上の親は、その子を養子にした者の氏名・住所を知ることはないが、逆に養親は、委譲をした親の素性を知ることができる。

---

178)　*Delaisi/Verdier*, S. 105 ; *Philippe*, Droit et patrimonie 1995, Doctr., 51 ; *Vidal*, S. 738.
179)　　Rapport du Couseil d'Etat, Statut et protection de l'enfant, 1991, S. 71 ff. ; Réponse ministerielle, JOAN, 4. 1. 1993, S. 61 ; *Nykiel*, S. 204 ; *Vidal*, S. 739.
180)　　1990年には771人の未成年子が養子縁組登録をしていた。それに対し、養親の希望者は19,576人であった（Statistisches Bundesamt, Fachserie 13, Reihe 6. 1 : Erzieherische Hilfen und Aufwand für die Jugendhilfe）。

C. 養子縁組

　法技術的には、この養子縁組方式は BGB 1747 条 3 項 2 文によって可能となる。すなわち養子縁組の同意は、同意者がすでに養親と確定している者を知らない場合でも有効なのである。養子縁組の際の匿名性は BGB 1758 条 1 項によって保証される。ここでは「養子縁組とその事情を露見せしめる事実は、養親と子の同意なしに明らかにされ、もしくは探られてはならない」と規定されている。BGB 1758 条 1 項が保証しているのは、教師や児童少年局などの第三者の側からこのことが明らかにされてはならない、ということである。そうしないと親の権威や誠実さに対する子の信頼が動揺することがあり、加えて親の配慮権に対する侵害が生じてしまうからである。加えて役所との関係では、養親だけが子の出生証書に記載される（PStG 62 条 2 項）ことによって、匿名性を保証されている。

　親自らが子に告知するのを怠っていた場合には、PStG 61 条 2 項 1 文により、子は 16 歳に達した後、自ら身分登録簿を閲覧し、その登録簿から実親の名と当時の住所を知ることができる[181]。子が身分登録簿を調べるきっかけを持たなかったとしても、婚姻締結の際には、そこで［実親の記載された］出自証書（Abstammungsurkunde）を提出することになるのであるから、結局のところ、そこから図らずも養子縁組のことが明らかになってしまうのである（PStG 5 条 1 項および 62 条 1 項）。

　ただし、養子縁組に関するその他の資料を閲覧する権利がどの範囲まで子に認められるかについては、十分な解明がなされているわけではない。養子は、非訟事件手続法（FGG）34 条 1 項により、養子縁組の裁判記録を閲覧することができる。この記録には、生物学上の親を探し当てることを可能にする、より詳しい情報が載っていることがある。ここで意味を持ってくるのは、たとえば母の昔の生活状況や当時の職場に関する記述である。加えてこれには、他の近

---

181)　BGB 1758 条と結び付いた PStG 61 条 2 項 3 文後段が、この閲覧権を制限するものではないということは一致した理解である（DIV-Gutachten, ZfJ 1993, 257；*Staudinger/Frank*,（I/1991），§ 1758 Rz. 11；*Lüderitz*, NJW 1976, 1865, 1870）。PStG 61 条 2 項において 16 歳［以上］の子が別個に掲げられていることの意味は、その子が親から独立した法的地位を保証されるということにほかならないのである。

親者の存在が示されていることがある。特に非嫡出子の場合には、しばしば父性確認や認知がないために身分登録簿上は明らかでない、実父とおぼしき者について指摘がなされていることがある。

しかしFGG 34条2項には、BGB 1758条がこの規定による影響を受けないと定められている。情報開示を子と親の同意にかからしめるBGB 1758条を文言通りに理解するならば、このことは、子の申立てのみに基づいた裁判記録の閲覧は許されず、子が成年に達している場合でも、養親の同意がさらに必要なのだということを意味している[182]。親が成年子に対してこのような保護監督をするということには、驚きを禁じ得ない。

ゼーテ（v. Sethe）はそれゆえ、PStG 61条2項1文の趣旨をこの場合にも推し及ぼして、16歳以上の子に固有の――親とは別個の――閲覧権を保障すべきことを提案する[183]。しかしながら、PStG 61条2項1文は、生物学上の親に関する非常に限定的な情報しか子に与えないのに対し、FGG 34条によるならば、生物学上の親と養親に関する数多くのきわめて個人的な情報を獲得できるということになってしまう。この点はこのような類推に対する決定的な反論となる。

BGB 1758条そのものが正しく解釈されなければならない。親子間の関係の局面に限定して考えるならば、BGB 1758条の規定は第1に、親の配慮権のあらわれであり、また第2に、親の内密領域を子から保護するものでもある。というのも養子縁組記録には、親に関する個人的な事項（たとえば養子を受け入れる適性に関する詳細な記述）も含まれているからである。子の成年到達による親の配慮の終了によって、子がこれらの情報にアクセスできるかどうかを無制限に決定できる親の権利は消滅する。この時点以降、BGB 1758条の保護目的は親の内密領域に限られるのである。この観点から目的論的に解釈すれば、――親の異議があった場合に――子に隠されてよいのは、親の人格にかかわる

---

182) BGB 1758条のこのような理解は、ドイツ後見制度研究所（DIV）によって主張された（ZfJ 1993, 257およびDAVorm 1983, 274）が、成年子の問題に関する明示的な言及はない。Baer, DAVorm 1996, 855, 865も参照。
183) v. Sethe, S. 154.

より狭い範囲の情報だけである、ということになる[184]。委譲をなした親の側の利益は子の閲覧と対立するものではない。なぜならその親は、養親と養子との間に合意があれば——FGG 34条1項および2項により——どのみち[情報が]開示されることを覚悟せざるを得ないからである。

児童少年局が子に提供できるはずの、裁判記録を越えた追加的な情報に関してもこれと類似した状況がある。この情報提供請求権は、法律上明文で規定されていない。養子縁組斡旋法（AdVermiG）9条2項は、養子縁組に際して児童少年局は必要な事前事後の相談および支援が与えられるよう保障しなければならない、と規定するにとどまる。基本法2条2項と結び付いた1条1項に基づく子の一般的人格権、とりわけ国勢調査判決[185]で連邦憲法裁判所により解釈されたそれを考慮すると、「事後の支援」には、児童少年局が保管している養子にかかわる個人情報の開示も含まれるのである。ただし、この情報についてもBGB 1758条の上記の解釈を考慮しなくてはならない[186]。子の情報提供請求によって、子の父母に関する私的な事柄が事細かく開示されてはならないのである（場合によっては中絶が試みられたこと、またはそれが計画されていたことの記録、社会的行状、犯罪行為、知的程度等々の記録）。子に伝えることができるのは、なかんずく、生物学上の親の発見を容易にするような事実なのである。

また子の人格権だけではなく、欧州人権条約8条も、ここで示されているようなBGB 1758条1項の目的論的限定解釈を要請している[187]。ギャスキン事件

---

184) ベール（Baer）は、ここで主張されている目的論的限定解釈に合致するような規定表現にBGB 1758条を改めることを要求する（Baer, ZfJ 1996, 123, 125 und DAVorm 1996, 855, 865）。成年到達後は子に包括的な閲覧権を認めよという結論に達するものとしてすでに、Lichtinger, S. 9 がある。
185) BVerfGE 65, 1 ff.
186) たとえば、詳細な理由づけはしていないものの、Staudinger/Frank,（I/1991), § 1758 Rz. 11 はこのことを示唆する。それに対し DIV-Gutachten, ZfJ 1993, 257 は、BGB 1758条に年齢よる制限を課していない。
187) Meulders-Klein, La production de normes en bioéthique, in : Neirinck (Hrsg.), De la bioéthique au bio-droit, 1994, S. 105 ; Raymond, Droit de l'enfance et de l'adolescence, Le droit français est-il conforme à la Convention Internationale des Droits de l'Enfant ?, 1995, S. 27. Forder, Int. J. of Law & Family 1993, 70 も参照。

で欧州人権裁判所は、人の私生活に関する情報の開示を求める請求権が欧州人権条約8条から導き出されると判示した。ただし、この権利は無制限のものではないとされる。ギャスキン事件で里親、医師およびソーシャルワーカー等の親展の報告書を里子に渡すことを許さないイギリス法の規定が違法であるとされたのは、関係する諸利益の考量の余地を残していないからだったのである[188]。

もしBGB 1758条を文言通りに解し、ドイツ法では記録閲覧が常に親の同意を要するとすれば、養子側と養親側における双方の保護に値する諸利益を考量する余地を残していないということになり、したがって欧州人権条約8条に違反している、ということになってしまうであろう。

裁判所や児童少年局の実務が不統一に見えるにもかかわらず、法律学的な議論が文献に出てこないことも問題である。ある者は、養子が大人になっても養親の了解が必要だとし[189]、他方またある者は、児童少年局や裁判所の側では、このような了解は不必要だとしている[190]。情報の範囲についても、児童少年局の個々の職員の個人的評価に強く依存しているようである[191]。どの情報を調査・確認し、それをいつまで保管するか、そしてその情報を、いつどのような要件の下で子に伝えることができるのかを、法的により明確にすることが望ましいであろう。

子が実親と接触をとることができるためには、通常ここで示された種々の情報入手の可能性で十分ではなかろうか。古い住所を手がかりにして、養子は——

---

188) EGMR Fall Gaskin, A/160, Nr. 98-103.
189) *Bott*, ZfJ 1995, 412 によれば、養子縁組斡旋機関の情報についてはこのような状況にある。*Baer*, ZfJ 1996, 123, 125 も、情報提供の判断が不安定であることを報告する。
190) たとえば、*Swientek*, Suche, S. 216 ; *Textor*, ZfJ 1990, 10, 11 ; *ders*., Soziale Arbeit 1988, 456 はこの立場のようである。いくつかの児童少年局から得られた回答もこのようなものであった。
191) *Swientek*, Suche, S. 216 ; *Textor*, Inkognitoadoption und offene Formen der Adoption im Freistaat Bayern, 1991, S. 52 f. 養子縁組記録がいつまで児童少年局に保管されているべきかについても法律の規定は存在しない。以前は、そのような記録を子の成年到達前に廃棄していたところが一部にあった (*Rocke/Lamprecht*, Unsere Jugend 1986, 471) が、今日ではもはやこのようなことは行われていないようである (*Schreiner*, S. 34)。

すべての市民同様――住民登録課で、当該人物の氏名と現住所が通知されているいわゆる簡易届出情報（einfache Meldeauskunft）を得ることができる[192]。したがって、ドイツでは生物学的由来の認識に到達する可能性が広く保障されているのである[193]。

Ⅲ．養子縁組の開示

　社会教育学や心理学の文献では、養子縁組の開示の要請が強まってきている[194]。そこで念頭に置かれているのは、養子家族と実親との関係を完全には断ち切らないという縁組実務である。このような要請の動因となっているものは、第1に、自己の由来に関する情報を得る子の権利についての議論であり、第2には、委譲をなした母の状況に対する配慮の高まりであった[195]。

　1．半オープン・アドプションとオープン・アドプション
　オープン・アドプションでは、養親と実親がお互いを知っており、折に触れて訪問しあい、手紙のやりとりをする等々のことが行われる。半オープン・アドプションは、まず第1に、実親が養親候補者にその身元を知らないままで会い、1、2回の面談の後に、自分の子をその養親に委譲するかどうかを決めるという養子縁組形態であると理解されている。そして第2には、匿名性の保証

---

192)　*Textor*, ZfJ 1990, 10, 13.
193)　*Textor*, ZfJ 1990, 10, 11 ; *Baer*, FuR 1990, 192, 193.
194)　*Baran/Pannor/Sorosky*, Social Work 1976, 97 ff. ; *Baran/Pannor*, Open Adoption, in : Brodzinsky/Schechter(Hrsg.), The Psychology of Adoption, 1990, S. 316 ff. ; *Paulitz*, Offene Adoption － Ein Plädoyer ; *Sachdev*, Amer. J. Orthopsychiatry 1991, 249 ; *Swientek*, Wessen Kind, S. 83 ff. ; *Schreiner*, Adoption, warum nicht offen, 1993 ; *v. Schlieffen*, Offene Adoptionsformen － Ein Grund zur Reform des Adoptionsrechts, Diss. Berlin 1994. この養子縁組方式に控えめな態度をとるものとして、*Staudinger/Frank*, (Ⅰ/1991), § 1747 Rz. 27. フランスでも同様の要請が提起されていたが、たいていそれは既存の「単純養子（adoption simple）」制度の拡大として捉えられていた。
195)　*Geller*, Frauen in existenziellen Konflikten, 1992 ; *Swientek*, Die abgebende Mutter in Adoptionsverfahren, 1986; *dies.*, Ich habe mein Kind fortgegeben. Die dunkle Seite der Adoption, 1982.

の下で時折会う機会を持つか、または養子縁組斡旋機関を通じて、手紙や写真等々を交わすという合意が委譲をなす親と養親との間にあるような養子縁組形態であると理解されている。

117のドイツの養子縁組斡旋機関にアンケートをとったところ、典型的な匿名養子縁組を積極的に評価していたのはわずか16％にすぎず、5分の3の回答は、こうした養子縁組を（かなり）消極的に評価している。匿名性の継続的な保証の下で、実親と養親が互いに情報交換する半オープン・アドプションは、圧倒的な支持（3分の2）を得ている。ただし、関係者が個人的に接触する完全なオープン・アドプションを積極的に評価したのはわずか18％にすぎない[196]。ドイツの社会教育学の――数少ない――文献においても、オープン・アドプションに対する評価は様々である[197]。実務では、半オープン・アドプションやオープン・アドプションを実施しようとする――統一的な動きまでには至っていないにせよ――端緒的な試みが行われているのである[198]。

子の側から見ると、このような縁組方式をとれば、自己の出自を知るという利益は完全に満たされる。今日の縁組実務に対しては、多くの養子から、後見裁判所や児童少年局が有している自分の過去についての情報提供が不十分であるとして批判が加えられている[199]。これに対して、実務上(半)オープン・アドプションが行われる場合には、子は自分の生活史についての情報を得ることができるのである。長い間出自が隠され、それが偽りの親子関係と結び付き、

---

196) *Textor*, Inkognitoadoption und offene Formen der Adoption im Freistaat Bayern, 1991, S. 60. 実務が同様の立場に立っていることは、*Schreiner*, S. 40 によっても報告されている。

197) 慎重に考えるものとして、*Textor*, Unsere Jugend 1988, 530, 533.（無制限に）支持するものとして、*Schreiner*, Adoption, warum nicht offen, 1993 および *v. Beyme*, Familiendynamik, 1993, 471 ff.

198) *Bott*, ZfJ 1995, 412, 413 ; *Schreiner*, S. 36 und 59. *Textor*, Das deutsche Adoptionswesen ‒ am Beispiel einer bayerischen Untersuchung, in Hoksbergen/Textor(Hrsg.), Adoption Grundlagen, Vermittlung, Nachbetreuung, Beratung, 1993, S. 36 の報告によれば、バイエルン州では近年、半オープン・アドプションが23％、オープン・アドプションが5％の割合で行われている。これについては、*v. Beyme*, Familiendynamik, 1993, 371, ff. の報告参照。

199) *v. Beyme*, Familiendynamik, 1993, 371, 374.

C．養子縁組

後になって真実が明らかとなりトラウマが生じるという危険は、これによって最初から回避される。また、子は生物学上のルーツを探す労苦から解放されるし、自分の由来について現実離れしたイメージを作り上げ、そしていつの日にか、まったく見知らぬ、時として自分の期待と合致しない実親と知り合ったときに失望させられてしまうようなこともなくなるのである[200]。さらにまた子は、生物学上の母の置かれていた状況を理解するに至ることで、自分が母に見捨てられたという感情を抱くこともなくなるであろう[201]。

半オープン・アドプションは基本的に、匿名性を維持したうえで、情報の流れを良くするだけである。これに対して完全なオープン・アドプションには相当の異論がある。オープン・アドプションは、親に子の委譲を促すための刺激として利用されるうるのである。子が自分の生活から完全に消え去ることなく、子の運命に引き続き関与することができ、そして子との接触を保っていられるかのような期待を実親に抱かせるからである。しかしこのような約束は後に嘘だったことになってしまうこともある。なぜならば養親と実親との間で［子との］接触が合意されていたとしても、［養］親の配慮権はその合意によって制限されない以上、その接触を法的に強制することはできないからである[202]。

子の側から見れば、実親が自分の決断を後になって後悔し、「自分の」子を感化しようとすることができるとなれば、それにより、子は忠誠葛藤（Loyalitätskonflikt）の状態に置かれるという危険が存在する[203]。また、養子希望者の側においても、縁組に委ねられている子と希望者の［数の］割合が自分に不利であることを考えて、自分はオープン・アドプションをまったく歓迎しておらず、それに伴うさらなる心理的負担に対処する能力がないにもかかわら

---

200) *Berry*, Child Welfare 1991, 640.
201) *Ames*, Law & Psychology Review 1992, 145.
202) *Textor*, Unsere Jugend 1988, 530, 534. アメリカでは若干の州がこの種の合意に拘束力を認めた（*Ames*, Law & Psychology Review 1992, 139 ff.）。（半）オープン・アドプションの方式を法律上考慮すべきであるとの従来の提案（*Baer*, ZfJ 1996, 123, 125）では、そこから実親の交際権が導かれるのかどうかという問題は取り上げられていない。
203) *Berry*, Child Welfare 1991, 640 f. m.w.N. ; *Textor*, Unsere Jugend 1988, 530, 532 f. m.w.N.

ず、それに同意せざるを得ないと思ってしまうこともありうる[204]。

しかし、継親子家族の経験は、子どもは「二重の親子関係」の中で十分に生きていけるということを示している[205]。離婚した父母の共同配慮権と非配慮権者たる親の交際権の強化をめぐる議論でも、全体として見れば、唯一かつ排他的な社会的関係が子どもにとってぜひとも必要であるとは今日もはや考えられていないのである。

ドイツにおける乏しい経験と比較して、アメリカ合衆国では毎年決定される養子縁組のうち、今日すでに約4分の1が「オープン」であると報告されている[206]。ただし、これにはアメリカの特殊性が作用していると考えられる。アメリカの養子斡旋は民間団体によっても行われており、それらは互いに競争関係にある。養子の「需要」が増加しているのに対し、「供給」がますます乏しくなっていることを考えるなら、委譲をなす親は、ますます有利な「条件」を要求できる立場にある。またこのようなやり方によって子の委譲をしようとする気持ちが後押しされるからという理由で、オープン・アドプションを宣伝する斡旋機関が一部にあるのではないかと想定する者も少なくない[207]。アメリカの経験に対する専門家の評価は様々である。アメリカでは、オープン・アドプションは養子縁組の唯一の適切な形態だと考える若干の論者がいる[208]一方で、この養子縁組形態が考慮に値するかどうかをケース・バイ・ケースで判断

---

204) *Berry*, Children and Youth Service Review 1991, 380 f. は、多くの養親がオープン・アドプションに同意せざるをえないのでは、というある種の圧力を感じるが、一定期間後にその初期の懐疑は消え、安心感を持つようになると報告している。
205) *Textor*, Unsere Jugend 1988, 530.
206) *Schreiner*, S. 44. しかし、多様な実施形態が「オープン」アドプションとして理解されうることからしても、信頼できる数値を得ることはきわめて難しい。*Berry*, Children and Youth Service Review 1991, 380 の報告も参照。1990年の統計調査により、カリフォルニアにおける養子縁組がどの程度オープンに行われているかについての詳細が明らかにされている (*Berry*, Children and Youth Service Review 1991, 386 ff.)。
207) *Baran/Pannor*, Open Adoption, in : Brodzinsky/Schechter(Hrsg.), The Psychology of Adoption, 1990, S. 329 f. ; *Schreiner*, S. 41 ff. アメリカの特殊性は *Berry*, Children and Youth Service Review 1991, 389 でも明らかにされている。
208) *Baran/Pannor*, Open Adoption, in : Brodzinsky/Schechter(Hrsg.), The Psychology of Adoption, 1990, S. 328. より穏健なものとして、*Berry*, Children and Youth Service Review 1991, 379 ff.

しようとする者もいる[209]。多くの論者は基本的に、子が自分の出自家族で長期間生活していたか、あるいはそことの接触を持っていた場合（継子養子縁組、長期の里親委託後の養子縁組）にオープン・アドプションを限定しようとしている[210]。

1990年にカリフォルニア州で行われた1,396件の養子縁組家庭に対する調査では、驚くべき結果が明らかとなった。養子縁組後も実親と個人的な接触を保っている養親は、その後に接触を持たなかった養親よりも、実親について悪いイメージを持つ者が多いというのである[211]。他方、実親との接触を維持している子は、接触の機会を失った子と比べて良好な人格発達を示していることが証明されている[212]。質問に回答した養親の50％がオープン・アドプションは子に悪い影響を与えたと考えている一方で、残りの半分はまったく反対の意見であったことから、この調査の結果がいかにアンビバレントなものであるかが読みとれるのである[213]。

2．フランス法における「単純養子」

1976年の養子法（AdoptG）によりドイツでは、それまで存在した「単純」養子縁組に完全養子縁組が取って代わったのに対し、フランスでは、完全養子縁組の他に、依然、いまひとつの縁組方式として単純養子縁組が利用できるようになっている。

単純養子縁組の場合、法的に見れば、子は元の家族の構成員にとどまる（C.C. 364条）[214]。このことはなかんずく、実親死亡の際に、子が法定相続人のままであるということを意味する。加えて、親と子の間の（補充的）扶養義務も存続する（C.C. 367条）。養子は通常、元の家族の氏を失わず、その氏は養

---

209) *Curits*, Child Welfare 1986, 443 ; *Grotevant* u.a., Family Process 1994, 144 f.
210) *Ames*, Law & Psychology Review 1992, 148.
211) *Berry*, Children and Youth Service Review 1991, 387.
212) *Berry*, Children and Youth Service Review 1991, 388.
213) *Berry*, Children and Youth Service Review 1991, 389.
214) これは、ドイツの1979年までの法状態と酷似する（*Staudinger/Frank*, (I/1991), § 1754 Rz. 1）。

親の氏に付加される。ただし裁判所は、養親の申立てにより、子が養親の氏のみを称するよう定めることもできる（C.C. 365条）。子に対する親の配慮は養親のみに帰属する（C.C. 365条）。ただし、子の利益となる場合には、C.C. 371-4条2項を根拠として実親に交際権を認めることも可能である[215]。単純養子縁組の場合には完全養子縁組と異なり、子に対する新しい出生証書は作成されない。養子縁組の事実は元の出生証書の欄外に記載される。

　単純養子縁組をすることで、生物学上の家族と養子縁組家族との間の調整が図られる、といわれている。法的結び付きの存続によって、養子とその実親との接触の継続が意識的に考慮されているのである。それどころか、例外的な場合には、実親の交際権の承認によってその接触を裁判上強制することもできる。単純養子の場合、子は自分の過去についての情報の欲求を通常、直接的かつ包括的に満足させることができる。

　ただしフランス法における単純養子は、その目標設定からいって、ドイツでオープン・アドプションという標題の下で議論されているものとは性質を異にする。特に単純養子では、子と実親との法的な結び付きが維持されており、それはドイツのオープン・アドプションで求められているものをはるかに越えているのである。とりわけ実親に対する養子の扶養義務の存続は、ドイツのオープン・アドプションについて抱かれているイメージにあてはまらない。単純養子縁組がもっぱら念頭に置いているのは、［双方の］法的諸関係のバランスをとることなのである。

　実際上このような養子縁組形態がとられるのは、やはり、年齢の高い子（たいていは成年養子縁組）や（おじ、祖父母等による）親族養子の場合がほとんどなのある[216]。継子縁組の場合には単純養子縁組が通常である（C.C. 345-1条)。

---

215) Cass., 4. 1. 1961, Bull. civ. I, n. 3, S. 2 ; Cass., 4. 11. 1958, Bull. civ. I, n. 469 ; CA Lyon, 27. 6. 1926, DP 1926, 2, 129, note *Rouast* ; CA Paris, 16. 1. 1964, JCP 1964, II, 13619 ; *Hauser/Huet-Weiller*, S. 717 ; *Neirinck*, J.-Cl. civ., Art. 343 à 370-2, n. 53.

216) *Delaisi/Verdier*, S. 107 ; *Neirinck*, J.-Cl. civ., Art. 343 à 370-2, n. 35 ; *Bétant-Robet*, Rép. Dalloz, Adoption, n. 273. 1991年には、完全養子縁組の申立ては4,460件であり、単純養子縁組の申立ては4,061件であった (*Rubellin-Devichi/Trillat*, Petites affiches 1995, 136)。

C. 養子縁組

すなわち、単純養子縁組がかかわっているのは、社会的な結び付きが基礎にあるために、どうしたところで実際に元の親族関係の断絶には至らないような状況なのである。単純養子縁組をこのようなケース以外にも広げるべきだ、という要求が学説の一部から提起されている[217]。養子とされる子らは、どのみち心理学的には2つの親子関係を持って生きていくことになるから、というのである。もしそうならば、これら2つの親子関係を法律的にも互いに調和させることが求められるであろう[218]。

Ⅳ. 私 見

養子縁組の事例において得られた経験は、「自己の出自を知る権利」というものはある種玉虫色の概念だということを示している。子が実親の名前や古い住所を知るだけで、この権利が満足させられるのかどうかは疑問である。もし自己の出自を知る権利を実効的に保障しようとするなら、養子縁組後何年経っても現住所をその都度児童少年局に伝えるよう、実母に要求しなければならないであろう。もしそこまでするとなれば、それはもはや自己の出自を知る権利ではなく、実親と接触を持つ権利ということになる。また養子にとって、自分の親と知り合うことはさして重要ではなく、むしろ重要なのは親が自分を委譲した理由を知ることや[219]、出生から養子縁組までの生活状況に関する一般的情報を得ることであることも少なくない[220]。アメリカの養子に対するアンケートでは、彼らの関心は委譲された理由にとどまらず、親の健康状態や、さらには現在結婚しているかということにも及んでいるのである[221]。場合によっては、子が接触を持ちたがっているのは、親とは別の人物であることもある。

---

217) *Delaisi/Verdier*, S. 107 f.; *Neirinck*, J.-Cl. civ., Art. 343 à 370-2, n. 2, 3 und 51; de *Monredon*, JCP 1992, I, 3607, n. 45 ff.; *Rubellin-Devichi*, D. 1991, Chr., 213.
218) de *Monredon*, JCP 1992, I, 3607, n. 45.
219) *Jänsch/Nutzinger*, Unsere Jugend 1988, 472 は、13人の若い養子たちについてその希望をまとめている。*Textor*, Soziale Arbeit 1988, 456, 457 参照。
220) *Textor*, ZfJ 1990, 10, 11 f.
221) *Textor*, Soziale Arbeit 1988, 456, 457.

たとえば施設に滞在した最初の月に世話をしてくれた保母[222]や、実親とは違って、遺棄の決心によって心理的な関係が損なわれていない実のきょうだい[223]などがそうである。このような子の欲求がなおも自己の出自を知る権利と関係しているのかどうかがまさに問題なのである。たしかに、これらの問題はすべて、養子縁組の場合、子の人格権にかかわるものではあるが、しかし、それは「出自」という概念だけに包摂することのできないものなのである。このような概念は、これを一般化して親子法の指導原理として機能させるには、あまりに不確定なものなのである[224]。

D．非配偶者間人工受精

　非配偶者間人工受精は、社会的親子関係と生物学的親子関係が必然的に乖離するという意味においては、養子縁組と比肩しうる。つまり妻が第三者の精子によって受精を行った場合には、夫は生物学上の父ではない。それに対し提供者の卵子が用いられ、夫の精子により受精が行われ、妻にそれを移植した場合、分娩した者は遺伝上の母ではない。

　ドイツでは、卵子提供は禁止されており、非配偶者間人工授精は——前述のように——法状態が不確定であるために、実際上行われていない。逆にフランス法では、両方の受精技術を行うことができるようになっている。これらの場合には、——養子縁組と同じように——社会的親に対する親子関係設定が行わ

---

222)　*Soulé/Noël*, Aspects psychologiques des notions de filiation et d'identité et le secret des origines, in : Verdier/Soulé (Hrsg.), Le secret sur les origines, 1986, S. 63.
223)　*Baer*, ZfJ 1996, 123, 125 は、養子縁組に関連して、このような理由から、傍系血族をも知ることができるような可能性を、養子縁組斡旋法の枠内で養子に認めることを要求している。
224)　*Soulé/Noël*, Aspects psychologiques des notions de filiation et d'identité et le secret des origines, in : Verdier/Soulé (Hrsg.), Le secret sur les origines, 1986, S. 63：「名前、[出生の] 日付や場所を知らされても、それは子の現実体験とはおよそ無関係の事実である。子に関する資料に含まれているいかなる事実も、その子が抱いたアイデンティティーの喪失感を埋め合わせることはできないのである。」

れ、「真の」生物学的出自を身分法上確認することが許されない。それゆえ養子縁組の場合とまったく同様に、子は少なくとも自己の生物学的出自を知ることはできないか、という問題が提起されるのである。

I. フランスにおける配偶子提供者の匿名性

フランスでは、C.C. 16-8条により、精子提供者または卵子提供者の特定につながる一切の情報の開示が禁じられている。ただし、受精を実施する医師は、人工受精でもうけられた子が病気になった場合に、——医学的に不可欠だと考えられる限りにおいて——配偶子提供者を探し出すことができるように[225]、提供者の身元を文書に記録しなければならない[226]。

フランスの文献[227]が詳細な検討をしているにもかかわらず、提供者匿名の原則は、立法の議論に際して激しい意見の対立を見なかった[228]。提供者の匿名性は、すでにフランスの精子銀行（Centres d'étude et de conservation des oeufs et du sperme humains = C.E.C.O.S.）が長年、不動の実務として行っていたことだったのである。加えてその匿名性は、「卵子提供者の特定を可能にする情報を開示した者は、2年(以下)の自由刑および20万フランの罰金に処す」とする刑法（C.Pén.）511-10条の法的制裁により保障された。

これらの規整は1994年に憲法院によって、憲法適合性を審査された。なか

---

225) 当然のことながら、[子を治療する]医師が親からその子の生殖の事情について説明を受けていることがその前提となる。しかし、親がその秘密を墓の中まで持っていってしまった場合には、この規定は意味をなさない。
226) *Furkel*, FamRZ 1996, 772, 774.
227) *Corpart-Oulerich*, RD saint. soc. 1994, 14 f. および *Labrusse-Riou*, L'anonymat du donneur : étude critique du droit positif français, in : Faculté de droit et de sciences politique d'Aix-Marseille (Hrsg.), Le droit, la médicine et l'être humain, 1996, S. 81 f. に紹介されている。
228) *Furkel*, FamRZ 1996, 772, 774 ; *Massip*, Defrénois 1995, no 35975, S. 74 ; *Neirinck*, Petites affiches 1994, 55 ; *Rubellin-Devichi*, in : Rubellin-Devichi (Hrsg.), Droit de la famille 1996, S. 409. 多くの準備委員会とその草案もこの原則を動かしがたいものとしていた（*Nicolas-Maguin*, D. 1995 Chr., 75 f.）。これと意見を異にするものとして、たとえば *Boutin*, JOAN, 19. 11. 1992, n. 94がある。

んずく、精子提供者の身元を知る権利が子に与えられないならば、自己の人格の発展に対する子の権利が侵害される、ということが主張されたのである。しかし1994年7月27日の判決で憲法院は、これらの規定の憲法適合性を承認した[229]。憲法院は簡潔に「配偶子提供者の匿名性は憲法原則に反しない」と確認したのである。

配偶子提供者の匿名性を支持する根拠として学説が挙げていたのは、「情緒的親子関係」は当然「生物学的親子関係」に優越する[230]、ということであった。それゆえに、社会的な父親が子の「真の」父親として定められるべきだというのである。その男性と子の排他的な親子関係設定は、提供者の匿名性により強化されることになるわけである。加えて、匿名性が守られないと提供者の数が減少してしまうことがあり得る[231]し、また人工受精の事実を黙していたいという親の希望も尊重しなければならない[232]、というのである。1991年にC.E.C.O.S.によって実施された、人工受精によって子をもうけた親に対するアンケートでは、回答者の30％がいかにしてその子がもうけられたかを秘密にしておきたいと述べ、62％がまだ決めかねているとしており、自分の子に対しその子が生まれた事情に関してきちんと告知するつもりだとしたのはわずか8％にすぎなかった[233]。

匿名性を支持するいまひとつの理由として挙げられているのは、匿名性によってのみ、精子提供が商業化されることなく、かつ精子提供者の特定の資質によって精子が選択されないよう保障されるのだ[234]、ということである。ただし、自己の出自を知る子の利益を指摘しつつこの規整を批判する学説も一部に

---

229) J.O. v. 27. 7. 1994, 11024.
230) *Murat*, RD saint. soc. 1991, 392 ; *Nicolas-Maguin*, D. 1995, Chr., 76 にその他の文献が掲げられている。
231) *Baudouin/Labrusse-Riou*, Produire l'homme. De quel droit ?, 1987, S. 53.
232) *Furkel*, FamRZ 1996, 772, 774 ; *Massip*, Défrénois 1995, no 35975, S. 74.
233) *Bonnet*, Secret, S. 153.［子に告知するか］未決定および不確実な親は明らかに増加しているようである。というのも1983年には、秘密を厳守するとした者が63.8％もいたからである。
234) *Byk*, JCP 1994, I, 3788, S. 406 ; *Cadou*, La "biologisation" du droit de la filiation, in : Labrusse-Riou (Hrsg.), Le droit saisi par la biologie, 1996, S. 25.

存在する[235]。

非配偶者間人工受精においては、配偶子提供者に関する情報が文書に記録されて子に渡される可能性がないのに対し、匿名遺棄の場合には、1993年の最新の改革以後、遺棄する親が少なくとも自分の身元が明らかにならないような情報を子のために残すという方向が目指されている。そのうえ、関係者全員の合意があれば匿名性は解除できるのである。たとえばイギリスの法状態(ヒトの受精および胚研究に関する法律(1990年)31条4(a)項)のように、非配偶者間人工受精についてもこうした可能性を定めるならば、それは首尾一貫した態度となるであろう。

II. ドイツ法の改革提案

多くの諸外国の法秩序と同様に、フランスでは精子提供者の匿名性が保障されているのに対し[236]、ドイツのたいていの論者は、──非配偶者間人工授精の許容性を支持する者についていえば──提供者の身元を開示することに賛成している[237]。

多くの論者は、養子縁組に関連して得られた経験を非配偶者間人工授精に移し替えている[238]。こうした理由から、彼らは人工受精の場合にも自己の出自を知りたいという子の欲求を認めるのである[239]。このような結論が必然的に

---

235) *Nicolas-Maguin*, D. 1995, Chr., 78 ; *Malaurie*, n. 461 Fn. 30 ; *Delaisi/Verdier*, S. 241 ff.
236) フランス:1994年7月29日法 (94-653号) の規定における C.C. 16-8条。イギリス:ヒトの受精および胚研究に関する法律 (1990年) Sec. 31、ノルウェー:人工受精に関する法律 (1987年) 2章10条、スペイン:人工生殖援助法 (1988年) 5条1項および5項、アメリカ合衆国:統一親子法5条aもこれを広く認めている。
237) *Eser*, Gesichtpunkt eines Strafrechtlers, in : Veröffentlichungen des Schweizerischen Instituts für Rechtsvergleichung(Hrsg.), Künstliche Fortpflanzung, Genetik und Recht, 1986, S. 153.
238) *Daniels/Taylor*, Politics and Life Sciences 1993, 155 ff. ; *Gibson*, Journal of Family Law 30(1991-92), 3 ; *Haimes*, Int. Journal of Law and the Family 2(1988), 46 und 51 m.w. N. ; *O' Donovan*, Int. Journal of Law and the Family 2(1988), 27 ff. この2つを同一視することに反対するものとして、*Baudouin/Labrusse-Riou*, Produire l'homme. De quel droit ?, 1987, S. 54. *Cook et. al.*, Amer. J. Orthopsychiatry 1995, 558 も批判的である。
239) *Daniels/Taylor*, Politics and Life Sciences 1993, 155 ff. ; *Hoffmann-Riem*, S. 300.

導き出されるのかどうかは疑わしいように思われる。というのも、養子縁組と人工授精は事実関係が比較可能であることが、このような見解の前提となると考えられるからである。

養子縁組に関連して、子には自分の由来を知る利益があるという場合、普通その利益は何よりもまず母の身元に関するものである[240]。ドイツの裁判所実務で、養子縁組が行われた後——法的に可能な——父性の確認が行われたという事件は、1件が知られているのみであり、その事件でもっぱら問題となったのは、未払いの扶養料の支払いだったのである[241]。このように対象が母に「固定化」するのはもっともなことである。なぜなら多くの養子の希望の中心は、[親が]委譲を決心した理由を明らかにしたいということにあるからである[242]。それゆえ多くの論者は、多くの養子が出自家族を探すのは、血縁関係（Blutsverwandtschaft）を確認するというよりも、むしろ自分の生活史の空白を埋めるということにねらいがあるのだと考えている[243]。彼らの出生と縁組の間に開いているこの「ブラックホール」は、この生活時期に関する情報によって照らし出される、というわけである。

非配偶者間人工授精でもうけられた子の状況はこれと比較できない。というのも、その子にとって自分の母からの遺伝的出自は確実だからである。また子の生活史のいかなる時期も秘密にされていない。子を望んだ親とその子との関係設定を否定できないかたちで行う法秩序においては、その子には、自ら受け入れることができ、また自己のアイデンティティーを確立できるような社会的役割が付与されているのである。養子の場合とは異なり、人工授精子にはこのような親が、そしてそのような親だけが常に存在していたのである。

当然のことながら上述の論証は、人工生殖子はどのようにして自分が生まれ

---

240) *Ebertz*, S. 148 ; *Geller*, S. 187 ; *Schechter/Bertocci*, The meaning of the search, in : Brodzinsky/Schechter（Hrsg.）, The psychology of adoption, 1990, S. 71.
241) *Frank*, FamRZ 1988, 117.
242) *Jänsch/Nutzinger*, Unsere Jugend 1988, 472 が、13人の若い養子たちについてその希望をまとめている。*Textor*, Offene Adoptionsformen 1988, S. 38 も参照。
243) *Bott*, ZfJ 1995, 412, 413. *Noël*, Petites affiches 1995, 55 ; *Textor*, ZfJ 1990, 10, 12 も参照。ただしテクストール（Textor）は、まだ他の動機もあるとしている。

たのかを告知されるべきでないということを意味するものではない。家族内部での秘密とそれに伴う親の不安、すなわち子がいつかはやはり真実を知ることになるのではとの不安は、無言の緊張を招き、それを子が敏感に察知することがしばしばあるのである[244]。

ここで示されたような異論があるにもかかわらず、多くの論者は、遺伝的ルーツによって自分のアイデンティティーを確認したいということは人間の根源的欲求なのだ、という立場に立っている。このアイデンティティー確認ができない場合には、人格の発達が妨げられてしまう結果になるというのである[245]。人工受精を実施している174名の医師に対するアメリカのアンケート調査では、はっきりした見解の一致は見られなかった。そのうちの56％が、非配偶間人工受精で生まれた子にその事実を伝えることは必ずしも必要ではないという見解であり、このような情報提供を支持した者は22％であり、22％の者がまだ決めかねているとしたのである[246]。非配偶者間人工受精で子をもうけた親に対する諸外国のアンケートからは、出自についての本当の事情を明かすことについて非常に抑制的であることが読みとれる。アメリカとオーストラリアのア

---

244) *Back/Snowden*, Journal of Psychosomatic Obstetrics and Gynaecology 9 (1988), 193 ; *Daniels/Taylor*, Politics and the Life Sciences 1993, 160 f. ; *Gibson*, Journal of Family Law, 30 (1991-92), 10 f. und 13; *Leiblum/Hamkins*, Journal of Psychosomatic Obstetrics and Gynaecology 1992 (pro familia magazin 1993, 20 に再録) ; *O'Donovan*, Int. Journal of Law and the Family 2 (1988), 37 ; *Schilling*, Psychotherapie, Psychosomatik, Medizinische Psychologie 1995, 16, 17. *Cook et. al.*, Amer. J. Orthopsychiatry 1995, 556 は、綿密な比較研究の結果、この主張について心理学的に測定可能な証明は見いだせないとした。非配偶者間人工授精を行った40組のペアにアンケートをとったところ、そのうち10組のペアが、自分たちにとってこのことを秘密にしておくことは「相当な心理的負担」であると述べている (*Schilling*, Psychotherapie, Psychosomatik, Medizinische Psychologie 1995, 16, 19)。
245) *Daniels/Taylor*, Politics and the Life Sciences 1993, 160 ; *Nicolas-Maguin*, D. 1995, Chr., 75; *Delaisi/Verdier*, S. 241 ff. ; *O'Donovan*, Int. Journal of Law and the Family 2 (1988), 29 und 31. それに対し、*Schilling*, Psychotherapie, Psychosomatik, Medizinische Psychologie 1995, 16, 21 は情報開示の無条件的要求には批判的である。*Gibson*, Journal of Family Law, 30 (1991-92), 34 も抑制的である。
246) *Leiblum/Hamkins*, Journal of Psychosomatic Obstetrics and Gynaecology 1992 (pro familia magazin 1993, 19 に再録). 子に人工受精の事情を隠しておくよう勧める理由として、この事情を知ることで、子に心理的動揺が生じたり、場合によっては子の心に傷を残すという危惧が挙げられている (S. 20)。

ンケートでは、50％以上の親が子に告知しようとは思わないと答えている[247]。養子縁組の場合には、アメリカでもオーストラリアでも、両親はその事実を隠しだてしないのが通常であるにもかかわらず、である[248]。同様に、非配偶者間人工授精を行ったドイツの26組のペアに対するアンケートでも、彼らの10歳の子に（後に）告知しようと決心しているのはたった2組にすぎず、その一方で10組のペアがいかなる場合でも告知しようと思わないとしており、残りはまだ決めかねているとしていた[249]。このような抑制的な態度の理由としてたいていの親が挙げていたのは、子どもが社会的なスティグマを負わされることへの懸念と、子が混乱することへの不安であった[250]。

人工受精の場合、自分の出自を知りたいという欲求は養子縁組の場合ほどは強くないと思われる[251]が、人工受精の場合に――養子縁組とは異なり――精子提供者の身元を隠しておく特別な理由は何であるのかが問われねばならない。

まず最初に、事実を明るみに出すことで子が被る心理的負担は、人工受精の場合と養子縁組の場合とではその程度が異なるのではないかという推測が種々の調査結果から導かれる。人工受精子は実親に見捨てられたという感情を抱いて生きていかなくてもよいのである[252]。このような知見が親に伝えられてい

---

247) *Leiblum/Hamkins*, Journal of Psychosomatic Obstetrics and Gynaecology 1992 (pro familia magazin 1993, 19に再録). *Cook et. al.*, Amer. J. Orthopsychiatry 1995, 550 und 552 ; *Haimes*, Int. Journal of Law and the Family 2(1988), 58. *Back/Snowden*, Journal of Psychosomatic Obstetrics and Gynaecology 9(1988), 196 も参照。他方、アメリカからは、身元の知れた提供者の精子を使用するのが望ましいとするペアが増えてきていると報告されている（*Gibson*, Journal of Family Law, 30(1991-92), 27）。
248) *Cook et. al.*, Amer. J. Orthopsychiatry 1995, 552 の研究により明らかとなったところによれば、非配偶者間人工授精を行った夫婦へのアンケートで、その事情を子に（後に）伝える決心をしていたのは4％にすぎなかった。他方、同年齢の養子集団と比較したところ、その子らの（1人を除いて）全員がすでに告知を受けていた。
249) *Schilling*, Psychotherapie, Psychosomatik, Medizinische Psychologie 1995, 16, 19.
250) *Daniels/Taylor*, Politics and the Life Sciences 1993, 157 ; *Cook et.al.*, Amer. J. Orthopsychiatry 1995, 553 ; *Gibson*, Journal of Family Law, 30(1991-92), 11 ; *Schilling*, Psychotherapie, Psychosomatik, Medizinische Psychologie 1995, 16, 19.
251) このことは *Bonnet*, Secret, S. 13 und 26; *Soulé/Noël*, Aspects psychologiques des notions de filiation et d'identité et le secret des origines, in : Verdier/Soulé(Hrsg.), Le secret sur les origines, 1986, S. 65 でも確認されている。
252) *Daniels/Taylor*, Politics and the Life Sciences 1993, 162 ; *Schilling*, Psychotherapie,

れば、子への告知はもっと容易なものになるであろう。親子間の真の出自に関する告知が容易なものになるかどうかにとって決定的なのは、人工受精技術に対する社会の寛容と理解であることはいうまでもない。多くの（とりわけ公立病院の）医師に非配偶者間人工授精の実施を思いとどまらせている現在の不明確な法状態は、寛容と無偏見の風土の醸成におよそ貢献するものではないであろう。

　このような考察を前提とすると、提供者の身元の秘匿が正当化されるのは、そうしなければ精子提供者が現れないと危惧される場合だけであろう[253]。スウェーデンの経験は、このような危惧を打ち消すもののように思える。スウェーデンでは、1984年の改革によって人工生殖子に精子提供者の身元を知る権利が認められた際、当初は提供者の数が激減したのだが、その数はまもなくして元の水準まで再び上昇したのである[254]。ただし、スウェーデンの経験を簡単にドイツへと移し替えることができるかどうかは決して確実ではない。ドイツとスウェーデンの歴史的、文化的、宗教的および社会的諸条件の類似性はかなり限定的である。とはいえ、イギリス、ニュージーランドおよびアメリカの精子提供者に対するアンケートでも、彼らの大部分が、それによって経済的なリスクを負わなくてすむならば、身元の開示にも同意するとしているのである[255]。

　　Psychosomatik, Medizinische Psychologie 1995, 16, 21 ; *Snowden/Mitchell/Snowden*, Artefizielle Reproduktion, 1985, S. 60. *Gibson*, Journal of Family Law, 30(1991-92), 10 も参照。
253)　*Frank*, FamRZ 1988, 118 ; *Broda*, 56. Deutscher Juristentag, Berlin 1986, Diskussion S. K 89 ; *Hübner*, ebd., S. K 132; *Deichfuß*, NJW 1988, 117.
254)　*Wennergren*, Consequences of new reglations in reproductive medicine and human embryo research in their relationship with Science, Ethics and Law. The Swedish approach, in Byk(Hrsg.), Procréation artificielle où en sont l'éthique et le droit ?, 1989, S. 389 :「その代わりに、エイズ感染とドナーの精子が感染していないことの完全な確証の困難性が、人工授精へのアクセスの抑制となっている」; *Eser/Koch/Wiesenbart*, Regelungen der Fortpflanzungsmedizin und Humangenetik, Band 2, 1990, S. 170 Fn. 5 ; *Rubellin-Devichi*, in : Rubellin-Devichi(Hrsg.), Droit de la famille 1996, S. 409.　1989年にはスウェーデンで69人の精子提供者が自分の精子を利用に供し、937件の人工授精が行われており、1994年には115人の精子提供により1,223件の人工受精が行われた（National Board of Health and Welfare Centre for Epidemiologyからの1996年12月16日付書面回答）。
255)　ロンドンのKing's College Hospitalが1989年から1990年に精子提供者に行った

生物学的出自が伝統的に強調されていること、そして自己の出自を知る権利がドイツ人の法意識において大きな意義を持ったことから見れば、提供者の身元開示を法律上明記することが、法政策上奨励されるべきであろう。それと異なる規整はどのようなものであれ、法律学[256]の側や国民の側からの強い抵抗に遭うことになろう。それゆえ立法のモデルとして役立つとすれば、それは、提供者の身元を文書に保存し、文書の閲覧権を子に保障している国々ということになるであろう[257]。加えて、フランスの規整と類似した匿名義務はどんなものであれ、自己の出自を知る権利に関する連邦憲法裁判所の判例によって否定される危険を冒してしまうことになるであろう[258]。

　　　アンケートによれば、もし自分の身元が開示されるとしたら提供しなかったであろうと答えたのはわずか3分の1であった (*Morgan/Lee*, Human Fertilisation & Embryology Act 1990, S. 163)。アメリカの調査では、そのような場合でも提供したであろうとした者が60％であった (*Haimes*, Int. Journal of Law and the Family 2 (1988), 59)。その他のアンケートについては、*Daniels/Taylor*, Politics and the Life Sciences 1993, 162 f. および *Gibson*, Journal of Family Law, 30 (1991-92), 29 f. も参照。
256)　Verhandlungen des 56. Deuschen Juristentages, Berlin 1986, Beschlüsse Ⅲ. 7. a－e, S. K 235 f.
257)　オーストリア：生殖医療法21条2項；スウェーデン：人工授精に関する法律 (1984年) 4条；スイス：連邦憲法24条の9 [新連邦憲法119条参照]
258)　*Balz*, Heterologe künstliche Samenübertragung beim Menschen, 1980, S. 15 ff.；*Giesen*, FamRZ 1981, 413, 414；*Zimmermann*, FamRZ 1981, 929 ff.；*Harder*, JuS 1986, 505, 507；*Coester-Waltjen*, Jura 1989, 520, 523；*Giesen*, JZ 1989, 364, 368 f.；*Münder*, RdJ 1989, 456, 462；*Starck*, JZ 1989, 339. 別見解として、*Enders*, NJW 1989, 881；*Frank*, FamRZ 1988, 113, 118 f.；*Ramm*, NJW 1989, 1594；*Smid*, JR 1990, 221；*Deichfuß*, S. 183.

第4章 訴訟による実現

　ある法秩序が父性の確認ないしは否認を実体法上可能にしている場合でさえも、その訴訟手続によって生物学的出自の解明が現実にもたらされるかどうかは、やはり一連の訴訟上の諸条件にかかっている。

A．身分訴訟における手続的保障

　人の出自を特別の身分として捉え、それに特殊な訴訟上の取扱いを必要とすることは、古くからの伝統である[1]。

I．当事者処分の排除

　フランスとドイツでは、出自訴訟手続には独自の手続的保障が用意されている。そこでは、特に、訴訟における当事者の形成可能性が排除されているのである。出自法において、子の身分に関する任意的処分が実体法上なし得ない以上、訴訟における当事者の形成可能性も制限されなければならないのである。

---

1)　ローマ法については、*Hackl*, Praeiudicium im klassischen römischen Recht, 1976, S. 236 ff. und S. 295 ff.；*ders.*, SZ 90(1973), 105 ff.；*v. Bethmann-Hollweg*, Der Civilprocess des gemeinen Rechts, 1. Bd., 1868, S. 340 ff. *Leineweber*, Die rechtlichen Beziehungen des nichtehelichen Kindes zu seinem Erzeuger in der Geschichte des Privatrechts, 1978, S. 67 und S. 94(注解学派)；S. 117 ff.（16世紀のフランス）；S. 152 ff.（16世紀のドイツ）も参照。カノン法については、*Trusen*, Die gelehrte Gerichtsbarkeit der Kirche, in : Coing(Hrsg.), Handbuch der Quellen und Literatur der neueren europäischen Privatrechtsgeschichte, Bd. 1 : Mittelalter, 1973, S. 491 参照。

フランスでは、C.C. 311-9条により、訴権の放棄は無効とされている[2]。この規定は、身分の処分不能性（indisponibilité de l'état）という一般原則を法律上確認するものと解されている[3]。このことに対応して、訴訟上の認諾[4]や上訴権の放棄[5]さえも無効である。ただし、それらの意思表示が父性確認手続の枠内で被告からなされた場合は除かれる。その被告は、実体法上も、一方的な意思表示によって子を認知できたはずだからである[6]。自白もフランスでは拘束力を認められない[7]。もっとも、父性確認手続における自白であれば、それが裁判所でなされ、それにより実体法上の方式が満たされる場合には、同じく有効な認知として評価されうる[8]。

フランスとまったく同様に、ドイツでも、ZPO 617条と結び付いた640条1項により、当事者支配は親子関係事件において大幅に制限されている。特に、事実の認容（ZPO 138条3項）、自白（ZPO 288-290条）、認諾（ZPO 307条）[9]および当事者の一致した陳述への拘束に関する諸規定は適用されない[10]。ZPO 617条の文言には含まれていないものの、出自訴訟手続では請求の放棄（ZPO 306条）もできない[11]。もっとも、そのような放棄は、場合によっては、訴えの取下げと解されることがありうる。訴えの取下げと終了の宣言は訴訟物について既判力を生じさせないから、それらは許されるのである。

---

2) Cass., 20. 1. 1981, D. 1981, IR, 297, 1 esp., obs. *Huet-Weiller*.
3) *Marty/Raynaud*, n. 801 und 809 ter ; *Weill/Terré*, n. 92 und 95 ; *Labrusse-Riou*, Rép. Dalloz, Filiation, n. 192 ; *Huet-Weiller*, D. 1978, Chr., 233.
4) *Sutton*, Rép. Dalloz Procédure civile, Filiation, n. 40.
5) Cass., 20. 1. 1981, D. 1981, IR, 297, obs. *Huet-Weiller* ; *Sutton*, Rép. Dalloz Procédure civile, Filiation, n. 43.
6) *Sutton*, Rép. Dalloz Procédure civile, Filiation, n. 45.
7) Cass., 4. 7. 1995, D. 1995, IR, 204, D. 1996, Somm., 152, obs. *Granet-Lambrechts*.
8) CA Paris, 14. 10. 1976, D. 1977, IR, 198 ; TGI Paris, 21. 5. 1985, D. 1986, IR, 63, obs. *Huet-Weiller* ; TGI Paris, 5. 12. 1978, D. 1979, IR, 246, obs. *Huet-Weiller* ; *Sutton*, Rép. Dalloz Procédure civile, Filiation, n. 243.
9) 非嫡の父として訴えられた男の認諾があった場合については、ZPO 641c条を参照。
10) *MünchKomm/Coester-Waltjen*, ZPO, § 640 Rz. 92.
11) *MünchKomm/Coester-Waltjen*, ZPO, § 640 Rz. 93 ; *Stein/Jonas-Schlosser*, (IV/1993), § 640 Rz. 44.

II. 職権探知主義か弁論主義か

フランス法は、原則として弁論主義に従っている。すなわち、事実と証拠方法は、原則としてそれらが当事者によって陳述され、また提出されている限りにおいてのみ、訴訟において考慮に入れられる (N.C.P.C. 7条1項)。ただし、N.C.P.C. 125条により、時効期間に関する規定および公序的性格を有するその他すべての不受理要件は、職権によって斟酌されなければならない。

これに対してドイツ法[12]では、ZPO 616条1項と結び付いた640条1項により、親子関係事件において、裁判官は職権によって事実関係を探究し、事案解明に役立つすべての判断資料を利用しなければならないのであり、その際に、当事者の（証拠）申出、（事実上の）主張およびその他の行為に拘束されるようなことはない[13]。

しかし、ドイツ法とフランス法の違いはそれほど大きいものではない。なぜなら、フランスでも、裁判所は、職権により検査措置、特に出自鑑定を命じることができるし、他方ドイツでは、裁判所は、自由に使える適切な調査機構を持っていないからである。したがって、当事者がその手がかりを提供した場合でなければ、職権審理が実施できないのが通常なのである[14]。もちろん他の資

---

12) 1877年のライヒ民事訴訟法は、親子関係問題に関して特別の規定を置いていなかった。それゆえ、一般原則、すなわち弁論主義が適用されていた。この点は、施行直後からすでに批判されていた (*Kohler*, Der Prozeß als Rechtsverhältnis, 1888, S. 25 ; *v. Lang*, AcP 73 (1888), 244)。こうした理由から、BGBの公布に伴って改正されたZPOは、その640条において（ZPO旧622条1項および2項と結び付いて）、親子関係の存否確認の訴えについて職権探知主義の適用を規定した。立法者は、実体的真実の探求は公共の利益であると考えたのである (Motive IV, S. 672 und S. 1002 ; これに賛同するものとして、*Seuffert*, ZZP 16 (1891), 486 ; *Rosenberg*, Lehrbuch des Deutschen Zivilprozeßrechts, 1927, S. 509 ; *Weismann*, Lehrbuch des deutschen Zivilprozeßrechts, Bd. 1 1903, S. 536 ; *Leonhard*, Eideszuschiebung, S. 146 ff.)。このような公共の利益は身分詐称に関する規定 (StGB 169条) によって根拠づけられたし、他方、親子関係事件における判決の対世的既判力に対する疑念もそのようにして緩和されたのである (Motive IV, S. 672)。

13) *Stein/Jonas-Leipold*, (IX/1993), vor § 128 Rz. 86 ; *Rosenberg/Schwab/Gottwald*, § 169 II 2 a.

14) *Stein/Jonas-Leipold*, (IX/1993), vor § 128 Rz. 83 ; *Rosenberg/Schwab/Gottwald*, § 78 I 5 ; *Wieczorek/Rössler*, 2. Aufl., § 616 A I ; *Schlosser*, Bd. 1, S. 117. *Wieczorek/Rössler*, 2. Aufl., § 616 A I と *Stein/Jonas/Schlosser*, (IV/1993), § 616 Rz. 2 が挙げて

料を用いれば、それ以上の事案解明に至るはずである[15]が、その資料として考えられるのは、せいぜいのところ児童少年局の書類もしくは以前になされた訴訟の書類なのである[16]。

B．強制的身体検査

ある法秩序が実体法において生物学的真実の確認を志向する場合には、当然、出自検査を強制的に実施することが考えられる。子の由来に関する最終的な確実性は、医学的鑑定によってのみ得られるからである[17]。身体検査の受忍を強制するには、もちろん種々の可能性がある。まず、強制金や強制拘禁の賦課、ないしは究極的には検査の物理的強制による、直接・間接の強制が考えられる。また、検査の拒否に訴訟上不利益な効果が結び付けられることで、圧力が加えられることもありうる。

しかし医学的検査は、身体の不可侵性（körperliche Integrität）の毀損であり、内密領域への侵害である[18]。それゆえ、子の真実の出自の確認に対する法秩序の利益は、そのような証拠調べを受けるべき者の利害と調整されなければならない[19]。その場合に必要となる考量にあたって、ドイツ法とフランス法が前提としている立場は異なったものとなっている。

いるそれ以外の可能性（たとえば、裁判官の個人的知識、第三者からの通知、報道からの知識）は、まったくの例外であろう。
15) *Rosenberg/Schwab/Gottwald*, § 78 I 5 ; *Redeker/v. Oertzen*, § 86 Rz. 11 ; *Wieczorek/Rössler*, 2. Aufl., § 616 A I.
16) *Zöller/Philippi*, § 640 Rz. 32 ; *Brüggemann*, ZBlJugR 1976, 217 ff. ; *Roth-Stielow*, Rz. 264 f. ; *Wieczorek/Rössler*, 2. Aufl., § 616 A I ; *Stein/Jonas-Schlosser*, (IV/1993), § 640 Rz. 36.
17) OLG Stuttgart, FamRZ 1992, 971, 972 ; *Frank*, FamRZ 1995, 975, 978 ; *ders.*, Die zwangsweise körperliche Untersuchung zur Feststellung der Abstammung, FS Agell, 1994, S. 140 f.
18) *Schellhammer*, Rz. 2204 ; *Reichelt*, Verfahren, Zulässigkeit und Auswirkungen der DNA-Technologie (Genetischer Fingerabdruck) auf den Anwendungsbereich der Vaterschaftsvermutung im Rahmen des § 1600o II, Diss. Göttingen 1991, S. 91 ff.
19) KG, FamRZ 1987, 294.

I. フランス法における身体の不可侵性の保護

ドイツ法（ZPO 372a条）とは異なり、フランスでは、血液検査は直接強制によっても間接強制によっても実施できない。そのような強制は身体の不可侵性の毀損であり、それはフランス法では期待しえないものと考えられているようである[20]。ただし、訴訟の一方当事者が血液検査の要請に応じなければ、裁判官はそのことに相応した推論をなすことができる。

1. 裁判所実務における検査の範囲

裁判官の行うすべての審理がそうであるように、血液検査もまた、フランスでは当事者の申出もしくは職権によって命じることができる（N.C.P.C. 143条、144条）。出自検査を命じるか否かは、原則として裁判所の自由裁量（pouvoir souverain d'appréciation）に属する。決定的なのは、主張された事実の真実性もしくは非真実性について、裁判所がすでに完全な心証に達しているかどうかである[21]。

多くの判決例からは、裁判官の裁量に対する制約が徐々に強くなっていると推論することができるように思われる[22]。破毀院は、すべての利用可能な証拠方法、特に出自検査によって子の真実の出自を職権で探知する義務があると述べている[23]。当該の当事者がその趣旨の申出をしていなかった場合でさえも、このことは妥当するというのである[24]。

しかしながら、ここで取り上げられているのは、何よりもまず事実審裁判所

---

20) CA Paris, 24. 11. 1981, D. 1982, 355, note *Massip* ; RTD civ. 1982, 203, obs. *Perrot* ; TGI Paris, 13. 9. 1988, D. 1989, Somm., 361, obs. *Huet-Weiller*.

21) Cass., 17. 11. 1982, D. 1983, IR, 330, obs. *Huet-Weiller* ; RTD civ. 1983, 724, obs. *Rubellin-Devichi* ; Cass., 12. 2. 1985, D. 1986, IR, 65, 1 esp., obs. *Huet-Weiller* ; Cass., 3. 3. 1992, Bull. civ. I, n. 70 ; Cass., 14. 2. 1990, JCP 1990, IV, 140, D. 1990, IR, 66 ; *Sutton*, Rép. Dalloz Procédure civile, Filiation, n. 251.

22) *Gridel*, D. 1993, Chr., 195.

23) Cass., 24. 2. 1987, Bull. civ. I, n. 67 ; D. 1987, Somm., 313, obs. *Huet-Weiller*. Cass., 18. 5. 1989, D. 1989, Somm., 362, obs. *Huet-Weiller* ; JCP 1989, IV, 266 ; Cass., 10. 5. 1995, RTD civ. 1995, 871, obs. *Hauser*, D. 1996, Somm., 149, obs. *Granet-Lambrechts* も参照。

24) Cass., 30. 6. 1987, Gaz. Pal. 1988, 1, 111, note *Massip*.

の行った証拠調べが杜撰であったと思われる事例である。

　原審裁判所は、嫡出否認の枠内において、子の出自が探知されえないという認定をするにとどまっていた。母は法定懐胎期間中に他の男と情事があったのだが、依然として婚姻住居で暮らしていた。そのような場合には、子はいずれか一方の男との出自関係を持ちうるのだが、裁判所は出自鑑定を求めることをまったく考えなかったのである[25]。

　このような訴訟経過を考えれば、破毀院が原判決を破棄して、職権で出自鑑定を求めることができると指摘したのはもっともである。しかしながら、血液検査の任意的性格をかなりはっきりと強調する、最近の一連の判決が存在するのである[26]。

　夫からの嫡出否認手続において、血液検査の申出がなされた。夫婦双方とも検査を受ける用意があったにもかかわらず、裁判所はそれを命じなかった。その理由として裁判所は、父が（その他の）証拠資料を提出できなかったこと、および、出自鑑定を命じる一般的な義務が裁判所にあるわけではないということを挙げた[27]。

　さらにフランスでは、次のような場合には裁判所が伝統的に血液検査を断念する傾向にある。1993年まで、父性確認の実施が許されたのは、出自鑑定の実施前にいわゆる［訴訟］開始事由が証明された場合だけであった（C.C.旧340条）。それらの開始事由のうちで最も多かったのは、法定懐胎期間中における、実父と目される者と母との非婚生活共同体の存在であった。この訴えの要件が証明され、被告が血液検査を申し出なかった場合には、裁判官は、その事実の存在によって被告からの出自が証明されたとみなすのに十分であるとすることが多かったのである[28]。子と母の配偶者との間に身分占有がもはや存在

---

25) Cass., 24. 2. 1987, Bull. civ. I, n. 67 ; D. 1987, Somm., 313, obs. *Heut-Weiller*. Cass., 30. 6. 1987, Gaz. Pal. 1988, 1, 111, note *Massip* も参照。
26) Cass., 17. 12. 1991, D. 1993, 29, note *Massip* ; Cass., 24. 3. 1993, D. 1993, Somm., 323, obs. *Granet-Lambrechts* ; D. 1994, Somm., 119, obs. *Granet-Lambrechts*. 類似の事案として Cass., 3. 3. 1992, Bull. civ. I, n. 70 ; Cass., 30. 6. 1987, Gaz. Pal. 1988, 1, 111, obs. *Massip* ; Cass., 12. 2. 1985, D. 1986, IR, 65, 1 esp., obs. *Huet-Weiller* ; Cass., 12. 2. 1985, Gaz. Pal. 1985, 2, 719, note *Massip* も参照。
27) Cass., 17. 12. 1991, D. 1993, 29, note *Massip*. Cass., 30. 6. 1987, Gaz. Pal. 1988, 1, 111, obs. *Massip* ; Cass., 12. 2. 1985, D. 1986, IR, 65, 1 esp., obs. *Huet-Weiller* も参照。
28) Cass., 3. 3. 1992, Bull. civ. I, n. 70 ; Cass., 2. 3. 1982, Bull. civ. I, n. 95. さらに、Cass., 24.

していないことの立証を前提とする、C.C. 322条2項の反対解釈による嫡出否認の場合の状況もこれと似ている。この場合について、判例では、身分占有が欠けていることだけですでに訴えが認容されるのか、それとも、第2段階としてさらに出自なきことも証明されなければならないのか、ということについて争いがある[29]。

個別的な問題局面や例外的な状況は別として、フランスの裁判所実務は、総じて、血液検査を命じることに対しドイツよりも相当に抑制的である、ということが確認できる。特にこのことが当てはまるのは、すでに血液検査が実施されており、2回目の検査をすればより高い確実性が得られる可能性があると考えられる場合である。

> 破毀院のある事件では、伝統的な血液型検査がすでに99.999％の父性確率を明らかにしていた。破毀院はDNA分析の申出を却下した[30]。

その理由として破毀院は、本件の事情の下では、遺伝的出自検査をしても、すでに得られている検査結果を疑問視することには役立たないということを挙げている。

フランスの判例と学説の見解によれば、再度の血液検査は、すでに実施された検査措置の無用の繰り返しであると考えられているようである[31]。最初の検

---

3. 1993, D. 1993, Somm., 323, obs. *Granet-Lambrechts*; D. 1994, Somm., 119, obs. *Granet-Lambrechts* でも、依然としてそのような判断がなされている。

29) 身分占有が欠けていることの立証だけでよいとする一方の立場については、*Huet-Weiller*, obs. crit. sous CA Paris, 8. 12. 1978, D. 1979, IR, 243; CA Paris, 29. 3. 1984および TGI Colmar, 21. 1. 1985, D. 1986, IR, 57, obs. *Huet-Weiller*; CA Dijon, 25. 10. 1995, RTD civ. 1996, 590, obs. crit. *Hauser* を参照。他方の立場については、CA Paris, 17. 12. 1982, D. 1983, 377, obs. *Raynaud*; CA Verseilles, 16. 2. 1982, D. 1983, IR, 325, obs. *Huet-Weiller* 参照。

30) Cass., 12. 1. 1994, JCP 1994, IV, 665; D. 1994, 449, note *Massip*; D. 1994, Somm., 113, obs. *Granet-Lambrechts*. Cass., 7. 6. 1995, D. 1996, Somm., 156, obs. *Granet-Lambrechts* も参照。

31) CA Limoges, 24. 2. 1994, J.-Cl. civ., Art. 340 à 340-7, Mise à jour, n. 31 f. (99.96％の父性確率があれば遺伝的検査はもはや不要であるとする). Cass., 17. 11. 1982, D. 1983, IR, 330, obs. *Huet-Weiller* も参照。*Massip*, note sous Cass., 19. 12. 1991, 17. 12. 1991, 18. 2. 1992, 17. 3. 1992, D. 1993, 33; *Sutton*, Rép. Dalloz, Procédure civile, Mise à jour, Filiation, n. 249. 反対例として、Cass., 28.4.1986, D. 1986, 484, obs. *Massip. Labrusse-Riou*, Enc. Dalloz, Filiation, n. 148; *Massip*, note sous Cass., 12. 1. 1994, D. 1994, 450 も参照。

査に基づく父性確率が 99.98％ であったという父性確認の事案で、被告自身がすでに 10 年以上泌尿器科の治療を受けており、自分の生殖可能性は 26％ でしかないことを証明して再度の検査を求めたのに対し、破毀院はこれを拒絶したのである[32]。

たしかにフランスの裁判官も、通常の手順としては「証拠の女王（la reine des preuves）」たる出自検査に依拠しており[33]、その際には 99.7％ から 99.99％ の間の父性確率が求められているが[34]、フランスの実務が出自検査をドイツよりも柔軟かつ実用主義的に扱っていることは明らかである。

2．検査拒否の場合における証拠判断

フランスでは、出自検査が命じられても、それを強制金（罰金強制）や強制拘禁を用いて実施することは許されない[35]。パリ控訴院はこの原則の根拠を次のように述べている。「人の身体の不可侵性という根本原則は、ある者に対して、軽微なものであれその身体への直接的侵害を甘受するよう強いるために、裁判官が――経済的性質のものにすぎないとしても――強制手段に訴えることを禁止する」[36]。この理由づけの中に、身体の不可侵性の侵害に対するフランス人の根強い反発が表れている[37]。血液検査の強制を可能にしようとする大胆な試みが若干の学説[38]に見られたものの、学説と判例におけるまったく支配的な意見は、この原則を堅持してきたのである[39]。

---

32) Cass., 17. 3. 1992, D. 1993, 30, note *Massip*. 裁判における慎重さについては、さらに Cass., 11. 2. 1997, D. 1997, 502, note *Massip* 参照。

33) *Rubellin-Devichi*(Hrsg.), Droit de la famille, 1996, n. 1523.

34) CA Paris, 31. 1. 1990, D. 1990, IR, 59.

35) TGI Paris, 13. 9. 1988, D. 1989, Somm., 362, obs. *Huet-Weille*r. このことは、かなり以前から確定判例および支配的学説と一致している（*Carbonnier*, note sous Cass., 25. 7. 1949 ; D. 1949, 585 ; *Savatier*, note sous Cass., 17. 6. 1953, JCP 1953, II, 7822 を参照するだけでよい）。

36) CA Paris, D. 1982, 355, note *Massip*.

37) *Boehmer*, Welche Anforderungen sind an eine Reform des Rechts des unehelichen Kindes zu stellen ?, Gutachten zum 44. Deutschen Juristentag, Hannover 1962, S. A 62. *Constantinesco*, AcP 159(1960), 326 は、人の身体がある意味でいわば「神聖視」されていると述べている。

38) *Holleaux*, note sous Cass., 13. 1. 1959, D. 1959, 45.

一方当事者が血液検査を受けるのを拒否すれば、N.C.P.C. 11条1項により、裁判官は、それに相応した結論を導くことができる[40]。個別の意見の中には、このような間接的強制でさえも「人の身体の不可侵性の観点から見れば衝撃的な解決（自由権の行使がかように重大な結果に結び付けられるとすれば、自由権はいったいどうなるのだろう？）」[41]であるとするものもある。これについてオーゼール（Hauser）は次のような見解を述べている。「身体的強制よりも道徳的強制が優先されると単純に考えてもよいのであろうが、それもやはり強制なのである」[42]。

血液検査を受けることの拒否が、それだけで敗訴につながることは原則としてない。どんな場合でも、具体事案の諸事情が考慮されなければならないのである[43]。たしかに検査拒否は、判例の圧倒的多数の事案において拒否した当事者の不利益となっているが、裁判所は、ほとんど常にその判断を付加的な考慮とも合わせて理由づけるよう努力している[44]。たとえば、父性確認の訴えを認容するにあたり、母と父と推測される者とが関係を持っていたことを追加的な

39) 初期のものとして、CA Montpellier, 15. 12. 1948, JCP, II, 4875 ; *Savatier*, D. 1948, Chr., 33 参照。これに対して *Carbonnier*, note sous TGI Lille, 18. 3. 1947, D. 1947, 510 は、被検査者が同意しない場合には血液検査の命令そのものを禁止しようとしていた。サヴァティエ（Savatier）とカルボニエのいずれも、自身の見解の根拠をフランス訴訟法の自由主義的な姿勢に求め、1933年以降のドイツの態度をこれに対比させている。
40) さしあたり最近のものとして Cass., 6. 3. 1996, RTD civ. 1996, 373, obs. *Hauser* を参照。
41) *Cadou*, La "biologisation" du droit de la filiation, in : Labrusse-Riou (Hrsg.), Le droit saisi par la biologie, 1996, S. 23. *Lemouland*, note sous Cass., 6. 3. 1996, D. 1996, 533 も参照。
42) *Hauser*, RTD civ. 1996, 374.
43) CA Pau, 13. 3. 1979, JCP 1981, IV, 229 ; *Nerson/Rubellin-Devichi*, RTD civ. 1982, 595（「血液検査の拒否から帰結される推定がどの程度の価値を有するかは、……すべての事情を考慮して決定されるべきである」）; Cass., 2. 4. 1968, D. 1968, 705, note *Rouast*; TGI Strasbourg, 27.5.1983, D. 1986, IR, 65, 3 esp., obs. *Huet-Weiller*; *Lemouland*, note sous Cass., 6. 3. 1996, D. 1996, 532 f. ; *Granet-Lambrechts*, note sous CA Paris, 21. 6. 1994 ; CA Poitiers, 23. 6. 1993, D. 1995, Somm., 120.
44) CA Paris, 21. 6. 1994, D. 1995, Somm., 119, obs. *Granet-Lambrechts* ; CA Poitiers, 23. 6. 1993, D. 1995, Somm., 119, obs. *Granet-Lambrechts* ; Cass., 5. 5. 1993, D. 1993, Somm., 330, obs. *Granet-Lambrechts* ; Cass., 25. 6. 1991, Bull. civ. I, n. 208; TGI Paris, 22. 4. 1986, D. 1987, Somm., 315, obs. *Huet-Weiller*; Cass., 5. 5. 1982, D. 1982, IR, 389 ; Cass., 5. 2. 1991, D. 1991, 456, note *Massip* ; RTD civ. 1991, 509, obs. *Huet-Weiller* ; D. 1992, Somm., 176, obs. *Granet-Lambrechts*.

根拠としたり[45]、訴えの棄却の理由として、実父とされた者と母が知り合った時点で彼女はすでに妊娠していたことが付け加えられることもある[46]。

もちろん、拒否した一方当事者にとってそれが不利益とならなかった裁判例も、少ないながら存在する。

> 出自検査の実施を拒否したのが被告であったにもかかわらず、母が認知取消の訴えで敗訴した事案がある。その母と被告は1977年に離婚したのであるが、1978年にはその関係が復活していた。子が出生して2年後の1983年に、彼らは再び別れた。1985年に母が別の男と結婚した後、母は1988年に父性否認の訴えを提起した。母は、その子の父は船旅の間に知り合ったオランダ人の旅行者であると主張した。
>
> 破毀院は、この女は何年にもわたって認知の正当性に疑念を表明していなかったのであるから、男の拒否はもっともであり、それは正当なものであると判示した[47]。

そもそも拒否――とりわけ母の――が誰の不利益とされるべきかの判断が困難な場合も時折出てくる。

> 父が自分のなした認知を29年後に取り消した。母は出自検査には応じなかったが、子はこれに応ずる用意があった。しかし、父母と子について検査ができる場合でなければ、出自検査は不可能である。
>
> 裁判所は、具体事案において母の態度が子の不利益とされるべき理由が見あたらないという理由で、訴えを棄却したのである[48]。

II．ドイツ法における真実探知

フランス法が、生物学的真実の発見を強制できるような訴訟上の手段を、いかなる場合であっても、またいかなる代償を払ってでも用意しようとまではし

---

45) Cass., 6. 3. 1996, RTD civ. 1996, 373, obs. *Hauser* ; D. 1996, 529, obs. crit. *Lemouland* ; CA Paris, 9. 6. 1994, J.-Cl. civ., Art. 340 à 340-7, Mise à jour, n. 31 f.
46) CA Paris, 13. 3. 1992, D. 1993, Somm., 43, obs. *Granet-Lambrechts*.
47) Cass., 13. 1. 1993, JCP 1993, IV, 649 ; JCP 1994, I, 3729, n. 15, obs. *Rubellin-Devichi* ; D. 1993, Somm., 330, obs. *Granet-Lambrechts* ; RTD civ. 1993, 81, obs. *Hauser*. Cass., 2. 4. 1968, D. 1968, 705, note *Rouast* も参照。
48) TGI Strasbourg, 27. 5. 1983, D. 1986, IR, 65, obs. *Huet-Weiller*.

てはいないのに対して、ドイツ法は、訴訟において究極的な確実性を追求している。

ドイツでは、直接強制を用いた身体検査の強制可能性（ZPO 372a 条）を、法政策的に疑問視する者はいない。この規整が必要な理由として、次のような職権探知主義との関連が挙げられる[49]。すなわち、法秩序が親子関係事件に対する公共の利益を肯定し、それゆえに、訴訟資料の収集を当事者だけに委ねないようにするならば、証拠調べに際して、真の事実関係を探知するのに必要な手段を当事者と裁判官に与えることこそが首尾一貫した態度なのである。

オーストリアと比較してみると、このことの自明性には疑念が抱かれる。オーストリアでは、「大ドイツ」のために導入された1943年の家族法規定の適応に関する命令（FamRAnglV）第4章7条2項1文の規定による検査義務が、変更されずに現在まで適用されている。ZPO 372a 条と同じ文言であるにもかかわらず、オーストリアの最近の判例と支配的見解は、この規定によって認められるのは強制引致だけであって、強制的な血液採取は認められていないと解しているのである[50]。その理由として特に挙げられるのは、他の手段（強制金と強制拘禁）によってほとんど同じ結果が達せられるのであるから、［強制的血液採取を認める］別の解釈は行き過ぎだということである[51]。

1．裁判所実務における検査の程度

ZPO 372a 条は、身体検査が出自の確認のために「必要」なすべての場合に適用される。また、「何人」に対しても、検査（血液型検査もしくは DNA 分析）を実施することができる。その者が正当な理由なしにこれを拒否する限り、ZPO 390 条1項と結び付いた ZPO 372a 条2項により、秩序金および秩序拘禁

---

49) *Frank*, FamRZ 1995, 975, 977 ; *Bosch*, Südd. JZ 1947, 314, 315 ; *Fasching*, ÖJZ 1981, 169.
50) LGZ Wien, 12. 12. 1990, EFSlg 64. 190 ; LGZ Wien, 12. 4. 1988, EFSlg 57. 863 ; *Fasching*, ÖJZ 1981, 169, 171 ; *ders.*, Lehrbuch des österreichischen Zivilprozeßrechts, 2. Aufl. 1990, Rz. 995 ; *Simotta*, ZZP 103(1993), 510. 以前の判例は違っていた：OLG Wien, 10. 1. 1978, EFSlg 32. 124; LGZ Wien, 11. 1. 1984, EFSlg 46. 715 ; LGZ Wien, 27. 2. 1986, EFSlg 52. 268.
51) *Simotta*, ZZP 103(1993), 510. *Zeizinger*, ÖJZ 1969, 378, 383 も参照。

を命じることができ、また、最も徹底的な場合には、その検査は——必要とあれば警察の援助を得て——物理的に強制することができるのである[52]。

父性確認において裁判所が利用可能なすべての医学的検査を尽くした場合、支配的見解によれば、出自確率が少なくとも99.73％に達すれば、父性は証明されたものとみなされる[53]。しかし、現在では、たいていの事案においてこの数値を上回ることがもはや通例となっている[54]。それゆえ、ドイツの裁判所がZPO 372a条を用いて達成しようとする確実性の程度は、異常に高いのである。

裁判官がそれ以外の検査をもっとできるとなると、法的な事態は違ってくる。職権探知主義により、裁判所は、よりいっそうの解明が期待できる利用可能なすべての証拠を、出自を確信するに至るまで調べる義務がある[55]。遺伝的な出自鑑定はほとんど際限なしに続行されうるし[56]、これにより得られる父性確率は段々と高いものとなりうる。また、検査に組み入れられる多数関係者（とおぼしき）証人が増えていく可能性もある。しかし、理論的に可能だからといって、すべての場合にあらゆる検査が、考えられるすべての者に対して職権で実施されなければならないとまではいえないであろう。かような労力を費やすことは正当化できないであろう。それは訴訟手続の一般的遅延につなが

---

52) 直接強制が適用された事案として、LG Regensburg, DGVZ 1980, 171がある。検査を申し出たが後に検査の実施を拒否した当事者に、検査の受忍を強制することは許されず、むしろ一般原則により証明の懈怠（beweisfällig）があるにとどまるとする *MünchKomm/Damrau*, ZPO § 372a Rz. 30の見解は誤りである。この場合にもZPO 372a条が適用されることはまったく明らかである。

53) BGH, NJW 1974, 1428；OLG München, DAVorm 1979, 756, 758；OLG Koblenz, FamRZ 1983, 759, 760；KG, DAVorm 1984, 503；OLG Hamm, DAVorm 1984, 727, 730；OLG Hamburg, DAVorm, 1985, 147, 149；OLG Hamm, FamRZ 1994, 648, 649；*Stein/Jonas-Schlosser*, (IV/1993), § 644 Anhang I Rz. 18；*MünchKomm/Mutschler*, § 1660o Rz. 7a und 7b；*Hummel*, NJW 1981, 605, 608；*ders.*, DAVorm 1986, 785；*Hummel/Mutschler*, NJW 1991, 2929, 2931；*Mammey*, FamRZ 1984, 332.

54) 裁判上で利用可能なすべての種類の血液型検査を尽くした場合だけでも、父でない者が排除される確率は99.9％である（*Ritter*, FamRZ 1991, 646, 647. *MünchKomm/Mutschler*, § 1600o Rz. 1 m.w.N. も参照）。

55) BGH, NJW 1994, 1348, 1349；BGH, NJW 1991, 2961, 2962；BGH, FamRZ 1990, 615；BGH, FamRZ 1989, 1067, 1069；BGH, FamRZ 1988, 1037, 1038；BGH, FamRZ 1987, 583, 584.

56) *Hummel/Mutschler*, NJW 1991, 2929, 2930.

り、当事者でない者の内密領域をいたずらに侵害しかねないし、何よりも、高い父性確率を得るには、医学的に承認された検査方法の一部で足りることがほとんどだからである。それにより裁判所は、理論上はさらに進んだ探知が可能と思われる場合であっても、出自関係についての十分な確信を得ることができるのである。すなわち、父性確認の場合に高い数値の父性確率が出ていれば、被告に対するそれ以上の検査は中止されるのである。けれども実務は、99.9％以上の数値で揺れ動いている[57]。

判例が職権探知義務の履践としてこれほど高度の内容を要求していることは、確実な結論に到達するためには原則として妥当といえよう。しかし、被告が自分自身について新たな鑑定を繰り返し申し出る場合には、最終的確実性を求める裁判所の衝動はその頂点にまで駆り立てられるのである。

  父性確認の事案において、複数の医学的検査によって被告の父性確率が99.9996％に達していた。控訴審において被告は、さらにDNA分析を行うことを申し出た。上級地方裁判所は、それまでの証拠調べによって被告の父性は証明されたと考えられるという理由で、この申出を却下した。

連邦通常裁判所は、以下のような理由によって原判決を破棄した。たしかに、原審裁判所には事実関係をさらに解明する義務はなかったが、民事訴訟における適式の証拠申出が却下されてよいのは、常に、刑事訴訟法（StPO）244条から類推される要件が満たされる場合だけである[58]。この規定によれば、裁判所が申請を却下できるのは、裁判所が証明される事実を真実であると考えている場合、もしくは申請されている証拠方法が入手不能であるか、主張事実を証明するのにまったく不適当な場合だけである。しかし、DNA分析を用いて被告の父性を排除できるチャンスがわずかながらもまだ存在しているのである

---

57) 裁判所がそれ以上の職権による検査を見合わせた父性確率は以下の通りである。
OLG Oldenburg, FamRZ 1979, 969, 970 (99.5 %); OLG Zweibrücken, DAVorm 1981, 465, 467 (99.97 %); KG, DAVorm 1984, 503, 505 (99.73 %); BGH, NJW 1991, 2961, 2962 f. (99.9996 %); OLG Hamm, FamRZ 1992, 455 (99.93 %); KG, DAVorm, 1991, 763, 768 (99.99 %); AG Westerstede, FamRZ 1994, 650 (99.89 %); *MünchKomm/Coester-Waltjen*, ZPO, § 640 Rz. 89 (99.85 %).

58) FamRZ 1991, 426, 428.

から、申し出られている証拠方法が「まったく不適当」と見なされてはならなかった。この見解は、判例と学説における圧倒的な意見に合致している[59]。ただし、その場合には――連邦通常裁判所もそうしているように――ZPO 379 条および 412 条により、費用の予納を条件として鑑定を行うことができる[60]。

しかしながら、職権による証拠調べの義務がない場合でさえも、何ゆえに当事者の証拠申出によって裁判所がさらなる検査を強いられるというのか、その理由は理解しがたい[61]。遺伝的出自についての確実性に到達したいとの理由で、そのような判例を正当化することはもはやできない。99.9％の解明の代わりに 99.9999％の確実性に到達しても、それは誰の役にも立たない。そこまで求める支配的見解は、技術的に可能なことを法律的にも貫徹したいとの誘惑に負けているのである。

これに対してベルリン上級地方裁判所は、99.99％の父性確率が得られていた事案において、再検査の実施を求める申出を却下している[62]。同裁判所は、

---

59) 被告の再度の鑑定申出が許容された父性確率は次の通りである。BGH, FamRZ 1987, 583, 584 (99.99％); OLG Hamm, DAVorm 1991, 947 (99.994％). BGH, FamRZ 1975, 682 の段階では、連邦通常裁判所はまだ異なった判断をしており、98.5％ ないし 99％ であればそのような申出を却下していた。多数関係者（とおぼしき）証人の鑑定申出が許容された父性確率は次の通りである。BGH, FamRZ 1990, 615, 616 (99.94-99.95％：自認している多数関係証人のケース); BGH, FamRZ 1988, 1037, 1038 (99.9996％); OLG Hamburg, DAVorm 1985, 325, 327 f. (99.89％); OLG Hamburg, DAVorm 1986, 81 (99.98％)。基本的文献として、*Schlosser*, FamRZ 1976, 6 ff.; *Zöller/Philippi*, § 640 Rz. 37.
60) BGH, FamRZ 1991, 426, 428. 費用の予納を求めることができるのは、職権による証拠調べの要件が存在しない場合に限られる（OLG Hamm, DAVorm 1992, 220; OLG Hamm, DAVorm 1991, 947 ; OLG Hamburg, DAVorm, 1991, 678 ; OLG Hamburg, FamRZ 1986, 195 ; OLG Hamm, DAVorm 1985, 149 ; *Zöller/Philippi*, § 640 Rz. 37 ; *MünchKomm/Coester-Waltjen*, ZPO, § 640 Rz. 86）。しかし、そのような場合の証拠申出には「十分な成功の見通し」がほとんどないから、その申出には ZPO 114 条の準用により訴訟費用救助は及ばないことになる。
61) *Hummel/Mutschler*, NJW 1991, 2929, 2931 m.w.N. in Fn. 14 ; *RGRK/Böckermann*, § 1600o Rz. 24.
62) したがって同裁判所は、99.73％ の父性確率があればそれ以上の審理はもはや行うべきではないという、同裁判所の従来の判例を維持したのである: KG, DAVorm 1988, 620 ; KG, DAVorm, 1988, 280 ; KG, DAVorm 1985, 412, 413 ; KG, DAVorm, 1984, 503, 505 ; OLG Hamm, FamRZ 1993, 472, 473. OLG Zweibrücken, DAVorm 1981, 465, 467 f. および OLG München, DAVorm 1984, 314, 315 も参照。連邦通常裁判所の判例に批判的なものとして、*Parlandt/Diederichsen*, § 1600o Rz. 14.

連邦通常裁判所と同じくStPO 244条3項を類推して、さらなる証拠調べは主張事実を証明するのに「不適当」であることを理由とした。しかしながら——連邦通常裁判所とは異なり——本件の裁判官は、具体的事情の下において、再検査は主張事実を証明するのに不適当であると判断している。すなわち、本件では被告は確実性に近い確率をもって父であると確認されており、確実性に近い確率が得られている状況下での再検査は無意味であるというのが、その判断の理由であった[63]。不必要な費用[64]と訴訟の無用な長期化を避ける[65]、StPO 244条3項のこのような解釈は実務としてまったく正当なものであり、保護に値する利益を侵害することもないといえよう[66]。

連邦通常裁判所は、このような措置は、立証がなされる前にすでにその失敗を前提とするものであり、許されない先取り的証拠判断（vorweggenommene Beweiswürdigung）であるとした[67]。しかし、先取り的証拠判断の禁止は、証拠調べの結果は決して確実に予想できないのであり、すでに確実と思える心証も覆されることがあるという考え方に基づいている[68]。つまり、この原則は、人間の認識能力の不完全さと裁判官の予断の危険から当事者を保護するものなのである。身分訴訟において裁判官がその職権探知義務を完全に尽くし、専門

---

63) DAVorm, 1991, 763, 768.
64) KG, DAVorm 1991, 763, 768 によれば、DNA鑑定の費用は7000マルクである。血液型鑑定の費用については、*Ernst*, S. 46, Fn. 211 所掲の資料参照。フランスでは、D-NA鑑定は1人当たり2000フラン（血液型鑑定の場合には800ないし900フラン）の費用であり、それゆえ3名の検査をする場合でも、その費用はドイツよりもかなり低廉である（*Creissen*, RIDC 1995, 766）。
65) *MünchKomm/Mutschler*, §§ 1951, 1592 Rz. 41 も参照。
66) *Hummel/Mutschler*, NJW 1991, 2929, 2932 ; *MünchKomm/Mutschler*, §§ 1951, 1592 Rz. 42 m.w.N. *Stein/Jonas-Schlosser*, (IV/1993), § 644 Anhang I Rz. 18 は、「実際的にも、2人の多数関係者を検査したところ99.73％以上の父性確率が得られたことが一度あ（った）」（BGH, FamRZ 1990, 615, 616 参照）ことを強調するが、年間に行われる血液検査が数千件にものぼることを考えれば、この指摘は無視してよいのではなかろうか。OLG Hamm, FamRZ 1992, 455 も参照。
67) BGH, FamRZ 1988, 1037, 1038 ; BGH, FamRZ 1990, 615, 616 ; *Zöller/Philippi*, § 640 Rz. 46. この原則については、BVerfG, NJW 1993, 254, 255 も参照。
68) BGHZ 53, 245, 259 ; *Schneider*, MDR 1969, 268 ; *Löwe-Rosenberg*, § 244 Rz. 183 ; *Engels*, GA 1981, 21, 25 f. ; *Alsberg/Nüse/Meyer*, 5. Aufl., S. 412.

家が自然科学的に裏付けられたきわめて高い父性確率に到達しているならば、このような配慮はもはや妥当しない。職権探知の場合でも、裁判所は、可能な証拠調べがなおも必要なのかどうかを自ら問わなければならないのである[69]。

最終的には、限界的事案では連邦通常裁判所も「先取り的証拠判断」をせざるを得ないことが明らかとなる。連邦通常裁判所は、1994年1月12日に次のような事案を判断しなければならなかった。

> 最初の鑑定により、被告について99.95％の父性確率が得られた。再度の鑑定の申出が認められ、結果としてその確率は99.999999％に高まった。しかし、これでも被告は納得しなかった。3度目の鑑定によって、父性確率は99.99999999999％となった。ここに至って連邦通常裁判所は、4度目の鑑定を求める被告の申出が拒絶されてよいかどうかを判断しなければならなかった。

連邦通常裁判所はまず次のように述べて、言葉の上では自身の従来の確定的判例に固執した。すなわち、証拠調べの成果がほとんど期待できないと裁判所が考えているという理由、もしくは裁判所がすでに当該証拠により証明されるべき事実とは反対の確信に達しているという理由で、証拠申出が拒絶されてはならない。いずれの場合にも、許されない先取り的証拠判断を行う結果となってしまう。ただし、当該の証拠方法が「まったく不適当」である場合には、裁判所はその証拠申出を却下してもよい。しかし、次いでこの原則の当てはめにあたって、連邦通常裁判所は、さらなる事案解明が当該の証拠方法によっては期待しえない[70]ことをもって、証拠方法がまったく不適当であることの理由としたのである。しかしこのような考え方こそ、以前に連邦通常裁判が許されないと宣言していたものなのである。これは、連邦通常裁判所が自己の前提を貫徹できないことを物語っている[71]。さらにDNA分析を行えば、被告の父性が排除される可能性が理論的にはまだあり得たからである[72]。

---

69) *Hummel/Mutschler*, NJW 1991, 2929, 2932.
70) BGH, NJW 1994, 1348, 1350.
71) それゆえ *Zöller/Philippi*, § 640 Rz. 40 末尾の記述は、連邦通常裁判所は従来の見解を放棄したのではないかと推測している。
72) *Hummel/Mutschler*, NJW 1991, 2929, 2930 f. の論述を参照。

当事者の申出によって証拠調べの義務が職権探知義務以上に拡大されることはありえないという点は、依然として堅持されている。裁判所の審理義務をそのようにして過度に拡大することは、解釈論上根拠のないことであり、またそうする実際的な必要性も存在しない。この点はフランスの判例とも一致している。最初の鑑定によって99.999％の父性確率が得られているにもかかわらず、2度目の鑑定が申し出られたという事案に関する破毀院判例について、マシップ（Massip）は次のような意見を述べている。「しかし、これはあまりに理論的に過ぎるものの考え方である。段々と詳細に及んでいくような、そして費用がかさんでいくような探索に陥らないようにしたいのであれば、また、訴訟の解決を永遠に遅延させることのないようにしようとすれば、立ち止まらなければならない一線というものが存在するのである。新たな出自検査によって到達できる結論が、すでに行われた検査の結論とおおむね等価値である場合には、その検査を必ずしも不可欠のものとは考えないことが理性的であるように思われる」[73]。このような実用主義的な姿勢は——すでに述べたように——破毀院の判例にも表れているのである。高い父性確率が得られていれば、さらに検査を命ずるかどうかは、広く裁判官の自由裁量に委ねられるのである。

２．真実探求の限界

前節では、ドイツの裁判所は本来どの程度の父性確率を追究すべきかを論じたが、そのこととは別に、一定の尋常ならざる事情がある場合に解明の努力を一般的にやめさせることはできないのか、という問題がある。

　　a）　ZPO 372a条に規定された期待不能性

ZPO 372a条1項によれば、検査を受けるべき者は、その措置が「……その結果のもたらす効果を斟酌して、その者自身もしくはZPO 383条1項1号ないし3号に掲げる近親者にとって期待され（得ない）」場合には、検査を拒否することができる。1953年にニュルンベルク上級地方裁判所は、この規定を

---

73)　Note sous Cass., 12. 1. 1994, D. 1994, 450.

「客観的真実の探知に対する司法と国家の利益と、正当化されない身体検査から個々人を保護する利益との上首尾な統合（Synthese）」[74]と評した。

　出・自・検査が許されないのは、それによって婚姻の平和が破壊されうるからなのではない、ということについては判例・学説において争いがない[75]。なぜなら検・査・そのものによってではなく、すでにそれ以前の呼出しによって婚姻は危険にさらされるのだからである[76]。まずもって訴え提起とそれに伴う呼出しを回避するために、婚姻と家族の保護が出自関係の解明よりも優先されるべき場合を定めるのは、実体法がなすべきことである（嫡出否認についてはBGB旧1596条1項がそのような利益考量のあらわれであった）。

　したがって、ZPO 372a条にいう期待不能性の概念の解釈にあたって決定的となる問題は、当事者もしくは証人が、自身の近親者が刑事訴追を受けるおそれがある場合に検査を拒否できるかどうかである[77]。検査強制がこれ以上の不利益につながるような場合は存在しない。期待不能性条項が完全に無意味なものになってはならないのであれば、この種の切迫した状況がある場合には、検査を拒否する権利が認められてよいはずである。

　一部の見解には、証言拒絶権に関する諸規定の反対解釈によって検査義務を概括的に肯定するものがある。つまり、証人に関しては、ZPO 384条2号において刑事訴追のおそれがある場合に証言拒絶権が認められているが、人証に関する諸規定のうちZPO 372a条2項が明文で準用しているのはZPO 386条から

---

74) NJW 1953, 1874.
75) OLG Hamburg, MDR 1954, 46 ; OLG Nürnberg, FamRZ 1961, 492, 493 ; OLG Stuttgart, DAVorm 1979, 356, 361 ; *MünchKomm/Damrau*, ZPO, § 372a Rz. 15 ; *Stein/Jonas-Schumann*, (Ⅶ/1988), § 372a Rz. 13.
76) LG Stuttgart, MDR 1953, 370.
77) 葛藤を最初から和らげるひとつのエレガントな方法は、証人に対して原則的には民事法上の検査義務を課しておきながら、そこで得られた知見を刑事訴訟上は証拠利用の禁止によって保護することであろう。しかしそのような脇道は開かれていない。自己に不利益を及ぼす民事法上の［証言］義務がある場合の証拠利用禁止に関する連邦憲法裁判所の判例から導かれる準則によれば、証拠利用の禁止はともかくも［当該証言なしに］刑事訴訟が遂行されたとして、同じ結論には到達しえないと思われる場合に限られるのである（*Dingeldey*, NStZ 1984, 529, 532）; BVerfGE 56, 37, 51 参照。しかも、身体検査の場合には、StPO 81a条は、被疑者について無制限の受忍義務を定めているのである。

390条までであって、ZPO 384条2号は含まれていない[78]、というのである。

しかしながら、こうした法律の体系から読み取ることができるのは、せいぜいのところ、何らかの刑事訴追のおそれがあるだけで検査が期待不能となる訳ではないということなのであり、このことは、刑事訴追のおそれがおよそ ZPO 372a 条1項にいう期待不能性にはつながらないなどということを、決して意味しないのである[79]。

法律に含まれた評価についていえば、ZPO 384条2号では証人に供述拒絶権が認められるにもかかわらず、ZPO 372a 条により身体検査の受忍が義務づけられるというのは、一見して奇異に思われる。「口で供述しなくともよい者は、身体で証明する必要もないはずである」[80]という要求が出されるのも、もっともなことと思われるかもしれない。しかし、このような物言いは、人証と検証による証拠の本質的な相違を看過している。人証の場合に供述拒絶権が認められるのは、まずもって、葛藤状況における供述がしばしば真実発見には貢献しないということにある。医学的検査の場合には、このような観点は問題にならない。さらに、第三者に不利益を及ぼすかもしれない供述をなすべき証人の葛藤は、検査対象者が置かれている切迫した状況よりも格段に大きい。つまり、検査対象者は、真実と非真実を選べる状況にはないのである[81]。自己に不利益が及ぶおそれについては、自己の有罪認定に能動的協力を強制されるかどうか、それとも、検査措置の受動的認容を義務づけられるだけかという段階的な相違があるのである[82]。

したがって、[検査拒否権の一般的否定もしくは一般的肯定という]いずれ

---

78) *MünchKomm/Damrau*, ZPO, § 372a Rz. 15.
79) *Sautter*, AcP 161(1962), 242 f.; *Stein/Jonas-Schumann*, (Ⅶ/1988), § 372a Rz. 13. OLG Frankfurt, NJW 1979, 1257 参照。
80) *Meyer*, DRiZ 1951, 34. これに否定的なものとして、*Bosch*, DRiZ 1951, 108; *Sautter*, AcP 161(1962), 238.
81) OLG Hamburg, NJW 1953, 1873, 1874; OLG Nürnberg, NJW 1953, 1874, 1875; *Bosch*, SJZ 1947, 314, 321; *Pohle*, MDR 1950, 642, 645; *Niemeyer*, MDR 1952, 199, 201; *Stein/Jonas-Schumann*, (Ⅶ/1988), § 372a Rz. 13.
82) OLG München, JZ 1952, 426, 427; OLG Nürnberg, NJW 1953, 1874, 1875; OLG Nürnberg, FamRZ 1970, 597, 599; *Stein/Jonas-Schumann*, (Ⅶ/1988), § 372a Rz. 13.

の方向をとるのであれ、上述のような概括的解決は許されないのである。それゆえ、支配的見解と大多数の判例は、たしかに刑事訴追のおそれは原則的として身体検査の期待不能性の根拠とはなりえないが、考えられるすべての利益を考量した個別事案の判断が重要であるとの立場をとっているのである[83]。たしかに言葉の上では、刑事訴追のおそれがあれば利益考量に基づいて拒否権が認められる可能性は与えられているが、ZPO 372a 条の導入以来、そのような拒否権が実際に認められた裁判例は知られていない[84]。

刑事訴追のおそれがある最も頻繁なケースは、StGB 153 条、154 条による非宣誓もしくは宣誓の上での虚偽供述である。

たとえば、父性確認訴訟において、子の実父と考えられる男たちについての尋問が母に対して行われ、母が真実に反して1人の男の名だけを挙げた後に、裁判所が母を含めた出自鑑定を命じた。

この場合、母は虚偽供述の罪責を問われるおそれがあるから、彼女にとって検査が「期待不能」であるかどうかが問題となる。支配的見解は、出自検査は許されるものと解している。その女は、供述を拒絶することもできたのに、自ら切迫した状況を招いたのだからである[85]。さらに、そのような状況は出自訴訟においてきわめて頻繁に発生するのであり、この場合に拒否権を認めようとすればZPO 372a 条の規定はほとんど無意味になってしまうであろうとの指摘もある[86]。

---

83) OLG Nürnberg, FamRZ 1970, 597, 599 ; OLG Frankfurt, NJW 1979, 1257 ; KG, NJW 1969, 2208, 2209 ; *Baumbach/Lauterbach/Albers/Hartmann*, § 372a Rz. 21 ; *Stein/Jonas-Schumann*, (VII/1988), § 372a Rz. 11 und 13 f. 刑事訴追のおそれを一般に正当な拒否事由と考えるものとして、*Bosch*, DRiZ 1951, 107, 109 がある。

84) *Stürner*, S. 176 f. ; *Wieczorek/Rössler/Schutze*, § 372a Amn. D II b. *Schönke/Schröder-Niese*, 8. Aufl. 1956, § 63 VII 2b でも、つとにこのことが指摘されている。それゆえ、ZPO 372a条は、基本権の侵害がそこに含まれていることを考慮して狭く解釈されるべきだとの学説のアピールは、実務では空振りに終わっている (*Weber*, NJW 1963, 574 ; *Mayer*, DRiZ 1951, 34 ; *Stein/Jonas-Schumann*, (VII/1988), § 372a Rz. 1)。

85) OLG Stuttgart, DAVorm 1979, 356, 360 ; *Niemeyer*, MDR 1952, 199, 200 ; *MünchKomm/Damrau*, ZPO, § 372a Rz. 15 ; *Dünnebier*, JZ 1952, 427, 429.

86) OLG Frankfurt, NJW 1979, 1257 ; OLG Nürnberg, FamRZ 1970, 597, 599 ; KG, NJW 1969, 2208, 2209 ; *Stein/Jonas-Schumann*, (VII/1988), § 372a Rz. 13 ; *Eichberger*, Aktuelle Probleme der Feststellung der Abstammung (§ 372a ZPO), Diss. Regensburg 1988, S. 101.

B. 強制的身体検査

出自検査によって近親相姦関係［StGB 173条（近親相姦罪）］が露見するかもしれない場合の取扱いも、これと類似している。判例によれば、そのような容疑をかけられると考える母についても[87]、母の実父についても検査拒否権は認められない[88]。利益考量を行うにあたって裁判所は、近親相姦の容疑がある場合には、次の2つの理由から、子が自己の出自の確認に対してとりわけ特別の利益を有していることを重視している。すなわちまず第1に、心理的負担となるような自己の出自の事情をはっきりとさせる必要があるし、また第2には、近親相姦の場合には遺伝的疾患のおそれが強まるから医学的な理由もある、というのである[89]。

判例の分析から明らかとなるのは、ドイツ法における血液検査の受忍強制が実際上「期待不能」となる場合はおよそ存在しない、ということである。この点、フランス法の解決の方が優れているように思われる。フランスでは、裁判官がそのことに相応した推論をなすかもしれないとしても、検査を受けるかどうかは各自の自由に委ねられているのである。いずれにしても、そのことによって、刑事訴追のおそれといったような葛藤状況は、かなりの範囲で排除されている。フランスでは、出自訴訟における検査の拒否はまったく普通のことであるから、その拒否だけでは、結果として刑法上の効果が生ずるまでには至らないであろう。

b）「模索的」検査

ZPO 372a条それ自体は、実務において、身体の不可侵性の侵害に対する保護を与えていない。このような状態に鑑みるならば、出自検査を何らの手がかりもなしに実施しようとする場合には、少なくとも一般論的考慮からしてその実施は許されないのではないか、という疑問が生ずる[90]。この場合、支配的見

---

87) OLG Karlsruhe, FamRZ 1992, 334, 335. これに対してより実用主義的な取扱いをするものとして、DIV-Gutachten, DAVorm 1998, 99 f. 参照。
88) OLG Hamm, FamRZ 1993, 76, 77.
89) OLG Frankfurt, NJW 1979, 1257 ; OLG Nürnberg, FamRZ 1970, 597, 599.
90) 行き当たりばったりに、「模索的」に、何らの手がかりなしに検査が訴訟に持ち込まれる場合には、その検査を受忍する必要はないということについて、判例の言葉

解は「信義誠実」の原則を援用し、その原則から権利濫用的な申出の禁止を導いている。身分訴訟においても、血液検査実施の申出が「模索的 (ins Blaue hinein)」になされる場合には、それは許されないというのである[91]。別の見解は直接的に ZPO 372a 条に依拠しようとし、「模索的」検査はそれが[証拠方法として]不適当であるがゆえに、ZPO 372a 条の意味において「必要」なものではないと考えている[92]。しかし、いかなる個別的な要件があれば申出を濫用的なものと考えてよいのかは、実務上かなり不明確なままに置かれている。

この問題が重要性を帯びるのは、特に、父性確認において被告の高い父性確率がすでに得られているときに、被告がさらなる証拠申出によって新たな多数関係証人に検査を拡大しようとする場合である[93]。

被告の父性確率が 99.9 % 以上に達しており、かつ子の母の多数関係を示す客観的な手がかりがない場合には、裁判所の職権探知義務は終了すべきであろう。そのような手がかりが示されたとすることができるのは、子の母が実父の可能性がある別の者の名を挙げた場合や、証人自身が性関係を認めている場合に限られる。これに対して、被告が多数関係者の名を挙げただけでは不十分である[94]。同様に、子の母が「打ち解けやすい性格」であるとの主張も適切な理

上は広範な一致が見られる (BGH, NJW 1964, 1179 ; BGH, FamRZ 1988, 1037, 1038 ; OLG Hamm, FamRZ 1993, 76, 77 ; KG, FamRZ 1987, 294 ; OLG Stuttgart, NJW 1972, 2226 ; OLG Karlsruhe, Die Justiz 1972, 357 ; OLG Celle, NJW 1971, 1086, 1087)。同趣旨の判例として、OLG Karlsruhe, DAVorm 1989, 416, 417 ; OLG Hamm, FamRZ 1982, 956, 957. これをはっきり拒絶する判例として、KG, FamRZ 1974, 467, 469.

91) *Stein/Jonas-Schumann*, (VII/1988), § vor 371 Rz. 25 ; OLG Koln, NJW-RR 1993, 453, 454.
92) OLG Stuttgart, NJW 1972, 2226 ; *Zöller/Greger*, § 372a Rz. 3 ; *Roth-Stielow*, Die Justiz 1972, 211. 連邦通常裁判所は、この問題に関する最新の判例 (FamRZ 1988, 1037, 1038) において、証拠方法として不適当であることとの関連で判断している。
93) 裁判所が多数関係証人がいるとの指摘を調査しなければならないとされた父性確率は、以下の通りである。BGH, FamRZ 1988, 1037, 1039 (99.9996 %) ; OLG Hamburg, DAVorm 1984, 505, 507 (99.89 % : さらに5人の多数関係証人が組み入れられた) ; OLG Hamburg, DAVorm 1986, 81, 82 f. (99.98 %)。別見解の判例として、OLG Hamm, DAVorm 1988, 887 (99.75 % ないし 99.8 % であれば 2 人の多数関係者の検査はしなくともよいとする) ; OLG München, DAVorm, 1985, 70, 73 (99.99 %) ; KG, DAVorm, 1988, 620, 621 f. (99.73 % 以上であれば多数関係者と目される者の検査は行わない) ; OLG Hamm, FamRZ 1994, 649 (99.998 % であれば多数関係者と目される 1 人の者の検査を行わない) ; OLG Zweibrücken, DAVorm 1981, 465, 467 f. (99.97 %)。
94) KG, DAVorm 1988, 620, 621 f. は (多数関係に争いがないときでも) ちょうど 99.73 %

由づけにはならない。同じバス会社の2人の運転手と関係した女であれば、他の5人の乗務員も子の実父と考えられる手がかりがある、とするハンブルク上級地方裁判所の推論[95]も説得力があるとはいえない。

職権上の探知義務が尽くされた（99.9％の父性確率）後に、父でありうる別の者の検査を適式に被告が申し出るのであれば、その申出は「模索的」になされたものであって、濫用理由として却下されなければならない。このような処理をすることによって、「模索的」探知という概念にはっきりとした輪郭が与えられる。なぜなら、申出人の主張がいかに恣意的であるかを明確にする、数学的に把握可能な数値を使うことができるからである。さらに、そのような場合には、子の利益はすでに守られている。子の父は確実性に近い確率で突き止められているからである。この場合には、第三者の身体の不可侵性と人格権が、優先的保護に値する[96]。このような見解は、連邦通常裁判所の判例にもその端緒を見い出すことができる。すなわち、被告の99.9996％の父性確率が認定されていた事案において、連邦通常裁判所は、被告が多数関係証人として挙げた男の血液検査の実施について、その者が法定懐胎期間中に原告の母と性交渉を持ったことの「疎明」を条件としたのである[97]。

最も争われているのは、自分はその子の父ではないという単なる主張だけ

を境界線とする。OLG Hamm, DAVorm 1986, 887（99.75％ないし99.8％であれば争いのない2人の多数関係者の検査は必要ない）；OLG München, DAVorm 1985, 70, 73（99.99％の確率があり、1人の多数関係者の名が挙げられたにすぎない場合）；OLG Stuttgart, NJW 1972, 2226；OLG Karlsruhe, Die Justiz 1972, 357；*MünchKomm/Damrau*, ZPO, § 372a Rz. 5 m.w.N.　類似の見解として*Zöller/Greger*, § 372a Rz. 3 und § 284 Rz. 5. *Stein/Jonas-Schlosser*(Ⅶ/1993), § 640 Rz. 33 は、多数関係の主張に「信憑性がありそれが別の方法で覆されなかった」ということをもって十分な手がかりであると考えている。OLG Hamm, DAVorm 1974, 663 に見られる以前の探知の状態は不明である（（もう1人の）者を組み入れるには「ある程度の手がかり」が必要であるとした）。「何らの手がかりもなければ」、「きわめて慎重」とする*Schlosser*, FamRZ 1976, 6, 10 末尾の見解は、もっと厳格であろう。判例における反対の見解については、OLG Hamburg, DAVorm 1985, 505, 507；OLG Hamburg 1986, DAVorm 81, 82 f. 参照。

95)　DAVorm 1984, 505, 507（99.89％の父性確率があるのに、5人の同僚を［検査に］組み入れよとの被告の申出が認容された）．
96)　*Stürner*, S. 132 における利益考量を参照．
97)　FamRZ 1988, 1037――この判決は、たいていの場合、職権探知義務がさらに拡大されることの例証としてしか捉えられていない。

で、男が父性否認の訴えを提起できる[98]のか、それとも、自己の父性に疑いが持たれる理由を付して主張する場合にのみ、その訴えが有理（schlüssig）なものとなるのか[99]という点である。

　BGB 旧1593条、1591条1項1文、1594条1項、1600g条1項と同様、BGB 新1600条も、男の否認権に実体法上の前提条件を課していない。それゆえ本来的には、自分はその子の実父ではないと主張するだけで、父性否認の訴えは許されるはずだということになりそうである。しかし、BGB 旧1594条2項、1600h条2項1文からは別の結論が導かれる。これらの規定によれば、否認権の行使期限は、男が自己の父性を否定する事情を知った時点から進行を開始するとされており、これは BGB 新1600b条1項2文に引き継がれている。男の否認権に対する実体法上の制限を、この規定から導き出す見解が一部にある。すなわち、男は自己の父性を否定するに足る手がかりを申述できる場合にのみ否認権を有することが、この規整の暗黙の前提になっているというのである[100]。連邦通常裁判所は、最近この見解に与した[101]。そのように解しないと、自分が父でないことの手がかりを持っていなかった夫は一切の時間的制限なしに嫡出否認の訴えを提起することができることとなり、比較的短く設定された否認期限に当てはまるのは、自分が父であることを疑うに足るきっかけのあった夫だけだということになってしまう、というのがその判決理由である。

　この論拠に対しては、まず第1に、始期がかなりの幅で遷延しうることは、知りたることを要件とする期限（kenntinisabhängige Fristen）の論理に由来する

---

98) OLG München, FamRZ 1987, 969 ; OLG München, FamRZ 1982, 1239 ; OLG Hamburg, FamRZ 1997, 1171 ; OLG Düsseldorf, FamRZ 1985, 1275 ; OLG Karlsruhe, DAVorm 1989, 416, 417 ; AG Berlin-Mitte, FamRZ 1995, 1228 ; *MünchKomm/Coester-Waltjen*, ZPO § 640 Rz. 85 ; *Stein/Jonas-Schlosser*, (IV/1993), § 640 Rz. 32 und 38 ; *MünchKomm/ Mutschler*, § 1593 Rz. 13b ; *Demharter*, FamRZ 1985, 232, 233 ff. *Stürner*, S. 130 も参照。
99) OLG Köln, FamRZ 1998, 696 ; OLG Köln, NJW-RR 1993, 453, 454 ; OLG Hamm, FamRZ 1982, 956, 957 ; OLG Hamm, FamRZ 1996, 894 (*Mutschler*, DAVorm 1996, 377 の批判的評釈あり); OLG Dresden, FamRZ 1997, 1297 ; *Roth-Stielow*, Rz. 37, 38 und 252 ; *Derleder*, FuR 1992, 368. *Grünkorn*, Die Frist zur Anfechtung der Ehelichkeit, Diss. Frankfurt a.M. 1978, S. 223 ff. も参照。
100) この見解の主張者については前注参照。
101) FamRZ 1998, 955, 956.

と反論できる。否認の訴えについて知りたることを要件とする期限が付されていることの基礎にあるのは、一方において、男は通常、自分の父性に疑いが生じた場合でなければ嫡出性を否認する誘因を持たない、という考え方である。他方において、――知りたることを要件としない期限の場合とは異なり――いま少し静観していれば円満な家族関係が持たれるチャンスがあるかもしれないのに、男が否認権の期限徒過のおそれから否認をなすような事態を回避しようとしたのである。立法者によって実体法的制限の下に置かれていたのは、子の否認権だけであった（BGB 旧 1596 条）。

連邦通常裁判所は、さらに、自己の父性に対する疑念を開陳することが男に強制されていなければ、否認期限の審理はなしえないことを挙げている。その場合にのみ、彼が自己の父性を否定する事情をいつから知っていたのかが判断できるというのである。しかしながら、夫が子の出生後 2 年以内に自己の父性を否認する場合には、この論証は使えない。この期間中であれば、期限徒過による否認権の消滅はまったく問題にならないからである。したがって、この論証の思考を一貫させるならば、夫は子の出生後 2 年間は理由付け義務（Substantiierungspflicht）を免除されるとしなければならないであろう。しかし、そのような結論は、知りたることを要件とする期限によって、男を早まった否認に駆り立てないようにしようとした立法者の意図に反することになってしまうであろう。

要するに、連邦通常裁判所の考え方によれば、男は、「客観的に見て嫡出性に疑念を抱かしめ、かつ、非嫡の出自がまったくの的はずれともいえないと思わせるに足りる事情」[102] を申述しなければならない。そのような申述が専門家の鑑定を求める要件なのである。その種の手がかりが申述されなければ、訴えは直ちに却下されなければならない。しかし、このようなやり方は逆説的な結果をもたらすことがある。第 1 審が十分な手がかりの存在を肯定して出自検査を実施し、子は実際に原告との出自を持たないという結論が得られたとしても、控訴審裁判所が――出自検査に依存することなしに――出自を否定する事

---

102) FamRZ 1998, 955.

情が十分ではないと考えるならば、その訴えは控訴審において依然として却下されうることになろう。ちなみに、原告の理由付け義務が十分に尽くされているかどうかの問題を争って、[被告]に有利な結論を導くことは可能なのである[103]。

さらに、親子法改革法施行前には父親にとってだけ重要であったこの判例が、現在では、子にとっても意味を持つに至っていることも考えてみなければならない。旧法では、子の否認権がすでに実体法上狭い否認事由に限定され、否認期限もそれらの事由を知りたることに結び付けられていた。これに対し現在では、子にも無制限の否認権が認められ、男および母の否認権とまったく同様に、知りたる時より２年の期限に服しているのである。子による否認の場合に、父による否認の場合よりも少ない要件を課すべき理由は見あたらない。しかし、現存の父性を否定する具体的事情を（成年の）子が申述することは、父がそれをなす場合に比べてよりいっそう難しいのである。

結論として、連邦通常裁判所の判例は、すべての事案で、それも何の手がかりもなしに出自鑑定が求められることのないようにしようとする、それはそれとして理解できる苦心に由来するものではあるが、しかし、こうした実務のよりどころを法律に見い出すことはできないのである。

c）渉外事件

検査の対象となるべき者が外国におり、その国が出自検査実施の強制手段を認めておらず——これは国際的に見ればまれな事態ではない[104]——、それゆえ司法共助の方法では検査を強制できない場合、その者が出自検査に任意に応じないならば、それはどのような帰結をもたらすかという問題が生ずる。

ドイツでは証明妨害に関する準則が適用される。つまり、拒否者は、検査によってその者に不利益な結果が得られたものとして扱われるのである[105]。フ

---

103) OLG Köln, FamRZ 1998, 696は、義母が他の男たちとも寝ただろうと叱責したのに対して、母親が「はいはい（ja, ja）」と答えたことでは十分でないとする。
104) 種々の法圏における法状態の概観として、*Frank*, FamRZ 1995, 975 ff. がある。
105) BGH, FamRZ 1986, 663 ; OLG Braunschweig, DAVorm 1981, 51 ; OLG Stuttgart, ZfJ

ランス法における検査拒否に対する評価との相違は、証明妨害は自動的に拒否者の敗訴をもたらしうるのであって、——フランス法におけるように——すべての事情の総体的評価がなされ、出自もしくは非出自が証明されたか否かがそれに基づいて判断されるのではない、という点にある。捉え方がこのように異なる原因は、フランスでは検査拒否が該当者の権利と考えられているのに対して、ドイツ法では検査への協力が義務付けられていることにある。

他の場合には真実の出自の確認をあれほど強く希求しているドイツ法が、渉外事件では、出自に関する確実性が得られたかどうかに配慮せずに出自問題を解決しているのは、驚くべきことである[106]。しかし結局のところ、ドイツ法の厳格な態度は、検査を拒否するすべての訴訟当事者に敗訴を予期させることになるであろうし、他方、フランス法では有利な訴訟結果にまだ十分な期待が持たれることになる。それゆえ、渉外事件において、ドイツ訴訟法の基準の下で被験者が検査を拒否するのは、その者自身が出自関係を確信している場合だけだということになるのではなかろうか。このことにより、やはりドイツ法は、被験者に出自検査の受忍を強制するという目標を間接的に達成するのである。

III. 私的鑑定を求めることはできるか？

ドイツ法では医学的鑑定を私的に求めてもよい。少なくとも該当者全員が同意している場合に関しては、このことにはまったく異論がない[107]。それどころか一部の学説は、実力行使なしに行われる限り、遺伝的出自検査に必要な身体試料(頭髪、爪、皮膚片等)を該当者の同意なしに収集することが許されるとの見解を主張している。シュロッサーは、染色体検査に必要な検体は、被験者に知られることなくまた実力を用いることもなく、「首尾よく手際よく」入手

1986, 274 ; OLG Hamburg, DAVorm 1987, 359 ; OLG Stuttgart, DAVorm 1990, 82 ; OLG Hamm, FamRZ 1993, 473.
106) *Frank*, FamRZ 1995, 975, 978参照。
107) *Reichelt/Schmidt/Schmidtke*, FamRZ 1995, 777, 779.

することができると考えている[108]。ライヘルト（Reichelt）らは、自己の出自を知る権利を援用して、そうした措置は許されるものとしている。しかし彼らは、この権利が判例によって認められているのは子－対－父の関係においてだけであり、自己の子孫を知る権利（父－対－子）はドイツでは議論されていないことを看過している。さらに、彼らは、入手される情報は他方当事者のみにかかわるものではなく、常に、検査を求めている者にもかかわっているのであるから、そのような措置は情報に関する自己決定権の侵害にはならないとしている[109]。

しかし、私的な出自鑑定は、ドイツではさほど普及していない。身分訴訟手続では、裁判所の命令に基づいて出自検査が日常的に実施されていることがその理由であろう。

これに対しフランスでは、私的な出自検査を求める例が増えているという報告がある[110]。しかしそのような実務に対しても、次のような鋭い批判が一部で加えられている。たしかに、出自訴訟手続の実施前に勝訴の見通しを検討するという長所はありうるし、また、父の立場からしても認知をする前に血液検査を実施するのが時として望ましい。しかし、私的な検査が生物学的真実を明らかにしたものの、それに対応した法律的修正が――たとえば期限徒過により――もはやなしえない場合には、そのような検査は危険である。さらに、私的な検査の可能性が用意されることは、ほんのわずかの疑念でもってそのような検査に走ってしまう刺激を与えることになる[111]。

濫用の危険に対処するために、現在では、フランスの立法者はDNA分析の私的実施を禁止し（C.C. 16-11条）、それに刑事罰を課している（C.Pén. 226-

---

108) *Stein/Jonas-Schlosser*, (IV/1993), § 641i Rz. 2a und 2b.
109) *Reichelt/Schmidt/Schmidtke*, FamRZ 1995, 777, 779 f.
110) *Labrusse-Riou*, RIDC 1986, 427. これに対して、*Nicoleau*, Le rôle de la faute dans la preuve judiciaire de la paternité naturelle, Thèse Bordeaux 1991, S. 321 の見積りはもっと控えめである。
111) *Merle*, D. 1952, Chr. 165; *Labrusse-Riou*, Rép. Dalloz, Filiation, n. 141 ff. ; *dies*., S. 106. *Sutton*, Rép. Dalloz Procédure civile, Filiation, n. 260 も批判的である。さらに、*Nicoleau*, Le rôle de la faute dans la preuve judiciaire de la paternité naturelle, Thèse Bordeaux 1991, S. 324 も参照。

28条)。しかし、この規定を従来の血液型検査に類推適用できるかどうかは、なお未解決のままである[112]。一方では、これら2つの出自確認方式に異なった規則が適用されるのだとすれば、その理由の理解がきわめて難しいといえる。しかし他方では、遺伝的検査［DNA分析］は、――場合によっては古いものであれ――身体試料（頭髪、皮膚片、爪等）が入手できれば、他方当事者の協力がなくとも実施可能である。それゆえこの方法による場合の方が、私的な出自検査に伴う危険性はより高いと思われるのである。

---

112) 未解決のままとするものとして、*Massip*, note sous Cass., 4.5.1994, D. 1994, 546. 類推適用を支持するものとして、*Labrusse-Riou*, Rép. Dalloz, Filiation, n. 144. それに反対するものとして、*Creissen*, RIDC 1995, 766.

第5章 まとめと結論

　本研究では、ドイツ出自法とフランス出自法の一連の基本的相違を明らかにしてきた。しかしながら、その背後に矛盾のない一般的諸原理を見い出すのは容易なことではない。ベーマー（Boehmer）が1962年にドイツとフランスの非嫡出子法の比較を通じて確認したことは、出自法全体に当てはまる。すなわち、「（この）法領域に関する一貫した合理的な説明は……あり得ない。歴史的諸要素、立法過程に影響を与える政治的・社会的反応や雑多な偶然が混然となっているのである」[1]。それでもやはり、伝統的に各々の法秩序を規定し、そして今もなお現代出自法の支柱となっている基本構造を析出する試みは必要であろう。

A．血縁主義か認知主義か

　歴史的に見て、ドイツ法とフランス法の相違は、長い間「血縁主義（Abstammungssystem）」と「認知主義（Anerkennungssystem）」という概念をもって説明されていた。
　ドイツは1969年まで「血縁主義」であったといわれている。非嫡出子が血縁のみに基づいて実父に扶養請求をすることができたからである。しかし非嫡

---

1) *Boehmer*, Welche Anforderungen sind an eine Reform des Rechts des unehelichen Kindes zu stellen ?, Gutachten zum 44. Deutschen Juristentag, Hannover 1962, S. 65. コラン（Colin）はフランスの非嫡出子法の特徴を「まずく設計され、奇妙に築かれ、かなり頻繁に不器用に修繕された建造物」だとしている（*Colin*, RTD civ. 1902, 257）。

出子の権利もまたそれに尽きるとされていた。認知や父性確認によって包括的な親族関係を創設することはできなかったのである。1969年の非嫡出子法はこれらの原則と袂を分かった。すなわち認知に完全な身分創設的効力が認められ、父性確認は無制限に許されるようになったのである。さらにその後、包括的な強制権限を備えた糾問的な身分訴訟手続の発展と児童少年局の調査活動によって、常に生物学的出自に特別の重要性が置かれるようになったのである。

　これとは逆に「認知主義」であるフランスでは、1789年の革命以後、非嫡出子は認知がなければ親子関係を創設できなくなった。認知が行われなければ、子はいかなる請求権も有しなかったのである。この父性確認の禁止は徐々に取り除かれてきたものの、その足どりはきわめて重いものであった。最新の1993年の改革時ですら、立法者は——少なくとも法文上は——父性確認を無制限には許そうとしなかったのである。母側の出自の問題に関しても認知主義の影響が未だはっきりと見い出される。ドイツの法律家にとっては奇異であるが、フランスでは今日なお母子関係の設定が分娩のみに基づいて行われるのではなく、女が子を認知しなければならないのである。さらに強制的な母性確認から逃れようと思えば、女は子を匿名で出産することもできるのである。

　ただし「血縁主義」と「認知主義」という対立概念は、歴史的差異にとどまるものではない。それらは今日に至るまでドイツ法とフランス法のあり方を規定している、原理的に異なった思考枠組みであり評価なのである。たしかに双方の法秩序は父側出自の問題について相当に接近してはいるが、やはり認知は社会学的、心理学的に異なった役割を演じている。フランスでは今日もなお、自分の子であることの自発的告白が特別の意味を有している[2]。つまり、依然として、子を認知した者がまずもって真実の父なのである。このことは、たとえば父性の強制的確認を許さないとしたナポレオン民法典の判断が、今日でも一般にきわめて肯定的な印象をもって回顧されていることに現れている。たとえばカルボニエは、同様にそのことの中に「平等と（自由）意思の賞揚」[3]を

---

2) 古い文献において、裁判上の父性確認がしばしば強制認知 (reconnaissance forcée) と呼ばれていることにもこのことが現れている。

A. 血縁主義か認知主義か

見い出し、ミュリエ (Mulliez) は、「実父であるという事実に対する……父であり たいという希求の勝利であり、血のつながりに対する……愛の勝利」[4] であると賛美している。さらに今日の法状態についても「すべての親子関係の養子縁組的側面」が語られ[5]、また「意思の真実性」[6] が語られ、生物学的出自のみに焦点を絞ることは「非人間的な現実 [主義]」であり、「親子関係と生殖を取り違えている」[7] ともいわれている。たとえばマロリー (Malaurie) は「実父」と「父」とを区別し、パニョル (Pagnol) にならって「愛する者が真の父である」[8] ことを確認し、さらに別の箇所ではもっと辛辣に次のように述べている。すなわち「真の父とは、愛しかつ養育する者なのであり、つかの間の性関係を持って実父となっただけの男なのではない。この点において人間と猿は区別されるのである」[9]。したがって、フランスの法学説には、革命の余韻が驚くほどに残っており、家族法的な紐帯の任意的創設に対する賛美が今日なお受け継がれているように感じられるのである[10]。

意思的な側面の強調は家族法の教科書にも反映されている。そこで親子関係の問題が論じられる場合、たいていは生物学的親子関係とならんで「情緒的きずな」ないしは「意欲されたまたは営まれた親子関係」が取り上げられ、多くのものはその重要性を率直に強調している[11]。また多くの論説や一連のモノグ

---

3) *Carbonnier*, Essais sur les lois, 1979, S. 100 : "l'exaltation de l'égalité et celle de la volonté"
4) *Mulliez*, Révolutionnaires, S. 376 : "triomphe de la volonté d'être père sur le fait d'être géniteur, de l'amour ... sur les liens du sang"
5) *Hauser/Huet-Weiller*, S. 201 Fn. 13 には「親子関係の法は、生物学的親子関係の法にとどまるわけではない。それは同時に意欲された親子関係と営まれた親子関係の法でもある」とある。また、*Noël*, Petites affiches 1995, 54 は「すべての家族は縁組家族である」という。*Carbonnier*, D. 1947, 510 がすでに、「すべての法的親子関係の中にはこのように養子縁組的要素が含まれる」としていることも参照。
6) *Carbonnier*, n. 263.
7) *Baudouin/Labrusse-Riou*, Produire l'homme : de quel droit ?, 1987, S. 215 : "qui confond filiation et engendrement". 同様に S. 221 も参照。
8) *Malaurie/Aynès*, n. 455.
9) *Malaurie/Aynès*, n. 558 : "Ce qui distingue l'homme du singe c'est que le vrai père est celui qui aime et qui élève, non celui qui a eu une relation sexuelle épisodique et n'est qu'un géniteur."
10) *Frank*, FamRZ 1992, 1365, 1369.
11) *Hauser/Huet-Weiller*, n. 434 : 「法の観点からすれば、生物学的親子関係はそれが

ラフィーも、生物学的出自と意思に基づく親族関係の創設との緊張関係を取り扱っている[12]。これに対しドイツの教科書にはこれに相当する分け方は見あたらない。親子関係の基礎としての生物学的出自は、自明のものとして暗黙の前提となっているのである[13]。

「通常の」親子関係準則と養子縁組との関係も示唆に富んでいる[14]。フランスではたいてい「親子関係の法（Le droit de la filiation）」という共通の見出しの下、「嫡出の親子関係（Filiation légitime）」、「非嫡の親子関係（Filiation naturelle）」、「養親子関係（Filiation adoptive）」という順で章が続くという取扱いがされている[15]。そこでは人為的な家族の紐帯と「自然の」親子関係設定準則が広く交換可能なものとして考えられているようである。それに対しドイツの家族法教科書では、養子縁組と「通常の」親子関係設定準則が「出自法（Abstammungsrecht）」という共通の見出の下で扱われることはまったくない[16]。それどころか、養子縁組の章が出自の章のすぐ後に置かれていないことも少なくないのである[17]。

このような背景を前提にすると、フランスで生物学的出自と一致しない好意認知が広く普及していることは、驚くにあたらない。このことはとりわけ、男が非嫡出子のある女と結婚するとか、非婚生活共同体で生活する場合に当ては

唯一のものでもなければ最重要のものでもない」。*Malaurie/Aynès*, n. 449 も参照。*Noël*, Petites affiches 1995, 53（「自らも自分が父だと言う者だけが父である」）und 54（「すべての家族は縁組家族である」）.

12) *Vidal*, La place de la vérité biologique dans le droit de la filiation, La place de la vérité dans le droit de la filiation, Mélanges Marty, 1978, S. 1113 および *ders*., La place de la vérité sociologique dans le droit de la filiation, Mélanges Hébraud, 1981, S. 887 ; *Baudouin/Labrusse-Riou*, Produire l'homme: de quel droit ?, 1987, S. 211 ff. ; *Bouvier*, RTD civ. 1990, 406 ff. ; *Théry*, JCP 1979, I, 2917 ; *Gridel*, Vérité biologique et droit positif de la filiation(1972-1993), D. 1993, Chr., 191 ff. ; *Labrusse-Riou*, La filiation en mal d'institution, Esprit 1996, 91 ff.

13) これについては、*Strick*, S. 75 も参照。このことはおそらく一般的な「国民の意識」とも合致するものであろう（*Lange*, NJW 1962, 1697, 1698 参照）。

14) これについてはすでに *Ernst*, S. 100 で指摘されている。

15) たとえば、*Bénabent, Carbonnier, Hauser/Huet-Weiller, Cornu, Chevalier, Labrusse-Riou, Malauire/Aynès* の教科書がそうである。

16) *Schwab* と *Schlüter* の教科書を参照。

17) たとえば、*Henrich, Giesen, Gernhuber/Coester-Waltjen* の教科書がそうである。

まる。ドイツでは、このようなケースで男が認知をすることはおそらくないであろう。ドイツで子が認知されるのは、通常、自分がその子の実父であると認知者が信じている場合だけなのである。

「血縁主義」と「認知主義」という概念は、すべての出自（法）体系がその中間のどこかに位置付けられるべき橋脚の両端をも意味している。すなわち一方には遺伝的出自があり、他方には社会的・情緒的な結び付きがある。遺伝的出自は子とその親を結び付ける運命的で、変更不能な事実であり、それは同時にその子を親族や先祖とも結び付ける。子をより大きな家族的・社会的関連の中に置こうとする場合、遺伝的出自は決定的な準拠点となるのである[18]。

たしかに通常の場合には、一番早くから子と濃密な情緒的関係を作り上げる者は生物学上の親であると推測できる[19]。けれども子の立場からいえば、子の養育や福祉のためには常に遺伝上の親が決定的に重要であるということには決してならない。むしろ、子が社会的・心理的結び付きを形成するすべての者が、そのような意味において決定的な重要性を有する者となるのである。生物学上の親はこのような者となりうるけれども、その者が常に生物学上の親である必要はない[20]。

しかし、出自法が実際に持たれる結び付きと家族共同体の創設に向けた関係者の希望を重視すれば、これらの諸要素は常に変動しうる性質のものであるという問題に直面する。このような［親子関係］設定基準は、生物学的出自と異なり、不変定数ではないのである。家族を形成するにあたって関係者の意思が決定的な基準であると考えられるならば、意思が変わっても——離婚の場合のように——その関係を終わらせることはできないということは、その者たちにとって理解がきわめて困難となるのである[21]。

---

18) *Gernhuber*, FamRZ 1973, 229, 237.
19) *Goldstein,/Freud/Solnit*, S. 22 ; S. 19 も参照。*Nies-Diermann/Pausewang*, Die subjektive Wertung der leiblichen Herkunft und ihre Bedeutung für die Eltern-Kind-Interaktion, 1989, S. 53 ff. も同旨。*Hoffman-Riem*, S. 151 も参照。
20) *Goldstein,/Freud/Solnit*, S. 22 f. S. 19 も参照。*Metzger*, ZBlJugR 1972, 37, 42 も参照。
21) *Strick*, S. 150 ff. m.w.N.

B．身分の体系

　ドイツの出自法もフランスのそれも、いわゆる身分の体系（Statussystem）をなしている。身分（Status：ラテン語では「状態」の意）は、法律用語としては、「それによって人が一定の権利を持つところの属性」[22]と定義できる。しかしまた同時に、身分は「個々人が他人との関係において有する地位ないし立場」[23]を指すこともある。「身分の体系」は、ここでの問題に即していえば、子の出自が、特にそのために定められた手続において、万人に対する効力をもって確定されることを意味する。この手続は特別な機構を備えており、「通常の」裁判手続と比べて裁判の正確さの保証が強く、それゆえ判決の対世的効力が正当化されているのである。これにより得られた子の身分に多様な法的効果が結び付くのである。

　手続的側面に関していえば、身分の体系にとって典型的なのは身分訴訟手続の排他性である。ドイツでは、この原則がかなりの程度無制限なものとなっている。現行法を見ると、BGB新1594条1項および1600d条4項には、父性の法的効果はその（身分法上の）確定時点からはじめて主張できる、と定められている[24]。この規定は、子の出自に関する判断が、身分訴訟に関する諸規定（ZPO 640条以下）に準拠しない手続で行われることを阻止するものである。これに対し、フランスにおける子の身分は、ドイツにおけるのと同程度の排他性を有していない。子が認知や父性確認とは無関係に実父に対する扶養請求権を有するということが、特にこのことを示している。

　身分の体系の手続的特徴としてさらに、二重確認の禁止がある。すなわち、ある身分がすでに法律上子に与えられているならば、その既存の身分が前もっ

---

22)　*v. Savigny*, System des heutigen römischen Rechts, 1. Bd., 1840, S. 444 ; *Feuerbach*, Civilistische Versuche Nr. 6, 1803, S. 175. 身分概念については、*Ramm*, Jugendrecht, § 22 II も参照。
23)　*v. Savigny*, System des heutigen römischen Rechts, 1. Bd., 1840, S. 454.
24)　親子法改革法では、BGB旧1600a条2文の準則が、BGB新1594条1項（認知）と、新1600d条4項（父性確認）としてそのまま維持された。

B. 身分の体系

て排除されていない限り、(真の) 父性の確認を求める訴えを提起することはできないのである。ドイツ法では、BGB 新 1599 条 1 項において、子の非嫡出性の主張は、嫡出性を否認されている場合にのみ許されるということが示され[25]、そして BGB 新 1600d 条 1 項には、子がまだ認知されていない場合にのみ父性確認を行うことができると規定されている。認知がなされている場合には、その認知が前もって取り消された後でなければ、父性確認を求めることはできない。これらの規定は、法秩序によって子がすでに一定の身分を与えられている限りにおいて、父性確認が行われるのを阻止しているのである。

フランスでは、二重確認の禁止は制限的にのみ妥当している。すでに示したように、嫡出子の場合、嫡出子としての身分占有を有していなければ、事前の嫡出否認がなくとも父性確認は許されるし、任意の第三者による認知すらも可能なのである。その結果として、この父性の衝突が解消されるまで、その子は 2 人の父を持つことになるのである。

排他性と二重確認の禁止は、身分の体系の手続的特徴と考えることができるので、実体法的に見れば、身分の体系は、典型として、程度の差はあれ一定の静的な力を内在させている。身分というものは、もし幾度でも、誰からでも疑念にさらされることがありうるとすれば、その価値を失ってしまう。それゆえにこの体系は、法的な [親子] 関係設定と現実の出自との乖離もやむなしとするのである。フランス法と比べた場合、ドイツ法は伝統的に、いったん定まった子の身分をできるだけ維持しようとする点に際立った特徴がある。ドイツ法はたとえば、出訴権者、出訴要件および出訴期限に関する [父性] 否認権の大幅な制限によって、これを達成しているのである。

それに対しフランスでは、いったん獲得された身分を疑問に付することがも

---

[25] BGB 旧 1593 条はこの原則をもっとはっきりと示していた。しかし従来の法状態には何らの変更も加えられていない (BR-Drucks. 180/96 v. 22. 3. 1996, S. 93)。出自法は子に一定の身分を与え、身分判決の正確性を確保するための特別の手続を定めている (たとえば ZPO 616 条以下と結び付いた ZPO 640 条 1 項を参照) ので、これ以外の手続で (中間確認によって) 子の出自に関する判断を行うことが許されないのは明らかである。このことを包括的に扱うものとして、*Gaul*, FamRZ 1997, 1441, 1448 参照。

っと容易である。つまり認知の取消しは、30年の期限内であれば、原則としてあらゆる利害関係人に許されているのである[26]。嫡出否認も、破毀院の判例によれば、子が嫡出子としての身分占有を有していない場合には、すべての利害関係人に許されている。これらの取消［および否認］権は、時間的制約ををほとんど受けることなく、広い人的範囲にわたって許されている。もちろんそれはなおも身分占有という概念に依存しているのではあるが、それは玉虫色の概念であって、その精確な輪郭は依然として明らかとされていないのである[27]。

　ドイツの出自法が伝統的に静的なものであるのに対し、フランス法は、身分変更の問題をより柔軟に取り扱うことで、生活関係の変化によりいっそうの配慮を加えている。［たしかに］後に誰がその子の発達に影響を与える準拠的個人となるのかを、子の出生時に予見することはできない。さらに、当事者間の関係は、時間の経過とともに変化しうる。けれども、このように現に営まれている社会関係の方に強い考慮を払うことによって、子の身分が一定の期間にわたって浮動状態に置かれてしまったり、関係する大人たちの自由な処分に任されてしまう、という危険が存在するのである。

　ドイツでは、この身分主義（Statusprinzip）に表れている「制度的思考」を批判的に捉える見解が一部にある[28]。しかしながら、この基本構想の正当性は、父性の有無に着目する数多くの（特に公法上の）法律規定の中に見い出される。もしも父性確認に対世的効力がないとすると、すべての事案において個別的に請求の基礎としての父性を主張し、立証しなくてはいけないことになる。これでは請求権の行使があまりにも難儀なものになってしまうであろう。さらに加えて、安定した社会的紐帯の生成は、法的な［親子］関係設定が明瞭かつ固定的であることによって促進されるのである。このことは子の発達にとって有意義なものである。というのも家族の平和が何度も繰り返し危険にさら

---

26) ただし、認知された子が認知者の子としての身分占有を10年以上有している場合には、その取消しは、子自身、母、真の実父によってしか行えない。
27) これについては、*Ernst*, S. 42 f. und 61 ff. 参照。
28) *Zenz/Salgo*, S. 78 Fn. 6 ; *Schwenzer*, Status, S. 234 Fn. 42 ; *Harder*, AcP 189 (1989), 181.

されることがなくなるからである[29]。法的身分は、それが子にとっての社会的準拠枠組と照応することが理想的である。その準拠枠組は、発達過程における全般的指針と自己形成のモデルを子に与えるのであり、固有のアイデンティティー発達の基礎になるものである。身分関係が一般的拘束力を持ち、その公的証明が容易であることにより、子自身が法的に組み込まれている人間関係の構造が確固としたものとなるのである。さらに加えて、身分の体系は、異世代間に連帯意識と責任感が生まれるのを促進するという社会的な機能をも有するのである[30]。

C. 平等な取扱い

　フランス法が伝統的な観念から解放されるのにどれほどの時間がかかるかは、とりわけ姦通や近親相姦関係から生まれた子の地位が物語っている。この子らの地位は歴史的にかなりの変遷をみてきたけれども、常に何らかの形で不利益を受けていたのである。これらの子は、1955年以降扶養請求権が認められるようになったとはいえ、依然として自己の出自の確認は拒絶されていた。その中に露わとなっている矛盾に対しては正当にも「法理論的にも、法倫理的にも……グロテスクな」ものだという評価が加えられた[31]。姦生子は1972年になってようやく単純自然子と完全に同等の地位に置かれたのである。しかし近親相姦関係から生まれた子は、今日なおこのような等しい地位には置かれていない。これらの子の場合、母または父のどちらか一方との親族関係しか創設できないのである（C.C. 334-10条）。立法にあたっての議論では次のようなことが言われていた。すなわち、近親相姦による出自を露見させることは「決して子の利益には役立たず、むしろ免れたままでいたかったはずの不名誉をその

---

29) *Gaul*, Pater-est-Regel, S. 639 ff. m.w.N. *Gernhuber/Coester-Waltjen*, S. 9 も参照。
30) 　身分の体系の種々の機能については、*Strick*, S. 76 f. m.w.N.参照。
31) 　*Boehmer*, Welche Anforderungen sind an eine Reform des Rechts des unehelichen Kindes zu stellen ?, Gutachten zum 44. Deutschen Juristentag, Hannover 1962, S. 68.

子に公然と負わせてしまうであろう」[32]というのである。

　フランスの出自法は、嫡出子と非嫡出子との間にも大きな差を設けている。認知が相当無制限に取り消されうるのに対し、嫡出否認権の存否にとっては身分占有の存在・不存在が決定的な要素となっている。逆に、認知が10年の身分占有の後に強い持続力を獲得すると、特に認知者自身やその相続人による取消しが許されなくなるのに対し、嫡出身分に関しては、これに比肩しうるメカニズムは存在しない。

　このような取扱いの背後にあるのは、婚姻家族に対する伝統的な見方である。すなわち、夫婦が不貞行為をきっかけとして共同体を終了させることがなければ、何人も夫婦の事柄に干渉してはならないというのである。他方で、夫婦関係が解消されれば、しばしば身分占有が消失することとなり、子の嫡出性は誰からであれかなり無制限に否認することができるのである。

　それに対しドイツ法は、親子法改革法によって、嫡出子と非嫡出子の身分の区別を完全に廃止した。このことは文言上、法律が「嫡出」もしくは「非嫡出」の身分を決めることなく、むしろ「父性」だけに焦点を当てていることに表れている。その体系的帰結として、「出自」の章はもはや「嫡出出自」と「非嫡出出自」という2つの節に細区分されていないのである。さらに加えて、「嫡出」・「非嫡出」という付加語の使用を回避しようとする試みが徹底して行われているのである[33]。

　このことによりドイツ法は全世界的に認められる傾向[34]に従ったものにな

---

32)　*Huet-Weiller/Le Guidec*, Rép. Dalloz, Filiation naturelle, n. 26 に収録。
33)　「嫡出子」および「非嫡出子」という表記は、それが「簡にして要を得た」表現であることもあり（*Dopffel*, Ehelichkeitsanfechtung durch das Kind, 1990, S. 13）、嫡出身分あるいは非嫡出身分を決めるためにではなく、単に子が婚姻中に生まれたのかどうかを簡易な形で言い換えるためである限りにおいて、将来においても完全に廃棄されることはないであろう。「出生の際に両親が結婚していなかった子」とか「母との婚姻による父性推定が働かない父の子」といったような表現は、非常に言いづらいのである。
34)　たとえば、ベルギー：C.C. 315 条以下および 334 条；イギリス：Family Law Reform Act (1987年) Sec. 1；ノルウェー：親子法（1981年）；スウェーデン：親子法（1949年）；スイス：ZGB 255 条以下；スペイン：C.C. 108 条2項；アメリカ：統一親子法2条（1994年時点では17州で施行）。こうした展開に未だに抵抗している

っている。この傾向に先鞭をつけたのは旧東ドイツであると考えられる。旧東ドイツではすでに1965年にFGBの導入によって、それを成し遂げていたのである。現実的にも「嫡出」・「非嫡出」というカテゴリーは、分類概念としてももはや有用性を失っている。父母の離婚する子が年間約11万1千人にのぼり[35]、安定した生活共同体で養育される非嫡出子が数多くいる[36]ことを考えれば、もはやこれらのカテゴリーは、定型的に似通った社会的境遇にある人間集団を、ひとまとまりのものとして捉えることができないのである。したがって、「子の健全な発達にとって重要な諸要因と家族構造および家族の法的身分とは、ほとんど無関係」[37]なのである。「社会的現実の鏡」[38]としての家族法はこの事実を黙視できない。ドイツの親子法改革法についていえば、嫡出性と非嫡出性の区別はもはや法律体系上も意味を失っている。配慮、交際、相続および扶養に関する法領域に存在した不平等な取扱いは、かなりの程度に取り除かれているからである。法的な相違（たとえば父性推定や氏名法における）はなおも残されてはいるが、これらはそれぞれの問題の特殊性に応じた規律が可能な領域なのである。法的に異なった取扱いがないならば、子に嫡出性という「法的恩恵」を与える理由はないのである。ドイツの親子法改革法が準正と嫡出宣告の廃止を決めたのも、そのことの当然の帰結である[39]。

　　　国として、たとえば、フランス、イタリア、オランダおよびオーストリアがある。
35)　BR-Drucks. 180/96 v. 22. 3. 1996, S. 46.
36)　*Erler*, FuR 1996, 10, 12 f.; BR-Drucks. 180/96 v. 22. 3. 1996, S. 48（非婚生活共同体で養育されている子の数は40万9千人になると見積もられている).
37)　*Diederichsen*, Verhandlungen des 59. Deutschen Juristentages, Hannover 1992, Bd. II(Sitzungsberichte), S. M 63 unter Hinweis auf Zenz.
38)　*Frank*, Die familienrechtliche Ordnung des GG, in : Rechts- und staatswissenschaftliche Fakultät Freiburg(Hrsg.), 40 Jahre Grundgesetz, 1990, S. 116.
39)　親子法改革法は、BGB新1626a条1項で、子の出生の際に婚姻していない父母は、共同配慮権の宣言を申し立てるかまたは婚姻した場合に、その子に対する共同の配慮権が与えられる、と定めている。

D．自己の出自を知る権利とは？

　ドイツ法において、自己の出自を知る権利が特別の意義を獲得するまでには、紆余曲折の展開があった。第三帝国の時期には、ZPO 372a条による広範な検査可能性がドイツ法に導入された。それのみならず、この時期にはじめて自己の出自を知る独立の権利という思考が現れたのである。ナチス体制の崩壊の後もこの公式はさらに展開を遂げ、憲法上の基礎を与えられた。自己の出自を知る権利はドイツにおいて重要な位置付けを獲得したのである。すなわち、子からの嫡出否認に関する諸規定が違憲であると宣言され、それによりドイツ親子法の改革に弾みがついたということにとどまらず、この権利は、現代の人工生殖方法をめぐる議論にも圧倒的な影響を及ぼしているのである。それがこの領域においてあまりにも大きな見解の相違をもたらしたために、この喫緊の問題に対する法的規律が現在に至るまでなされていないのである。

　これに対し、憲法上保障された自己の出自を知る権利という観念は、伝統的に、フランス人の思考とは縁遠いものである[40]。フランスでは、親族関係の任意的創設こそが非常に価値あるものだと考えられているから、一切の社会的諸関係から切り離して、また一切の法的帰結からも独立に、生物学的由来を知ることに固有の意義がありうるという意識が形成されることはおよそなかったのである。著名な児童精神科医であるノエル（Noël）は次のような意見を述べる。「ここ数年来、あるイデオロギー的なうねりが、ひとつのドグマを押し付けようとしているように思われる。それは分かりやすくはあるが、証明不可能で、制御できず、かつあまりにも狭隘なドグマとしての特徴すべてを備えるものである。そのドグマを定式化するなら、それは、自己の出自を知る子の権

---

40) *Furkel*, FamRZ 1995, 720, 721 参照。*Rassat*, Du droit des pupilles de l'Etat à la connaissance de leurs origines, Mélanges Hebraud, 1981, S. 693 は人格権に相当するものを認めるよう提案しているが、この提案は個別的に何度か取り上げられているにすぎない。憲法院は、精子提供者の匿名性に関する諸規定の憲法適合性を審理した際に、そのような権利（基本権）を認めなかった（J.O. v. 27. 7. 1994, 11024）。*Neirinck*, JCP 1996, Doctr., 153 も参照。

D．自己の出自を知る権利とは？

利、である」[41]。ラブリュス＝リウも、ドイツ連邦憲法裁判所による自己の出自を知る権利の展開に対してこれと類似した批判的判断を下している。「このようなやり方でドイツの判例は、出自というもっぱら生物学的な観念を人権の名の下で蘇生させている。そしてその観念は、以前に最悪の政治的・社会的過ちをもたらしたものである。法的な根拠付けは変更されたとしても——人種法は自己実現に対する個人の権利とはまったくかけ離れたものであった——法的にとられる手段は変わっていないし、どうかすると、その手段が真に意味するところも変わっていないのかもしれないのである」[42]。

Xによる出産のような自己の出自の確認を阻む制度は、依然として社会的なコンセンサスの上に立っている。人工受精の問題についても、フランスでは精子提供者の完全な匿名性が支持されているのである。訴訟手続面を見ただけでも、フランス法には、自己の出自を知る権利という公式が優越的な意義を持ちうるための前提条件が欠けているのである。とりわけ決定的なのは、出自訴訟において血液検査を強制できないことである。訴訟上不利な結果が生じうるにもかかわらず、当事者や証人が出自検査を拒否する例が比較的頻繁に見られるのである。したがってフランスでは、訴訟手続によって自己の出自の終局的確実性に到達することはできないのである。

さらに、フランスとドイツにおける憲法裁判権の位置づけが、多くの相違点を説明するもうひとつの要因であることも確かである。すなわち、ドイツの法律家が、特に基本権の間接的な第三者効の承認以来、私法全体を基本権の観点から批判的検討の対象にしているのに対して、フランスの私法において、憲法はこれに匹敵するほどの意義を獲得していないのである[43]。ただし、欧州人権条約や子どもの権利条約のような国際条約が、ドイツにおいて基本権解釈が果たした役割をフランスで持つようにはならないのかどうかについて、今後の成

---

41) Petites affiches 1995, 54.
42) *Labrusse-Riou*, L'anonymat du donneur : étude critique du droit positif français, in : Le droit, la médicine et l'être humain, Faculté de droit et de sciences politique d'Aix-Marseille (Hrsg.), 1996, S. 89.
43) *Frank*, FamRZ 1992, 1365, 1371.

り行きを見守る必要がある。
　ドイツ法の分析から示されたのは、古典的な身分法の内部においては、自己の出自を知る権利は一種の異物であり、それによって緊張と矛盾が引き起こされるおそれがあるということである。これに対して非配偶者間人工授精や、とりわけ養子縁組の領域では、この公式を用いて議論することができるのである。

原著文献目録
(Literaturverzeichnis)

Akademie für Deutsches Recht 1933-1945 : Protokolle der Ausschüsse, Band III, 2, Familienrechtsausschuß, Schubert (Hrsg.), Berlin 1989. (Zitiert : Autor, ADR III, 2.)

Alsberg, Max/*Nüse*, Karl-Heinz/*Meyer*, Karlheinz : Der Beweisantrag im Strafprozeß, 5. Auflage Köln usw. 1983.

Ames, Laurie A. : Open Adoptions : Truth and Consequences, Law & Psychology Review 1992, 137.

Arbeitsgemeinschaft für Jugendhilfe : Zum Referentenentwurf des Bundesministeriums der Justiz zum Kindschaftsrecht — Juli 1995, ZfJ 1996, 94.

Back, Kurt W./*Snowden*, Robert: The Anonymity of the Gamete Donor, Journal of Psychosomatic Obstetrics and Gynaecology 9 (1988), 191.

Baer, Ingrid : Adoptierte suchen ihre Ursprungsfamilie, NDV 1988, 148.

——— Der Entwurf eines Gesetzes zur Reform des Kindschaftsrechts im Lichte der Entwicklung in anderen europäischen Ländern und in internationalen Konventionen, DAVorm 1996, 855.

——— Stellungnahme zum Referentenentwurf zur Reform des Kindschaftsrechts, ZfJ 1996, 123.

——— Verabschiedung des UN-Übereinkommens über die Rechte des Kindes im November 1989 in New York, FuR 1990, 192.

Balz, Manfred : Heterologe künstliche Samenübertragung beim Menschen, Tübingen 1980.

Baran, Annette/*Pannor*, Reuben: Open Adoption, in: Brodzinsky/Schechter (Hrsg.), The Psychology of Adoption, New York 1990, S. 316.

Baran, Annette/*Pannor*, Reuben/*Sorosky*, Arthur D. : Open Adoption, Social Work 1976, 97.

Barazetti, Caesar : Das Eltern- und Kindesrecht nach dem Code Napoléon und dem badischen Landrecht, Hannover 1896.

Bart, Jean : L'individu et ses droits, in : Théry/Biert (Hrsg.) : La famille, la loi, l'état — de la Révolution au Code civil, Paris 1989, S. 351.

Barth, Klaus : Kindschaftsrecht — quo vadis, DAVorm 1992, 277.

Baudouin, Jean-Louis/*Labrusse-Riou*, Catherine : Produire l'homme : de quel droit ?, Étude juridique et éthique des procréations artificielles, Paris 1987.

Baumbach, Adolf/*Lauterbach*, Wolfgang/*Albers*, Jan/*Hartmann*, Peter : Zivilprozeßordnung mit Gerichtsverfassungsgesetz und anderen Nebengesetzen, 56. Auflage München 1998.

Bayerisches Landesjugendamt (Hrsg.) : Aufklärung des Kindes über seine Adoption — Eine Hilfe für Eltern, 4. Auflage München 1996.

Beck-Gernsheim, Elisabeth : Vom Geburtenrückgang zur Neuen Mütterlichkeit, Frankfurt a.M. 1985.

Becker, Walter : Reform des Unehelichenrechts unter Berücksichtigung des „anonymen Vaters", RdJ 1964, 51.

Beitzke, Günther : Reform der Ehelichkeitsanfechtung ?, Festschrift Müller-Freienfels, Baden-Baden 1986, S. 31. (Zitiert : Beitzke, FS Müller-Freienfels.)

Beitzke, Günther/*Lüderitz*, Alexander : Familienrecht, 27. Auflage München 1996.
Bénabent, Alain : Droit civil, La famille, 8. Auflage Paris 1996.
Berkemann, Jörg : Anwaltsverschulden bei Rechtsmitteleinlegung in Statussachen, FamRZ 1974, 294.
――――Das Bundesverfassungsgericht und „seine" Fachgerichtsbarkeiten auf der Suche nach Funktion und Methodik, DVBl 1996, 1028.
Bernat, Erwin : Statusrechtliche Probleme im Gefolge medizinisch assistierter Zeugung, MedR 1986, 245.
――――Rechtsfragen medizinisch assistierter Zeugung, Frankfurt a.M./Bern/New York 1989.
Berney, Maria/*Guillod*, Oliver : Liberté personnelle et procréation assistée ― quelques réflexions, SJZ 1993, 205.
Bernhard, Rudolf : Internationaler Menschenrechtsschutz und nationaler Gestaltungsspielraum, Festschrift Mosler, Berlin/New York 1983, S. 75.
Bernigaud, Sylvie : Présomptions ou indices graves, ou cas d'ouverture à l'action en recherche de paternité naturelle ?, JCP 1995, I, 3813.
――――Les diverses filiations et les reconnaissances mensongères, Petites affiches 1995, 97.
Berry, Marianne : The Effects of Open Adoption on Biological and Adoptive Parents and Children : The Arguments and the Evidence, Child Welfare 1991, 637.
――――The Practice of Open Adoption : Findings from a Study of 1396 Adoptive Families, Children and Youth Service Review 1991, 379.
Bétant-Robet, Solange : Adoption, Encyclopédie Dalloz, Repertoire de droit civil, Paris 1983. (Zitiert : Bétant-Robet, Rép. Dalloz, Adoption.)
v. Bethmann-Hollweg, M. A. : Der Civilprocess des gemeinen Rechts, 1. Bd., Bonn 1868.
v. Beyme, Maja : Von der Inkognito- zur offenen Adoption, Familiendynamik, 1993, 471.
Bilger, Paul : Die Geborgenheit des unehelichen Kindes in der Praxis des französischen Unehelichenrechts, ZblJugR 1962, 18.
Binder, Ulrike : Die Auswirkungen der Europäischen Menschenrechtskonvention und des UN-Übereinkommens über die Rechte des Kindes vom 20. November 1989 auf Rechtsfragen im Bereich der medizinisch assistierten Fortpflanzung, Diss. Freiburg 1998.
Binschus, Wolfgang : Die gesetzliche Amtspflegschaft ― eine verfassungsrechtlich nicht mehr legitimierbare Tradition ?, DAVorm 1989, 171.
Böhm, Reglindis : Gedanken zu einer Neuregelung des Kindschaftsrechts, ZRP 1992, 334.
Boehmer, Gustav : Welche Anforderungen sind an eine Reform des Rechts des unehelichen Kindes zu stellen ?, Gutachten zum 44. Deutschen Juristentag, Hannover 1962.
Bonnet, Catherine : Les enfants du secret, Paris 1992. (Zitiert : Bonnet, Secret.)
――――Geste d'amour. L'accouchement sous X, Paris 1990. (Zitiert : Bonnet, Geste.)
Bosch, Friedrich Wilhelm : Die Feststellung der tatsächlichen Vaterschaft, DRZ 1947, 177.
――――Untersuchungen zur Feststellung der Abstammung, Südd. JZ 1947, 314.

―――Zivilprozeß und Freiwillige Gerichtsbarkeit, AcP 149 (1944), 32.
―――Von der richtigen Grenzziehung zwischen Pflicht und Freiheit, DRiZ 1951, 108.
―――Rückblick und Ausblick, oder : De legibus familiam pertinentibus ― reformatis et reformandis ? (Familienrechtsreform in Vergangenheit, Gegenwart und Zukunft), FamRZ 1980, 739.
Bott, Regula : Jugendämter und die Suche von und nach Adoptierten, ZfJ 1995, 412.
Boudouard, Laurence/*Bellivier*, Florence : Des droits pour les bâtards, l'enfant naturel dans les débats révolutionnaires, in : Théry/Biert (Hrsg.) : La famille, la loi, l'état ― de la Révolution au Code civil, Paris 1989, S. 122.
Boulanger, François : Droit de la famille, Bd. 2, Aspects comparatifs et internationaux, Paris 1994.
Bouvier, François : A la recherche de la paternité, RTD civ. 1990, 406.
Brandstätter : Stellungnahme zu Deinert (DAVorm 1988, 989 ; 1989, 67 ; 1989, 203), DAVorm 1989, 353.
Brinton, Crane : French Revolutionary Legislation on Illegitimacy 1789-1804, Cambridge 1936.
Brötel, Achim : Die gesetzliche Amtspflegschaft für nichteheliche Kinder im Kontext einer gemeineuropäischen Grundrechtsentwicklung, FamRZ 1991, 775.
Brüggemann, Dieter : Intimsphäre und außereheliche Elternschaft, Diss. Bonn 1964.
―――Beiziehung behördlicher Akten im Zivilprozeß unter besonderer Berücksichtigung des Kindschaftsprozesses, ZBlJugR 1976, 217.
Bruns, Rudolf : Abstammungsfeststellungsklage, ZZP 64 (1950/51), 108.
Bürge, Alfons : Das französische Privatrecht im 19. Jahrhundert, 2. Auflage Frankfurt a.M. 1995.
Byk, Christian : La loi relative au respect du corps humain, JCP 1994, I, 3788.
―――Les enfants de la procréatique et le droit : disparités nationales et harmonisation européenne, Petites affiches 1994, 49.
Cadou, Eléonore : La „biologisation" du droit de la filiation, in : Labrusse-Riou (Hrsg.), Le droit saisi par la biologie, 1996, S. 15.
Canaris, Claus-Wilhelm : Grundrechtswirkungen und Verhältnismäßigkeitsprinzip in der richterlichen Anwendung und Fortbildung des Privatrechts, JuS 1989, 161.
Carbonnier, Jean : Droit civil, Bd. 2, La famille, les incapacités, 17. Auflage Paris 1995.
―――Essais sur les lois, Paris 1979.
―――Note sous TGI Lille, 18. 3. 1947, D. 1947, 508.
―――Note sous Cass., 25. 7. 1949, D. 1949, 585.
Chardin, France/Henry, *Xavier* : Filiation légitime, Présomption de paternité, Juris-Classeur Civil, Art. 312 à 318-2, fasc. 10, Paris 1996. (Zitiert : Chardin/Henry, J.-Cl. civ., fasc. 10, Art. 312 à 318-2.)
Coester, Michael : Reform des Kindschaftsrechts, JZ 1992, 809.
―――Elternrecht des nichtehelichen Vaters und Adoption ― Zur Entscheidung des Bundesverfassungsgerichts vom 7. 3. 1995, FamRZ 1995, 1245.

Coester-Waltjen, Dagmar : Zum Recht des Kindes auf Kenntnis der eigenen Abstammung, Jura 1989, 520.
―――― Überlegungen zur deutschen Kindschaftsrechtsreform, Festschrift Stepan, Zürich 1994, 17.
―――― Künstliche Fortpflanzung und Zivilrecht, FamRZ 1992, 369.
―――― Die Anfechtung der Ehelichkeit des Kindes insbesondere im Hinblick auf ein Recht des Kindes auf Kenntnis der eigenen Abstammung, Festschrift Deliyannis, Thessaloniki 1991, S. 239.
―――― Zivilrechtliche Probleme künstlicher Befruchtung, Jura 1987, 629.
―――― Die künstliche Befruchtung beim Menschen — Zulässigkeit und zivilrechtliche Folgen, Gutachten B zum 56. Deutschen Juristentag, Berlin 1986.
―――― Die Vaterschaft für ein durch künstliche Insemination gezeugtes Kind, NJW 1983, 2059.
Colin, Ambroise : De la protection de la descendance illégitime au point de vue de la preuve de la filiation, RTD civ. 1902, 257.
Conen, Gabriele : Veränderte Lebenswirklichkeiten von Kindern und Familien — Wurzeln der Kindschaftsrechtsreform, FuR 1996, 171.
Constantinesco, Léontin-Jean : Die Persönlichkeitsrechte und ihr Schutz im französischen Recht, AcP 159 (1960), 320.
Cook, Rachel u.a. : Disclosure of Donor Insemintion : Parental Attitudes, Amer. J. Orthopsychiatry 1995, 558.
Cornu, Gérard : Droit civil, La famille, 5. Auflage Paris 1996.
Corpart-Oulerich, Isabelle: Le secret des origines, RD sanit. soc. 1994, 1.
Creissen, Laurent : Les empreintes génétiques : vérité scientifique et droit de la famille, RIDC 1995, 765.
Curtis, Patrick A. : The Dialectics of Open Versus Closed Adoption of Infants, Child Welfare 1986, 437.
Damrau, Jürgen : Die Entwicklung einzelner Prozeßmaximen seit der Reichszivilprozeßordnung von 1877, Paderborn 1975.
Daniels, Ken R./*Taylor*, Karyn : Secrecy and Openness in Donor Insemination, Politics and the Life Sciences 1993, 155.
Deichfuß, Hermann : Abstammungsrecht und Biologie, Diss. Mannheim 1991.
―――― Recht des Kindes auf Kenntnis seiner blutsmäßigen (genetischen) Abstammung ?, NJW 1988, 113.
―――― Zur Frage der Einführung eines Ehelichkeitsanfechtungsrechts der Mutter, FuR 1991, 275.
Deinert, Horst : Ein ständig wachsendes Problem: die „scheinehelichen" Kinder, DAVorm 1988, 989.
Dekeuwer-Défossez, Françoise : Le droit de la filiation a l'épreuve des pratiques administratives et judiciaires, D. 1986, Chr., 305.

——— Note sous Cass., 4. 1. 1995, D. 1996, Somm., 231.
Delaisi, G. de Perceval/*Verdier*, Pierre : Enfant de personne, Paris 1994.
Demharter, Johann : Zur Schlüssigkeit der Klage, mit der die Anerkennung der Vaterschaft angefochten wird, FamRZ 1985, 232.
Derleder, Peter : Anmerkung, OLG Köln vom 20. 5. 1992, FuR 1992, 368.
Deutsch, Erwin : Artifizielle Wege menschlicher Reproduktion : Rechtsgrundsätze — Konservierung von Sperma, Eiern und Embryonen ; künstliche Insemination und außerkörperliche Fertilisation, MDR 1985, 177.
Deutscher Juristinnenbund : Entwurf zur Reform des Kindschaftsrechts, FuRinfo 4/1992, 1.
———Thesen des Deutschen Juristinnenbundes (DJB) zur Neuregelung des Kindschaftsrechts, FuR 1992, 185.
Deutsches Institut für Vormundschaftswesen : Gutachten vom 24. 10. 1990 (DAVorm 1990, 1078), vom 22. 2. 1993 (ZfJ 1993, 257), vom 10. 1. 1983 (DAVorm 1983, 274), vom 15. 7. 1997 (DAVorm 1996, 837), vom 9. 4. 1997 (DAVorm 1997, 478), vom 19. 11. 1997 (DAVorm 1998, 99) und vom 29. 5. 1998 (ZfJ 1998, 333).
———Stellungnahme des Deutschen Instituts für Vormundschaftswesen e.V. zu dem (Referenten-)Entwurf eines Gesetzes zur Abschaffung der gesetzlichen Amtspflegschaft und Neuordnung des Rechts der Beistandschaft (Beistandschaftsgesetz), DAVorm 1993, 1009.
———Thesen zur Neuordnung der Vertretungsbefugnis für Mütter nichtehelicher Kinder, DAVorm 1995, 401.
———Zum Entwurf des Beistandschaftsgesetzes — Wer bestimmt über die Feststellung der Vaterschaft ?, DAVorm 1995, 415.
Dickhut-Harrach, Hans-Jürgen : Gerechtigkeit statt Formalismus, Köln 1986.
Diederichsen, Uwe : Referat zum 59. Deutschen Juristentag, Hannover 1992.
———Die Reform des Kindschafts- und Beistandschaftsrechts, NJW 1998, 1977.
Dingeldey, Thomas : Der Schutz der strafprozessualen Aussagefreiheit durch Verwertungsverbote bei außerstrafrechtlichen Aussage- und Mitwirkungpflichten, NStZ 1984, 529.
Dölle, Hans : Familienrecht, Bd. 2, Karlsruhe 1965.
Domnick, S./*Thomsen*, C. S. : Wurzeln & Flügel — Selbsthilfegruppe Erwachsener Adoptierter, Int. J. of Prenatal and Perinatal Psychology and Medicine, 1994, 159.
Dorsch, Gabriele : Die Konvention der Vereinten Nationen über die Rechte des Kindes, Diss. Berlin 1994.
Dreher, Eduard/*Tröndle*, Herbert : Strafgesetzbuch, 48. Auflage München 1997.
Dreifuss-Netter, Frédérique : L'accouchement sous X, Mélanges à la mémoire de Danièle Huet-Weiller, Straßburg 1994.
———La filiation de l'enfant issu de l'un des partenaires du couple et d'un tiers, RTD civ. 1996, 1.
Dünnebier : Anmerkung, OLG München vom 8. 10. 1951, JZ 1952, 427.
Ebert, Kurt : Zur Konfiguration (Konfrontation ?) von innerstaatlichem Recht und Völkerrecht

in der aktuellen deutschen Familienrechtslage, FamRZ 1994, 273.

Ebertz, Beate : Adoption als Identitätsproblem, Freiburg 1987.

Edenfeld, Stefan : Das neue Abstammungsrecht der Bundesrepublik Deutschland im nationalen und internationalen Vergleich, FuR 1996, 190.

Eichberger, Rudolf : Aktuelle Probleme der Feststellung der Abstammung (§ 372a ZPO), Diss. Regensburg 1988.

van Els, Hans : Können wir unser Familienrecht einfacher machen？ Können wir die Probleme „scheinehelicher" Kinder einfacher machen？, DAVorm 1989, 641.

Endemann, Friedrich : Lehrbuch des Bürgerlichen Rechts, Bd. 2/2, Familienrecht, 8./9. Auflage Berlin 1908.

Enders, Christoph : Das Recht auf Kenntnis der eigenen Abstammung, NJW 1989, 881.

Engels, Dieter : Beweisantizipationsverbot und Beweiserhebungsumfang im Strafprozeß, GA 1981, 21.

Enneccerus, Ludwig/*Nipperdey*, Hans Karl : Allgemeiner Teil des Bürgerlichen Rechts, 15. Auflage Tübingen 1959.

Erler, Michael : Nicht-eheliche Lebensgemeinschaften zwischen Alternative und „Normalität", FuR 1996, 10.

Erman, Walter : Handkommentar zum Bürgerlichen Gesetzbuch, 9. Auflage Münster 1993, 8. Auflage 1989.(Zitiert : Erman/Bearbeiter.)

Ernst, Cécile : Psychological Aspects of Artificial Procreation, in : Veröffentlichungen des Schweizerischen Instituts für Rechtsvergleichung(Hrsg.), Künstliche Fortpflanzung, Genetik und Recht, Zürich 1986, S. 77.

Ernst, Rüdiger : Die Vater-Kind-Zuordnung aufgrund der Ehe der Mutter, Eine vergleichende Darstellung des deutschen und französischen Rechts, Diss. Freiburg 1993.

Eser, Albin : Gesichtspunkt eines Strafrechtlers, in : Veröffentlichungen des Schweizerischen Instituts für Rechtsvergleichung(Hrsg.), Künstliche Fortpflanzung, Genetik und Recht, Zürich 1986, S. 151.

Eser, Albin u.a. : Regelungen der Fortpflanzungsmedizin und Humangenetik, Band 2, Frankfurt a.M. 1990.

Fasching, Hans W. : Die Ausübung unmittelbaren Zwanges zur Blutabnahme und Durchführung erbkundlicher Untersuchungen im Abstammungs- und Vaterschaftsfeststellungsprozeß, ÖJZ 1981, 169.

―――Lehrbuch des österreichischen Zivilprozeßrechts, 2. Auflage Wien 1990.

Feick, Jürgen : Rechtliche und ethische Grenzen von Wissenschaft und Forschung, dargestellt am Beispiel der Gentechnologie, BayVBl 1986, 449.

Feld, Wilhelm : „Findelfürsorge", in : Elster/Weber/Wieser(Hrsg.), Handwörterbuch der Staatswissenschaften, 4. Bd., 4. Auflage Jena 1927.

Fenet, Paul : Recueil complet des travaux préparatoires du Code civil, Bd. X, Paris 1836.

Ferrière, Dominique(sous la dir. de): L'accès à la connaissance des origines familiales,

Groupe de travail institué par Mme. Veil, Ministre des Affaires Sociales, 1996 (unveröffentlicht).
Feuerabend, U. : Stellungnahme zu Deinert (DAVorm 1988, 989), DAVorm 1989, 203.
Feuerbach, Paul Johann Anselm : Civilistische Versuche, Giessen 1803.
Finger, Peter : Die Anfechtung der Ehelichkeit eines Kindes durch seine Mutter, NJW 1984, 846.
Fischer, Paul : Die Feststellung der blutsmäßigen Abstammung, JW 1936, 237.
―――Klage auf Feststellung der Abstammung Unehelicher, ZAkDR 1939, 347.
Forder, Caroline : Constitutional Principle and the Establishment of the Legal Relationship Between the Child and the Non-Marital Father : A Study of Germany, the Netherlands and England, Int. J. of Law & Family 1993, 40.
Frank, Rainer : Gedanken zu einer isolierten Abstammungsfeststellungsklage, Gedächtnisschrift Arens, München 1993, S. 65. (Zitiert : Frank, GS Arens.)
―――Abstammung und Status, in : Ramm/Grandke (Hrsg.), Deutsche Wiedervereinigung, Zur Familienrechtspolitik nach der Wiedervereinigung, Köln 1995, S. 71. (Zitiert : Frank, Abstammung und Status.)
―――Grenzen der Adoption, Eine rechtsvergleichende Untersuchung zur Schutzbedürftigkeit faktischer Eltern-Kind-Verhältnisse, Frankfurt a.M. 1978. (Zitiert : Frank, Grenzen.)
―――Die unterschiedliche Bedeutung der Blutsverwandtschaft im deutschen und französischen Familienrecht, FamRZ 1992, 1365.
―――Die familienrechtliche Ordnung des GG, in: Rechts- und Staatswissenschaftliche Fakultät Freiburg (Hrsg.), 40 Jahre Grundgesetz, Heidelberg 1990, S. 113.
―――Recht auf Kenntnis der genetischen Abstammung ?, FamRZ 1988, 113.
―――Die wissentlich falsche Vaterschaftsanerkennung aus zivil- und strafrechtlicher Sicht, ZBlJugR 1972, 260.
―――Die zwangsweise körperliche Untersuchung zur Feststellung der Abstammung, FamRZ 1995, 975.
―――Die zwangsweise körperliche Untersuchung zur Feststellung der Abstammung, Festschrift Agell, Uppsala 1994.
Frank, Rainer/*Helms*, Tobias : Der Anspruch des nichtehelichen Kindes gegen seine Mutter auf Nennung des leiblichen Vaters, FamRZ 1997, 1258.
Friederichs, Karl : Der menschliche Körper als Beweismittel, ZZP 19 (1894), 390.
Fuchs, Rachel Ginnis : Abandoned Children, Albany 1984.
Furkel, Françoise : Die französischen Gesetze über Bioethik vom 29. Juli 1994 und ihr Einfluß auf das Kindschaftsrecht, FamRZ 1996, 772.
Garaud, Marcel/*Szramkiewicz*, Romuald : La révolution française et la famille, Paris 1978.
Gaul, Hans Friedhelm : Ehelichkeitsstatus und Recht des volljährigen Kindes auf Klärung der eigenen Abstammung, in : Gaul (Hrsg.), Familienrecht in Geschichte und Gegenwart, Symposion aus Anlaß des 80. Geburtstags von Friedrich Wilhelm Bosch, Bielefeld 1991,

S. 23. (Zitiert : Gaul, Ehelichkeitsstatus.)

――― Die pater-est-Regel der §§ 1591, 1592 in ihrer herkömmlichen Bedeutung und in der Reformdiskussion, Festschrift Gernhuber, Tübingen 1993, S. 619. (Zitiert Gaul, Pater-est-Regel.)

――― Die Neuregelung des Abstammungsrechts durch das Kindschaftsrechtsreformgesetz, FamRZ 1997, 1441.

Geadah, R.-R. : Accouchement anonyme, Enjeu du secret, in : Verdier/Soulé(Hrsg.), Le secret sur les origines, Paris 1986, S. 91.

Gebler, Marie-Josèphe : Le droit français et la vérité, Thèse Nancy 1970.

――― Note sous CA Basse-Terre, 20. 5. 1974, JCP 1975, II, 17953.

Geller, Helmut : Frauen in existenziellen Konflikten, Essen 1992.

Geller, Mechthild : Biographien Erwachsener Adoptierter ― Lebenserfahrungen, Lebensstrategien, Essen 1992.

Gernhuber, Joachim : Lehrbuch des Familienrechts, 3. Auflage München 1980.

――― „Eltern und Kinder sind einander Beistand und Rücksicht schuldig" ― Ein Beitrag zu § 1618a BGB, Festschrift Müller-Freienfels, Baden-Baden 1986, S. 159.(Zitiert : Gernhuber, FS Müller-Freienfels.)

――― Kindeswohl und Elternwille, FamRZ 1973, 229.

――― Neues Familienrecht, Tübingen 1977.

Gernhuber, Joachim/*Coester-Waltjen*, Dagmar : Lehrbuch des Familienrechts, 4. Auflage München 1994.

Gibson, Elizabeth L.: Artificial Insemination by Donor : Information, Communication and Regulation, Journal of Family Law 30 (1991-92), 1.

Giesen, Dieter : Familienrecht, 2. Auflage Tübingen 1997.(Zitiert : Giesen, Familienrecht.)

――― Genetische Abstammung und Recht, JZ 1989, 364.

――― Einzelfallgerechtigkeit als Problem, FamRZ 1984, 1188.

――― Heterologe Insemination ― Ein neues legislatorisches Problem?, FamRZ 1981, 413.

――― Moderne Fortpflanzungstechniken im Lichte des deutschen Familienrechts, Festschrift Hegnauer, Bern 1986, 55.

Gisserot, Florence : Note sous TGI Puteaux, 17. 6. 1986, D. 1987, 532.

Göppinger, Horst : Elterliche Gewalt über nichteheliche Kinder, FamRZ 1970, 57.

Goldstein, Joseph/*Freud*, Anna/*Solnit*, Albert J. : Jenseits des Kindeswohls, Frankfurt a.M. 1991.

Gottwald, Peter : Recht auf Kenntnis der biologischen Abstammung ?, Festschrift Hubmann, Frankfurt a.M. 1985, S. 111.

Granet-Lambrechts, Frédérique : Filiation naturelle, Recherche de paternité, Juris-Classeur Civil, Art. 340 à 340-7, Paris 1993.(Zitiert : Granet-Lambrechts, J.-Cl. civ., Art. 340 à 340-7.)

――― Filiation légitime, Preuves, Juris-Classeur Civil, Art. 319 à 328, Paris 1994.(Zitiert :

Granet-Lambrechts, J.-Cl. civ., Art. 319 à 328.)
―――― Filiation naturelle, Recherche de maternité, Juris-Classeur Civil, Art. 341 et Art. 341-1, Paris 1993.(Zitiert : Granet-Lambrechts, J.-Cl. civ., Art. 341 et 341-1.)
―――― Note sous Cass., 4. 1. 1995, D. 1995, Somm., 225.
―――― Note sous CA Paris, 13. 3. 1992, D. 1993, Somm., 43.
―――― Note sous Cass., 5. 11. 1991, D. 1992, Somm., 315.
―――― Note sous CA Paris, 21. 6. 1994 und CA Poitiers, 23. 6. 1993, D. 1995, Somm., 119.
―――― L'établissement judiciaire de la filiation depuis la loi no 93-22 du 8 janvier 1993, D. 1994, Chr., 21.
Greßmann, Michael : Neues Kindschaftsrecht, Bielefeld 1998.
Gridel, Jean Pierre : Vérité biologique et droit positif de la filiation(1972-1993), D. 1993, Chr., 191.
Groffier, Ethel : Les époux de fait dans le droit civil du Québec, in : Eekelaar/Katz(Hrsg.), Marriage and Cohabitation in Contemporary Societies, Toronto 1980, S. 235.
Groß, Elsa J. : Die Vaterschaftsklage im französischen Recht unter besonderer Berücksichtigung der „possession d'état", Zürich 1929.
Grossen, Jacques-Michel(Hrsg.) : Schweizerisches Privatrecht, Familienrecht, Bd. 2, Basel 1992.
Grotevant, Harold D. u.a. : Adoptive Family System Dynamics : Variations by Level of Openness in the Adoption, Family Process 1994, 125.
Grünkorn, Mathias : Die Frist zur Anfechtung der Ehelichkeit, Diss. Frankfurt a.M. 1978.
Guderian, Claudia : Wo komm' ich eigentlich her ? Eine Adoptierte auf der Suche nach ihren eigenen Wurzeln, Freiburg 1994.
Guggumos, Michael : Die Abstammungsklage des unehelichen Kindes, NJW 1947/1948, 59.
―――― Anmerkung, LG Köln vom 26. 2. 1948, NJW 1949, 151.
Guiho, Pierre : Droit civil, Bd. 3, La famille, 4. Auflage Lyon 1993.
―――― Filiation légitime, Désaveu et contestation de paternité, Juris-Classeur Civil, Art. 312 à 318-2, fasc. 2, Paris 1989.(Zitiert : Guiho, J.-Cl. civ., fasc. 2, Art. 312 à 318.)
Gutkess, Stephanie : Vom Anerkennungssystem zur Aufgabe des Nichtehelichenstigmas : Entwicklungslinien im belgischen und französischen Zuordnungsrecht seit Normierung des Code Napoléon, Diss. Göttingen 1995.
Haas, Fritz : Zwang zur Duldung der Blutprobe im Vaterschaftsprozeß, ZBlJR 1933-34, 196.
Hackl, Karl : Praeiudicium im klassischen römischen Recht, Salzburg 1976.
―――― Die Feststellung der Vaterschaft und der väterlichen Gewalt, SZ 90(1973), 105.
Haimes, Erica : „Secrecy" : What Can Artificial Reproduction Learn from Adoption ?, International Journal of Law and the Family 2(1988), 46.
Harder, Manfred : Wer sind Vater und Mutter ? ― Familienrechtliche Probleme der Fortpflanzungsmedizin, JuS 1986, 505.
Harichaux-Ramu, Michèle : Note sous TGI Nice, JCP 1977, II, 18597.

Hassenstein, B. : Der Wert der Kenntnis der eigenen genetischen Abstammung, FamRZ 1988, 120.

Hauser, Jean : Jurisprudence française en matière de droit civil, Personnes et droits de la famille, RTD civ. 1993, 803.

――――Jurisprudence française en matière de droit civil, Personnes et droits de la famille, RTD civ. 1996, 355.

Hauser, Jean/*Huet-Weiller*, Danièle : Traité de droit civil, La famille, Fondation et vie de la famille, 2. Auflage Paris 1993.

――――Jurisprudence française en matière de droit civil, Personnes et droits de la famille, RTD civ. 1991, 705.

Hegnauer, Cyril : Grundriss des Kindesrechts, 4. Auflage Bern 1994.

Hellwig, Albert : Zwang zur Duldung der Blutgruppenprobe im Vaterschaftsprozeß, DJ 1934, 126.

Helms, Tobias : Vaterschaftsanfechtung durch den Erzeuger des Kindes？, FamRZ 1997, 913.

――――Reform des deutschen Abstammungsrechts, Zum Entwurf des Kindschaftsrechtsreformgesetzes aus rechtsvergleichender Perspektive, FuR 1996, 178.

Henneberg : Feststellung der unehelichen Vaterschaft nach dem Tode des Erzeugers, JW 1935, 1834.

Henrich, Dieter : Familienrecht, 5. Auflage München 1995.

Hirsoux, Eric : La volonté individuelle en matière de filiation, Thèse Paris 1988.

Hoffmann-Riem, Christa: Das adoptierte Kind, München 1984.

Hoksbergen, René/*Textor*, Martin(Hrsg.) : Adoption, Grundlagen, Vermittlung, Nachbetreuung, Beratung, Freiburg i.B. 1993.

Holleaux, Georges : Note sous Cass., 13. 1. 1959, D. 1959, 45.

Holzhauer, Heinz : Gentechnik und künstliche Fortpflanzung, FamRZ 1986, 1162.

Honsell, Heinrich u.a.(Hrsg.) : Schweizerisches Zivilgesetzbuch, Bd. I, Basel 1996.

Houin, M. R. : Une enquête sur l'application du droit dans la pratique, RTD civ. 1950, 18.

Huet-Weiller, Danièle : Note sous CA Pau, 17. 3. 1975 und TGI Paris, 13. 5. 1975, D. 1975, 597.

――――Requiem pour une présomption moribonde(La contestation directe de la paternité légitime sur le fondement de l'Art. 322, al. 2, c. civ.), D. 1985, Chr., 123.

――――Réflexions sur l'indisponibilité des actions relatives à la filiation, D. 1978, Chr., 233.

――――Note sous CA Toulouse, 21. 9. 1987, D. 1988, 186.

――――Filiation naturelle, Dispositions générales, Juris-Classeur Civil, Art. 334-8 à 334-10, Paris 1991.(Zitiert : Huet-Weiller, J.-Cl. civ., Art. 334-8 à 334-10.)

――――Note sous CA Paris, 8. 12. 1978, D. 1979, IR, 243.

Huet-Weiller, Danièle/*Granet-Lambrechts*, Frédérique : Filiation naturelle, Reconnaissance, Juris-Classeur Civil, Art. 335 à 339, Paris 1990.(Zitiert : Huet-Weiller/ Granet-Lambrechts, J.-Cl. civ., Art. 335 à 339.)

Huet-Weiller, Danièle/*Le Guidec*, Raymond : Filiation naturelle, Encyclopédie Dalloz, Répertoire de droit civil, Paris 1996.(Zitiert : Huet-Weiller/Le Guidec, Rép. Dalloz, Filiation naturelle.)

Hummel, Konrad : Das Blutgruppengutachten : seine Bedeutung vor Gericht, NJW 1981, 605.

——— Hoher W-Wert bei Blutgruppenbegutachtung — deterministischer Beweis ?, DAVorm 1986, 785.

Hummel, Konrad/*Mutschler*, Dietrich : Zum Umfang der Beweisaufnahme bei gerichtlicher Vaterschaftsfeststellung, NJW 1991, 2929.

Inderst, Cornelia : Die Anerkennung der Vaterschaft zu dem Kind einer verheirateten Frau im französischen und italienischen Recht, Diss. Regensburg 1997.

Isele, Hellmut Georg : Zur Rechtsprechung über die Feststellung der blutmäßigen Abstammung im Statusverfahren, AcP 150 (1949), 69.

Jacquinot, Ernest : De la filiation naturelle dans le droit intermédiaire, Thèse Paris 1913.

Jänsch, Gudrun/*Nutzinger*, Christa : „Ob meine leibliche Mutter noch an mich denkt" , Unsere Jugend 1988, 471.

Jauernig, Othmar : Zivilprozeßrecht, 25. Auflage München 1998.(Zitiert : Jauernig, Zivilprozeßrecht.)

——— Der Bundesgerichtshof und das Zivilprozeßrecht — Ein Rückblick auf 40 Jahre, in : Jauernig/Roxin(Hrsg.), 40 Jahre Bundesgerichtshof, Heidelberg 1991, S. 28.(Zitiert : Jauernig, Bundesgerichtshof.)

Jeandidier, Wilfrid : Note sous Cass. crim., 8. 3. 1988, JCP 1989, II, 21162.

Jessel, Christa : Das Kindschafts- und Unterhaltsrecht Jugoslawiens, DAVorm 1980, 338.

Kaufmann, Franz-Xaver : Zukunft der Familie, München 1990.

Keller, Rolf : Das Kindeswohl : Strafschutzwürdiges Rechtsgut bei künstlicher Befruchtung im heterologen System, Festschrift Tröndle, Berlin/New York 1989, S. 705.

*Kelle*r, Rolf/*Günther*, Hans-Ludwig/*Kaiser*, Peter : Kommentar zum Embryonenschutzgesetz, Stuttgart/Berlin 1992.

Kemper, Roland : Die gesetzliche Amtspflegschaft und der Zeitgeist, DAVorm 1989, 169.

——— Eine Lanze für die gesetzliche Amtspflegschaft, FamRZ 1991, 1401.

——— Anmerkung, BGH vom 12. Juli 1995, FuR 1995, 309.

Kleineke, Wilhelm : Das Recht auf Kenntnis der eigenen Abstammung, Diss. Göttingen 1976.

Knöpfel, Gottfried : Beistand und Rücksicht zwischen Eltern und Kindern(§ 1618a BGB), FamRZ 1985, 554.

Koch, Elisabeth : Pater semper incertus, Rechtshistorisches Journal 1990, 107.

Koeppel, Peter : Die Stellungnahme von „Defence for Children International", Genf, zu der von der Bundesregierung geplanten Vorbehaltserklärung zur UN-Kinderrechtskonvention, ZfJ 1991, 355.

Kohler, J. : Der Prozeß als Rechtsverhältnis, Mannheim 1888.

Kollhosser, Helmut : Rechtsprobleme bei medizinischen Zeugungshilfen, JA 1985, 553.

Kretschmer, Friedrich : Eingriffe in die körperliche Integrität im Zivilprozeß, dargestellt an § 372a

ZPO, Diss. Würzburg 1976.

Krüger, Hildegard : Die Rechtsstellung des unehelichen Kindes nach dem Grundgesetz, Berlin 1960.

Krupp, Ewald : Ehelichkeit und Abstammung, DR 1938, 202.

Kumme, Werner : Die rechtliche Bedeutung der Weigerung der Mutter, den Vater ihres nichtehelichen Kindes zu nennen, ZBlJR 1973, 140.

Kuttner : Die Klagen auf Feststellung des Bestehens oder Nichtbestehens der unehelichen Vaterschaft, JherJb 50 (1906), 412.

Labrusse-Riou, Catherine : Droit de la famille, Bd. 1, Les personnes, Paris usw. 1984.

——Filiation, Encyclopédie Dalloz, Répertoire de droit civil, Paris 1995.(Zitiert : Labrusse-Riou, Rép. Dalloz, Filiation.)

——La filiation en mal d'institution, Esprit 1996, 91.

——L'anonymat du donneur : étude critique du droit positif français, in : Le droit, la médicine et l'être humain, Faculté de droit et de sciences politiques d'Aix-Marseille (Hrsg.), Paris 1996, S. 81.

——La filiation et la médecine moderne, RIDC 1986, 419.

Labrusse-Riou, Catherine/*Le Guidec*, Raymond : Filiation légitime, Encyclopédie Dalloz, Répertoire de droit civil, Paris 1996.(Zitiert : Labrusse-Riou/Le Guidec, Rép. Dalloz, Filiation légitime.)

v. Lang : Die Wirksamkeit eines Geständnisses oder Anerkenntnisses bei Statusklagen (Eine Lücke in der Zivil-Proz.-Ordnung), AcP 73 (1888), 236.

Lange, Heinrich : Kritisches zur Anfechtung der Ehelichkeit, NJW 1962, 1697.

Lapoyade-Deschamps, Aude : Les renonciations en droit de la famille, D. 1993, Chr., 259.

Lefebvre-Teillard, Anne : L'enfant naturel dans l'ancien droit français, Recueils de la société Jean Bodin, Bd. 36 (1976), S. 251.

Lehmann, Heinrich/*Henrich*, Dieter : Deutsches Familienrecht, 4. Auflage Berlin 1967.

Leiblum, Sandra R./*Hamkins*, S. E. : Einstellungen von reproduktiven Endokrinologen zur Aufklärung von Kindern über ihre Zeugung durch künstliche Befruchtung mit Spendersamen, Journal of Psychosomatic Obstetrics and Gynaecology, 1992, wiedergegeben in pro familia magazin 1993, 19.

Leineweber, Anke : Die rechtlichen Beziehungen des nichtehelichen Kindes zu seinem Erzeuger in der Geschichte des Privatrechts, Hanstein 1978.

Leipold, Dieter : Prozeßförderungspflicht der Parteien und richterliche Verantwortung, ZZP 93 (1980), 237.

——Wirksamer Ehrenschutz durch gerichtliche Feststellung von Tatsachen, ZZP 84 (1971), 150.

Leipziger Kommentar : Strafgesetzbuch, 7. Band, 2. Auflage Berlin/New York 1988.(Zitiert : LK-Bearbeiter.)

Lemouland, Jean-Jacques : Note sous Cass., 6. 3. 1996, D. 1996, 531.

原著文献目録

Lenze, Anne : Kriterien für eine Rechtsgüterabwägung zwischen dem Recht des Kindes auf Kenntnis der eigenen Abstammung und dem Schutz der Intimsphäre der Mutter, ZfJ 1998, 101.

Leonhard, Rudolf : Eideszuschiebung in Familienprocessen, Marburg 1890.

Leube, Konrad : Doppelter Lebensentwurf für Väter ?, in : Deutsches Jugendinstitut (Hrsg.), Was für Kinder — Aufwachsen in Deutschland, 1993, S. 106.

Levy, M./v. *Wilwowski*, G. : Zivilprozeßordnung, Bd. 1, 4. Auflage Berlin 1886.

Lichtinger, Melanie : Das „Adoptionsgeheimnis" des § 1758 BGB — Abstammungskenntnisrecht des Kindes, Adoptivelternrecht und Position der leiblichen Eltern im rechtlichen Spannungsfeld, in : Bayerisches Landesjugendamt (Hrsg.), Das „Adoptionsgeheimnis" des § 1758 BGB, München 1996.

Lifton, Betty : Zweimal geboren, Memoiren einer Adoptivtochter, Stuttgart 1981.

Löwe-Rosenberg : Die Strafprozeßordnung und das Gerichtsverfassungsgesetz, 3. Band, 24. Auflage Berlin/New York 1987. (Zitiert : Löwe-Rosenberg-Bearbeiter.)

Lüderitz, Alexander : Das neue Adoptionsrecht, NJW 1976, 1865.

v. Luxburg, Harro : Das neue Kindschaftsrecht, München/Berlin 1998.

Madlener, Kurt : Das französische Unehelichenrecht, Bielefeld 1969.

────Das französische Familienrecht nach dem Gesetz vom 3. 1. 1972, FamRZ 1972, 336.

Malaurie, Philippe/*Aynès*, Laurent : Cours de droit civil, La famille, 5. Auflage Paris 1995/96.

Mammey, Gotthold : Dem (wirklichen) Vater auf der Spur, FamRZ 1984, 331.

Marty, Gabriel/*Raynaud*, Pierre : Droit civil, Les personnes, 3. Auflage Paris 1976.

Maßfeller, Franz : Das Gesetz über die Änderung und Ergänzung familienrechtlicher Vorschriften und über die Rechtsstellung der Staatenlosen vom 12. April 1938, JW 1938, 1281.

────Anmerkung, OLG München vom 30. 11. 1937, ZAkDR 1938, 171.

Massip, Jacques : Note sous Cass., 5. 7. 1988, D. 1989, 227.

────Les modifications apportées au droit de la famille par la loi du 8 janvier 1993, Défrénois 1993, no 35559, S. 609.

────L'insertion dans le code civil de dispositions relatives au corps humain, à l'identification génétique et à la procréation médicalement assistée, Défrénois 1995, no 35975, S. 65 und S. 129.

────Réflexions sur l'article 334-9 du Code Civil, D. 1975, Chron., 80.

────Note sous Cass., 19. 12. 1991, 17. 12. 1991, 18. 2. 1992, 17. 3. 1992, D. 1993, 30.

────Note sous Cass., 6. 12. 1988, D. 1989, 317.

────Note sous Cass., 21. 7.1987, D. 1988, 225.

────Note sous Cass., 23. 6. 1987, D. 1987, 614.

────Note sous Cass., 10. 2. 1993, D. 1994, 67.

────Note sous Cass., 12. 1. 1994, D. 1994, 449.

────Note sous Cass., 4. 5. 1994, D. 1994, 545.

Matscher, Franz : Die Methoden der Auslegung der EMRK in der Rechtsprechung ihrer Organe, in : Schwind (Hrsg.), Aktuelle Fragen zum Europarecht aus der Sicht in- und ausländischer Gelehrter, Wien 1986, S. 102.

Maury, Isabelle : On „abandonne en France", Revue autrement, no 96, 1988, Abandon et adoption, S. 20.

Mayer, Karl E. : § 372a ZPO und der Abstammungsprozeß, DRiZ 1951, 34.

McGolderick, Dominic : The United Nations Convention on The Rights of the Child, Int. J. of Law & Family 5 (1991), 132.

Menne, Nikola : Die Rechtsbeziehung zwischen Vater und Kind — Eine vergleichende Studie zum deutschen, österreichischen, französischen und englischen Recht, Diss. Bonn 1995.

Merle, Roger : Une pratique dangereuse : La recherche clandestine des preuves scientifiques de la paternité, D. 1952, Chr., 165.

Metzger, Wolfgang : Gedanken zum Adoptionsrecht, ZBlJugR 1972, 37.

Meulders-Klein, Marie-Thérèse : La production de normes en bioéthique, in : Neirinck (Hrsg.), De la bioéthique au bio-droit, 1994, S. 100.

Mezger, Ernst : Das Kind mit den zwei Vätern, eine Erfindung des französischen Kindschaftsrechts von 1972, Festschrift Ferid, München 1978, S. 621.

――――Reform des Rechts der unehelichen Kinder in Frankreich durch das Gesetz vom 15. 7. 1955, FamRZ 1955, 273.

Ministerium der Justiz der DDR (Hrsg.) : Das Familienrecht der DDR, Kommentar zum Familiengesetzbuch der Deutschen Demokratischen Republik vom 20. Dezember 1965, Berlin 1973.

Mirabail, Solange : Note sous CA Toulouse, 21. 6. 1994, D. 1995, 99.

de Monredon, Emanuel : L'adoption aujourd'hui, JCP 1992, I, 3607.

Morgan, Derek/*Lee*, Robert G. : Human Fertilisation & Embryology Act 1990, London 1991.

Moritz, Heinz Peter : Auskunftsanspruch des nichtehelichen Kindes gegen seine Mutter auf Nennung des Namens seines leiblichen Vaters, Jura 1990, 134.

Mühlens, Elisabeth/*Kirchmeier*, Karl-Heinz/*Greßmann*, Michael : Das neue Kindschaftsrecht, Köln 1998.

Müller-Freienfels, Wolfram : „Neues" Familienrecht, in: Familienrecht im In- und Ausland, Bd. II, Frankfurt a.M. 1986, S. 321.

Münchener Kommentar zum BGB : Band 7 (§§ 1297-1588), 3. Auflage München 1993 und Band 8 (§§ 1589-1921), 3. Auflage München 1992. (Zitiert : MünchKomm/ Bearbeiter.)

Münchener Kommentar zur ZPO : 3 Bande, München 1992. (Zitiert : MünchKomm/ Bearbeiter, ZPO.)

Münder, Johannes : Das Recht auf Kenntnis der eigenen Abstammung, RdJ 1989, 456.

Mulliez, Jacques : Pater is est . . . , la source juridique de la puissance paternelle du droit révolutionnaire au Code civil, in : Théry/Biert (Hrsg.) : La famille, la loi, l'état — de la

Révolution au Code civil, Paris 1989, S. 491. (Zitiert : Mulliez, Pater is est.)
────── Révolutionnaires, nouveaux pères ? Forcément nouveaux pères! Le droit révolutionnaire de la paternité, in : La Révolution et l'ordre juridique privé, Actes du colloque d'Orléans 11.-13. 9. 1986, Bd. I, S. 373. (Zitiert : Mulliez, Révolutionnaires.)

Murat, Pierre : Procréation assistée et „droits de l'enfant", RD sanit. soc. 1991, 387.

Mutschler, Dietrich : Interessenausgleich im Abstammungsrecht — Teilaspekte der Kindschaftsrechtsreform, FamRZ 1996, 1381.

────── Emanzipation und Verantwortung — Zur Neuordnung des Abstammungsrechts, FamRZ 1994, 65.

────── Anmerkung, OLG Hamm vom 24. 11. 1995, DAVorm 1996, 377.

Nathan, Hans : Zur Anwendbarkeit der Vorschriften über den Abstammungsbeweis, NJW 1950, 12.

Natter : Uneheliche Vaterschaft ; insbesondere Klagen auf Feststellung des Bestehens oder Nichtbestehens der unehelichen Vaterschaft, AcP 95 (1904), 123.

Nave-Herz, Rosemarie : Familie heute, Darmstadt 1994.

────── Kinder mit nicht-sorgeberechtigten Vatern, FuR 1995, 102.

Neirinck, Claire : L'accouchement sous X : le fait et le droit, JCP 1996, Doctr., 149.

────── Le droit de la filiation et la procréation médicalement assistée, Petites affiches 1994, 54.

────── Le droit de l'enfance après la Convention des Nations-Unies, Paris 1993.

────── Adoption plénière, Conditions préalables à l'adoption, Juris-Classeur Civil, Art. 343 à 370-2, Paris 1996. (Zitiert : Neirinck, J.-Cl. civ., Art. 343 à 370-2.)

Nerson, Roger/*Rubellin-Devichi*, Danièle : Jurisprudence française en matière de droit civil, Personnes et droits de la famille, RTD civ. 1982, 584.

Neumann-Duesberg, Horst : Die Abstammungs-Feststellungsklage, NJW 1950, 14.

Nicolas-Maguin, Marie-France : L'enfant et les sortilèges : Rèflexions à propos du sort que réservent les lois sur la bioéthique au droit de connaître ses origines, D. 1995, Chr., 75.

Nicoleau, Patrick : Le rôle de la faute dans la preuve judiciaire de la paternité naturelle, Thèse Bordeaux 1991.

Niemeyer, Arnold : Die Pflicht zur Duldung von Blutuntersuchungen, MDR 1952, 199.

Nies-Diermann, Heike/*Pausewang*, Ines : Die subjektive Wertung der leiblichen Herkunft und ihre Bedeutung für die Eltern-Kind-Interaktion, Dortmund 1989.

Noël, Janine : Les „vrais" parents, Petites affiches 1995, 53.

Nykiel, Florence : L'accouchement anonyme ou le droit de garder une maternité secrète, Thèse Lyon 1995.

Oberloskamp, Helga : Recht auf Kenntnis der eigenen Abstammung, FuR 1991, 263.

────── Zum Stand der Diskussion um die gesetzliche Amtspflegschaft — historische und systematische Aspekte, ZfJ 1991, 586.

O'Donovan, Katherine : A Right to Know One's Parentage?, Int. Journal of Law and the Family

2 (1988), 27.

Ostler, Fritz : „Vater werden ist nicht schwer", oder — Der Weg zum Vater über § 232 Abs. 2 ZPO, AnwBl 1973, 375.

Paillet, Elisabeth : Note sous TGI Paris, 19. 2. 1985, D. 1986, 224.

Palandt, Otto : Bürgerliches Gesetzbuch, 56. Auflage München 1998, 6. Auflage 1944. (Zitiert : Palandt/Bearbeiter.)

Pasquay, Jürgen : Die künstliche Insemination — Zugleich ein Beitrag zur Bestimmung der Grenzen staatlicher Strafbefugnis, Diss. Freiburg 1968.

Paulin, Debra : The Open Adoption Records Movement : Constitutional Cases and Legislative Compromise, Journal of Fam. Law 1987-1988, 395.

Paulitz, Harald : Offene Adoption. Ein Plädoyer, Freiburg 1997.

Philippe, Catherine : Volonté, responsabilité et filiation, D. 1991, Chron., 47.

――――La connaissance de ses origines par l'enfant adopté plénièrement, Droit et patrimoine 1995, Doctr., 50.

Planck, Gottlieb : Familienrecht, Teile 1 und 2, Die Vorlagen der Redaktoren für die erste Kommission zur Ausarbeitung des Entwurfs eines Bürgerlichen Gesetzbuches, hrsg. von Schubert, Berlin usw. 1983. (Zitiert : Planck, Vorentwürfe Familienrecht 1 und 2.)

Pohle, Rudolf : Das neue einheitliche Zivilprozeßrecht, MDR 1950, 642.

Ramm, Thilo : Jugendrecht, München 1990.

――――Ehelichkeitsanfechtung und Bundesverfassungsgericht, NJW 1989, 1594.

――――Kindschaftsreform ?, JZ 1996, 987.

――――Gleichbehandlung nichtehelicher und ehelicher Kinder, FPR 1996, 220.

Rapport du Conseil d'Etat : Statut et protection de l'enfant, 1991 (unveröffentlicht).

Rassat, Marie-Laure : Du droit des pupilles de l'Etat à la connaissance de leurs origines, Mélanges Hebraud, Toulouse 1981, S. 683.

Raymond, Guy : Droit de l'enfance et de l'adolescence, Le droit français est-il conforme à la Convention Internationale des Droits de l'Enfant?, Paris 1995.

Raynor, Lois : The Adopted Child Comes of Age, Boston 1980.

Redeker, Konrad/*v. Oertzen*, Hans-Joachim : Verwaltungsgerichtsordnung, 12. Auflage Stuttgart/Berlin 1997.

Reichelt, Andreas : Verfahren, Zulässigkeit und Auswirkungen der DNA-Technologie (Genetischer Fingerabdruck) auf den Anwendungsbereich der Vaterschaftsvermutung im Rahmen des § 1600o II, Diss. Göttingen 1991.

Reichelt, Andreas/*Schmidt*, Angelika/*Schmidtke*, Jörg : Zulässigkeit und Verwertbarkeit privat veranlaßter Abstammungsgutachten, FamRZ 1995, 777.

Reinhardt : Die Pflicht zur Gestattung der ärztlichen Untersuchung nach der Zivilprozeßnovelle vom 27. Oktober 1933, JW 1934, 3176.

Reinke, Birgit : Das Recht des Kindes auf Kenntnis seiner genetischen Herkunft, Diss. Bayreuth 1991.

Rexroth : Die Familienrechtsnovelle vom 12. 4. 1938, DJ 1938, 775.

RGRK : Das Bürgerliche Gesetzbuch mit besonderer Berücksichtigung der Rechtsprechung des Reichsgerichts und des Bundesgerichtshofs, 12. Auflage ab 1974. (Zitiert : R-GRK/Bearbeiter.)

Richter, Gerhard : Soll die gesetzliche Amtspflegschaft abgeschafft werden ?, FamRZ 1994, 5.

Rieg, Alfred : L'établissement du lien de filiation légitime en droit français, in : Ann. Fac. de Strasbourg, Bd. XXIII.

Ritter, H. : Die humangenetische Abstammungsbegutachtung, FamRZ 1991, 646.

Rocke, Jürgen/*Lamprecht*, Rolf : Unsere Jugend 1986, 471.

Röwer, Heinz-Hugo : Reformen im Familienrecht, Festschrift Merz, Köln 1992, S. 515.

Roquette, Hermann : Klage auf Feststellung der Abstammung, DR 1936, 486.

―――― Abstammung und Abstammungsbeweis, JW 1935, 1385.

―――― Anmerkurg, LG Oels vom 30. 4. 1935, JW 1935, 3127.

―――― Ist § 644 ZPO heute noch anwendbar ?, JW 1935, 2476.

Rosenberg, Leo : Lehrbuch des Deutschen Zivilprozeßrechts, 1. Auflage Berlin 1927.

Rosenberg, L./*Bötticher*, Ed.: Die Zulässigkeit der Klage auf Feststellung der unehelichen Abstammung, Hess. Rspr. 1927, 249.

Rosenberg, Leo/*Schwab*, Karl Heinz/*Gottwald*, Peter : Zivilprozeßrecht, 15. Auflage München 1993.

Roth-Stielow, Klaus : Der Abstammungsprozeß, 2. Auflage München 1978.

―――― Die Zulässigkeit von erbbiologischen und serologischen Begutachtungen im Statusprozeß, Die Justiz 1972, 211.

Rubellin-Devichi, Jacqueline (Hrsg.) : Droit de la famille, Paris 1996.

―――― Une importante réforme en droit de la famille : la loi no 93-22 du 8 janvier 1993, JCP 1993, I, 3659.

―――― Le principe de l'intérêt de l'enfant dans la loi et la jurisprudence françaises, JCP 1994, I, 3739.

―――― Annual Survey of Family Law 1983-84, 56.

―――― Droits de la mère et droits de l'enfant : Réflexions sur les formes de l'abandon, Revue droit de l'enfance et de la famille 1991/1992, 63.

―――― Droits de la mère et droits de l'enfant : Réflexions sur les formes de l'abandon, RTD civ. 1991, 695.

―――― Jurisprudence française en matière de droit civil, Personnes et droits de la famille, RTD civ. 1986, 569.

―――― Les procréations assistées : état de questions, RTD civ. 1987, 457.

―――― Jurisprudence française en matière de droit civil, Personnes et droits de la famille, RTD civ. 1990, 443.

―――― Réflexions pour d'indispensables réformes en matière d'adoption, D. 1991, Chr., 209.

―――― L'accouchement sous X : le point sur les textes à la veille de la réforme de l'adoption,

Cahiers de maternologie 1995, 16.
――――France ― Reforms and Controversies, in : Bainham (Hrsg.), International Survey of Family Law 1994, 241.
Rubellin-Devichi, Danièle/*Trillat*, Brigitte : L'adoption : Réflexions sur le rapport Mattei, Petites affiches 1995, 136.
Rüthers, Bernd : Die unbegrenzte Auslegung : Zum Wandel der Privatrechtsordnung im Nationalsozialismus, 5. Auflage Heidelberg 1997.
Sachdev, Paul : Achieving Openness in Adoption : Some Critical Issues in Policy Formulation, Amer. J. Orthopsychiatry 1991, 241.
Sautter, Bruno : Die Pflicht zur Duldung von Körperuntersuchungen nach § 372a ZPO, AcP 161 (1962), 215.
Savatier, Jean : Les légitimations de complaisance, D. 1950, Chron., 9.
――――Note sous Cass., 17. 6. 1953, JCP 1953, II, 7822.
Savatier, René : Est-ce possible ?, D. 1963, Chr., 229.
――――Le droit civil de la famille et les conquêtes de la biologie, D. 1948, Chr., 33.
v. Savigny, Friedrich Carl : System des heutigen römischen Rechts, 1. Bd., Giessen 1840.
Schechter, Marshall D./*Bertocci*, Doris : The meaning of the search, in : Brodzinsky/ Schechter (Hrsg.), The psychology of adoption, New York 1990, S. 62.
Schellhammer, Kurt : Zivilprozeß, 8. Auflage Heidelberg 1998.
Scherpner, Hans : Geschichte der Jugendfürsorge, 2. Auflage Göttingen 1979.
v. Scheurl, Albrecht : Die Feststellung der blutsmäßigen Abstammung, JW 1936, 235.
Schilling, Guntram : Zur Problematik familiärer Geheimnisse am Beispiel der heterologen Insemination, Psychotherapie, Psychosomatik, Medizinische Psychologie 1995, 16.
Schimpf, Christian : Zur Aufhebung der Amtspflegschaft gemäß § 1707 BGB, StAZ 1983, 192.
v. Schlieffen, Angela : Offene Adoptionsformen ― Ein Grund zur Reform des Adoptionsrechts, Diss. Berlin 1994.
Schlosser, Peter : Zivilprozeßrecht, 2. Auflage München 1991.
――――Beweisantrag und Sachverständigengutachten im Statusprozeß, FamRZ 1976, 6.
Schlüter, Wilfried : BGB-Familienrecht, 8. Auflage Heidelberg 1998, 7. Auflage 1996.
Schmidt-Hidding, Wolfgang : Die Stellung des unehelichen Kindes in den romanischen Rechtsordnungen Europas, Bielefeld 1967.
Schmidt-Klevenow : Zur Frage der Feststellung der Unehelichkeit und Abstammung eines Kindes, JW 1936, 16.
Schneider, Egon : Rechtliches Gehör, MDR 1990, 596.
――――Die zivilprozessuale Beweisantizipation in der neueren Rechtsprechung, MDR 1969, 268.
Schönfeld, Herbert : Die Wirkungsgrenzen der Abstammungsurteile, Berlin 1943.
Schönke, Adolf/*Schröder*, Horst : Strafgesetzbuch, 25. Auflage München 1997, 8. Auflage 1956. (Zitiert : SS-Bearbeiter.)
Schreiner, Haro : Adoption, warum nicht offen, Idstein 1993.

Schubert, Werner : Französisches Recht in Deutschland zu Beginn des 19. Jahrhunderts, Köln 1977. (Zitiert : Schubert, Französisches Recht.)
Schultz, Günther : Blick in die Zeit, MDR 1974, 196.
Schulz, H. F. : Die Blutgruppenbestimmung als Beweismittel, JW 1935, 2116.
Schumacher, Klaus : Fortpflanzungsmedizin und Zivilrecht, FamRZ 1987, 313.
Schumann, Ekkehard : Bundesverfassungsgericht, Grundgesetz und Zivilprozeß, ZZP 96 (1983), 137.
Schwab, Dieter : Familienrecht, 8. Auflage München 1995.
Schwab, Dieter/*Wagenitz*, Thomas : Einführung in das neue Kindschaftsrecht, FamRZ 1997, 1377.
Schwab, Karl Heinz : Die neueste Rechtsprechung des Bundesgerichtshofes zur Abstammungsklage, NJW 1956, 649.
―――― Probleme der Abstammungsklage, ZZP 68 (1955), 121.
―――― Der Zwiespalt zwischen Unterhalts- und Abstammungsurteil, JZ 1954, 273.
Schwenzer, Ingeborg : Empfiehlt es sich, das Kindschaftsrecht neu zu regeln ?, Gutachten A für den 59. Deutschen Juristentag, Hannover 1992. (Zitiert : Schwenzer, Gutachten.)
―――― Vom Status zur Realbeziehung, Familienrecht im Wandel, Baden-Baden 1987. (Zitiert : Schwenzer, Status.)
―――― Ehelichkeitsvermutung und Ehelichkeitsanfechtung, FamRZ 1985, 1.
Schwimann, Michael : Das Kindschaftsrechtsänderungsgesetz, NZ 1990, 218.
v. Sethe, Henning : Die Durchsetzbarkeit des Rechts auf Kenntnis der eigenen Abstammung aus der Sicht des Kindes, Diss. Münster 1995.
Seuffert, Lothar : Zur Revision der Civilprozessordnung bei Einführung des Bürgerlichen Gesetzbuches, ZZP 16 (1891), 463.
Siehr, Kurt : Die gerichtliche Vaterschaftsfeststellung und ihre rechtlichen Hindernisse im Nichtehelichenrecht der EWG-Staaten, FamRZ 1974, 401.
Simitis, Spiros : Personen- und personenstandsrechtliche Grundfragen des neuen Nichtehelichenrechts, StAZ 1970, 255.
―――― Kindschaftsrecht ― Elemente einer Theorie des Familienrechts, Festschrift Müller-Freienfels, Baden-Baden 1986, 579.
Simotta, Daphne-Ariane : Datenschutz und Zivilverfahrensrecht in Österreich, ZZP 106 (1993), 469.
Smid, Stefan : Recht auf Kenntnis der eigenen blutsmäßigen Abstammung ?, JR 1990, 221.
Snowden, Robert/*Mitchell*, G. D./*Snowden*, E. M. : Artifizielle Reproduktion, Stuttgart 1985.
Soergel, Hans Theodor : Kommentar zum Bürgerlichen Gesetzbuch, Band 7 (§§ 1297-1588), 12. Auflage Stuttgart 1988 und Band 8 (§§ 1589-1921), 12. Auflage Stuttgart 1987.(Zitiert : Soergel/Bearbeiter.)
Sorosky, Arthur/*Baran*, Annette/*Pannor*, Reuben : Adoption, Zueinander kommen ― miteinander leben, Eltern und Kinder erzählen, Reinbek 1982.

Soulé, Michel/*Noël*, Janine : Aspects psychologiques des notions de filiation et d'identité et le secret des origines, in : Verdier/Soulé (Hrsg.), Le secret sur les origines, Paris 1986, S. 64.

Spellenberg, Ulrich : Die Possession d'état im französischen Kindschaftsrecht, FamRZ 1984, 117 und 239.

Sperl, Hans : Der Abstammungsbeweis durch Blutvergleichung, DJZ 1927, 1523.

Spickhoff, Andreas : Vaterschaft und konsentierte Fremdinsemination, AcP 197 (1997), 398.

Starck, Christian : Verfassungsgerichtsbarkeit und Fachgerichte, JZ 1996, 1033.

————Anmerkung, BVerfG vom 31. 1. 1989, JZ 1989, 338.

————Anmerkung, BVerfG vom 6. 5. 1997, JZ 1997, 779.

v. Staudinger, Julius : Kommentar zum Bürgerlichen Gesetzbuch mit Einführungsgesetz und Nebengesetzen, 12. Auflage Berlin ab 1978. (Zitiert : Staudinger/Bearbeiter.)

Stein-Hilbers, Marlene : Männer und Kinder, FuR 1991, 198.

————Wem „gehört" das Kind ?, Frankfurt 1994.

————Biologie und Gefühl — Geschlechterbeziehungen im neuen Kindschaftsrecht, ZRP 1993, 256.

Stein, Friedrich/*Jonas*, Martin : Kommentar zur ZPO, 21. Auflage (ab 1993, im Erscheinen) und 20. Auflage (1977-1989), Tübingen. (Zitiert : Stein/Jonas-Bearbeiter.)

Stepan, Jan : Rechtsvergleichende Gedanken zur Regelung der heterologen Insemination, Festschrift v. Overbeck, Fribourg 1990, S. 543.

Stepan, Jan (Hrsg.): International Survey of Laws on Assisted Procreation, Zürich 1990.

Stettler, Martin : Das Kindesrecht, in : Grossen (Hrsg.), Familienrecht, Basel 1992.

Stöcker, Hans : Die UNO-Kinderkonvention und das innerstaatliche Recht, FamRZ 1992, 895.

Strick, Kerstin : Die Adoption des eigenen Kindes, Zum Abbruch statusrechtlicher Verwandtschaftsbeziehungen, Diss. Freiburg 1996.

Stürner, Rolf : Die Aufklärungspflicht der Parteien des Zivilprozesses, Tübingen, 1976.

————Die Stellung des Anwalts im Zivilprozeß, JZ 1986, 1089.

Sturm, Fritz : Das Straßburger Marckx-Urteil zum Recht des nichtehelichen Kindes und seine Folgen, FamRZ 1982, 1150.

Sutton, Geneviève : La filiation au fil d'une loi en patchwork, D. 1993, Chr., 163.

————Filiation, Encyclopédie Dalloz, Répertoire de procédure civile, 2. Auflage Paris 1997. (Zitiert : Sutton, Rép. Dalloz Procédure civile, Filiation.)

Swientek, Christine : Wer sagt mir, wessen Kind ich bin ?, Freiburg 1993. (Zitiert : Swientek, Wessen Kind.)

————Ich habe mein Kind fortgegeben, Reinbek 1982.

————Wir haben dich adoptiert, Düsseldorf 1986.

————Die abgebende Mutter im Adoptionsverfahren, Bielefeld 1986.

————Auf der Suche nach den Eltern — auf der Suche nach Identität, Adoption — die unendliche Geschichte, in : Hoksbergen/Textor (Hrsg.), Adoption, Grundlagen, Vermittlung, Nachbetreuung, Beratung, Freiburg i.B. 1993, S. 95. (Zitiert : Swientek, Suche.)

Szramkiewicz, Romuald : Histoire du droit français de la famille, Paris 1995.

Taeger, Angela : Kindesaussetzung und Frauenpolitik — Fürsorge für Mutter und Kind im Frankreich des 19. Jahrhunderts, Hamburg 1991.

Textor, Martin : Inkognitoadoption und offene Formen der Adoption im Freistaat Bayern, München 1991.

―――Die unbekannten Eltern, Adoptierte auf der Suche nach ihren Wurzeln, ZfJ 1990, 10.

―――Adoptierte auf der Suche nach ihrer Herkunft, Soziale Arbeit 1988, 456.

―――Offene Adoption von Säuglingen, Unsere Jugend 1988, 530.

Théry, René : Véritable père et paternité vraie, JCP 1979, I, 2927.

Trillat, Brigitte : L'accouchement anoyme : de l'opprobre à la consécration, Mélanges à la mémoire de Danièle Huet-Weiller, Straßburg 1994, S. 513.

Triseliotis, John : In search of origins, The experiences of adopted people, London 1973.

Trusen, Winfried : Die gelehrte Gerichtsbarkeit der Kirche, in: Coing (Hrsg.), Handbuch der Quellen und Literatur der neueren europäischen Privatrechtsgeschichte, Bd. 1 : Mittelalter, München 1973, S. 491.

Ullmann, Christian : Die UNO-Kinderkonvention und das innerstaatliche Recht, FamRZ 1992, 892.

Urbach, Peter : Die außereheliche Mutter und die Unterhaltsverpflichtung des Kindesvaters, ZBlJR 1959, 74.

Urban, Paula : Die Kindesaussetzung, Diss. Bonn 1936.

Vascovics, Laszlo A./*Rost*, Harald/*Rupp*, Marina : Lebenslage nichtehelicher Kinder. Rechtstatsächliche Untersuchungen zu Lebenslagen und Entwicklungsverläufen nichtehelicher Kinder, Köln 1997.

Verdier, Pierre/*Soulé*, Michel (Hrsg.) : Le secret sur les origines, Problèmes psychologiques, légaux, administratifs, Paris 1986.

Véron, Michel : Volonté du „père" et reconnaissance d'enfant, RTD civ. 1967, 521.

Vidal, José : Un droit à la connaissance de ses origines, Mélanges Louis Boyer, Paris 1996, S. 733.

―――La place de la vérité dans le droit de la filiation, Mélanges Marty, Toulouse 1978, S. 1113.

Vollhardt, Kurt : Ist § 644 ZPO heute noch anwendbar ?, JW 1935, 2475.

Wach, Adolf : Das Geständnis, AcP 64 (1881), 201.

Weber, Alfons : Körperliche Untersuchungen eines Dritten im Abstammungsprozeß, NJW 1962, 574.

Weber, Ralph : Der Auskunftsanspruch des Kindes und/oder des Scheinvaters auf namentliche Benennung des leiblichen Vaters gegen die Kindesmutter, FamRZ 1996, 1254.

Weill, Alex/*Terré*, François : Droit civil, Les personnes, La famille, Les incapacités, 5. Auflage Paris 1983.

Weismann, Jakob : Lehrbuch des deutschen Zivilprozeßrechts, Bd. 1, Stuttgart 1903.

Wennergren, Bertil : Consequences of New Regulations in Reproductive Medicine and Human Embryo Research in their Relationship with Science, Ethics and Law, The Swedish Approach, in : Byk (Hrsg.), Procréation artificielle où en sont l'éthique et le droit ?, Paris 1989, S. 387.

Wieczorek, Bernhard/*Rössler*, Georg F./*Schütze*, Rolf A. : Zivilprozeßordnung und Nebengesetze, 2. Auflage 1975-88 und 3. Auflage ab 1994 Berlin/New York. (Zitiert : Wieczorek/Rössler/Schütze)

Wieder, Herbert : Sollen Betroffene über ihre Adoption aufgeklärt werden und wann ?, in : Harms/Strehlow (Hrsg.), Das Traumkind in der Realität, Göttingen 1990, S. 34.

Wiederkehr, Georges : L'application des dispositions de la convention interéssant le droit privé, in : Jonathan u.a. (Hrsg.), Dix ans d'application de la Convention Européenne des droits de l'homme devant les jurisdictions françaises, Kehl 1985, S. 164.

Wieser, Eberhard : Das Rechtsschutzbedürfnis des Klägers im Zivilprozeß, Bielefeld 1971.

Will, Annegret : Macht und Gleichheit. Die Reform des nichtehelichen Kindschaftsrechts aus der Perspektive der nichtehelichen Mutter, Diss. Konstanz 1997.

Wolf, Joachim : Ratifizierung unter Vorbehalten : Einstieg oder Ausstieg der Bundesrepublik Deutschland aus der UN-Konvention über die Rechte des Kindes ?, ZRP 1991, 374.

Zachariä v. Lingenthal, Karl Salomo/*Crome*, Carl : Handbuch des französischen Civilrechts, 8. Auflage Freiburg 1894.

Zeizinger, Herbert : Die zwangsweise Blutabnahme als verfassungsrechtliches Problem, ÖJZ 1969, 378.

Zenz, Gisela : Referat zum 59. Deutschen Juristentag, Hannover 1992.

――――Volle elterliche Gewalt für die Mutter, die den Vater ihres Kindes nicht nennen oder feststellen lassen will ?, StAZ 1974, 281.

Zenz, Gisela/*Salgo*, Ludwig : Zur Diskriminierung der Frau im Recht der Eltern-Kind-Beziehung, Stuttgart 1983.

Zettel, Günther : Ein Jahr Neuregelung des Rechts der elterlichen Sorge ― Fragen bei der Anwendung des neuen Rechts, DRiZ 1981, 211.

Zimmermann, Jan : Geschichte der Klage auf Abstammung, Diss. Kiel 1990.

Zimmermann, Reinhard : Die heterologe künstliche Insemination und das geltende Zivilrecht, FamRZ 1981, 929.

Zöller, Richard : Zivilprozeßordnung mit Gerichtsverfassungsgesetz und den Einführungsgesetzen, mit Internationalem Zivilprozeßrecht, Kostenanmerkungen, 20. Auflage Köln 1997. (Zitiert : Zöller/Bearbeiter.)

Zumstein, Monika : Nichtehelichkeit ― ein Auslaufmodell, FPR 1996, 225.

Zweigert, Konrad/*Kötz*, Hein : Einführung in die Rechtsvergleichung, 1. Auflage Tübingen 1971.

引用略語

A.	Atlantic Reporter
ABGB	Allgemeines Bürgerliches Gesetzbuch Österreichs
AcP	Archiv für die civilistische Praxis
AdoptG	Adoptionsgesetz
ADR III	Akademie für Deutsches Recht 1933 — 1945 : Protokolle der Ausschüsse, Band III, 2, Familienrechtsausschuß
AdVermiG	Adoptionsvermittlungsgesetz
AG	Amtsgericht
Amer. J.	American Journal
Anm.	Anmerkung
Ann. Fac.	Annuaire de la Faculté
AnwBl	Anwaltsblatt
A.S.E.	Aide sociale à l'enfance
BayObLG	Bayerisches Oberstes Landesgericht
BayObLGZ	Sammlung von Entscheidungen des Bayerischen Obersten Landesgerichts in Zivilsachen
BayVbl	Bayerische Verwaltungsblatter
BGB	Bürgerliches Gesetzbuch
BGBl.	Bundesgesetzblatt
BGH	Bundesgerichtshof
BGHZ	Entscheidungen des Bundesgerichtshofs in Zivilsachen
BR-Drucks.	Bundesratsdrucksache
BSHG	Bundessozialhilfegesetz
BT	Bundestag
BT-Drucks.	Bundestagsdrucksache
Bull. civ.	Bulletin des arrêts de la Cour de cassation. Chambres civiles
BVerfG	Bundesverfassungsgericht
BVerfGE	Entscheidungen des Bundesverfassungsgerichts
BVerwG	Bundesverwaltungsgericht
BVerwGE	Entscheidungen des Bundesverwaltungsgerichts
BW	Burgerlijk Wetboek
CA	Cour d'appel
Cal. App.	California Appellate Reports
Cal. Rptr.	California Reporter
Cass.	Cour de cassation
C.E.C.O.S.	Centres d'études et de conservation des oeufs et du sperme humains

C.C.	Code Civil（フランス、ベルギー）、Codice Civile（イタリア）、Código civil（スペイン）
Chr.	Chronique
C.Fam.	Code de la famille et de l'aide sociale
C.N.	Code Napoléon
Conn.	Connecticut
C.Pén.	Code Pénal
crit.	critique
C.S.P.	Code de la Santé Publique
D.	Recueil Dalloz
DAVorm	Der Amtsvormund
DDR	Deutsche Demokratische Republik
Defrénois	Répertoire du Notariat Defrénois
ders.	derselbe
DGVZ	Deutsche Gerichtsvollzieher-Zeitung
dies.	dieselbe
Dig.	Digesten
dir.	direction
Diss.	Dissertation
DIV	Deutsches Institut für Vormundschaftswesen
DJ	Deutsche Justiz
DJT	Deutscher Juristentag
DJZ	Deutsche Juristen-Zeitung
D.L.R.	Dominion Law Reports（カナダ）
Doctr.	Doctrine
DR	Deutsches Recht
DRiZ	Deutsche Richterzeitung
DRZ	－1935：Deutsche Richterzeitung；1946－：Deutsche Rechtszeitschrift
DVBl	Deutsches Verwaltungsblatt
ebd.	ebendort
EFSlg.	（österreichische）Ehe- und familienrechtliche Entscheidungen
EGBGB	Einführungsgesetz zum Bürgerlichen Gesetzbuche
EGMR	Europäischer Gerichtshof für Menschenrechte
EhegesundhG	Ehegesundheitsgesetz
Einf.	Einführung
Einl.	Einleitung
EMRK	Europäische Konvention zum Schutz der Menschenrechte und Grundfreiheiten
ErbkrNachwGes.	Gesetz zur Verhütung erbkranken Nachwuchses

ESchG	Embryonenschutzgesetz
esp.	espèce
et al.	und andere
FamRÄndG	Familienrechtsänderungsgesetz
FamRAnglV	Verordnung über die Angleichung familienrechtlicher Vorschriften
FamRZ	Zeitschrift für das gesamte Familienrecht
fasc.	fascicule
FGB	Familiengesetzbuch（ドイツ民主共和国［旧東ドイツ］）
FGG	Reichsgesetz über die freiwillige Gerichtsbarkeit
Fn.	Fußnote
FPR	Familie, Partnerschaft, Recht
FS	Festschrift
FuR	Familie und Recht
GA	Goltdammer's Archiv für Strafrecht
Gaz. Pal.	Gazette du Palais
GG	Grundgesetz
Giur.it.	Giurisprudenza italiana
GS	Gedächtnisschrift
HdbVerfR	Handbuch des Verfassungsrechts der Bundesrepublik Deutschland
Hess.Rspr.	Hessische Rechtsprechung
HRR	Höchstrichterliche Rechtsprechung
Hrsg.	Herausgeber
Int.	International
Int. J.	International Journal
IR	Informations rapides
JA	Juristische Arbeitsblätter oder Jugendamt
J.-Cl. civ.	Juris-Classeur Civil
JCP	Juris-Classeur Périodique（La Semaine Juridique）
JherJb	Jherings Jahrbücher der Dogmatik des Bürgerlichen Rechts
JO	Journal Officiel
JOAN	Journal Officiel de l'Assemblée Nationale
JR	Juristische Rundschau
Jur.	Jurisprudence
Jura	Juristische Ausbildung
JuS	Juristische Schulung
JW	Juristische Wochenschrift
JZ	Juristenzeitung
KG	Kammergericht Berlin
KindRG	Kindschaftsrechtsreformgesetz

L.Ed.	Lawyers' Edition of United States Supreme Court Reports
LG	Landgericht
LGZ	Landesgericht für Zivilrechtssachen（オーストリア）
LK	Leipziger Kommentar
Md.	Maryland
MDR	Monatsschrift für Deutsches Recht
MedR	Medizinrecht
MünchKomm	Münchener Kommentar zum Bürgerlichen Gesetzbuch oder Münchener Kommentar zur ZPO
m.w.N.	mit weiteren Nachweisen
n.	numéro
N.C.P.C.	Nouveau Code de Procédure Civile
N.D.	North Dakota
Nds. Rpfl.	Niedersächsische Rechtspflege
NDV	Nachrichtendienst des Deutschen Vereins für öffentliche und private Fürsorge
NEhelG	Gesetz über die rechtliche Stellung der nichtehelichen Kinder
n.F.	neue Fassung
NJ	Neue Justiz
NJW	Neue Juristische Wochenschrift
NJW-RR	NJW-Rechtsprechungs-Report Zivilrecht
NStZ	Neue Zeitschrift für Strafrecht
N.W.	Northwestern Reporter
NZ	Österreichische Notariats-Zeitung
obs.	observation
OGHBrZ	Oberster Gerichtshof für die Britische Zone
ÖJZ	Österreichische Juristen-Zeitung
OLG	Oberlandesgericht
OVG	Oberverwaltungsgericht
P.	Pacific Reporter
para.	paragraph
PStG	Personenstandsgesetz
RBG	Gesetz betreffend die Rechtsverhältnisse der Reichsbeamten
RBürgerG	Reichsbürgergesetz
RdJ	Recht der Jugend und des Bildungswesens
RD sanit. soc.	Revue de droit sanitaire et social
RErbhofG	Reichserbhofgesetz
Rép. Dalloz	Répertoire de Droit Civil
RGBl	Reichsgesetzblatt

引 用 略 語　　　271

RGRK	Reichsgerichtsräte-Kommentar
RGZ	Entscheidungen des Reichsgerichts in Zivilsachen
RIDC	Revue internationale de droit comparé
Rspr.	Rechtsprechung
RTD civ.	Revue trimestrielle de droit civil
RTDF	Revue trimestrielle de droit familial（ベルギー）
Rz.	Randzeichen
RZPO	Civilprozeßordnung von 1877
sched.	schedule
SchlHA	Schleswig-Holsteinische Anzeigen
Sec.	Section
SGB	Sozialgesetzbuch
SJZ	Schweizerische Juristenzeitung
Somm.	Sommaire
SorgeRG	Gesetz zur Neuregelung des Rechts der elterlichen Sorge
SS	Schönke/Schröder, Strafgesetzbuch Kommentar
StAZ	Das Standesamt
StGB	Strafgesetzbuch
StPO	Strafprozeßordnung
Südd.JZ	Süddeutsche Juristen-Zeitung
SZ	Zeitschrift der Savigny-Stiftung für Rechtsgeschichte, Romanistische Abteilung
TGI	Tribunal de grande instance
Trib.	Tribunale
UnterhVG	Unterhaltsvorschußgesetz
U.S.	United States Supreme Court Reports
Verhandl.	Verhandlungen
VG	Verwaltungsgericht
VO	Verordnung
VOBl.Br.Z.	Verordnungsblatt für die Britischen Zone
Wahlp.	Wahlperiode
WehrG	Wehrgesetz
ZAkDR	Zeitschrift der Akademie für Deutsches Recht
ZBlJR	Zentralblatt für Jugendrecht und Jugendwohlfahrt
ZfJ	Zentralblatt für Jugendrecht
ZGB	Zivilgesetzbuch（スイス）
ZPO	Zivilprozeßordnung
ZRP	Zeitschrift für Rechtspolitik
ZZP	Zeitschrift für Zivilprozeß

参考文献目録

訳出にあたっては、下記の文献を参考にした（いずれも編著者50音順）。

I. 法令集

大沼保昭・藤田久一編集代表『国際条約集 2000 年版』（有斐閣、2000 年）
樋口陽一・吉田善明編『解説 世界憲法集 第3版』（三省堂、1994年）
法務大臣官房司法法制調査部編『ドイツ刑法典』（法曹会、1982年）
法務大臣官房司法法制調査部編『ドイツ民事訴訟法典』（法曹会、1982年）
法務大臣官房司法法制調査部司法法制課編『フランス刑法典（改訂版)』（法曹会、1995年）
法務省司法法制調査部編『注釈フランス民事訴訟法典』（法曹会、1978年）
法務省司法法制調査部編『ドイツ強制執行法』（法曹会、1976年）
法務省司法法制調査部編『ドイツ刑事訴訟法典』（法曹会、1981年）
法務省司法法制調査部編『フランス民法典―家族・相続関係―』（法曹会、1978年）

II. 辞典類

中村紘一・新倉修・今関源成監訳『フランス法律用語辞典』（三省堂、1996年）
濱嶋朗・竹内郁郎・石川晃弘編『社会学小辞典〔新版〕』（有斐閣、1997年）
森岡清美・塩原勉・本間康平編集代表『新社会学辞典』（有斐閣、1993年）
山田晟『ドイツ法律用語辞典 改訂増補版』（大学書林、1993年）

III. 単行本

浅野素女『フランス家族事情』（岩波書店、1995年）
稲本洋之助『フランスの家族法』（東京大学出版会、1985年）
大村敦志『法源・解釈・民法学 フランス民法総論研究』（有斐閣、1995年）
総合研究開発機構・川井健編『生命科学の発展と法―生命倫理法試案―』（有斐閣、2001年）
滝沢正『フランス法』（三省堂、1997年）
田村五郎『非嫡出子に対する親権の研究』（中央大学出版部、1981年）
ツヴァイゲルト／ケッツ（大木雅夫訳）『比較法概論・原論 上』（東京大学出版会、1974年）
P. アーレンス／H. プリュッテング・吉野正三郎（松村和徳・安達栄司訳）『ドイツ民事訴訟法』（晃洋書房、1990年）
松川正毅『変貌する現代の家族と法』（大阪大学出版会、2001年）
松倉耕作『血統訴訟と真実志向』（成文堂、1997年）

松倉耕作『血統訴訟論―親子関係の新たな法理を探る―』（一粒社、1995年）
山口俊夫『概説フランス法 上』（東京大学出版会、1978年）

Ⅳ．個別論文ないし資料

伊藤昌司「非嫡出父子関係と認知」山畠正男先生・五十嵐清先生・藪重夫先生古希記念論文集刊行発起人編『民法学と比較法学の諸相 Ⅰ』（信山社、1996年）133頁以下
伊藤昌司「フランス親子法における身分占有」林良平・甲斐道太郎編集代表『谷口知平先生追悼論文集 第1巻 家族法』（信山社、1992年）203頁以下
岩志和一郎「1896年BGBの非嫡出父子関係―婚姻と親子の再検討の一助として―」早稲田法学71巻1号1頁以下（1995年）
岩志和一郎「AIDによって生まれてきた子の身分関係―日本と西ドイツの比較を通じて―」判例タイムズ709号49頁以下（1989年）
岩志和一郎「ドイツ「親子関係法改正法」草案の背景と概要」早稲田法学72巻4号37頁以下（1997年）
岩志和一郎「ドイツにおける人工生殖の法律問題」唄孝一・石川稔編『家族と医療―その法学的考察』（弘文堂、1995年）397頁以下
岩志和一郎「ドイツの新親子法（上）（中）（下）」戸籍時報493号2頁以下（1998年）、495号17頁以下（1998年）、496号26頁以下（1999年）
海老原明夫「自己の出自を知る権利と嫡出否認―ドイツ連邦憲法裁判所の判決と親子法の改正―」法学協会雑誌115巻8号349頁以下（1998年）
大島俊之「人工授精子の父子関係―フランス法を素材として」判例タイムズ691号28頁以下（1989年）
押久保倫夫「婚外子の父を知る権利と母の人格権」自治研究74巻4号118頁以下（1998年）
春日偉知郎「父子関係訴訟における立証問題と鑑定強制について」ジュリスト1099号76頁以下（1996年）
菊池緑「ベルギーの養子制度―その国内養子制度を中心に―」養子と里親を考える会編（湯沢雍彦監修）『養子と里親―日本・外国の未成年養子制度と斡旋問題―』（日本加除出版、2001年）293頁以下
北村一郎「フランスにおける生命倫理立法の概要」ジュリスト1090号120頁以下（1996年）
久保野恵美子「立法紹介 養子縁組―養子に関する1996年7月5日の法律604号」日仏法学22号289頁以下（1999年）
佐藤文彦「届出法の大枠に関する法律（仮訳）」住民行政の窓7月号46頁以下（1996年）
佐藤文彦・小澤園子「ドイツ連邦共和国「身分登録法」（翻訳）」住民行政の窓11月号45頁以下（1996年）

高橋朋子「フランスにおける人工受精をめぐる法的状況」唄孝一・石川稔編『家族と医療—その法学的考察』(弘文堂、1995年) 409頁以下

高橋由紀子「ドイツの未成年養子制度」養子と里親を考える会編 (湯沢雍彦監修)『養子と里親—日本・外国の未成年養子制度と斡旋問題—』(日本加除出版、2001年) 235頁以下

富田哲「「血統認識権」の意義と問題点—ドイツにおける判例の動向—」行政社会論集 (福島大学) 7巻2・3号185頁以下 (1995年)

床谷文雄「西ドイツの身分登録・公証制度—とくに養子縁組との関連において—」民商法雑誌93巻3号430頁以下 (1985年)

中川高男「フランスの養子法」養子と里親を考える会編 (湯沢雍彦監修)『養子と里親—日本・外国の未成年養子制度と斡旋問題—』(日本加除出版、2001年) 197頁以下

橳島次郎「フランス先端医療規制の構造 生命倫理関連法体系の分析」法律時報68巻10号48頁以下 (1996年)

橳島次郎解説・大村美由紀訳「＜立法紹介＞フランス 生命倫理法」外国の立法33巻2号1頁以下 (1994年)

ノエル・ルノワール／北村一郎・大村敦志「フランス生命倫理立法の背景—ルノワール氏に聞く」ジュリスト1092号74頁以下 (1996年)

野沢紀雅「ドイツ法における非嫡出父子関係の変遷—1896年民法から1969年非嫡出子法まで—」法学新報87巻7・8号151頁以下 (1980年)

菱木昭八朗「スウェーデン改正親子法抄訳—Sveriges rikes lag 1996から—」戸籍647号31頁以下 (1996年)

菱木昭八朗「スウェーデン人工授精法と改正親子法における人工授精子の父性」ジュリスト835号114頁以下 (1985年)

菱木昭八朗訳「1998年改正スウェーデン親子法」専修法学論集79号85頁以下 (2000年)

平松毅「自己情報決定権と国勢調査—国勢調査法一部違憲判決—」ドイツ憲法判例研究会編『ドイツの憲法判例』(信山社、1996年) 42頁以下

ヘルムート・コロサー (田村五郎・山内惟介訳)「医学的な生殖補助の法律問題」W. ミュラー・フライエンフェルス他 (田村五郎編訳)『ドイツ現代家族法』(中央大学出版部、1993年) 215頁以下

松川正毅「フランスに於ける人工生殖と法 (1) (2・完)」民商法雑誌105巻2号171頁以下、3号312頁以下 (1991年)

三木妙子「イギリスにおける人工生殖をめぐる法的状況」唄孝一・石川稔編『家族と医療—その法学的考察』(弘文堂、1995年) 354頁以下

水野紀子「認知無効について—血縁上の親子関係と法律上の親子関係の不一致— (1)

(2・完)」法学64巻1号27頁以下、2号1頁以下（2000年）

水野紀子「実親子関係と血縁主義に関する一考察—フランス法を中心に—」中川良延・平井宜雄・野村豊弘・加藤雅信・瀬川信久・廣瀬久和・内田貴編『日本民法学の形成と課題 下』（有斐閣、1996年）1131頁以下

光田督良「自己の出自を知る権利と子による嫡出の否認」ドイツ憲法判例研究会編『ドイツの最新憲法判例』（信山社、1999年）34頁以下

山田梨花「フランスにおける身分占有—要素・性質・証明—」法学政治学論究（慶應義塾大学大学院）22号77頁以下（1994年）

ライナー・フランク／アルムート・イエーガー（海老原明夫訳）「1989年-1991年の家族法・相続法・民事訴訟法の発展」日独法学17号111頁以下（1993年）

訳者あとがき

　本書はドイツとフランスの親子法の比較法的研究である。ドイツ語文献に限っていえば、この種の研究は決して珍しいものではない。本書の随所に引用されているように、フランス法を比較対象としたいくつもの親子法研究がなされているのである。そうした中であえて本書の邦訳を試みた理由を2つほど挙げておきたい。まず第1に、生物学的親子関係の確認が親子法体系の中でどこまで可能であるかという、親子法の根幹に関わる基本的問題意識が本研究において鮮明に示されている点である。これは、同時に、「自己の出自を知る権利」の意義と限界を探究するという、きわめて現代的な課題設定でもある。日本においても、生物学的親子関係と法的親子関係の緊張関係は親子法の重要問題のひとつであり、また、出自を知る権利の保護のあり方についても——とりわけ人工生殖子の法的地位をめぐって——大きな関心が持たれるようになってきている。しかも、日本の実親子法学の議論が、ドイツ法とフランス法を主な比較法的素材として展開されてきているという背景がある。このような事情に鑑みるなら、本書の邦訳が持つ意義は決して小さくないと思われるのである。第2に、両国の親子法の比較検討が総合的になされている点が挙げられる。すなわち、まず、親子関係決定について対照的な制度建てを採る両国の親子法の特徴がそれぞれの歴史的法発展の叙述から説明され、その上で、直接の研究対象である実親子法にとどまらず、養子制度やその実務、人工生殖による親子関係、さらには手続法の構造にまで比較検討の対象が広げられており、——少なくとも訳者にとっては——断片的にしか知られていなかった、両国の広義における親子法制の全体像を把握することができるように思われる。しかも、本書では、両国における最新の（1999年当初までの）立法や学説・判例の動きが叙述されており、内容の新しさという点でも魅力的である。

訳者あとがき

　本書の公刊以降、ドイツでは匿名遺棄および匿名出産の合法化の当否をめぐる議論が展開されている。本書の著者ヘルムス氏もフランク教授との共同執筆にかかる論文を発表している（*Rainer Frank / Tobias Helms*, Rechtliche Aspekte der anonymen Kindesabgabe in Deutschland und Frankreich, FamRZ 2001, S. 1340 ff.）ので、その動きに簡単に言及しておきたい。この議論のきっかけとなったのは「赤ちゃんボックス（Babyklappe）」の登場である。これは、病院や児童養護施設の外壁に設置された新生児を収容する箱であり、親の身元を知られることなく子を遺棄できるようにするものである。いわば現代ドイツ版「回転箱」とでもいうべき施設であり、南ドイツ新聞の記事によればドイツ国内で少なくとも24か所に設置されているという（Süddeutsche Zeitung v. 27. 11. 2001, S. V2/13）。日本の日刊紙でも「置き去り箱」として写真入りで紹介されている（朝日新聞東京版朝刊2001年5月18日、37面）。いうまでもなくその目的は、子捨てや嬰児殺に代わる選択肢を用意して子どもの生命を救うことにある。さらに、この方法では劣悪な状態での出産を防ぐことはできないとして、カウンセリングと医療サービスを伴った匿名出産を合法化すべきだとの主張もなされているようである。もちろん、このような匿名遺棄と匿名出産の合法化に向けた提案には、法的に見ても、分娩した女性をもって母とするドイツ民法との整合性や子の出自を知る権利の保障等々克服すべき多くの課題が含まれており、これが最終的な実現に至るかどうかを現時点で予測するのは困難である。この議論の中では、ほとんど常にフランス法の経験が参考とされているのである（本書訳出時点で参照しえた文献として、さらに *Kristen Scheiwe*, Babyklappe und anonyme Geburt － wohin mit Mütterrechten, Väterrechten, Kinderrechten?, ZRP 2001, 368 ff.; *Reinhard Hepting*, „Babyklappe" und „anonyme Geburt", FamRZ 2001, 1573 ff. を挙げておく）。もしこの提案が何らかの形で実現されるとすれば、分娩を法的母子関係決定の基準としてきたドイツ法に変化をもたらす一要因となるかもしれない。

　他方フランスでは、2001年1月7日に国民議会に提出された法律案（Projet de loi relatif à l'accès aux origines personnelles）により匿名遺棄の廃止が提案さ

訳者あとがき

れているという。すなわち、身分がいったん公的に明らかとなった子については、もはや匿名で養子縁組手続をなしえないこととすべきだというのである。匿名出産に関して同法案は、その存続を前提として、母親が残す情報を新たに設置される国家機関（Conseil national pour l'accès aux origines personnelles）が集中管理し、後日における母子の接触の実現に働きかけるものとされているとのことである（Vgl. Frank/Helms, a.a.O., S. 1345；Hepting, a.a.O., S. 1580）。この立法提案が出自を知る権利に対する配慮を伴うものとすれば（Scheiwe, a.a. O., S. 370によれば、フランスでは匿名で生まれて成人した子らがロビー団体を結成して、匿名出産制度の廃止を主張しているとのことである）、本書がフランス親子法の特徴のひとつとして指摘する母性の秘密保護にも何らかの変化が生ずるのかもしれない。いずれにせよ、両国における今後の議論の推移を見守っていく必要があろう。

　本翻訳の出版に至るまでには、多くの方々からのご支援、ご協力をいただいた。何よりもまず、原著者トビアス・ヘルムス氏に心からの謝意を表したい。氏は、翻訳出版の申入れを快諾され、公務多忙の中、度重なるE-メールでの照会にも、即座に、そして懇切丁寧に対応して下さり、また、事項索引のために入念な原案を作成して提供された。1年数か月にわたる氏のご協力がなければ、翻訳作業にはより多くの困難が伴っていたであろう。また、中央大学法学部高橋治男教授からはフランスの人名表記について貴重なご教示を賜った。さらに、翻訳権の取得については日本比較法研究所事務室宮下隆三郎氏に、編集・校正段階では中央大学出版部平山勝基氏、小川砂織氏に一方ならぬお世話になった。末尾ながら、記して謝意を表する次第である。

　　2002年7月

　　　　　　　　　　　　　　　　　　　　　　　　　野　沢　紀　雅

事項索引

事項索引

あ 行

アイデンティティー　98, 130
アメリカ　120, 186
遺棄　2-5, 47
遺棄事務所　4
イギリス　150-151, 153, 182, 193
イタリア　154
一般条項（不確定法概念も参照）　110, 156, 158
訴えの取下げ　200
嬰児殺　2, 4, 5, 145, 149, 171
Xによる出産（匿名出産も参照）　2-5, 127, 139-149, 170-171, 175, 177
縁組記録
　ドイツ法における――　179-183
　フランス法における――　177
欧州人権裁判所　149-151, 182
欧州人権条約　107, 181
オーストリア　209
オープン・アドプション　183-187
　――の統計データ　184
親子関係の空白　20
親子関係の衝突（父性の衝突も参照）　86, 94-95
親子法改革法（1998年）　1, 40, 56-57, 76, 95-110, 114, 120, 138, 238
親の権利（基本法6条2項1文）　106

か 行

回転箱　2-3, 11
家族および社会扶助法　5, 141, 148
家族の平和　41, 98, 135, 165, 236
家族法変更法（1938年）　29
家族法変更法（1961年）　34
姦生子　10, 13, 22, 139, 237
完全養子　175-176, 187
棄児養育院　2
偽証　218-219
期待不能性
　父性否認要件としての――　101-104, 110
既判力　133-135, 234
　ドイツ法における――　26, 133-134
　フランス法における――　74-75
基本権（連邦憲法裁判所を参照）
基本法（連邦憲法裁判所を参照）
ギャスキン事件　150-151, 181-182
強制金　202, 206
強制拘禁　202, 206
強制執行　162-164
共和国暦2年霧月12日法　5
記録閲覧　150
　ドイツ法における――　179-181
　フランス法における――　176-178
近親相姦　16, 68, 219
近親相姦から生まれた子（近親相姦も参照）
　フランス法における――　13, 16, 68, 74, 237
継子養子
　フランス法における――　63, 188
継親子家族　186
血液型検査（出自検査を参照）
血縁主義　229-233
欠席判決　26, 121, 136
原状復帰（訴訟法上の）　36

憲法院　192, 240
好意認知（真実に反する認知を参照）
合意否認　91
後見裁判所　184
　——の許可　98
交際権　188
公序
　フランス法における——　58, 91, 122, 201
公知証書　18, 19, 72
国際法　149-154
告知
　子の遺棄（委譲）の場合における——　143
　人工受(授)精の場合における——　192, 195-197
　養子縁組の場合における——　176, 179
国家社会主義（ナチス）　26, 31, 47, 131, 240
子どもの権利条約　151-154
子の遺棄（委譲）の熟慮期間
　フランス法における——　143
子の相続権
　ドイツ法における——　24, 34-35, 124
　フランス法における——　5-6
子の福祉　97, 107, 233
　父性否認の要件としての——　98-101, 110
子の扶養請求権
　ドイツ法における——　24, 124, 135-136, 229
　フランス法における——　12-13, 73-76, 237

古法　5, 6, 7
婚姻締結
　——の統計データ　59
「婚姻の指し示す者が父である」（＝Pater-est準則）（嫡出推定も参照）　7, 50

さ　行

自己の出自を知る権利　32, 36-40, 47, 80, 97, 102, 113-114, 129, 130, 133, 150, 151, 153, 170, 172, 189, 192, 240-242
実父
　ドイツ法における——　105-107, 111, 135, 155
　フランス法における——　67, 93-95
児童社会援助機関　142, 148, 177
児童少年局（職務上の保護も参照）
　64, 76, 77, 79-82, 169, 179, 181, 184, 189, 230
自白
　ドイツ法における——　26, 200
　フランス法における——　200
社会的親　14, 20, 153, 233
社会扶助
　ドイツ法における——　155, 168-169
　フランス法における——　141
出自鑑定（出自検査を参照）
出自検査
　外国における——　224-225
　私的な——　225-227
　ドイツ法における——　29-31, 33-34, 202
　——の期待不能性　215-219
　——の強制　122, 136, 202

事項索引　　285

──の拒否　　202, 207-208
フランス法における──　　51-52, 68, 74, 201, 203-206
模索的──　　219-224
出自証書
　ドイツ法における──　　179
出生証書
　ドイツ法における──　　139, 179
　フランス法における──　　51, 72, 116, 140, 149, 176, 177, 188
準拠的個人　　54, 94, 106, 109, 236
準正
　ドイツ法における──　　239
　フランス法における──　　63
証言拒絶権
　ドイツ法における──　　161, 165-166, 216-217
証拠調べ
　ドイツ法における──　　201-202, 209-215
　フランス法における──　　203-206
証拠判断
　ドイツ法における──　　161, 209-215
　フランス法における──　　206-208
上訴権の放棄
　フランス法における──　　200
情報提供請求権
　実父の名の告知を求める──　　37, 43, 156-168, 170
　児童少年局に対する──　　181
職務上の保護（児童少年局も参照）
　76, 79-82, 169
職権探知（職権探知主義を参照）
職権探知主義

ドイツ法における──　　26, 28, 201, 208-215, 220-221
フランス法における──　　201
処分権主義（当事者処分も参照）
　ドイツ法における──　　136, 199-200
　フランス法における──　　199-200
人格権（自己の出自を知る権利、母の自己決定権および内密領域も参照）　　32, 36-40, 181, 190, 221
人格の発達　　175, 187, 195, 237
人工受(授)精　　42
　ドイツ法における──　　113-115, 193-197, 240
　フランス法における──　　112-113, 191-193
真実探求（出自検査および父性確率を参照）
真実に反する認知　　232-233
　ドイツ法における──　　35, 62
　フランス法における──　　61-62
「陣痛にある女は信用される」　　6
スイス　　98, 101, 122, 164
スウェーデン　　197
スペイン　　154
請求の放棄
　ドイツ法における──　　200
　フランス法における──（訴権の放棄）　　200
精子提供
　ドイツ法における──　　122-127, 193
　フランス法における──　　113, 117-120, 191-193
生物学的出自　　128, 129, 173-175, 202, 232, 233, 240-241
　ドイツ法における──　　26-31, 34-35,

36, 230, 232
  フランス法における―― 21, 91-92, 231
  法律関係としての―― 27-28, 32, 120-121, 132
生物学的ルーツの探索 42, 144-145, 173-175, 195-197
  ――の統計データ 174
生命倫理法（1994年7月29日） 112-113
C. E. C. O. S 191, 192
訴訟開始事由（フランス法における父性確認も参照） 12-13, 16-17, 68, 74-75, 83, 204
訴訟終了の宣言
  ドイツ法における―― 200
訴訟費用
  ドイツ法における―― 137
訴訟費用立替 43
疎明
  ドイツ法における―― 161

た 行

対世的効力 24, 32, 234, 236
扶け合い義務
  ドイツ法における―― 37, 43, 158-162
単純養子 175-176, 187-189
嫡出子
  ドイツ法における―― 49-58
  フランス法における―― 7-8, 16-22, 49-50
嫡出子と非嫡出子の平等 149
  ドイツ法における―― 32, 37-38, 238-239
  フランス法における―― 5, 13, 111-112, 142, 238
嫡出推定
  ドイツ法における―― 49-50
  フランス法における―― 49-50, 58
嫡出推定の制限
  ドイツ法における―― 56-58
  フランス法における―― 51-56
嫡出宣告
  ドイツ法における―― 239
嫡出否認
  ドイツ法における――（父性否認も参照） 29, 34, 38-39, 40-41, 56, 129, 234-235, 240
  ――の統計データ 65
  フランス法における―― 8, 16-17, 47, 85-95, 235, 236, 238
嫡出否認（出訴期限）
  ドイツ法における―― 25, 29, 36-37, 39-40, 41
  フランス法における―― 16-17, 85-87, 91-92
嫡出否認（出訴権者）
  ドイツ法における―― 25, 29, 34
  フランス法における―― 18, 19-20, 85-87
嫡出否認（人工授精後における）
  ドイツ法における―― 122-127
  フランス法における―― 117-118
中絶（堕胎） 4, 5, 145, 146, 149, 171
中間法 9, 21
忠誠葛藤 185
DNA分析（出自検査を参照）

事項索引　287

ドイツ民法典
　——の成立史　23-24, 105
当事者処分（処分権主義も参照）
　ドイツ法における——　199-200
　フランス法における——　199-200
匿名出産　2, 5, 9-11, 47, 141, 143
　——の統計データ　143-144
匿名性（配偶子提供者の）　128
　ドイツ法における——　113-114
　フランス法における——　113, 119-120, 191-193
匿名性の解除　143, 172, 178, 193
匿名の子の遺棄（委譲）　2-5, 142-144, 175
匿名養子　178, 184
独立の出自確認の訴え（独立の父性確認の訴えも参照）　39-40, 129-138
独立の父性確認の訴え　27

な行

内密領域　37, 43, 135, 136, 156, 159, 161, 163, 166, 177, 180, 202
ナポレオン　3, 9-11
ナポレオン民法典　9-11, 16, 21, 22, 230
　——のドイツにおける継受　22-23
二重確認の禁止　234-235
認識
　自己の出自の——　129, 144-145, 173-175, 184-185, 240-242
　自己の父の——　155-170
　自己の母の——　139, 170-172
認諾
　ドイツ法における——　26, 121, 200

フランス法における——　200
認知（父の）
　出生前の——（＝胎児認知）　94, 118
　ドイツ法における——　24, 35, 57, 76-77, 82-83, 230
　——の統計データ　59-61
　フランス法における——　9-10, 18-19, 21, 61-64, 82-83, 86, 94, 200, 230
認知主義　229-233
認知取消による損害賠償　66-67
認知の取消し
　ドイツ法における——（父性否認も参照）　57-58, 235-236
　——の統計データ　65
　フランス法における——　21-22, 84-85, 92-93, 208, 236, 238
認知取消の期限
　フランス法における——　21-22, 65, 92-93

は行

胚提供
　ドイツ法における——　115
　フランス法における——　113
配慮権
　ドイツ法における——　180
　フランス法における——　188
配慮権の剥奪
　ドイツ法における——　81
母の家　4, 146, 171
母の自己決定権　139, 147
　ドイツ法における——　37-38
　フランス法における——　146

母の認知　　10, 116, 140, 149, 230
「母は常に確実である」　2, 139
反対解釈
　　C. C. 334-9条の——　　18, 74, 86
　　C. C. 322条2項の——　　19, 87, 205
東ドイツ　　79, 95, 239
非婚生活共同体　　239
　　フランス法における——　　64, 112, 204
非訟事件手続
　　ドイツ法における——　　133, 179
非嫡出子
　　ドイツ法における——　　24, 34-35
　　——の統計データ　　59
　　フランス法における——　　5-7, 11-16
非嫡出子法（1969年）　　34, 62, 95, 105, 230
非嫡出母性捜索の訴え　　140
非配偶者間人工受(授)精　　42, 242
　　ドイツ法における——　　113-115
　　フランス法における——　　112-113
不確定法概念（一般条項も参照）　　110
父性　　14-15, 230-232
　　人工受(授)精の場合における——　　117-118, 125-126, 128, 194
父性確認
　　人工受(授)精後の——　　119
　　ドイツ法における——　　78, 211, 220, 230, 235
　　——の統計データ　　59-60, 68, 155
　　フランス法における——　　5-7, 9, 11-16, 67-76, 83, 204, 207, 235
父性確認（出訴期限）
　　フランス法における——　　70-71
父性確率

　　ドイツ法における——　　211-215
　　フランス法における——　　205-206
父性の訴えの禁止
　　フランス法における——　　6-7, 10, 230
父性の訴えの制限
　　フランス法における——（父性の訴えの禁止も参照）　　12, 13, 67-68
父性の衝突（親子関係の衝突も参照）
　　18-19, 86
父性否認（ドイツ法における）（嫡出否認および認知の取消しも参照）　　95-101, 222
　　夫の親からの——　　95
　　子からの——　　97-101
　　実父からの——　　105-110
　　——の出訴期限（期待不能性も参照）　　96, 101-104, 222
　　母からの——　　95-97
扶養訴訟
　　ドイツ法における——　　26
　　フランス法における——　　60, 73-76
扶養料立替法　　170
フランス革命　　5-9, 47, 231
プライバシー（内密領域を参照）
ベルギー　　149
弁論主義　　201
補佐　　79
補佐法（1997年）　　76, 79-80
補充保護人　　97, 101
母性の確認
　　ドイツ法における——　　23, 120-122
　　フランス法における——　　2, 10-11, 116-117, 138-144
母性の否認

事項索引　　289

　ドイツ法における——　120-121
　フランス法における——　117
母性の秘密（遺棄およびXによる出産も
　参照）　2-6, 139-149, 151, 170

ま　行

マルクス事件　149-150
身分　234
身分詐称
　ドイツ法における——　26, 35
　フランス法における——　61-62
身分占有　17
　嫡出推定制限のための——　51, 52-55
　嫡出否認要件としての——　17-20,
　　86-91, 93-95, 111-112, 204-205, 235, 238
　認知および父性確認の制限としての——
　　17, 94
　認知取消の制限としての——　92,
　　110, 111, 112
　母子関係創設のための——　116, 140
　父子関係創設のための——　71-73
　——の不確定性　87-89
　出生前の——　54, 93-95
身分占有異議の訴え　73
身分占有確認の訴え　73
身分訴訟　234
　ドイツ法における——　28, 31-32, 134,
　　136, 199-202, 230
　フランス法における——　199-202
身分の処分不能性　200
身分の体系　129-131, 138, 234-237
身元の申告（出生届の際の）
　ドイツ法における——　139-140

　フランス法における——　140-143,
　　150, 177

や　行

養子縁組　42, 146, 171, 173-190, 194, 232,
　　242
　ドイツ法における——　106, 131, 178-
　　183
　——の統計データ　176, 178
　フランス法における——　8, 64, 142-
　　143, 175-178
養子縁組斡旋機関　182, 184
養子希望者　185
養親　174, 183, 187

ら　行

ライヒ民事訴訟法（1877年）　25-26, 29,
　　201
卵子提供　190
　ドイツ法における——　115, 120-122
　フランス法における——　113, 116-
　　117, 191-192
離婚
　ドイツ法における——　56-57
　——の統計データ　59, 239
　フランス法における——　51
ルクセンブルク　154
連邦憲法裁判所　32, 34, 36-47, 103, 106,
　　114, 129, 130, 137, 156-168, 198, 241

著者略歴

トビアス・ヘルムス（Tobias Helms）
1968 年生まれ
1989 年10 月より1995 年1 月まで、フライブルク大学（Albert-Ludwigs-Universität）において法律学を学ぶ。この間、1992 年夏・冬学期、ジュネーブ大学（スイス）留学
1995 年1 月　　第一次国家試験合格
1998 年　　　　法学博士号取得
1999 年10 月　　第二次国家試験合格

1995 年2 月より、フライブルク大学法学部助手（外国私法・国際私法第二講座：ライナー・フランク教授）
2000 年10 月より、若手民事法学者協会（Gesellschaft der Junger Zivilrechtswissenschaftler e.V.）会長

著者主要業績（本書を除く）

1．Reform des deutschen Abstammungsrechts — Zum Entwurf des Kindschaftsrechtsreformgesetzes aus rechtsvergleichender Perspektive, FuR 1996, S. 178 - 189.
2．Vaterschaftsanfechtung durch den Erzeuger des Kindes？ FamRZ 1997, S. 913 - 918.
3．Der Anspruch des nichtehelichen Kindes gegen seine Mutter auf Nennung des leiblichen Vaters — Zugleich Besprechung des Urteils des BVerfG vom 6. 5. 1997-1 BvR 409/90, FamRZ 1997, S. 1258 - 1263（Rainer Frank と共同執筆）.
4．Exhumierung aus Anlaß einer postmortalen Vaterschaftsfeststellung : Überlegungen zur „Affaire Yves Montand", DEuFamR 2000, S. 162 - 170.
5．Das Einwilligungsrecht des Vaterschaftsprätendenten bei der Adoption eines nichtehelichen Kindes, JAmt（DAVorm）2001, S. 57 - 63.
6．Die Anerkennung ausländischer Entscheidungen im Europäischen Eheverfahrensrecht, FamRZ 2001, S. 257 - 266.
7．Zivilrechtliche Aspekte internationaler Kindesentführungen — Der Rückführungsmechanismus des Haager Kindesentführungsübereinkommens und seine Erstreckung auf vom Übereinkommen nicht erfaßte Sachverhalte, in : Jahrbuch Junger Zivilrechtswissenschaftler 2000, S. 267 - 280.
8．Rechtliche Aspekte der anonymen Kindesabgabe in Deutschland und Frankreich, FamRZ 2001, S. 1340 - 1348（Rainer Frank と共同執筆）.

訳者紹介
野沢紀雅
　　　1951年　生まれ
　　　1973年　中央大学法学部卒
　　　1980年　中央大学大学院法学研究科博士後期課程単位取得退学
　　　1996年　中央大学法学部教授
　　　　　　　日本比較法研究所研究所員

遠藤隆幸
　　　1974年　生まれ
　　　1997年　茨城大学人文学部卒
　　　　　　　中央大学大学院法学研究科博士後期課程在籍

生物学的出自と親子法
　ドイツ法・フランス法の比較法的考察　　　　日本比較法研究所　翻訳叢書 (49)

2002年9月30日　初版第1刷発行

　　　　　　　　　　　　　　　ⓒ　訳　者　野沢紀雅
　　　　　　　　　　　　　　　　　　　　　　遠藤隆幸
　　　　　　　　　　　　　　　　　発行者　辰川弘敬
　　　　〈検印廃止〉
　　　　　　　　　　　　　　　　　発行所　中央大学出版部
　　　　　　　　　　　　　　　　　　　〒192-0393
　　　　　　　　　　　　　　　　　　　東京都八王子市東中野742番地1
　　　　　　　　　　　　　　　　　　　電話 0426-74-2351・FAX 0426-74-2354

　　　　　　　　　　　　　　　　　　　　　　　　ニシキ印刷・永島製本
ISBN4-8057-0350-4

日本比較法研究所翻訳叢書

0	杉山直治郎訳	仏蘭西法諺	B6判 (品切)
1	F・H・ローソン 小堀憲助他訳	イギリス法の合理性	A5判 1200円
2	B・N・カドーゾ 守屋善輝訳	法の成長	B5判 (品切)
3	B・N・カドーゾ 守屋善輝訳	司法過程の性質	B6判 (品切)
4	B・N・カドーゾ 守屋善輝訳	法律学上の矛盾対立	B6判 700円
5	ヴィノグラドフ 矢田一男他訳	中世ヨーロッパにおけるローマ法	A5判 1100円
6	R・E・メガリ 金子文六他訳	イギリスの弁護士・裁判官	A5判 1200円
7	K・ラーレンツ 神田博司他訳	行為基礎と契約の履行	A5判 (品切)
8	F・H・ローソン 小堀憲助他訳	英米法とヨーロッパ大陸法	A5判 (品切)
9	I・ジュニングス 柳沢義男他訳	イギリス地方行政法原理	A5判 (品切)
10	守屋善輝編	英米法諺	B6判 3000円
11	G・ボーリー他 新井正男他訳	〔新版〕消費者保護	A5判 2800円
12	A・Z・ヤマニー 真田芳憲訳	イスラーム法と現代の諸問題	B6判 900円
13	ワインスタイン 小島武司編訳	裁判所規則制定過程の改革	A5判 1500円
14	カペレッティ編 小島武司編訳	裁判・紛争処理の比較研究(上)	A5判 2200円
15	カペレッティ 小島武司訳	手続保障の比較法的研究	A5判 1600円
16	J・M・ホールデン 高窪利一監訳	英国流通証券法史論	A5判 4500円
17	ゴールドシュティン 渥美東洋監訳	控えめな裁判所	A5判 1200円
18	カペレッティ編 小島武司編訳	裁判・紛争処理の比較研究(下)	A5判 2600円
19	ドゥローブニク他編 真田芳憲他訳	法社会学と比較法	A5判 3000円
20	カペレッティ編 小島・谷口編訳	正義へのアクセスと福祉国家	A5判 4500円
21	P・アーレンス編 小島武司編訳	西独民事訴訟法の現在	A5判 2900円
22	D・ヘーンリッヒ編 桑田三郎編訳	西ドイツ比較法学の諸問題	A5判 4800円
23	P・ギレス編 小島武司編訳	西独訴訟制度の課題	A5判 4200円
24	M・アサド 真田芳憲訳	イスラームの国家と統治の原則	A5判 1942円

日本比較法研究所翻訳叢書

No.	著者・訳者	書名	判型	価格
25	A・M プラット／藤本・河合訳	児童救済運動	A5判	2427円
26	M・ローゼンバーグ／小島・大村編訳	民事司法の展望	A5判	2233円
27	B・グロスフェルト／山内惟介訳	国際企業法の諸相	A5判	4000円
28	H・U・エーリヒゼン／中西又三編訳	西ドイツにおける自治団体	A5判	1600円
29	P・シュロッサー／小島武司編訳	国際民事訴訟の法理	A5判	1100円
30	P・シュロッサー他／小島武司編訳	各国仲裁の法とプラクティス	A5判	1500円
31	P・シュロッサー／小島武司編訳	国際仲裁の法理	A5判	1400円
32	張晋藩／真田芳憲監修	中国法制史（上）	A5判	(品切)
33	W・M・フライエンフェルス／田村五郎編訳	ドイツ現代家族法	A5判	3200円
34	K・F・クロイツァー／山内惟介監訳	国際私法・比較法論集	A5判	3500円
35	張晋藩／真田芳憲監修	中国法制史（下）	A5判	3900円
36	J・レジエ他／山野目章夫他訳	フランス私法講演集	A5判	1500円
37	G・C・ハザード他／小島武司編訳	民事司法の国際動向	A5判	1800円
38	オトー・ザンドロック／丸山秀平編訳	国際契約法の諸問題	A5判	1400円
39	E・シャーマン／大村雅彦編訳	ＡＤＲと民事訴訟	A5判	1300円
40	ルイ・ファボル他／植野妙実子編訳	フランス公法講演集	A5判	3000円
41	S・ウォーカー／藤本哲也監訳	民衆司法——アメリカ刑事司法の歴史	A5判	4000円
42	ウルリッヒ・フーバー他／吉田豊・勢子編訳	ドイツ不法行為法論文集	A5判	7300円
43	スティーヴン・L・ペパー／住吉博編訳	道徳を超えたところにある法律家の役割	A5判	4000円
44	W・マイケル・リースマン／宮野洋一他訳	国家の非公然活動と国際法	A5判	3600円
45	ハインツ・D・アスマン／丸山秀平編訳	ドイツ資本市場法の諸問題	A5判	1900円
46	デイヴィド・ルーバン／住吉博編訳	法律家倫理と良き判断力	A5判	6000円
47	D・H・ショイイング／石川敏行監訳	ヨーロッパ法への道	A5判	3000円
48	ヴェルナー・F・エブケ／山内惟介編訳	経済統合・国際企業法・法の調整	A5判	2700円

＊価格は本体価格です。別途消費税が必要です。